韓中 사회의 이해

韓中 사회의 이해

하 영 애 지음

한국학술정보㈜

머리말

　한국과 중국은 지리적으로 인접해 있으며 문화적인 유사성을 가지고 있음에도 불구하고 제2차 세계대전 후의 냉전체제로 인하여 양국 간의 교류는 반세기 동안 단절되었다. 이는 양 국가 간의 상호이해와 각종 교류 촉진을 차단하였고 동양문화창달을 저해하게 되었다. 다행스럽게도 1992년 8월 24일의 역사적인 한중수교 이후 두 나라는 각 분야에서 교류가 활발히 추진되고 있으며, 특히 교육 분야에서의 상호교류는 더욱 급속하게 진전되고 있는 실정이다. 한중 양국 대사(닝푸쿠이(宁赋魁) 주한중국대사와 김하중 당시 주중한국대사의 수교15주년 축하 메시지)에 의하면 2006년 현재 한국에서의 중국유학생 수는 45,000명에 이르고, 중국에서의 한국유학생 수는 6만 명에 달하며 이러한 숫자는 각국 모두 총 유학생 수의 1위를 점하고 있다고 한다.

　특히 경희대학교는 국내 어느 대학보다 먼저 국제화에 주력하여 많은 외국 대학과 교류협력을 체결하고 있으며 이에 따라 중국 전 지역에서 경희대학교에 진학하는 대학생, 대학원생, 교환학생 수는 점차 증가하고 있다. 이러한 중국 학생들의 수적 증가에 부응하여 필자가 2006년 3월, 교내 최초로 중국어 원어로 교양학 과목 '여성의 역사'를 강의하였고, 학기말에는 320여 명의 다양한 과목을 수강하는 학생들을 대상으로 신학기 새로운 과목을 위한 설문조사를 한 결과 최다수 학생들의 의견인 '현대 중국사회의 이해'를 교양학 과목으로 설강하게 되었다. 동시에 2008년 3월부터는 중국어 원어강의 '한국 사회의 이해' 과목을 사회학과 전공 선택 과목으로 개설하여 외국 학생들에게 한국 사회의 적응을 도와주기 위한 다양한 이해의 기회를 제공하게 되었다.

　그러나 한국 사회를 알고자 하는 유학생들과 중국사회를 알고 싶어 하는 학생들에게 체계적인 학문을 전달하기 위한 마땅한 교재가 없어 부분복사를 하여 사용해 왔다. 따라서 필자가 그동안 연구 발표해 온 논문과 연구 성과물을 교재로 발간하기로 하고 두 과목을 합쳐 [韓中사회의 이해]라는 책 제목으로 저서를 발간하게 되었다.

　이 책은 크게 두 부문으로 나누어졌다. 하나는 [한국 사회의 이해]편으로 중문원어강의를 위한 교재용이고, 다른 하나는 [현대 중국사회의 이해]편이다.

　[한국 사회의 이해]편의 주요내용으로,

　제1장은 한국의 교육과 문화이다. 한국의 양성평등교육의 현상과 전망에서는 비록 형식적 평등은 이루어지고 있으나 실질적 평등이 요원하므로 진정한 양성평등을 위해서는 교육사회와 정치사회에서 남녀가 동등한 숫자의 인원으로 참여할 수 있어야 한다는 데 중점을 두었다. 따라서 양성 모두가 평등한 교육의 실천을 위해서는 정형화된 장래직업에 대한 고정관념을 가진 교사나 교수진의 태도와 의식이 변해야 하고 교재개발이 이루어져야 한다. 또한 정치사회에서는 법규 및 제도개선을 통해 '여성 후보 발굴 및 육성비'를 신설해야 함을 강조한다.

　제2장 한국 여성에서는 전통사회와 현대사회로 나누고 전통사회에서는 신라시기 세 여왕－선덕(善德) 진덕(眞德) 진성(眞聖) 여왕의 왕위계승과 업적을, 현대사회에서는 한국 여성의 사회정치참여를 분석해 보았다. 제3장은 각국의 지방자치와 선거제도에 역점을 두었는데 1절은 지방자치선거의 이론, 2절은 선거제도의 구조, 3절은 선거제도의 규범을 다루었다. 제4장은 동북아시대이다. 동북아 여성들의 사회참여 현황과 협력체계에서는 '미래는 여성적이다'라는 시대정신과 함께 한·중·일 여성들의 국제사회에서의 활동을 다루었다. 한중교류와 미래전망에서는 수교 이후 양국 간의 학술, 인적, 우호도시, 문화, 여성 청소년 등 다양한 교류 활동을 분석하였다. 제5장은 사회단체, NGO분야로서 사회단체의 이념과 활동을 대표적인 4개 단체 GCS, LIONS, ROTARY, J.C를 비교 연구하였으며 인류 사회의 발전을 위해 4단

체의 통합 가능성에 대해 실증연구를 통해 분석해 보았다. 제6장 한국의 학생운동은 외국인들에게 학생운동이 민주화 과정에 중요한 역할을 담당하였으며 한국사회를 알리고 이해하는 데 중요한 자료라고 생각되어 유도진 교수님의 [한국 사회의 이해]에서 부분발췌, 협조를 득하고 중문으로 번역하여 이 책에 실었다.

[중국사회의 이해]편에서는,

제1장은 중국의 민주주의 체험이다. 이는 중국 후베이성(湖北省) 자의국의 조직과 역할, 5·4 운동 시기 중국의 여성운동이 그 대표이다. 중국은 이미 100여 년 전에 민주주의의 꽃 지방의회를 실시한 적이 있는데 바로 자의국이다. 그중에서 후베이성 자의국의 의원들은 의안심의 및 각종활동에서 현대의 의회의 역할과 기능을 하였다. 특히 후베이성 자의국의 탕화롱(唐化龙)의장과 의원들의 활동은 전국의 국회청원활동을 이끌어냈으며 구국적인 후베이 철로사건을 비롯하여 신해혁명(辛亥革命) 이후 사회의 안정을 위한 커다란 공헌을 하였다. 또한 중국의 5·4 운동 시기에 주요한 사회변화세력으로 등장한 여학생, 여성들을 분석하였다. 그 결과 대학교에 최초의 여학생들을 입학시키게 되었고 봉건유교 및 관습에서 새로운 가치규범으로의 신생활을 촉구하게 되었다. 제2장은 외국선거제도와 여성의 정치참여로서 노르웨이 독일 등 국가와 동양의 타이완, 일본, 한국 등을 비교하였다. 제3장은 중국의 대학생활과 대학문화를 다루었다.

이 저서의 출간은 '시작이 반이다'라는 명제를 가지고 앞으로 연구 강의하면서 보다 충실하게 보완하려는 새로운 목적을 가지고 있다. 따라서 이 분야의 학자 전문가들의 많은 지도편달과 학생들의 많은 관심을 바란다.

본서가 나오기까지 많은 분들의 은혜에 감사하지 않을 수 없다. 필자의 중문번역에 대한 수정과 많은 조언을 해주신 서울대 안영희 교수님, 경희대 교양학부에 [중국사회의 이해]과목을 개설해 주신 지은림, 김상준 두 교수님, 사회학과와 인연을 맺게 해준 이창순 교수님, 유학생을 위해 [한국 사회의 이해] 과목의 중요성을 강조하시고 특별한 관심으로 강좌를 개설해 주신 황승연 교수님, 이 과목에 대한 적극적인 지지와 성원을 보내주시는 송재룡 교수님 모든 교수님들께 깊은 감사를 드린다. 또한 교정을 도와준 정리, 강희군, 총배연, 간정에게도 고마움을 전한다. 그리고 한·중 양국 사회에 남다른 관심과 애정을 가지고 계시며 이 책의 출간을 서둘러 주신 한국학술정보(주) 채종준 대표이사님과 편집자 여러분께 감사드린다.

특히, 8년간의 유학을 물심양면으로 지원했을 뿐만 아니라, 아내 혼자 유학 보내고 두 자녀를 키워왔으며 현재도 한중여성교류협회의 일과 연구업무 등 아내를 위해 뒷바라지해 주시는 사랑하는 남편 백건표 씨, 예나 지금이나 항상 가족을 위해 애쓰시는 시어머니 신옥님 여사, 5형제를 남다른 열정으로 키우신 친정어머니 최복택 님께도 감사드린다. 언제나 느긋한 성격과 유머감각이 뛰어난 맏아들 백성우 군, 멋진 대학생활과 꿈을 펼치기 위해 외국에 가 있는 딸 진아에게도 큰 기대와 사랑을 전한다. 끝으로 경희대학교를 설립하셨고, 만인의 존경을 받는 趙永植 박사님의 쾌유를 기원드린다.

2008. 8. 8.
평화복지대학원 연구실에서
저자 하 영 애 씀

차 례

韩国的学生运动 / 223

중국 실용주의 중심의 교육개혁이 가져온 사회적 변화 / 237

중국 후베이성(湖北省) 자의국(谘议局)의 조직과 역할 / 271

韩国女性两性平等教育的现状与展望

Ⅰ．序　论

在韩国接受高等教育的女性人口越来越多。虽然她们的平均学历很高，而且在社会、经济方面的活动也很活跃，但韩国女性在教育社会的地位，政治社会的地位并没有得到实质性的认可，地位依然很低。

出现以上问题的原因，我们可以从以下几点加以说明：

第一，学校教育和政治教育训练不足

韩国社会相当多的人对通过性不平等的学校教育过程形成的性角色社会化和政治社会化给予认同，未曾置疑。不论是家庭教育，还是学校教育，从一开始我们就接受并强化"政治原本就是专属于男性的领域"这种固定观念。

第二，起因于文化因素

文化具有很多让小孩子形成自己性角色固定观念的资料。儿童从小受家庭文化的影响对性角色形成自己的固定观念，这种观念随着年龄的增长，不仅不轻易改变，反而根深蒂固。例如，在韩国，"政治是男人的领域，与女性无关"。这就是社会传统的性角色观念，这种从传统上来说就是一种错误的政治文化意识，却能够得到社会大多数人的认可。

第三，制度的因素和实践的不足

表面看来，目前各种规定与法规有了明文规定，形式上似乎平等，但并非实质上的平等。当务之急是需要引进各种先进制度，并加强对于这些制度的实践。

吴在林教授在研究了女性参与政治和女性教育以后指出，在韩国漫长的教育历程中，随着性角色观念的不同，教育的培养目标也各不相同。同时还指出，从二十世纪八十年代开始，教育制度虽稍有改善，但距实现实质上的男女平等教育还相差甚远。

其实，韩国社会的教育热在世界上也是很有名的。韩国接受高等教育的人数中百分之四十是女性，而且不少女性还接受大学或研究生教育。已获得博士学位的女性将近一万五千多人。然而，在大学任教的女教授却微乎其微，更有甚者，各大学的主要行政领导、人事主管等主要决策者绝大部分是男性，女性在大学只负责一些非实质性权利的职位。国内主要企业的女性部长级不到0.9%。更重要的是与国民生活直接相关的立法机关、国会议员，以及地方议会议员中，女性议员比例也少得可怜。可见，决定国家重大政策，女性并没有实现真正的参与，没有发挥应有的作用。

此外，还有以男性为中心的组织文化、对于传统女性角色的习惯、女性领导力的缺乏、女性政治教育和训练的不足以及女性自我认识不足等诸多原因。女性受到的学校教育和理论教育较强，但如果将理论适用于实际生活，则因为没有受到实际训练，没有得到政治主体者的培养，女性对于参与政治社会的重要性认识不足。因此，不只女生，男生也扩大了对于参与政治意识的偏见，并形成了固定观念。对于这种教育的认识，不只是学生，我们实际生活的方方面面都受到影响，并且随着女性接受教育程度的提高，这种性角色固定观念的影响就更加明显。

由于上述原因，解决性平等问题时，韩国社会必须弄清的首要问题就是"什么是性平等？"

性平等就是将某些过于偏狭的部分作为男女共同的问题来看待，在立法、政策以及其他所有方面进行共同的探讨。即在履行并监督所有政治、经济以及社会各个领域的立法、制定政策的过程中都要体现女性的关心，女性的经验，最终实现性平等。

本文谈论的是在韩国社会中追求女性的教育和政治上的两性平等问题，因此，为实现两性平等，通过分析学校教育和女性政治教育的现实情况，试图摸索出一套韩国女性教育发展的最佳方案。

Ⅱ．理论依据：政治社会化、性角色、选举

要想实现两性平等，女性首先要相信自己，相信女性在各种领域与男性具有相同的能力。女性必须做到自我培养，自我提高，使自己能够具备较高的素质与能力，并在所在领域发挥主导作用。我认为，女性只有参与社会政治权力，实现政治上的两性平等，韩国社会才能实现真正的两性平等。为此，女性应该走向社会，参与政治，实现女性政治社会化。政治社会化(political socialization)，是指一个人的与政治有关的各种行为是由直接或间接的生活经验及正规的学习方式形成的。1970年以后用政治行态研究方法研究儿童和成人的政治社会化倾向越来越多。研究政治社会化日渐增多的趋势正如Almond 和 Powell所说，"政治社会化的研究将是政治安定和发展的极为有希望的研究道路。"1) 政治社会化的主体包括家庭、学校、朋友、政党、利益团体、Mess media等。政治社会化过程可分为两种，一是正规教育，即学校的公民教育；另一种是非正规教育，也就是学校以外的各种无形的政治教育。这种无形的教育是通过家庭、政党、各种团体、各种传播媒体直接或间接地来吸取政治知识及其价值观的。属于非正规教育的政党教育、女性团体教育、NGO及社会团体教育和传播媒体教育比起正规的重理论教育强化的是更为实质性的教育，因此更加重要。

　教育包括正规社会化课程的学校教育和非正规社会化课程的女性政治教育。本文以此为重点进行论述。

两性平等首先要在教育领域实现男女平等。

笔者认为，女性的教育水平越高，性角色的整体性越明显，这便是韩国社会的现实，也是正规教育的学校教育存在的问题，必须加以改善。

韩国教育长期以来，在性角色定式观念下，按照性别设置不同的教育目标，进行

---

1) G. A. Almond and G. B. Powell, Jr, *Comparative Politics Approach* ,(Boston : Little Brown), 1966. 64.

不同内容的教育。八十年代以後虽略有变化，但并没有带来实质性的变化，教育内容依旧男女有别。

什么是"性角色"？J. H. Block 认为，性角色指定了人们在所处文化之中男性与女性的关系。对此如何理解，如何接受因人而异，这是质的总和。对性角色的不同认识将极大地影响他们的行为与自我评价。性角色包括对两性不同认识的行动、人性的特性、角色关系、社会地位、能力、活动等，对性的认同(Identity)受生理因素和文化因素的影响而形成，文化因素的影响更大。

与性角色相关的行动是怎样形成的呢？有人认为，文化的规范是最大的影响因素。这种说法具有说服力。

李珍分说，有关女性教育的研究认为，文化的规范、社会化、个人的态度和价值观、现状、社会实际是形成性角色并使之得以维持的共同因素。现代社会因产业化而造成的多角度的变化即使影响到社会构造，如果在对待男性与女性上没有文化体制的根本的价值观的变化，那么，对女性的偏见依然不会消失，这种偏见就会给女性带来差别[2]。

人们在日常生活中常常会介意别人的期待，并努力采取符合他人期待的行动。不合适的性行为很容易受到社会价值观的指责。当女性教育者、女性政治家的行动得到他人的高度评价和宣扬时，人们就会努力向她们学习，力求做出同样的行动来。宣扬并奖赏申师任堂使其成为女性角色的楷模，模仿她的人越来越多，这是一个很好的例子。

选举是政治社会化过程中最重要的途径。选举可以培养政府进行决策的必备人材。同时，政治家也可以通过选举把握民意，并将民意反映于政策。民主主义的选举不断，统治机构与统治权力的更新换代就会不停，政府便可以不断焕然一新。因此，选举是民主政治必不可少的条件，是必经之路[3]。胡佛教授在联合报上的一篇题

---

2) 李珍分，「关于女性两性平等教育的方向之探讨」，《教育研究》，(首尔: 详明女子大学教育问题研究所)，1982，6－7.

3) 河暎爱，《地方自治与女性参与政治》，(首尔: 三英社)，2005，序言中

16

为《选举漩力与政治发展》的文章中说，选举是政治社会化的最优秀的过程，特别是从民主价值观的角度来看，连续不断的选举将使追求民主主义的价值观将得到不断普及并使之加速[4]。郎裕宪教授说，通过参加选举的候选人的竞选，使一般大众了解国家的重要事件和地方事务的 内容，缩短政府与国民间的距离，从而加速国家的现代化[5]。

事实上，人们通过选举过程可以学到许多适应政治生活的知识和技能。特别是，国会议员和地方议会议员通过立法过程将民意反映于国政和地方政府。因此应该让更多的女性参与决定与女性相关政策的议会政治。通过选举使女性的心声得以反映于国政，使这些人通过竞争当选，从而使女性的生活水平得到提高。为了使更多的女性在各种选举中入选，应该对候选人进行各种各样的选前教育，这需要政党、女性团体、传播媒体、NGO等不同团体的共同努力。

对韩国社会的教育现实进行了上述考察之后，我们希望能够在此基础上摸索出一个较好的、可行的发展方案。

Ⅲ．韩国的女性教育现状

为了进一步了解韩国的女性教育现状，必须对固定的性角色观念主导学校教育的现状、韩国女性参与社会政治现状、女性政治教育现状等进行认真的考察分析。

1. 学校教育中性角色的固定观念

Durkeim认为，教育的变化不仅反映社会结构和文化的变化，也是一种积极的媒

---

4) 胡佛,「选举漩力与 政治发展」联合报, 民国77年 9月 23日, 第2面.
5) 郎裕宪, 《选举论丛(下)》, 台北: 台湾商务印书馆, 民国67年 12月 初版, 241－242.

体6)。曾几何时， 韩国女性为获得与男性同等的社会地位所进行的努力之所以导致失败， 最重要的原因就在于性定型化的教育过程和教育过程中的性角色固定观念，以及教师们公式化的意识与习惯。

培养有自尊心的学生是教育的重要目的之一， 而男女生自尊心的发展方向却不一致。小学阶段男女生的自尊心几乎没有什么差别， 而中学阶段男生的自尊心有所下降， 高中阶段回升。与此相反， 女生在中小学时期就被女性角色固定观念所压抑，而到了中学时期自尊心变强， 到了高中却一直下降7)。

据韩国教育开发院调查研究结果，一半以上的中学生严重存在性角色的旧观念，而且男生比女生严重。尤其严重的是学校教育使这种旧观念得以再生产。在这种旧观念为基础的教育下长大的学生根本理解不了在现实生活中人与人之间存在的差别和人的多样性及复合性。这种教育使学生试图用这种旧观念再造就自己， 如果与之不同就陷入严重的自我矛盾和精神混乱。使人更加担心的是， 恰恰在这个时候学生们必须对自己的前途做出选择。

全国十六所科学高中的女生人数每年都在增加， 从一九八八年的百分之一增加到二000年的百分之三十六。问题是科技高中的女生未能及时得到周围人的鼓励， 不能下决心把自己培养成为一名科学家， 年级越高， 这种现象也越严重。科技高中的男生有一半人升入工大, 而女生却报考医大。最近这一趋势更加严重。

当学生决定自己前途的时候， 同性榜样起着很重要的作用。比如， 女教师可以帮助女生打破旧观念， 而现实却不然， 女教师太少;十六所科技高中的416名教师中女教师只有17人。尤其严重的是， 有六所学校竟没有一名女教师是学数学和与科技相关的专业的。8)

应该指出的是， 学无榜样的现象大学也并非世外桃源。韩国女教授的比例一九六

---

6) 与Durkeim的主张不同， 韩国的教育制度是对女性实施性差别对待的社会， 女性对社会和文化规范不能发挥作用。

7) 南承姬,「韩国女性教育的问题点与 方案摸索」,《女性学研究》, 第11期, 176.

8) 南承姬,「韩国女性教育的问题点与 方案摸索」, 177.

五年占百分之九点二，一九九六年占百分之十二点六，在漫长的30年间只增加了百分之三点四。按专业看，二〇〇〇年首尔大学工大、浦项工大、首尔科技院中的工科专业的教师中只有首尔大学工大有一名女教授，还是个基金教师。全国五所主要大学中没有一名教法学的女教授，全国21所主要国公立男女共学工科大学的主要学科，女教授也很少。比如，经营系的530名教授中只有2名女教授、经济系280名教授中只有2名、法学系313名教授中只有2名、言论报刊广播系66名教授中只有1名、医学系3，140名教授中只有278名、政治外交系116名教授中只有4名、工大888名教授中只有3名。9)

女教授参加决策机构的人数也少得可怜。除了有家庭系列学科的生活科学大学和护士大学外，其他大学的本部和所有单科大学的人事委员会中，女教授所占比例也很少。人文大学、艺体能大学和师范大学的女教授较多，可情况也是大同小异，女教授在各项决策中几乎不能发挥作用。女校长、女院长的比例仅为百分之三点八。尤其是，一般大学的教务处处长、计划研究室室长等大学本部的主要行政职务和教员人事委员会、学士运营委员会、计划运营委员会、学术研究委员会、奖学委员会等机构中的男女比例不平衡现象更加严重。二〇〇〇年四月全国各大学女大学生比例高达百分之四十四，而女教授的比例却只有百分之九，行政人员中的女教授比例只有百分之一点六。大学内部男女教授比例失调引发了许多问题和不便。比如，女生找不到可引以为榜样进行模仿的女教授形象，更得不到女教授的具体指导，这在大学形成了男尊女卑的思想基础。降低高学历女性参加社会活动的比例，导致了女性高级人力资源的浪费。

已取得最高学历－博士学位的女性也不例外。据报告，女博士的百分之四十左右从事时间讲师等不稳定职业，或者干脆放弃就业。一九九八年获得博士学位后就业的人中女性占百分之三十七点七，仅为男性百分之六十七点八的一半。女性博士过分集中在就业较难的人文、语言学等学科，也是就业难的一个原因。无论在就业难

---

9) 南承姬，「韩国女性教育的问题点与 方案摸索」，176－177.

的领域，还是在就业不难的领域，女博士的就业率都远远低于男博士的就业率，这一点应该引起大家的注意。信息通讯领域里的男博士的就业率达百分之九十，而女博士的就业率仅为百分之六十。女生比率较高的师范系统一九九八年、一九九九年的女博士生就业率各为百分之二十九点二和百分之三十八点九，比男博士的就业率分别低百分之五十五点九和百分之四十三点九。

由于女性参与经济活动比率全面降低，尤其是高学历女性参加劳动的机会减少，使得社会劳动结构趋向不合理化。即，中学以下学历的女生参加劳动的比率比较高，但二十六七岁退出劳动市场后重新步入劳动市场的比率很低，形成了劳动供应断层现象。由于未能充分利用女性人力资源，造成了人力资源浪费，从而降低了国家的竞争力。

无论什么样的社会，社会的文化类型对社会成员的行动方式、道德、规范、价值体系，行使着绝对的权力，而这种权力深深地影响到教育领域。因此，我国的女性教育虽在数量方面有所增加，但在提高质量，如提高女性社会地位等方面还未能作出应有的贡献[10]。应采取什么样的措施才能使以学校教育为主的整个社会教育，能够让女性充分发挥自己的潜能并为培养后代做出应有的贡献呢？我们必须想尽办法摸索出一套较为有效的解决方案来。

2. 韩国女性参政与政治教育现状

1）女性在議會中的參政活動

论女性参政，韩国历来是全世界最低的。一九四八年国会是制宪国会，200名议员中女性只有1名，占全体议员的百分之五;50年后的二000年第16届国会，女性议员才增加到16名，仅占全体议员的百分之五点九。但就这一点点的成就也是通过无数女性艰苦奋斗才取得的。女性议员所占比率不到百分之一的情况也是屡见不鲜。学界

---

10) 李珍分，「为实现两性平等，探索女性教育方向的研究」，2.

和女性界研究了国外的实例后，　　坚决要求引进国外对女性实行名额制的先进方法，取得了一定的成果。但是，跟全世界的平均值，即百分之十四点八相比，我国的平均数，即百分之五点九显得实在太少了。其他情况也差不多，如，国会议员16名(占百分之五点九)，广域团体长0名，基层团体长2名(占百分之零点八)，广域议会63名(占百分之九点二)，基础议会77名(占百分之二点二)。

二〇〇〇年第十六届总选前，为了保障女性踊跃参加政治活动，在政治方面打好了基础，政党法明文规定共同推荐比例代表名额中女性要占百分之三十。二〇〇二年三月第三届地方选举前，政党法第31条明文规定，在广域议会共同推荐比例代表名额中，女性要占百分之三十。[11]　虽然在政党法和政党的党宪、党规上明文规定了这些内容，但是因为没有强制执行这些内容的有效方法，面对各政党在选举中对此置之不理时就无可奈何了。各党熟悉的是竞选制，对女性名额制还没有研究出适当的措施来。因此，许多女性候选人在共同推荐活动中心，仍被男性为中心的政治挤出门外。女性要同男性一样参政不容置疑，女性要选出自己的代言人，要为在选举中占50%的名额而继续努力。

《表一》 从第四届地方议会议员选举结果来看，在16名广域团体长中没有一名女性。市、道议员总人数为655名，其中女性议员仅32名，占总数的4.9%;比例代表市、道议员共78名，女性议员为57名，占总数的73%，大多数为女性。

但女性议员人数明显增加仅仅表现在比例代表名额上，广域团体长女性代表为0%，广域议会女性议员为4.9%，可见议会仍然是男性为主的结构，对女性来说，议会的门槛依然高不可攀。

230名基层团体长中女性团体长仅3名，只占1.3%; 2,513名 区、市、郡议员中女性团体长仅为110名。而在基层议员选举中，女性的比例代表则占绝对优势，在375名比例代表中，女性代表为327名，占总数的87%。

从整个地方议会议员选举结果来看，选举比例代表时，女性表现出了优势，而在

---

11) 河暎爱,「地方自治和女性」, (首尔:三英社), 2005, 139－152.

选举基层团体长时，女性则寥寥无几，甚至是一张白纸。

看女性议员比率，广域议员和基层议员的女性比率各占4.9%和4.3%，低得可怜。

第17届国会议员选举选出了39名女性国会议员， 在299名国会议员中占议员总数的13%， 这是历届国会议员选举中前所未有的。但无论选举国会议员， 还是选举地方议会议员， 女性只在比例代表选举中占优势。由此可见， 韩国女性参与政治仍然任重道远，还需各界再接再厉。

《表一》 第四届全国同时地方选举结果

2006. 5. 31

区　分	总人数	男性	女性	所占比率
广域团体长	16	16	0	0%
广域市、道议员	655	623	32	4.9%
广域议会议员(比例代表)	78	21	57	73%
基层团体长	230	227	3	1.3%
区、市、郡议员	2,513	2,403	110	4.3%
基层议会议员(比例代表)	375	48	327	87%

资料来源: 中央选举管理委员会 5.31 投票、开票咨询系统

2) 韩国女性的政治教育现状.

女性无论在政治态度和行动上都不如男性， 其主要原因可以在早期学校教育的政治社会化过程中找到。[12) 为了让女性积极参与社会政治，首先要考察分析以参加政治活动为目的所进行的韩国女性教育现状。

很多女性团体为了女性教育很早就着手开展工作， 其中包括韩国女性政治文化研究所、女性有权者联盟等。他们定期对女性进行政治教育。韩国女性政治研究所对

---

12) 吴在林,「关与韩国女性参与政治与的 研究」,《亚洲女性研究》, 43－1, (首尔: 淑明女子大学 亚洲女性研究所), 2004, 109.

女性进行"下一代女性领导人研修教育"，每期为三天两宿，主题为国际机构和生活政治运动、共同推荐制度的引进、议政体验教育、男女雇佣平等法教育等.13) 从一九九二年的第一期开始已经进行到一九九七年的第十期。但在这些内容中缺少培养政治家所需要的选举战略、财政保障方案等直接具体的教育内容。韩国女性政治联盟正在开设"面对年轻女性的女性领导人培养课程"，进行以提高政治意识、保证升级、出马议会为目的的教育，主要是有关选举的具体内容。第一次于一九九七年十月进行，第二次于一九九八年三月进行，第三次于一九九八年十月进行。韩国女性有权者联盟以各支部为单位在大城市开展了"为实现小政治的女性有权者运动"的主题活动，大主题为"地区邻居一体意识"，小主题为"放学后辅导儿童"、"有效处理垃圾"、"环境保存"等。与其说进行了政治教育，还不如说没有彻底摆脱"女性即家庭角色"的性别分工论。14)上述的女性团体对女性进行了各种教育，强调政治领域并不只属于男性，女性应该积极参加有关女性的政治。于是一些人成了政治候选人，当选为地方议会或国会议员，掌握了作为女政治家的政治权力，成为女性的代言人。但是这些女性团体由于资金紧缺，很难将女性教育継续下去。

对下一代的女性教育，由女性开发院开发出了"为广泛宣传提高女高中生政治指导能力方案的方案"，于二000年十一月进行了两次四天三宿的示范教育。女性特别委员会为培养下一代女性领导人于二000上半年进行了两次四天三宿的女大学生示范集训，在此基础上下半年在10个市、道中按地区进行了125所大学660名女大学生参加的集训。15)

韩国女性政治文化研究院以20岁左右的年轻女性为对象进行"下一代女性政治教室"活动和"模拟联合国女性委员会"活动，内容是体验国会、地方议会、政党的政治

---

13) 全敬玉，卢慧叔，金永兰　共著，1999，≪女性的政治权利意识和政治参与≫，(首尔：集文堂)，1996，166－169.

14) 全敬玉，卢慧叔，金永兰　共著，≪女性的政治权利意识和政治参与≫，169.

15) 金源洪等共著，≪解放后韩国女性参与政治现状和今后的课题≫，(首尔：女性开发院)，2001，304－306.

活动，组织模拟女性国会、模拟世界女性会等，从一九九九年开始每年进行一次。"为女性政治势力化的民主连带"于2000年8月17日开办了以"作一个未来的女政治家"为名的政治体验学校。

主要内容为访问政治现场、访问首尔市女议员，访问女国会议员，总统夫人李姬镐女士等。同年九月三十日邀请大学政治外交系的女大学生召开了座谈会。以"职业政治"为主题与政治外交系的女生就未来职业问题进行了探讨和展望。此外，釜山女性政策研究所也进行了女性指导者研修教育，自1993年开始已培训了6届。[16]

最近，各政党及一些女性问题研究所虽也在施行政治教育，但报纸评论说"女候选人教育是外强中干"。这就是目前的现状。有位接受过女性政治教育的女士说："亲自出马参加竞选后，才知道实际情况与所学理论相差甚远，难免手忙脚乱，不知所措，有时还要面对挫折。[17]"不仅如此，请来讲课的政治家只顾为自己做宣传，受益不大。最严重的是，理论脱离实际。女性政治教育不能排除那些参与政治，特别是作为候选人参加竞争时会碰到的一些实务性的、实践性的内容。干巴巴的、空洞的内容难免给那些用于参与竞选的女性留下遗憾：参与议会政治的门槛实在太高了。

民主女性政治学会于1995年与新政治国民会议同时创立，先后培养了400多名女学员.[18]一国党女性委员会曾给各党代表竞选候选人递交了公开置疑书发问："如果您当选为代表的话，将用什么样的方式来解决党内女性政治发展基金呢？[19]，这是相当积极的态度。

政治教育不仅要讲授理论，更应该强化实习。只有进行长期的、有体系的女性政治教育，并为女性候选人能够入选开展各种积极的活动，诸如挖掘候选人、开发女性入选战略、组织女性候选人后援会等，才能使女候选人更加成熟，更有准备，更有信心。

---

16) 金源洪等共著 《解放后韩国女性参与政治现状和今后的课题》, 305.

17) 우먼타임스 ,(周刊报) 2005. 11.11.

18) 联合新闻、报道资料 政策/资料 2005. 10. 04 (火) 午後 4:50

19) http://61.74.67.107/admintool/woman/510193.hwp

Ⅳ. 韩国女性教育发展方案

1. 改善学校教育，实现两性平等

　　为实现两性平等而制定的韩国女性教育发展方案中，　首先要考虑的是学校教育。学校教育中固定的性角色观念和性差别教育过程(无论是表面的教育过程，还是潜在的教育过程)，都应取缔，并在法律上、行政上得到根本性的改善。

　　那些在固定的性角色观念基础上制定的教育目标、教育内容、教育方法、教训等应在学校教育过程中取缔，　代之以性中立内容。学校教育决不能强求学生接受来自社会的偏见和固定观念，　更不能进行再生产。特别要强调，　无论男性还是女性，　都可以根据自己的能力与兴趣参与各种社会活动。要使学生认识到，　结婚之后家庭生活和子女教育是男女共同的责任和义务，夫妻应该分担家务。这是两性平等教育的重点。

　　为进行两性平等教育，　重要的是要打破教师头脑中定型的女性形象以及对未来女性职业的固定观念，　改变中小学和大学教师头脑中的的意识和态度，　开发相应的教材，　改善教育过程中的性别区分和对女性成就的双重结构。改革法律与制度是给予男性和女性以同等的权限、保障更加平等的资源分配、赋予同等的参与机会之捷径。教育界也可以采取"女性名额分配制(保障女性名额)"或"聘用女性目标制"等积极措施 (affirmative action)，尽快摸索出一套更加快捷、更加合理的方法来。

　　积极措施是以结果的平等为目标而实施的优待政策，　要一直实施到获得平等结果为止，　因此我们称其为"暂定优待措施"。社会对此持有不同见解，　特别是那些保守的教育界。他们不仅对"弱小集团"的判断标准或根据是极其模糊的，而且

　　将"不均衡的统计"作为判断是否积极措施的标准，　这本身就是一种差别。也有人批判说，　这要求公、私领域的使用者以性别为根据，　强迫实施有意图的逆差别。但是，　性平等指数比韩国相对高一些的发达国家，　根据统计，　对那些性别间不均衡现象较显著的领域，　正在积极引进有效措施。为实现性平等，　男女之间应该结成强

有力的伙伴关系，只有相互理解，才能尽快克服不平等，才能加快实现性平等立法、资源分配、观念改革等社会变革。

积极的措施并非维持劳动力的性别均衡，而是为了纠正过去不平等的差别，建立真正的性平等社会。因此，各政党都应大胆实施"提高女教授参与率方案"和"聘用女教授目标制"等政策，不可再拖延时间。

2. 参与政治，加强训练，确保女性实质性平等

最直接的两性平等是女性直接参与政治权利和制定法律，并使之确保真正执行。为此，女性要通过大学教育和社会教育来实现政治社会化，并为成为女政治家进行必要的准备。

1）大學應加强兩性平等教育

学校教育应该培养女性的政治意识，这是韩国女性参与政治的关键。尤其是大学和研究生院应该培养女性领导人的资质，要通过政治教育培养出一批女政治家、女领导人来。应该培养年轻女性，使她们能够成为政治主力。为树立女政治领导人的角色模式，大学应该评价老校友的业绩，应该讨论"女政治家为什么重要？"、"社会为什么需要女政治家？"等问题。

那些在政治上有抱负的年轻女性，应该接受女性团体或政党组织的政治培训，培养自己在政治方面的专门能力，积累经验，积极加入政党，[20]打好群众基础。这是非常重要的。

大学开设了女性学、女性学历史等相关课程，对转换男女学生的意识影响很大，

---

20) 当然，在象我们国家这样政党名称经常改换的国家，参加政党需要经过深思熟虑，但，民主国家通过政党的权力交替能够培养出更多、更成熟的国家统治权者。也可以不参加政党的无所属资格出马，这对于参选人，特别是女性政治家或候选人不利。因此，通过政党政治实现自身的政治理想是最好的选择。

性问题(gender　issues)成为大学生生活的主要话题。学生们认识到，要想实现两性平等，政治领域是非常重要的。大学和附设教育机关应开设[21]"女性政治教育"课程，韩国女性政治研究所、韩国女性有权者联盟等施行的"下一代女性领导人教育"、"下一代女性政治家教育"应该继续，不仅要传授理论知识，而且要加强实际训练。要进行长期的、有体系的女性政治教育，为女性候补人入选而积极开展各种活动。比如，挖掘候选人，为女性候选人开发选举战略，组织女性候选人後援会[22]等。只有这样，女性候选人才能更加成熟，也才能成为一个有充分准备的候选人。

2）政党、女性團体應加强女性教育

在女性政治教育中，最有效的方法是为她们创造一个能够积极投入政治活动的有利环境。政府机关的官僚们如果不能真正理解两性平等的有关政策，没有促进两性平等的决心，那么改革性的平等是很难实现的。女性家庭部应该监督各部、处实行有关女性政策的情况和结果，有权提出强有力的对策。

法国由政府机关将女性政治教育纳入工作日程，调查人们对女性的认识，为提高女性的政治涵养做出了努力。

美国民主党设立了Emily's　List、女性委员会、eleanor　roosevelt财团等专门支援女性候选人，还进行女性候选人志愿者和女性干部培训；共和党则开设了管理选举学校，培养选举和选举运动人员。

英国劳动党在国会委员退休时，将空位名额的50%分配给女性，提高地区女性委员长当选的可能性。一九九三年还为女性候选人提供过选举资金，支援过女性选举运动，为提高女性候选人的胆量进行过专门的培训。

韩国各政党还没有为女性市民团结一致、发表符合自己利益的主张创造一个良好的环境，反而坚持以男性为核心的排他主义结构，对女性提出的创造性意见麻木不

---

21) 全敬玉　等共著，《女性的政治权利意识与政治参与》，175.

22) http://www.　chejunews.co.kr/2002/08/2002－0817/lifecult

仁。实际上在韩国的各政党党员中女党员占一半以上，形成了党的基础，然而根本没有对她们进行过教育或再教育。因此，必须建立专门的女性政治研修机构，发现和培养女性候选人，并对女性党员进行政治教育。

至今，各女性团体开展了各种各样的政治教育和培训，但为了进一步团结起来，坚持培养能务实的，大有希望的女性候选人，有必要建立女性政治学校。

3. 改善政治文化、法律制度，力求实质性的两性平等

女性参与政治可解除或者缓和对女性的压迫。参与政治能够维护女性利益，满足女性的特殊要求，是保证女性生存和福祉利益的唯一途径，因此，女性必须力争政治权利。只有这样才能保障女性的社会地位，提高女性的生存质量。这一切只有政府、政党、女性团体、教育界改革了有关制度和法规的时候才能得以实现。

在我国能够代表女性权益的国会议员比例一九四八年是零，到了二〇〇六年才达到了百分之十三，而这是女性长期奋斗的结果。长期以来，学界和女界认真研究国外范例，并要求政府引进他们的制度，从而确立了女性当选比例制度，使得女性参与政治状况发生了很大变化。

法国在宪法中规定："法律优待女男平等的任命或选举的公职。"，并根据确定男女被选比例制，规定百分之五十的女性担任公职。为了使确定男女被选比例制度真正发挥作用，政府、政党、市民团体应该关心女性教育，加强多方面的联系，促进女性势力化。为此，要做到如下几点：

1) 应该保证女性议员比例。

地方议会至少应该划出百分之三十的比例给女性。共同推荐地区候选人，也应该引进确定比例制度。

2) 应该加强各方连带关系。

讨论研究有关女性问题时，应该进一步强化各方之间的连带关系，并积极地、持

久地把这项工作坚持下去。

3) 应该提高公职中女性参与高级职位、专门职位的比例。

应该纠正政府对女性的偏见，扩大女性受教育、受培训、被采用的机会，在采用和提升长官、次官政务职公务员、管理职公务员、派遣国际机构代表等方面，应使女性比例至少达到百分之二十。为此，各部门应制定出行之有效的方案来。使用人才时政府应该成为公共部门的典范，进而带动私人部门扩大女性参与人数。

4) 改革政党关系法, 挖掘女性候选人。

二00六年韩国有史以来第一次选出了自己的女总理。虽然听闻会上提出了一些难以答对的问题，但是因为韩总理政治经历丰富，韩国政治条件成熟，终于使韩国出现了第一位女总理。于是女性首次成为处理国情的统帅，全体女性和国民都把希望寄托在她身上。新罗历史上曾出现过一位善德女王，由于她统治国家有方，受到百姓爱戴，后来，历史上又出现了好几位女王。如果女政治家象善德女王那样能够治理好国家，就可以为后代作出榜样，促进国家兴旺。

4. 争取财政支援, 培养女性政治家

为了培养下一代女政治家，政府应该不遗余力，千方百计给予财政支援。对教育的财政支援要求政府象法国政府那样关心并采取具体对策，踏踏实实去落实。政府有必要修改法律条文，从各政党的国库补助金中拨一部分用于挖掘和培养女性政治家。如，政党法规中有条文保证有关政党的开发基金、组织活动经费、宣传经费等。为了长期发展，我们主张在政治关系法上新设一条"开发和培养女性候选人经费"。

为了培养出更高层次的女性政治家，特别是有能力处理好国际问题的那些年轻有为的女政治家，有必要引进象日本的松下政经塾23) 那样的专门教育机构制度和韩

---

23) 松下政经塾是以培养日本政治领导人为目的而设立的机构，教育期间作为自己将来要参选地区的预备候选人发表政见，比理论更加重视实战。目前正在培养大量的政治人才。2003年7月8日－9日. 松下政经塾访问。

国庆熙大学和平福祉研究所的教育制度。

女性参与政治，组织、资金、经验这三条是最重要的。韩国女性候选人要参与政治，最缺少的就是资金。因此，各政党也应为平时能够"培养候选人"设立常设教育机构，新设一条"挖掘和培养女性候选人经费"，做好基金准备，不要只关心女党员人数，或者面临选举时才埋怨党内没有优秀的女候选人。各政党还要在党内的公共推荐审查委员会和人事部门引进女性比例制度，以便女性不再受损。

5. 借助媒体，竖立两性平等的典范

各种媒体一直受到国民的信赖，它所进行的宣传报道具有传递信息的功能。可以说，电视是大家喜闻乐见的一种影像媒体，因此，应该通过影像媒体加强宣传两性平等的典范，不要陷入旧观念，强调女性的性作用。应该摆脱过去的传统女性角色，竖立现代社会所需要的女性形象。这当然不应该将两性平等教育停留在理论上、形式上，而应该是真正的、全面的转换。

我们的宣传报道应该反映那些在家庭生活中、学校教育、社会和公司的各个角落里发挥作用，积极认真工作的女性，并给予她们以肯定的评价。电视、广播、报纸、杂志等各大众媒体应该关心女性参与政治和实现政治势力化，为改变女性角色的形象助一臂之力。

6. 积极参与国际社会，提高两性平等意识

现代国际社会，特别是东北亚韩中日三国女性的活动，对宣传政治意识、提高两性平等意识都将产生直接或间接的影响。通过95年北京世界女性大会、99年首尔NGO世界大会的经验，东亚女性研讨会等，在理解各国文化、女性参与政治等方面相互交流了意见，交换了各国有关女性制度的资料。韩国女性与女性团体通过参加

国内外各种国际大会积累了丰富的经验, 并将此反映于国家的女性政策。

95年北京女性大会以後, 各国在美国女性地位委员会会议上发表关于履行北京行动纲领的报告时, 韩国发表了关于由GO和NGO共同参与制定法规, 并制定出"女性发展基金法'的先例, 提高了韩国女性的形象。通过这些国际大会、研讨会、座谈会、介绍民族服装等活动认识到, 加强了女性也要担负重任的主体意识。[24]

韩国女性部于2001年在首尔召开了"韩中日女性领导人会议", 中国由当时的全国妇女联合会主席彭佩云.

副主席刘雅之为首的8名代表、日本前首相夫人、参议员女性团体等、韩国的总统夫人李姬镐女士等出席大会, 极大地鼓舞了韩中日三国女性。这次大会分别召开了和平、女性的作用、性暴力等方面的研讨会, 约500名代表就各国的女性问题展开了热烈的讨论, 并通过讨论了解和体验了各国女性参与社会教育的实际。此外, 2005年6月19日－24日在首尔召开了"第8次世界女性学大会"、2004年在首尔召开了"世界女性国际会议"、1996年开始, 每两年召开一次"东亚女性研讨会, 先后在日本、韩国、台湾、蒙古召开, 2003年在香港召开。韩、中、日三国女性通过参与这些国际性女性大会, 扩大了自身的影响, 并活跃于国际、国内的社会舞台。百闻不如一见, 我们要从国内舞台走向世界, 同东北亚女性一起研讨各种女性问题, 了解各国女性文化实际, 达到相互理解。通过这些社会化的活动, 使女性自身的文化扎根于社会, 并使之制度化。这将成为我们生活的动力, 使我们自己的生活更加充实, 更有意义。

---

[24] 河暎爱, 『当代韩国女性参与政治与社会活动的 研究』, 2004, 香港珠海书院亚洲研究中心, 北京大学中外妇女中心 主办 ≪亚洲妇女问题的检视与展望≫国际学述研讨会. 28－29.

V. 结论与课题

如前所述，我们将韩国女性教育分为学校教育和政治教育两种，分别进行了论述，考察了韩国学校教育和政治教育的两性平等现状，并探讨了今后的可行性发展方案，概括如下：

1. 通过学校教育，实现两性平等

当务之急是，铲除教育界存在的性角色固定观念，不管是潜在的，还是表面的性角色教育，并建立法律上、行政上能够得以保障的装置。为保障两性平等的教育实践，必须打破未来女性职业的定式观念，改变教师、教授的态度与思想意识，开发相应的教材。要培养学生的两性平等意识，让学生们认识到，无论男生女生，都可以根据自己的兴趣与能力参加社会活动，家庭生活和养育子女是男女双方共同的责任与义务，并使这种认识内化。特别是，要将大学"女教授聘用目标制"和"提高启用女教授参与主要行政职务率"的要求，提交各大学和政府有关部门，使之制度化。大学实施聘用女性教授目标制决不是对男性教授的逆差别态度，而是要通过结果的平等来实现性平等的大学文化，这是一种积极的措施，应该进行充分的议论。

2. 政治教育培训要持续、充实

政治上的两性平等，特别是女性参与议会是提高女性社会地位的标志。因此，在国会或地方议会上男女议员人数相同，可以实现议事决定权限的平等，也是保障性平等的最好的、最终的领域。女性团体、学界、研究所、政党都在为韩国女性参与政治组织各种女性政治教育培训。通过政治教育提高女性的社会意识，使其关心社会，并能够通过各种渠道走向社会。我们的目的是，使这些成为社会化，通过社会化又转变为社会行动，并作为一种良好的制度稳定下来。而这将是逐渐形成的。正像"女议员名额分配制"经过长期斗争争取来的那样，女性的政治教育也要通过持久的、实质性的努力去获得。大学教育应强化争取女性平等的政治教育。学生的两性平等教育是政治领域中极为重要的事情，要使大家认识到这一点，应该在学校以及附设教育机关开设以"女性政治教育"为内容的科目，强化女性政治候选人教育和实战训练。要积极做好挖掘女性候选人、开发选举战略、建立女性候选人後援会等工作，做好选举前的准备。此外，开设模拟国会、模拟联合国等也是一种行之有效的教育形势。

3. 建立并常设女性政治学校

要想长期地、有体系地对下一代进行女性政治教育有必要建立"女性政治学校"，并使之常设。现有女性团体应该联合起来，负责人员补充和实施教育，政党则应为培育候选人募集所需资金，使之法制化。培养那些有能力的女候选人和女政治家，为实现未来女性文化社会作准备。

4. 改善法规与制度

为发展韩国女性教育应该修改政治关系法，在政治辅助金中新设一项专为女性政治候选人提供的"女性候选人挖掘培养费"。国会女性比率30%名额分配制、地方议会议员选举占30%、公荐时也应各推荐30%的女性候选人才能保障女性候选人有可能进入有望入选圈内，进而实现两性平等。

[女性与 教育 国际研讨会], 北京大 2006. 6. 发表论文

參考書目：

金源洪等共著, 2001, ≪解放后韩国女性参与政治现状和今后的课题≫, 首尔: 女性开
　　发院。

南承姬, 『韩国女性教育的问题点与 方案摸索』, ≪女性学研究≫, 第11期

郎裕宪, ≪选举论丛(下)≫, (台北: 台湾商务印书馆), 民国67年 (1978)12月 初版,

吴在林, 2004, 『关与韩国女性参与政治与的 研究』, ≪亚洲女性研究≫, 43－1, (首尔:
　　淑明女子大学 亚洲女性研究所)。

李珍分, 1982, 「关于女性两性平等教育的方向之探讨」, ≪教育研究≫, 首尔: 详明女
　　子大学教育问题研究所。

全敬玉, 1999, 卢慧叔, 金永兰 共著, ≪女性的政治权利意识和政治参与≫, 首尔: 集
　　文堂。

胡佛, 『选举漩力与 政治发展』联合报, 民国77年 9月 23日, 第2面。

河暎爱 1991, ≪台湾地方自治选举制度≫, 首尔: : 三英社。

河暎爱, 2005, ≪地方自治和女性≫, 首尔:三英社。

河暎爱『当代韩国女性参与政治与社会活动的 研究』, 2004, 香港珠海书院亚洲研究中心,
　　北京大学中外妇女中心 主办 ≪亚洲妇女问题的检视与展望≫国际学述研讨会.

우먼타임스 , 2005. 11. 11.

G. A. Almond and G. B. Powell, 1966, Jr, *Comparative Politics Approach*, (Boston
　　: Little Brown).

http://61.74.67.107/admintool/woman/510193.hwp

http://www. chejunews.co.kr/2002/08/2002－0817/lifecult

북경대 발표 2006 - 6

양성평등을 위한 한국여성교육의 현실상황과 미래전망

I. 서 론

한국은 교육받은 여성인구가 나날이 증가하고 여성의 평균학력이 높아짐에 따라 사회 경제활동이 적극적으로 변화하고 있음에도 불구하고 여성의 교육사회의 지위, 정치사회의 지위는 그 가치를 인정받지 못하고 있는 실정이다. 이러한 요인은 무엇보다도 다음 몇 가지로 파악할 수 있다.

첫째 학교교육과 정치교육훈련의 부족이다. 상당부분 성 불평등한 학교교육과정을 통한 성역할 사회화와 정치사회화의 결과에 기인한다. 가정과 학교 교육에서부터 정치는 남성의 영역이라는 고정관념과 남녀역할구분에 대한 태도를 강화시켜 왔다.

둘째 문화적 요인에 기인한다. 문화는 아이가 그의 성역할 고정관념을 형성하는 자료를 너무도 많이 갖고 있다. 아이의 가정이 문화적 규준에 의해 영향을 받게 되는 정도에 따라 아이가 속해있는 문화는 아이의 초기의 역할모델의 행동을 복사하는 것이다. 한국사회는 전통적으로 정치사회참여를 남성의 고유영역으로 간주하는 잘못된 정치문화에서 비롯되었다.

셋째 제도적인 요인과 실질적 평등에 대한 실천이 미비하다. 각종 규정과 법규가 명문화되어 있어 형식적 평등은 있으나 실질적 평등은 아직 이루어지지 않고 있다. 따라서 새로운 제도도입과 이에 대한 실천을 강화하는 것이 급선무이다.

오재림 교수는 여성정치참여와 여성교육에 관련한 연구이후에 피력하기를, 한국교육은 오랜 세월동안 성역할 고정관념에 따라 성별에 따른 각기 다른 교육목표를 갖고 다른 내용을 가르쳤으며, 80년대 이후부터 약간 변화된 교육을 실시했으나 실질적으로 남녀가 평등한 내용의 교육이 이루어지지 않고 있는 실정이라고 토로했다.

기실 한국사회의 교육열은 세계적으로 뛰어나게 높다. 고등교육의 40%가 여학생이며 또한 많은 여성이 대학과 대학원의 교육을 받는다. 그럼에도 불구하고 초·중·고등학교에서는 여교사가 많은 반면 대학에서는 여교수는 극소수이며 총 학장는 물론 주요보직자도 여교수는 드물다. 또한 국내주요기업에서 여성 부장급 임원급은 0.9%에도 못 미치는 실정이다. 뿐만 아니라 국민의 다양한 분야의 법규를 제정하는 입법기관인 국회와 지방의회에 여성의 참여는 대단히 열악하다. 앞서 제기한 세 가지 요인 외에 무엇보다도 남성중심의 조직문화, 전통적여성의 역할모델의 습성, 여성의 리더십 부족, 정치교육과 훈련부족 및 자아인식 부족 등을 들 수가 있다. 그러나 무엇보다도 학교교육, 이론교육은 강한 반면 실생활 적용에 있어서 훈련되지 못했기 때문에 여학생들을 정치적 주체로서 키워내지 못했을 뿐만 아니라 여성정치 사회참여의 중요성 인식에 있어서 여성뿐만 아니라 남학생도 편견적인 인식이 확대되었다고 하겠다. 이러한 교육으로 인한 인식은 비단 학생들뿐만 아니라 우리의 실생활 구석구석에까지 그대로 반영되어 교육정도가 높은 여성일수록 더 많은 성역할고정관념의 피해를 받고 있는 실정이다.

따라서 성 평등을 위한 일은 대단히 시급한 문제로서 한국사회의 근래의 가장 중요한 이슈중의 하나가 되고 있다. 성 평등은 무엇을 말 하는가? 성 평등은 어느 한 부분의 성으로 지나치게 편협되어 있는 것을 남녀공동의 문제로 인식하고 남녀가 함께 입법, 정책뿐만 아니라 모든 영역에서 함께 논의하도록 해야 한다. 이것은 모든 정치적, 경제적 그리고 사회적 영역에 있어서 정책과 입법, 이행평가와 모니터링에 이르기까지 여성의 관심과 경험을 반영하기 위한 것이며, 궁극적인 목적은 성 평등(gender equality)에 이르는 것이다.

산업혁명과 새로운 교육기회의 증진이 여성의 가사 노동력을 줄임으로써 여성들의 사회적인 영역이 확대되어 온 것은 분명하지만 남성과 여성 간의 기본적인 구조는 극히 작은 변화뿐이었다. 또한 제도적인 차원에서 여성의 지위가 향상되었다고는 하지만 동·서양을 막론하고 남권중심의 문화 속에서 유지되어 온 남성 우월의 가치관은 이상문화 속에서의 변화일 뿐 실질문화에는 거의 변화를 가져다주지 못한 것이다

본 논문은 한국사회에서 여성이 교육과 정치 분야에서 양성 평등을 추구하는 데 목표를 두고자 한다. 그러므로 양성평등을 위해서는 무엇보다도 학교교육과 여성정치교육의 현실적 상황을 분석하고, 이를 바탕으로 문제점을 극복할 수 있는 한국여성교육의 바람직한 발전방안을 논의해보고자 한다.

Ⅱ. 이론적 고찰: 정치사회화, 성역할, 선거

양성평등을 위해서는 여성들이 각종의 역할에서 남녀가 똑같은 능력을 가지고 있다는 자신감을 가지고, 또한 그러한 능력을 갖추어야 하며 각 분야에서 여성도 주도적인 위치에 있어야 한다. 무엇보다도 정치권력에 참여하여 정치적 양성평등을 이루어야 한국여성의 양성평등은 이루어질 수 있다고 생각한다. 이를 위해서는 특히 여성의 정치사회화가 이루어져야 한다. 정치사회화(political socialization)란 한 개인의 정치와 관련한 각종 행위는 직접, 간접의 생활경험과 정규적인 학습방식으로 형성되는 것을 말한다. 1970년대부터 지금까지 정치행태 연구방법을 가지고 아

동과 성인의 정치사회화를 연구하는 경향은 점차 많아지고 있다. 정치사회화가 많이 연구되고 있는 추세는 Almond와 Powell이 말한 "정치사회화는 정치의 안정과 발전의 가장 희망적인 연구의 길이 될 것이다"25)라는 말과도 부합된다고 할 수 있겠다.

정치사회화의 주체는 가정, 학교, 친구, 정당, 이익단체, Mess media 등을 포함한다. 정치사회화과정은 두 종류로 나눌 수 있는데, 그 하나는 정규교육으로서 학교의 공민교육을 말하고, 또 하나는 비정규교육으로서 학교의 교육 외에 각종 유형무형의 정치사물을 학습하는 것을 말한다. 이는 가정, 정당, 각종단체, 각종 전파매체를 통해서 직접 간접으로 정치지식과 가치를 섭취하게 된다. 중요한 것은 비정규교육의 정당교육, 여성단체교육, NGO 및 사회단체교육과 전파매체교육은 정규교육이 이론교육에 치중하고 있는 점에 비해 실질교육의 강화차원에서 더욱 중요하게 다루어져야 한다.

따라서 본 논문에서의 여성교육은 정규사회화 과정으로서 학교교육과 비정규사회화 과정으로서 여성정치교육을 의미하여 이에 초점을 두고 연구하고자 한다.

양성평등은 교육사회에서부터 남녀가 평등을 이루어야 한다.

한국사회에서 여성의 교육수준이 높을수록 성역할 정체성을 더 많이 갖고 있는 것이 현실로 나타난 것은 정규교육인 학교교육에서의 문제점을 나타내고 있다고 하겠으며 이를 개선해야 할 것이다.

한국교육은 오랜 세월동안 성역할 고정관념에 따라 성별에 따른 각기 다른 교육목표를 갖고 다른 내용을 가르쳤으며, 80년대 이후부터 약간 변화된 교육을 실시했으나 실질적으로 남녀가 평등한 내용의 교육이 이루어지지 않고 있는 실정이다. 왜 그러한가를 고찰해보기 위해서 성역할의 이해가 필요하다.

성 역할이란 무엇인가? J. H. Block은 '성역할이란 인간들이 처해 있는 문화 속에서 남성과 여성들을 특정 지어주는 것으로 이는 개개인이 어떻게 이해하고 받아

---

25) G. A. Almond and G. B. Powell, Jr, *Comparative Politics Approach*, (Boston: Little Brown), 1966, 64.

들이고 있느냐에 따른 질의 총화이며 성역할에 대한 개개인의 개념은 그들 자신의 행동이나 자아평가에 중요한 영향을 미친다고 한다. 성역할은 "양성을 달리 생각하는 행동, 인성의 특성, 역할관계, 사회적인 위치, 능력, 활동들이 포함되며, 성의 정체(Identity)"는 인간의 생리학적인 요인과 문화적인 요인에 의해서 형성되어 간다고 할 수 있는데 오히려 문화적인 요인에 의한 성의 정체가 더 영향을 준다고 볼 수 있다.

성역할에 관련된 행동이 어떻게 형성되어지는가에 대하여는 문화적인 규범이 더 많은 영향을 주는 요인이라고 보는 연구는 설득력을 갖는다.

이진분은 여성교육과 관련한 연구에서 문화적인 규범, 사회화, 개인적인 태도와 가치, 현재의 상황적, 사회적인 실제는 성역할을 발달시키고 유지시키는데 공동으로 작용하게 된다고 피력하고 현대사회가 산업화로 인한 다각적인 변화가 사회구조에 나타났다 하더라도 남성과 여성에 대한 문화체제의 근본적인 가치변화가 없이는 여성에 대한 편견은 그대로 존재 할 수밖에 없으며 이 편견이 여성들에게 차별을 가져오게 한다26)고 주장한다. 우리들은 일상적으로 다른 사람으로부터 기대되어지는 데에 따라 행동하려고 노력을 하며 적당치 않은 성에 따른 행동은 사회의 가치관에 입각하여 비난을 당하기 쉽다는 것을 쉽게 감지하고 있다. 그러므로 여성교육자나 여성정치가의 행동이 타인에게 높이 평가되고 추앙받게 되었을 때 사람들은 이들을 따라 행동하려고 노력할 것이다. 신사임당을 추앙하고 신사임당 상을 시상함으로써 더욱더 그를 본받으려고 하는 사람이 많은 것은 좋은 사례가 될 수 있다.

선거는 정치사회화 과정 중 가장 중요한 경로이다. 선거는 정부의 정책결정에 필요한 인재를 양성하게 되며, 동시에 정치가들로 하여금 국민의 염원이 무엇인지 파악하여 그들의 민의를 정책에 반영하게끔 하고, 또한 부단한 민주주의의 선거에 의해서 통치기구와 통치권력이 새롭게 태어나는 역할을 한다. 그러므로 선거는 민주

---

26) 이진분, "양성평등을 위한 여성교육의 방향 모색에 관한 연구", 『교육연구』(서울: 상명여자대학교 교육문제연구소), 1982, 6-7.

정치에서 뺄 수 없는 필수조건이며 반드시 거쳐야 할 과정이다.27) 후뿌(胡佛) 교수
는 연합보에 게재된 그의 글 '选举漩力与 政治发展'에서 선거는 정치사회화의 가
장 훌륭한 과정이며 특히 민주가치의 고취라는 측면에서 볼 때 계속적으로 선거를
실시함으로써 민주주의라는 가치의 추구는 부단한 보급과 가속력을 획득하게 된
다28)고 제시하였다. 랑위시엔(郎裕宪) 교수에 따르면 선거중의 후보자의 경선홍보
를 통하여 일반대중으로 하여금 중앙의 국가의 중요한 일과 지방사무의 내용을 이
해시키고 정부와 국민간의 거리를 단축시키며 나아가 국가의 현대화를 가속시키게
된다29)고 언급하였다.

사실 사회의 많은 사람은 선거과정 중 정치생활의 어떤 지식과 기능에 적응하는
것을 배우게 된다. 특히 국회의원과 지방의회의원은 입법과정을 통해 국민의 의사
를 국정과 지방정부에 반영하게 됨으로 여성과 관련한 모든 정책을 결정하는 의회
정치에 다수의 여성을 이 참여시켜야 한다. 그렇게 함으로써 선거를 통하여 여성의
심성(心声)이 국정에 반영되고, 그러한 사람을 또 경선을 통해 뽑게 됨으로써 여성
도 삶의 질을 높일 수 있게 된다. 그럼으로 각종 선거에서 여성이 많이 당선할 수
있도록 다양한 후보자교육, 정치교육이 선행되어야 하며, 이는 정당, 여성단체, 매
스컴, NGO 등을 통해 실질적으로 이루어질 수 있을 것이다. 먼저 한국사회에서
교육의 현실을 살펴보자.

Ⅲ. 한국여성교육의 현실상황

한국여성교육의 현실을 이해하기 위해서는 학교교육에서의 성역할 고정관념의

---

27) 하영애,『지방자치와 여성의 정치참여』, (서울: 삼영사), 2005, 머리말 중에서.

28) 후뿌(胡佛), "选举漩力与 政治发展" 联合报, 民国77年 9月 23日, 第2面.

29) 랑위시엔(郎裕宪), 选举论丛(下), (台北: 台湾商务印书馆), 民国67年 12月 初版, 241 −
   242.

교육현실과 한국사회의 여성정치참여와 정치교육의 현실에 관해 살펴보기로 하자.

1. 학교교육에서의 성역할 고정관념의 교육현실

교육적인 변화가 사회구조적, 문화적인 변화에 중요한 반영만이 되는 것이 아니라 적극적인 매개체가 된다.[30] 여성이 동등한 사회적 지위를 획득하는데 실패한 교육관련한 원인은 성정형화된 교육활동, 교육과정에서의 성역할 고정관념, 그리고 교사의 정형화된 의식과 관습을 들 수 있다.[31]

초·중학교 시절 여성의 역할 고정관념의 강요에 길들어진 여학생들은 고등학생이 되면서 어느새 자아존중감에도 변화가 생긴다. 자아존중감이 충만한 인간으로 길러내는 것은 교육의 중요한 목표이다. 그런데 남녀학생의 자아존중감이 서로 다른 양상으로 발전하고 있다. 초등학교단계에서는 남녀학생의 자아존중감은 거의 같은 수준이다. 그런데 남학생의 자아존중감은 사춘기를 겪는 중학교 단계에서 떨어지다가 고등학교단계에서 상향곡선을 그린다. 반면 여학생은 중학교 단계에서는 바람직한 수준의 자아 존중감을 보이다가 고등학교단계에서 심한 하향곡선을 타게 된다. 한국교육개발원의 연구조사결과에 따르면, 절반이상의 중학생들이 성역할 고정관념을 갖고 있는데 이때부터 여학생에 비해 남학생의 성역할 고정관념이 강한 것으로 나타났다. 더욱 주목해야 하는 것은 학교교육이 성역할 고정관념을 재생산해내고 있다는 것이다 성역할 고정관념에 근거한 교육은 학생들로 하여금 현실세계에 존재하는 다양한 개인차, 인간존재의 다면성과 복합성을 이해하지 못한다. 자기 자신을 그러한 고정관념으로 재구성하려고 하고 이에 부합되지 않을 때는 심한 정신적 갈등과 자아정체감의 혼란을 겪게 된다. 바로 이러한 시기에 학생들은 진로

---

30) Durkeim의 주장과는 달리 우리나라의 교육제도는 여성을 차별하는 사회적인 요소나 문화적인 규범에 큰 영향을 주지는 못했다.

31) 남승희, "한국 여성교육의 문제점 및 방안모색", 『여성학연구』, 제11권 제1호, 2001, 176.

를 결정하게 되므로 대단히 우려된다고 하겠다.

전국16개 과학고 여학생 수는 매년 늘어 1988학년도에 1%에 불과하던 것이 2000년도에는 36%로 증가했다. 그런데 과학고 여학생들은 학년이 올라갈수록 주변으로부터 과학자로 크도록 격려 받지 못하고 있다는 점이다. 과학고 전체남학생의 절반이 공학계로 진학하는 반면에 여학생들의 의학계 진학 경향이 최근 더욱 심화되고 있다.

진로를 결정할 때 같은 성에 의한 역할모델은 성 고정관념을 깨뜨리는데 매우 유용하게 나타나는데 가까이서 그런 역할을 해줄 여교원의 수가 절대부족하다. 16개 과학고의 경우 학생들을 직접 가르치는 여교사는 전체교원 461명 중 17명뿐이다. 특히 핵심과목인 수학과 과학관련 담당여교사는 한 명도 없는 학교가 무려 6개교나 된다.[32]

이러한 역할모델의 부재현상은 대학교육에서도 심각한 문제로 지적되고 있다. 한국의 여교수의 비율은 1965년 9.2%에서 1996년 12.6%로 30년간 불과 3.4% 증가했다. 전공별로 보면, 2000년 현재 서울대 공대, 포항공대, 한국과학기술원에 공학전공 여교수는 서울대 공대에 기금교수 한명밖에 없다. 주요 5개 대학 법학과에는 여교수가 한 명도 없다. 전국 주요 국공립 21개 남녀공학대학의 주요학과 여교수는 경영학과 530명 중 2명, 경제학과 280명 중 2명, 법학과 313명 중 2명, 언론신문방송학과 66명 중 1명, 의학과 3,140명 중 278명, 정치외교학과 116명 중 4명, 공대는 888명 중 3명이 전부이다.[33]

여교수의 의사결정기구 참여정도도 미미하다. 가정계열학과가 있는 생활과학대학과 간호대학을 제외하고는 본부와 전 단과대학의 인사위원회에 여교수의 비율은 매우 저조하다. 인문대학과 예체능대학, 그리고 사범대학의 경우도 마찬가지인데

---

32) 남승희, "한국 여성교육의 문제점 및 방안모색", 177.
33) 남승희, "한국 여성교육의 문제점 및 방안모색", 177 – 178.

이런 대학들은 타 단과대학에 비해 여교수 구성비가 높음에도 불구하고 의사결정에 별 영향력을 미치지 못하고 있다. 총·학장의 여성비율은 3.8%에 불과하다. 특히 국립대의 경우 여교수의 비율은 물론 일반대학원장, 교무처장, 학생처장, 기획연구실장 등을 포함한 대학본부 주요 행정보직과 교원인사위원회, 학사운영위원회, 기획운영위원회 학술연구위원장, 장학위원회 등 주요 위원회의 남녀불균형 현상이 심각한 수준이다. 2000년 4월 여학생의 비율은 44%에 이르는데 여교수 비율은 9%, 행정보직 여교수 비율은 1.6%로 나타났다. 이렇게 대학 내 여교수 비율이 낮은 것은 여성의 역할모델 부재로 학생지도와 대학사회에 성차별적 풍토를 조성하고 결국 고학력여성의 사회참여비율을 낮춤으로써 여성고급인력자원을 낭비하는 문제를 야기한다.

최고학력자인 박사학위취득자에게도 이러한 현상은 예외가 아니다. 연구보고서에 따르면, 여성박사 가운데 40% 정도는 시간강사 등 불완전한 취업을 하고 있거나 아예 취업을 포기한 것으로 나타났다. 1998년 박사학위취득자가 새로 취업한 비율을 보면 여성은 37.7%로써 남성 67.8%의 절반에 불과했다. 여성박사 취업난은 여성들의 비현실적인 진로의식에도 문제가 있을 수 있다. 취업이 어렵다는 인문·어학계열 등에 몰려 있다. 그러나 취업유망 분야나 그렇지 못한 분야나 여성박사의 취업률은 남성보다 매우 낮다는 점을 유의할 필요가 있다. 정보통신 컴퓨터 분야의 남성박사 취업률은 90%에 이르지만 여성박사는 60%에 불과하다. 여학생비율이 높은 사범계도 98년 99년의 여성박사 취업률은 각각 29.2%와 38.9%로 남성박사의 55.9%와 43.9% 보다 낮다.

여성의 경제활동참가율이 전반적으로 낮고 특히 고학력 여성의 노동공급의 단절현상은 구조적인 문제로 나타나고 있다. 즉, 중졸이하 여성의 경우 경제활동참가율이 높지만 20대 후반이후 노동시장에서 이탈하여 재진입하는 비율이 매우 낮은 노동공급 불연속성을 나타낸다. 이러한 현상은 여성인력자원의 과소 활용으로 국가 인적자원 활용에 부정적 영향을 미쳐 국가 경쟁력을 약화시키는 결과를 초래하게 된다.

어느 사회를 막론하고 그 사회의 문화유형은 사회구성원들의 행동양식, 도덕, 규범, 가치체계에 절대적인 권력을 행사하고 있으며 그와 같은 권력이 그 사회의 교육에 깊이 관여하여 영향을 주기 때문에 우리나라의 여성교육이 양적인 면에서는 발전되어 왔지만 여성의 질적인 지위향상에는 그다지 공헌을 못한 것으로 본다.34) 그러므로 이러한 현실문제에 대해 어떻게 대처해야만 학교교육을 비롯한 교육사회에서 여성의 사장되고 있는 능력을 발휘하고 후진양성에 실질적인 도움이 될 수 있는지 다각적인 방안모색과 이의 적절한 대응책을 모색해보자.

2. 한국사회의 여성정치참여와 정치교육의 현실

민주국가의 정치권력은 선거를 통해서 이루어진다. 여성이 정치권력에 참여할 수 있는 가장 중요한 경로는 의회의원으로서 입법부에 참여하는 길이며 이를 위해서는 의회에서의 여성의 정치참여와 정치교육의 현실에 대해서 살펴볼 필요가 있다.

1) 의회에서의 여성의 정치참여

역대 한국여성의 정치참여는 세계적으로 하위수준에 머물렀다. 제헌국회인 1948년에 국회의원 200명 중 여성의원 1명이 당선되어 0.5%였으며 50여 년 뒤인 2000년 16대에서는 16명 당선으로 전체의원의 5.9%였다. 그러나 이는 많은 여성들이 열심히 쟁취한 결과 겨우 참여율이 조금 향상되었다고 할 수 있으며 그 이전에는 1%를 넘지 못한 때가 많았다. 국외의 사례를 연구하고 외국의 제도를 도입하자는 끊임 없는 학계, 여성계의 요구에 따라 여성당선할당제가 받아들여지면서 여성계가 단합하여 한 목소리를 낸 결과 약간의 진전이 있었다. 그럼에도 불구하고 각국의 여성의원의 세계적 비율은 평균 14.8%인 반면 우리나라 국회의 여성의원 비율은

---

34) 이진분, "양성평등을 위한 여성교육의 방향 모색에 관한 연구", 2.

겨우 5.9%에 불과하였다. 좀 더 구체적으로 살펴보면 국회의원 16명(5.9%), 광역단체장 0명, 기초단체장 2명(0.8%), 광역의회 63명(9.2%), 기초의회 77명(2.2%)으로 그 비율이 극히 저조하였다. 그러나 앞서 살펴본 바와 같이 여성 국회의원 비율이 상승한 것은 다름 아닌 정치제도도입의 결과라고 할 수 있다. 2000년 16대 총선을 앞두고 국회의원 비례대표제 후보에 있어 여성공천할당 30%를 정당법에 명문화하였고 2002년 3월 제3차 지방선거를 앞두고 광역의회 비례대표에 여성공천할당 50%(2인 중 1인을 여성으로 함)와 지역구 대표에 여성공천할당 30% 제도를 정당법 31조에 "노력사항"으로 명문화하였다.[35] 그러나 이러한 여성공천할당을 정당법과 정당의 당헌과 당규에 규정하였음에도 불구하고 이를 강제할 수단이 없었던 까닭에 정당들은 당초 명시한 여성공천할당제의 비율을 제대로 지키지 않았고, 지방선거에서는 정당들이 경선제를 실시하면서 경선제와 여성할당제와 연계한 조치를 미리 마련하지 못했던 탓에 많은 여성후보들이 공천과정에서 남성중심의 정치벽을 뚫지 못하고 좌절하게 되었다. 정치권력은 여성도 함께 참여해야 하고 여성의 목소리를 대변할 수 있도록 동수의 의석을 가질 수 있도록 계속촉구하고 쟁취하여야 한다.

2) 한국여성의 정치교육의 현실

여성들의 정치적 태도나 행동이 남성에 비해 저조한 이유는 역시 초기 학교교육의 정치사회화 과정에 그 원인을 찾을 수 있다.[36] 무엇보다도 여성들의 정치사회참여를 위해서는 현실정치참여에 대비한 여성의 정치교육현황을 살펴볼 필요가 있다.

정치교육을 오래전부터 시행하고 있는 여성단체로서 한국여성정치문화연구소, 여성유권자연맹, 한국여성정치연맹 등을 대표로 들 수 있다. 이들은 정기적인 여성

---

35) 하영애, 『지방자치와 여성』, 139 - 152.
36) 오재림, 『아시아 여성연구』, (서울: 숙명여자대학교 아시아연구소), 2004, 109.

정치교육을 실시하고 있다. 한국여성정치연구소에서는 '차세대여성지도자 연수교육'
이라는 이름으로 2박3일로 진행하는데 그 주제는 국제기구와 생활정치운동, 공천할
당제 도입, 의정 체험교육, 남녀고용 평등법 등으로 1기부터(1992년) 10기까지
(1998) 교육을 시행하였다.37) 그러나 정치인 양성에 필요한 선거전략, 재정확보방
안 등 직접적으로 필요한 교육은 보이지 않는다. 한국여성정치 연맹은 '젊은 여성
을 위한 여성정치지도자 양성과정'을 개설하고 있다. 여성의 정치의식고취, 여성의
직접 의회진출을 목적으로 진행하고 있으며 교육과정의 내용은 주로 선거에 관련
된 실질적인 교육이 중심이 되고 있다. 제1차는 1997년 10월에 2차 교육은 1998
년 3월에 3차 교육은 동년 10월에 각각 실시하였다. 한국여성유권자 연맹은 '작은
정치 실현을 위한 여성 유권자 운동'캠페인을 각 지부별로 추진하였는데 실시지역
은 대도시로 주제는 '지역이웃 한 몸 의식', 세부주제는 방과 후 아동지도, 쓰레기
의 효율적 처리, 환경살리기 운동을 전개하였다. 이는 정치교육보다는 여성=가정역
할이라는 성역할 분담론에서 크게 벗어나지 못하고 있다.38) 이러한 여성단체의 여
성에 대한 정치교육은 많은 여성들에게 정치가 비단 남성들의 영역뿐만 아니라 여
성도 함께 적극적으로 모든 여성 관련정책에 참여해야 한다는 것을 강조하였다. 이
들 중의 일부는 정치후보생으로 도전하였고 지방의회나 국회의원으로 당선하였으며
실제 여성정치인으로서의 정치권력을 획득하여 여성의 대변을 하고 있다. 그러나
이러한 여성단체의 교육은 경제적인 한계를 가지고 있어 지속성에 어려움이 있다.

차세대 교육에 대해서는 여성개발원에서 '여고생의 정치지도력 향상 프로그램 확
산을 위한 프로그램'을 개발하고 2000년 11월에 3박4일간 시범교육을 실시한 바가
있고, 여성특별위원회에서 차세대여성지도자 육성을 위한 여대생 캠프를 2000년
상반기 2회의 시범교육과정을 거쳐 하반기에는 10개 시·도에서 지역별 125개 대
학 660여 명의 여대생이 참가한 교육훈련을 실시하였다.39) 한국여성정치문화연구

---

37) 전경옥외 공저, 『여성의 정치적 권리의식과 정치참여』, (서울: 집문당), 166 - 169.
38) 전경옥 외 공저, 169.
39) 김원홍 외 공저, 『해방 후 한국여성의 정치참여 현황과 향후과제』, 2001, (서울: 여성

소에서는 20대 젊은 여성을 대상으로 '차세대 여성정치교실'과 '모의 유엔여성지위
위원회'를 실시하고 있으며, 교육내용은 국회, 지방의회, 정당 등 정치과정체험 교
육, 모의 여성국회, 모의 세계여성회의 등을 구성하고 있으며, 1999년부터 매년 각
각 1회씩 운영하고 있다.

　'여성정치세력화를 위한 민주연대'에서는 2000년 8월 17일 정치체험학교 "미래
의 여성정치인을 꿈꾸며"를 실시하였다. 주요내용은 정치현장 방문, 서울시 여성의
원, 여성 국회의원, 이희호 여사를 만나는 시간을 마련하였다. 동년 9월 30일에는 대
학교 정치외교학과 여학생을 초청하여 간담회를 가졌다. 직업으로서의 정치라는 주
제로 정외과 여학생들과 진로를 모색하고 여성정치참여의 비전을 전망했다. 이외에
부산여성정책연구소에서도 여성지도자 연수교육을 1993년부터 6회 실시하였다.[40]

　최근에는 각 정당 및 여성관련 연구소에서 정치교육을 시행은 하고 있으나 '女
후보자 교육 속빈강정'이란 보도가 나오고 있는 실정이다. 여성정치교육에 참석한
어느 여성은 '출마를 하더라도 이론으로만 듣던 선거와는 판이하게 달라서 당황스
럽고, 때론 좌절도 격어요'[41]라고 이론과 현실정치의 차이에 대해 좌절과 당혹스러
움을 토로하였다. 뿐만 아니라, 정치교육이 정치가를 초청하여 그들 자신의 홍보에
치중하게 되는 상황이 나타나기도 하며, 무엇보다도 이론과 실제의 차이가 많아 여
성이 정치에 참여하고 특히 후보자로서 부딪쳐야 하는 실무적이고 실천적인 교육
이 배제되고 있어 참여하려는 여성들에게 아쉬움과 의회정치참여는 좁은 문이라는
것을 실감케 하였다.

　민주여성정치아카데미는 1995년 새정치국민회의 창당과 함께 창립하여 400여 명
의 수료생을 배출하였고[42] 한 나라 당 여성위원회는 당 대표 경선후보들에게 여성

　개발원), 304 - 306.

40) 김원홍외 공저, 305.

41) 우먼타임스, 2005. 11. 11.

42) 연합뉴스, 보도자료 정책/자료 2005. 10. 04(화) 오후 4:50.

관련 주요현안에 대해 공개질의서를 보냈는데 당내의 [여성정치발전기금]에 관하여 (경선 주자들에게) 대표로 선출되면 기금을 어떤 방식으로 충당하겠느냐는 질의를 보내는[43] 적극적인 태도를 보이기도 하였다.

정치교육은 이론뿐만 아니라 실습을 더욱 강화해야 한다. 장기적이고 체계적인 여성정치교육, 여성후보 당선을 위한 적극적인 캠페인(후보 발굴, 여성후보를 위한 선거전략 개발, 여성후보 후원회 결성[44]) 등을 추진해야만 여성후보자들이 한 단계 상승한 준비된 후보가 될 수 있을 것이다.

Ⅳ. 양성평등을 위한 한국여성교육의 발전방안

1. 학교교육을 통한 양성평등

양성평등을 위한 한국여성교육의 발전방안 중 학교교육을 통한 양성평등문제를 극복하는 방안은 우선 교육에서 성역할 고정관념이나 성차별적 교육과정을 제거하는 일과 법적, 행정적 보완장치를 마련하는 일이다.[45]

성역할고정관념을 강요하는 교육목표, 교육내용, 교육방법, 교훈 등은 성(性)중립적인 것으로 대체하여야 한다. 학교교육은 사회의 어떤 편견이나 고정관념을 강요하거나 재생산하지 말아야 한다. 특히 남녀학생을 불문하고 자신의 능력과 관심에 따라 사회활동을 하고 가정생활과 자녀양육은 남녀공동의 책임이자 역할임을 이해시키는 양성평등교육이 강조되어야 한다. 양성 평등한 교육의 실천을 위해서는 정형화된 여성상과 장래직업에 대한 고정관념을 깨는 교사나 교수진의 태도와 의식,

---

43) http://61.74.67.107/admintool/woman/510193.hwp.

44) http://www.chejunews.co.kr/2002/08/2002 – 0817/lifecult.

45) 남승희, "한국 여성교육의 문제점 및 방안모색", 177 – 178.

그리고 이에 알맞은 교재 개발이 중요하다. 교과 간의 성별구분과 여성의 성취에 대한 이중적 구조도 타파되어야 한다.

남성과 여성에게 동등한 권한을 부여하는 법과 제도의 개혁은 보다 평등한 자원 분배와 참여기회가 보장되는 지름길이다. 교육계에도 '여성할당제'나 '여성채용 목표제'를 포함하는 "적극적 조치(affirmative action)"를 모색할 필요가 있다. 적극적 조치는 결과의 평등을 목적으로 실시되는 우대정책으로 결과의 평등을 이룰 때 까지를 전제로 실시되는 점을 감안하여 "잠정적 우대조치"라고 일컬어진다. 이에 대한 반론도 있다. 특히 보수적인 교육계의 정서를 감안하면 더욱 그러하다. '불이익을 당해온 집단'에 대한 판단기준이나 근거도 모호할 뿐만 아니라 과거의 차별에 대한 '통계적 불균형'을 적극적 조치계획의 정당성 판단기준으로 삼는 것 또한 차별이라는 것이다. 이는 또 공적, 사적 영역의 사용자에게 성별을 근거로 의도적인 역차별을 하도록 강요하는 것이라는 비판도 있다.

그러나 우리나라보다도 상대적으로 성 평등 지수가 높은 선진국의 경우 통계적으로 성별 간 불균형이 현저한 영역에 적극적 조치의 도입을 보다 적극적으로 추진해 나가고 있다. 성 평등을 이룩하기 위해서는 남성과 여성 간의 보다 강력한 파트너십 구축이 있어야 하고 성차별 극복을 위한 상호 이해가 전제되어야 한다. 이를 통해 성 평등적 입법, 자원분배, 의식개혁 등이 가능해지기 때문이다.

적극적 조치는 노동력의 성별균형을 유지하기 위해서가 아니라 과거의 차별을 시정하여 실질적으로 성 평등한 사회를 구현하기 위한 것이다. 따라서 '주요 행정보직 여교수 참여율 제고 방안'이나 '여교수 채용목표제' 등은 시기를 더 이상 늦출 필요 없이 과감히 시행되어야 한다.

2. 정치참여로 여성의 실질적 평등 확보

가장 직접적인 양성평등은 정치권력에 여성이 직접 참여하여 법을 제정하고 이를 실질적으로 집행할 수 있어야 한다. 이를 위해서는 대학교육, 사회교육을 통해 여성이 정치사회화되어야 하며 정치인으로 준비를 하는 과정이 필요하다.

1) 대학교육에서 양성평등을 위한 정치교육강화

학교교육에서 여성들로 하여금 정치의식을 갖도록 하는 것이 한국여성들의 정치 참여강화에 필요하다. 무엇보다도 대학이나 대학원에서 여성들로 하여금 여성 지도 자로서의 자질을 갖도록 하고 특히 정치교육의 훈련을 통하여 여성정치지도자로 길러지도록 해야 한다. 여성이 정치적 주체의식의 핵심에 서기 위해서는 젊은이들 을 양성해야 한다. 대학에서도 여성정치지도자에 대한 Role－Model이 될 수 있도 록 선배여성정치인에 대한 업적평가가 이루어져야 하고 여성정치가 왜 중요하고 필요한 것인가에 대한 논의도 이루어져야 한다. 또한 한걸음 더 나아가 정치에 뜻 을 가지고 있는 젊은 여성은 여성단체나 정당에서 실시하는 정치훈련을 통해 정치 에 대한 전문능력과 경험을 익히고 보다 적극적으로 정당에도 가입46)하여 지지기 반을 쌓아가는 것이 중요하다.

대학에서의 여성학 및 관련과목의 개설은 남녀학생들의 의식변화에 상당한 영향 을 미쳤고 성문제(gender issues)가 대학가 학생활동의 핵심적인 위치에 놓이게 하 였다. 학생들의 양성평등을 위한 정치적 영역의 중요성을 인식할 수 있도록 대학과 부설교육기관에 '여성정치교육'을 위한 과목이 개설47)되어야 하고, 한국여성정치연 구소, 한국여성유권자 연맹 등에서 실시해온 '차세대 여성 지도자 교육', '차세대 전문인 육성' 교육이 지속적으로 실시되도록 해야 한다.

정치교육을 이론뿐만 아니라 실습을 더욱 강화해야 한다. 장기적이고 체계적인

---

46) 물론 우리나라 같이 정당의 명칭이 자주 바뀌는 국가에서는 상당히 심사숙고하여 정당 을 선택해야겠지만, 민주국가는 정당을 통한 권력의 교체가 국가의 통치권자를 배출하 므로 정당소속이 없이 무소속으로 출마할 경우 특히 여성정치인이나 여성정치후보자에 게 불리한 점이 많다. 정당정치를 통해서 자신의 정치에 대한 꿈을 실현하도록 하는 것이 바람직하다.

47) 전경옥 외 공저, 『여성의 정치적 권리의식과 정치참여』, 175.

여성정치교육, 여성후보 당선을 위한 적극적인 캠페인(후보 발굴, 여성후보를 위한 선거전략 개발, 여성후보 후원회 결성[48]) 등을 추진해야만 여성후보자들이 한 단계 성숙한 준비된 후보가 될 수 있을 것이다.

2) 정당, 여성단체에서 정치교육강화

여성의 정치교육에 있어서 보다 효율적인 방안으로는 여성들이 정치에 참여할 수 있는 적극적인 조건 - 환경이 만들어져야 한다. 정부기관에서도 관료가 평등한 정책에 대한 이해가 없고 양성평등의 촉진을 위한 의지를 갖고 있지 않으면 개혁을 가능하게 하는 실질적 평등을 기대하기 어렵다. 여성부(女性部)가 중심이 되어 각 부처 간 여성정책의 실행과 결과를 감시하고 강력한 대안을 제시하는 권한이 있어야 한다.

프랑스는 정부기구에 의한 정치교육을 시행하고 있는데 여성유권자교육의 전제가 되는 여성의 인식에 대한 조사를 진행해오며 여성들의 정치의식함양에 노력하고 있다.

미국은 민주당의 경우 에밀리 리스트, 여성위원회, 엘리너 루스벨트 재단 등을 설립하여 여성후보를 지원하며, 그리고 여성후보지망자 및 참모훈련을 하며, 공화당의 경우 선거관리학교를 설치해서 후보 및 선거운동원을 육성한다. 영국의 경우 노동당은 은퇴한 국회의원 자리에 당선가능성이 높은 지역구 여성위원장에 여성 50%를 할당하며 1993에는 선거자금 및 선거운동을 지원하며 여성후보 담력강화훈련 프로그램을 운영하기도 하였다.[49] 현재 한국정당들은 여성시민들의 이익표출과 집약기능을 원활히 수행하지 못하고 있다. 여전히 배타적인 남성중심구조로 이루어진 한국정당은 여성적 이슈에 민감하지 못하여 인적으로도 철저한 남성중심주의를 고수하고 있다. 실제로 한국의 정당 당원 중에는 여성당원이 과반수를 차지하고 있

---

48) http://www.chejunews.co.kr/2002/08/2002 - 0817/lifecult.
49) 전경옥 외 공저, 173 - 174.

으나 이들에 대한 교육은 전무하며 선거과정 중에 여성당원들에 대한 정당들의 의존도는 매우 높은 반면 이들 여성당원들에 대한 재교육은 미비한 현실이다. 그러므로 정당차원에서 여성후보자를 육성발굴하고 일반 여성당원들의 정치교육과 훈련 프로그램을 전문적으로 실시할 여성정치연수기관을 설치하여 여성당원의 교육에 주력하여야 한다.

여성단체는 그동안 정치교육훈련을 다양하게 실시한 것을 살펴보았다. 그러나 여성단체가 연대를 통하여 지속적으로 실무적이고 바람직한 여성정치후보자를 양성하기 위해서는 '여성정치학교'를 상설해 보는 것도 바람직할 것이다.

3. 정치문화, 법제도 개선과 실질적 양성평등 강화

여성의 정치참여는 여성에 대한 억압을 해소하거나 완화시킨다. 여성의 사회적인 특수한 요구와 이익이 고려된 여성의 생존과 복지가 정치에서 결정되므로 여성의 권력획득은 모든 차원에 걸친 여성의 사회적 지위의 삶의 질을 향상시킬 수 있다. 이를 위해서는 정부, 정당, 여성단체, 교육계 등에서 이와 관련한 제도, 법규개정을 통해 꾸준히 지속적으로 실천할 때만이 가능하다.

우리나라에서는 여성권익을 대표할 의회의원에 1948년 0%에 머물다가 2008년 현재 41명을 선출하여 전체의원 299명 중 14%의 수준으로 끌어올린 것은 바로 여성들의 다양한 노력으로 이루어 낸 것이다. 국외의 사례를 연구하고 외국의 제도를 도입하자는 끈임 없는 학계, 여성계의 요구에 따라 여성당선할당제가 받아들여지면서 여성계가 단합하여 한 목소리를 낸 결과 제도개선을 통한 여성정치참여의 변화를 가져왔다.

프랑스에서는 제도개선의 하나인 헌법의 개정으로 '법은 임명직과 선출직 공직에 여성과 남성이 동등하게 접근할 수 있도록 우대 한다'라고 규정하고 있으며 할당제는 남녀 동수 법 50%의 여성을 공직에 참여하고 있다.

그러나 할당제가 진정한 효력을 발휘하기위해서는 정부, 정당, 시민단체가 여성 정치교육에 관심을 가지고 있어야 하며 다각적인 연대활동으로 더욱 여성을 세력화하여 추진해나가야 한다. 이를 위하여 아래사항을 제의한다.

1) 공천할당제를 지방의회에서도 최소 30% 여성에게 할당해야 한다.(지역구 후보공천에도 일정비율할당제 도입)

2) 여성관련 사안에 대한 연대를 적극적으로 지속적으로 추진해나가야 한다.

평화와 조화지향적인 여성관, 연성력(Soft Power)을 가지고 여성세계관의 공급이 절실하다는 차원에서 접근 추진해야 한다.

3) 공직의 고위직과 전문분야에 여성참여를 높여야 한다.

정부에서 여성에 대한 편견을 수정하여 여성들의 교육, 훈련, 채용기회를 확대하기 위한 장차관급의 정무직 공무원, 관리직 여성공무원의 채용과 승진, 국제기구 대표 파견 등에 있어 최소 20% 여성할당제를 채택하고 이의 실현을 위해 분야별로 실질적 방안을 모색해야 한다. 정부가 공공부문의 모범 고용주로서 역할을 보여줌으로써 사적 부문의 여성참여 확대에 미치는 영향이 매우 클 것이다.

4) 정당관계법 개정으로 여성의 후보발굴이 신설되어야 한다.

한국은 2006년 4월 19일 역사상처음으로 여성총리를 배출하였다. 청문회에서 각 가지 질문들이 곤혹스럽게 했지만 한 총리의 정치적 경력과 한국정치의 환경은[50] 그를 무난히 선임하였고 처음 여성이 국정의 총수로 선임되어 여성과 국민들은 많은 기대를 가지고 있다. 선덕여왕이 여성국왕으로서 통치를 잘하였기 때문에 신라 여왕들이 많이 탄생되었던 것처럼 여성정치인으로서 모범적인 선례를 남겨야 후진 여성정치인들이 역할모델을 할 수 있을 것이며 더욱 발전할 수 있을 것이다.

---

50) 총리후보로 청문회를 가진 적이 있은 여성총리 지명자 장상총장은, 한명숙 총리의 총리지명 이후 한 인터뷰에서 다양한 변화와 '정치적 환경'이 여성을 받아드린 승리라고 피력하였다.

4. 재정지원을 통한 여성정치가 양성

차세대여성지도자, 여성정치인양성을 위해 정부에서는 재정지원의 대책을 마련해야 한다. 이러한 교육의 재정 지원에 대해서는 프랑스나 타 국가와 같이 우리정부의 관심과 대책이 요구되고 실제적으로 집행되어야만 된다. 정당에 지급하는 국고보조금의 일부를 여성정치인 발굴 및 육성을 위한 기금으로 활용할 수 있도록 법 개정이 요구된다. 예를 들면, 정당법규에는 정당개발비, 조직 활동비, 선전비 등이 있지만 장기적인 발전을 위해서는 정치관계법에 "여성후보 발굴 및 육성비"를 신설하는 방안51)을 적극 지지한다. 보다 거국적인 차원에서 세계를 리더 할 젊은 여성정치지도자를 양성하기 위해서는 일본의 마쯔시다 정경숙52) 같이 전문적인 교육기관의 제도를 도입할 필요가 있을 것이다.

여성이 정치에 참여할 때 조직, 자금, 경험이 무엇보다 중요하다. 특히 우리나라에서는 여성이 후보로 정치에 나서는데 가장 취약한 것이 자금이라고 하겠다. 그러므로 우리나라 정당도 정당 내의 여성당원 숫자에만 관심을 두고 선거 때마다 우수한 후보가 없다고 하지 말고 평상시에 "후보양성"을 할 수 있도록 교육기관을 상설하고 '여성후보 발굴 및 육성비' 신설항목을 개정53)하여 기금을 마련하는 것도 좋은 방안이다. 또한 정당에서는 정당내 공천심사위원회 및 인사부서에 여성할당제 도입을 하여 기존 정치에서 여성들이 불이익 받지 않도록 해야 할 것이다.

---

51) 김원홍 외 공저, 『해방 후 한국여성의 정치참여 현황과 향후과제』, 322-323.

52) 마쯔시다 정경숙은 일본의 정치지도자를 양성할 목적으로 설립되었으며 교육기간 중에 장래 본인이 출마할 지역에서 예비정치인으로서 정견발표를 해보는 등 이론보다 실전에 더 중점을 두고 있다. 현재 많은 정치인을 배출해 내고 있다. 2003년 7월 마쯔시다 정경숙 방문(참좋은 이들 글기고 문 찾아볼 것).

53) 김원홍 외 공저, 322-323.

5. 매체를 통한 양성평등 역할모델 제시

오늘날 각종 매체를 통한 보도는 국민들에게 전달의 기능과 신뢰를 가져오는 중요한 역할을 하고 있다. 민주사회에서의 각종 선거는 대중전파매체를 통하여 전 국민으로 하여금 의식과 무의식중에 혹은 직접 간접적으로 정치지식과 민주가치를 획득하게 된다. 그러므로 영상매체를 통하여 여성의 성역할의 고정관념에서 벗어나 바람직한 양성평등을 모델링하고 또 강화시켜 나가야 한다.

과거전통적인 여성의 역할에서 현대사회가 요구하는 여성상은 물론 양성평등이 형식적 이론 등에 머물지 말고 실질적으로 이루어지기 위한 다각적인 방법을 모색토록 해야 한다. 가정생활에서, 학교교육에서, 사회나 기업의 구석구석에서 여성이 능력을 발휘하고 열심히 노력하고 있는 모습을 긍정적으로 평가하여 반영할 수 있어야 한다. TV, 방송, 신문, 잡지 등 각종 대중매체들이 여성의 정치참여와 정치세력화에 관심을 갖고 여성정치문화를 바꾸는 그리하여 양성평등에 가까이 갈 수 있는 의식과 여론을 형성해야 한다.

6. NGO 및 국제사회참여로 양성평등 의식향상

현대 국제사회 특히 동북아 사회에서 한중일 세 나라여성의 활동은 정치의식을 고취시킴으로써 양성평등의 의식향상에 직간접의 영향을 미치고 있다. 95년의 북경 세계여성대회, 99년 서울 NGO 세계대회의 경험, 동아시아 여성포럼을 통해서 각 국의 문화에 대한 이해, 여성정치참여에 대한 상호의견 수렴, 각국 여성제도에 대한 자료교환 등 한국여성들과 여성단체들은 국내외는 물론 각종 국제대회에 참석하여 다각적인 경험을 쌓고 이를 각 국가의 여성정책에 반영하고 있다. 95년 북경 여성대회 이후 '북경행동강령' 이행에 대한 보고를 1996년 미국의 '여성지위위원회 회의'에서 발표하였는데 한국은 '여성발전기금법'을 GO/NGO가 공동으로 참여하여 법규제정을 만들어내고 각국 여성들에게 사례를 발표함으로써 한국여성의 위상을 높이는 계기를 마련하였다. 이러한 국제대회, 세미나 발표, 웍크샵, 민족의상 소개 등을 통해 여성도 일익을 담당해야 된다는 새로운 주체성을 갖게 되었다고[54]하겠다.

한국여성부에서 2001년에 개최한 [한중일 여성지도자회의]는 서울에서 개최하였는데 중국에서는 당시 전국부녀연합회 주석인 펑페이윈(彭佩云), 부주석 류야지(刘雅芝)를 비롯하여 8명이 참석하였고 일본에서는 전 수상부인, 참의원 여성단체 등에서 참석하였고 한국의 영부인 이희호 여사가 참여하여 한중일 여성들을 격려하였다. 이 회의에서는 평화, 여성의 역할, 성폭력 등에 대한 세미나를 개최하였으며 약 500여 명이 열띤 분위기에서 각국의 여성문제를 논의함으로써 각 국가의 여성문제의 논의를 통한 여성들의 사회교육참여의 체험을 갖게 되었다. 최근의 각종 행사로는 2005년 6월 19－24일까지 개최한 서울에서 개최한 [제8차 세계여성학대회], 2004년 역시 서울에서 개최한 [세계여성 국제회의], 1996년부터 2년마다 개최하는 [동아시아 여성포럼]은 일본, 한국, 대만, 몽골 에 이어 2003년 홍콩에서 개최되었다. 이러한 일련의 세계 각종 여성대회에 한국을 비롯한 중국, 일본 여성들이 실제적인 참여를 통해서 국내에서뿐만 아니라 국제사회에서 여성들의 활약이 두드러지고 있다. '백문이 불여일견'이라는 격언과 마찬가지로 국내활동에서 벗어나 동북아여성들과 함께 모여 각종 여성 관련문제를 함께 논의하고 상호 이해함으로써 사회화를 통한 여성자신들의 문화를 한국사회에 뿌리내리고 제도화시킬 수 있을 것이다. 우리자신들의 삶을 더욱 보람 있게 해줄 것이며 생활의 활력소를 갖게 해줄 것이다

---

54) 하영애, 『밝은사회운동과 여성』, (서울: (주) 범한서적), 2005, 94－101.

Ⅴ. 결론과 과제

앞에서 살펴본 바와 같이 한국여성교육에 대하여 학교교육과 정치교육으로 나누어 살펴보았다. 실제로 학교교육과 정치교육에서 양성평등이 어떠한 상황에 놓여 있는지, 또한 바람직한 발전방안에 대해서 논의하였다. 진정한 양성평등을 위해서는 교육사회와 정치사회에서 남녀가 동등한 숫자의 인원으로 참여할 수 있어야 하며 단기적 중장기 적으로 추진할 수 있는 과제를 가지고 추진되어야 할 것이다.

첫째, 학교교육을 통한 양성평등화로는

교육에서 성역할 고정관념과 잠재적이든 표면적이든 성역할 교육과정을 제거하는 일과 법적, 행정적 보안장치를 마련하는 일이 급선무이다. 양성이 평등한 교육의 실천을 위해서는 정형화된 장래 직업에 대한 고정관념을 깨는 교사나 교수진의 태도와 의식, 그리고 이에 알맞은 교재 개발이 이루어져야 한다. 또한 남녀학생을 불문하고 자신의 능력과 관심에 따라 사회활동을 하고 가정생활과 자녀양육은 남녀의 공동책임이라는 의식을 내면화하도록 하는 양성평등교육이 이루어져야 한다. 무엇보다도 대학교육에서 '여교수 채용목표제'와 '주요 행정 보직에 여교수 참여율 증가 요구'를 각 대학과 관련 정부기관에 요구하여 제도화해야 한다. 대학에서의 여성교수채용목표제는 남성교수에 대한 역차별이 아니라 결과의 평등을 통해 성 평등한 대학문화를 구현하기 위한 적극적 조치라는 관점에서 적극적으로 논의되어야 한다.55)

둘째, 정치교육훈련의 지속성과 내실화

정치에서의 양성평등, 특히 의회에서의 여성참여는 사회전체에서의 여성의 지위를 나타내는 척도가 된다. 때문에 국회나 지방의회에서 의사결정권한의 남녀동등수는 가장 최종적으로 성 평등이 달성될 수 있는 영역이라고 할 수 있다.

---

55) 남승희, 한국여성교육의 문제점 및 발전방안, 179.

한국의 여성정치참여를 위하여 여성단체, 학계, 연구소, 정당 등에서 다양한 여성정치교육 훈련을 시키고 있음을 보았다. 정치교육이 여성들의 의식과 관심과 다양한 경로를 통해 우리여성들에게 사회화를 거쳐 행동으로 실행할 수 있고 양호한 제도로 정착되기까지는 점진적으로 이루어진다 할 수 있다. '여성의원 당선할당제'가 우리사회에서 제도로 정착되기까지 오랜 시간과 여성들의 투쟁에 의해 이루어진 것에서 알 수 있는 것처럼, 여성에 대한 정치교육도 각계에서 보다 내실화하고 지속적으로 추진되도록 해야 한다.

대학교육에서 여성평등을 위한 정치교육이 강화되어야 한다.

학생들의 양성평등을 위한 정치영역의 중요성을 인식할 수 있도록 대학과 부설 교육기관에 '여성정치교육'을 위한 과목이 개설되어야 하고, '여성정치 후보자 교육 및 실전교육 강화'가 이루어져야 한다. 여성후보 발굴, 선거 전략개발, 여성후보 후원회 결성, 등 보다 실전에 임할 수 있는 준비가 필요하다. 또한 교육과정에 모의국회, 모의 유엔 등을 다루어 보는 것도 바람직하다고 하겠다.

셋째, '여성정치학교'의 건립. 상설화

보다 장기적이고 체계적인 차세대 여성정치교육을 위하여 "여성정치학교 상설화"가 요구된다. 이는 기존 각 여성단체가 연대하여 충원과 교육을 담당하고 정당에서는 후보육성을 위한 기금마련을 법제화하여 능력 있는 여성후보와 여성정치인을 길러내어 미래의 여성문화사회에 대비해야 한다.

넷째, 법규 및 제도 개선

한국여성교육의 발전을 위해서는 무엇보다 여성정치인에 대한 정치관계법을 개정하여 정치보조금 중에 여성정치 후보를 위한 '여성후보 발굴 및 육성비'를 신설해야 한다. 국회에 여성비율 30% 할당제와 지방의회의원선거에서 30% 및 공천에서도 각각 30%를 공천해줘야 실질적 당선 가능권에 들 수 있으며 양성평등이 이루어질 수 있다.

참고문헌

김원홍외 공저, 2001,『해방 후 한국여성의 정치참여 현황과 향후과제』, 여성개발원.

남승희, 2001, "한국 여성교육의 문제점 및 방안모색",『여성학연구』, 제11권 제1호.

랑위시엔 (郎裕宪), 1978, 选举论丛(下), 台北: 台湾商务印书馆, 民国67年 12月 初版.

이진분, "양성평등을 위한 여성교육의 방향 모색에 관한 연구",『교육연구』(서울:상명여
　　　자대학교 교육문제연구소),1982,

전경옥, 노혜숙, 김영란 공저, 1999.『여성의 정치적 권리인식과 정치참여』, 집문당.

후삐(胡佛), 1988, "选举漩力与 政治发展" 联合报, 民国77年 9月 23日, 第2面.

하영애, 1991,『대만지방자치선거제도』, 삼영사.

하영애, 2005,『지방자치와 여성』, 삼영사.

河暎爱, 2004, "当代韩国女性参与 政治社会活动", 香港, 발표논문.

우먼타임스, 2005. 11. 11.

G. A. Almond and G. B. Powell, 1966, Jr, *Comparative Politics Approach*, (Boston:
　　　Little Brown).

http://61.74.67.107/admintool/woman/510193.hwp

http://www. chejunews.co.kr/2002/08/2002 - 0817/lifecult

文化的社会意义和文化享受的社会实践

　　文化的一般概念是对一个社会或者一个民族的生活方式的广义上的规范。这里所说的生活方式是意识的反应现象，也就是形成一个社会或者一个团体的个人意识，这种个人意识是根据什么样的认同感形成生活的共同体的认识。文化不仅满足社会成员的生活需要，也确保社会的安定和安全，使社会能持续地维持和发展。称人类为文化的生存物意味着没有了文化的存在人类就不能成为社会共同体的组成员。因为文化能提高社会适应能力，合作精神和社会成员的集合力，以及解决需求不满。不仅如此，还促使社会成员之间相互作用，并满足人类的进一步需求。所以称文化为后天性所能学习的所有生活方式，能持续地传承社会的甚至是历史的产物。

　　一国的文化是一国的根本国力。

　　从礼仪规范，家庭教育，学校教育，公众道德中分析文化形成中受到的影响，最重要的因素为家庭教育，比起学校教育更为重要，和这相关的礼仪规范教育也占了相当大的比率。

　　根据分析文化混乱对我们社会造成的影响，比率最高的是'家庭社会生活的混乱'，占总回答人的35.3%，和我们的生活习惯和良好习俗有着密切的关系，人文主义思想的流逝也是占了22.7%的比率，还有引人注目的是不管男女都觉得文化混乱中家庭社会生活的混乱是最大的因素，以年龄层和居住区域，职业区分无论职业，学生，劳动者连个体户都认为最有影响的是家庭生活混乱。从宗教的立场，不论是佛教，基督教，天主教甚至无信仰者35%以上赞成上述观点，经济阶层上层人士有62.5%担忧家庭社会生活的混乱，其他经济层却只有30%有此顾虑。也就是回答者中的全部男女和几乎整个居住区内各种行业从事者和全部宗教信仰者，所有的阶层都认为文化混乱的家庭社会生活混乱对社会造成的影响最大。另外，应答者中的26%认为发生暴力的主要因素是缺乏道德性。

为了恢夏文化秩序需要什么样的方案？我们再次进行了调查。第一，形成共同的社会(36.6%)。第二，重新确立传统价值观(20.5%)。第三，转换意识的启蒙运动(18.2%)。第四，一贯性的政策(17.5%).所以让我们具体来看一下可实施的方案吧。

1. 形成共同社会

1) 建立正确的家庭生活。

第一，改善餐桌文化：生活中，我们有'在吃饭中不能讲话'的传统观念，在近代的公寓生活中核心的家族成员门都倾向于在便利的时间吃饭，所以大家族式的围绕着餐桌的谈笑互相倾吐在漫漫减少，而这却有利于大家的互相理解。第二，家庭和睦日(互助日)。在现代的忙碌生活里，家人一起相处的机会在渐渐减少，在家属的协商下定一两天为家庭和睦日互相帮助，共同努力实践新生活。

2) 形成光明社會的運動。

现代社会虽享有高度的物质文明，但是人种，地区，阶层，深化的不平等和疏失现象面临着剥夺人性，非人性化的深刻文化。先进社会最要紧的课题是通过人类社会的意识革命，确定新的精神方向。这话不是要中断到现在的科学研究，而是要优先进行人的自我追求，在物质为主的现今社会，重新发掘人性。该主旨是1975年在美国波士顿的第4届世界大学校长会议上由当时的议长庆熙大学建校校长赵英植提议的波士顿宣言文，被世界49国七百多位大学校长一致通过，并决定开展光明社会运动。光明社会运动是以善意·合作·服务·贡献为开拓未来的基本精神。保护自然·减少垃圾·遵守秩序，　近来吐痰的罚款调整到了4000，　正在逐渐走向光明社会。到目前为止，光明社会运动在国内400多个社会团体中兴起，海外队伍也在不停的扩大。美国、日本、台湾、香港、澳洲、印度、澳门、菲律宾等地也组织了社会团体正在如火如荼的进行。但是不要满足于现状，　光明社会团体往后要致力于组织更大的社会团体，使每个人都能率先开始全人类的光明社会运动。

3）强化社會教育

① 建议大学教授和教职员采取离休制。

第一，　让数十年间由于学术研究·教育等而没有了个人空间的老资历教授们放下教育的负担来细想·整理生平的学术，去执笔·编撰著作，　或者从另一个角度去研究地方政治元年起的海外事宜，　来培养韩国未来的政治人才。有志向的人反而避讳实际地去参与和改善政治风气。有一个外国的事例，　担任国会议员或者市长的人都以名誉议员的方式参加各地方的议会。越是像韩国这样选举文化还没有成熟的国家，　越是希望学者出生以及各界的元老们能实际的参加地方议会。另外，　大学的教职员长时间从事学院行政工作，　这方面也有很深的造诣，　对他们也实施离休制能在社会中产生很大的影响力。

② 实施新婚夫妇讲座

韩国的离婚率有着逐渐增长的趋势，　结婚6个月到1年为离婚的最高发生期。虽然有很多原因造成了离婚，但主要问题还是缺乏耐心·礼仪规范·急性子等，　也就是说在有了家庭之后却不知道怎么样去协调家庭生活。针对女性有生活馆教育，　可以在生活馆里学习礼仪规范·茶道等。还有主妇教室·女性大学等社会教育项目。但是男性在高校时期或大学、社会生活中却没有这样的接受教育的机会。开展针对新婚夫妇的教育项目可以预防未婚妈妈的出现，离婚率的增高等剧增的社会问题。

2. 转换意识的启蒙运动

第一，建设拒绝不义的社会。道德是行为的标准和指标，是恶的惩罚剂。但是不知道从什么时候开始我们社会道德在消失，自私成为了社会的主流，使恶性泛滥。道德从何时起以何种理由开始消失，不是一两句话能说的清楚的。这和鱼类随着降水的污染而漫漫灭绝一样不是简单的事情，在和反道德的战争中退败了，消失了踪影。失去了道德这个净化剂就失去了社会自净能力，恶的出现是自然的因果。找回失去的道德也不是想象中的那么难的。不做只对自己有利而对别人有害的事就可以了。还有从自我的教训去帮助别人。美国的Warren大法官认为没有受到伤害的人和被伤害者一样地抗拒不道德时，社会上的正义才会被巩固。这是非常有说服力的道德教训。

第二，重新树立职业伦理。不管制度再怎么完善也要看运用它的人是否有正确的观点，那样才不管何时都有说服力。在我们社会的一角，正在展开"是我的错"运动。这是一个强调职业伦理的运动。不在政治家·公务员·大学教授·律师·舆论家·宗教者等中树立职业伦理会导致不容易铲除腐败和不正之风。制度的改善和职业伦理的确立并行才能实现健全的社会。

第三，国民意识的革新－－从个人成熟到集体成熟阶段。我们的教育水平是很高的。但是诚实地自省一下，我们缺乏民主主义必要条件凝聚力。不管这是什么历史的产物又或是谁的责任，现在我们的国民都缺乏耐心,缺乏凝聚力，对社会的硬指标，团体的秩序，在传统上经验不足。对交通工具，公众道德的实况，也是不能否认的。如果称这样的国民意识水准为[民度]的话，那么适应团体社会生活中的民主主义凝聚力的训练和经验不足则表示[韩国民度]还没有达到可以评价的水平。民主主义的过程和步骤比目标更为重要。一边喊着要民主化一边践踏和混淆民主主义的构架，过去这种心浮气燥的日子实在令人哀痛，用比东欧各国更加激烈的痛苦和混乱来勉强自我安慰。俄们的国民现在已经从个人成熟发展到了集团的成熟。上述3项是没有预算的事业。简而言之，就是要正确实践君·臣·民这三个角色。就是君主(统治者)要具备君主的条件和守君主的本分，做和职位相应的事情，臣下(干部)要具备为人臣子的条件和守臣子的本分，做和职位响应的事情，民(国民)要具备作为社会市民的条件，守本分做和市民相应的事情。如此这般的极力实践时，就可以实现光明的社会，有秩序的社会，恢夏社会的道德性和人性。

3. 传统价值观的确立

1）宗教文化的開發和實踐

面临思想和价值混乱的韩国社会，需要宗教人士来发掘生活和思想，需要宗教文化的开发和实践。具体的方法有可以在宗教性质的大学设立博物馆。比方说，崇实大学设立有基督教博物馆，用来收藏有关传统基督教遗物，这样的教育效果受到了很高的评价。和这个一样，在东国大学设立有佛教博物馆，在成均馆大学设立有儒教博物馆，在西江大学设立有天主教博物馆。另外，这些大学都有将该宗教的相关书籍收藏于起学校的图书馆中。当搜集有各种资料时，应该通过宣传告知大众，各个学校图书馆的相关团体见要有紧密的联系，共同协助。政府应该对遗物搜集和博物馆经营给予一定的特别待遇和支援。

2）冠礼及祭礼

冠礼是一个人被社会认定为成年人的仪式。另外，祭祀祖先是韩国传统文化的特征，又有着家庭的接续·纽带关系·启发孝道等多种机能，所以政府应该为了正确认识祭礼文化在节日前后通过电视等媒体的宣传来使文化活性化。尤其是近来在民俗节日时，对于宣传祭祀的摆设，磕头的方法等得到了很好的反响。但是在节日之后的新闻里却只是提到大量的交通事故，要是能对节日期间各地的美俗多一点宣传就能给了解传统文化和継承发展以很大的活力。

4. 文化政策

韩国社会在快速的工业化过程中发生的混乱和纠纷不仅要以自力克服，咨询社会化的构造转变也要靠自己的带领，从现在起的社会变动应该按着文化更有创意的指引。

事实上先进的韩国社会正面临的最更本的问题是统一分化的构造，收敛爆发的愤怒，引导正确方向的价值和规范体系没有适度地模式化。

第一，为了提高文化的创造性①激活学术活动和文艺创作活动的支援政策。②增加国际文化交流。

第二，为了提高文化合适性的文化政策①适应社会变化和预备未来来提高市民文化适应力的社会教育强化。②提高指向未来的文化创造活动的社会气氛的造成。③造成'讨论和对话'的市民文化。

第三，为了提高文化本体性的政策①支援换国文化和文化产业进入海外。

第四，为了提高文化的统一性①养成健全的指向于未来的青少年文化。②培养和支援落后的地方文化(特别是农村文化)和乡土文化。③增进南北韩之间的文化交流。④提供给海外侨胞文化相思机会。⑤在多样性中建立作为政策的协议和统一的"多元主义市民文化"的形成。

新罗时期三位女王的王位继承与业绩

Ⅰ. 新罗和女王

最近在政治舞台上出现了值得注意的两件事,一件是大家越来越关心政治家和政治统帅力问题了。另一件是女性政治活动开创了一个新纪元。从全世界范围来看,一九七四年在阿根廷出现了全世界第一位女总统－伊萨贝尔佩仑(Isabel Peron);一九八0年在爱尔兰出现了欧洲第一位女总统－贝哥迪斯·聘宝卡托尔;一九八七年在菲律宾出现了亚洲第一位女总统－可拉松·阿可罗(Corazon Aquino)。二000年在台湾结束了持续五十年的国民党一党统治, 通过选举不仅产生了在野党总统. 而且还产生了女副总统－吕秀莲。

韩国新罗时代也曾出现过善德女王、真德女王、真圣女王等三位女王。善德王是韩国第一位女王(在位:632 － 647), 她对发展佛教文化和护国政治作出了卓越的贡献;真德王是第二位女王(在位:647 － 654), 她抱着热爱祖国的满腔热血. 实行了互惠国外交政治;真圣王是新罗的第三位女王(在位:887 － 897), 她不仅治国软弱无能. 还把年轻的美男子引到宫里调情, 结果酿成了四面楚歌的悲惨局面。

这是在一九九五年北京第四次世界女性大会上发表的题为≪韩国新罗时代三女王的统治与女性传统文化≫的基础上. 进一步对三位女王的统帅能力做了比较。

什么叫政治统帅力呢?可以说, 政治统帅力就是指争取亿万民众的支持来实现自己政治目的的统治手段。所谓统帅力包括集团统治的广义手段, 并非单指包括民主主义领导的狭义的手段。这种领导者的概念可以从能力或结构方面去区分。所谓的能力论就是指领导者的行为为集团带来怎样的作用或副作用的问题, 就是说, 重点放在领导者影响集团效果的能力之上的理论。56)一般地说, 东西方的指导思想是不同的。

西方认为, 领导者必须具备的领导才能很多, 大概有体格、勇气、精力、智力、目的意识等。政治学家Lasswell认为, 应具备非凡的办事能力、处理业务时的集中力以及上面所指的体力与知识等等。Merriam认为, 领导者应该具备能够用直觉了解周围所发生的各种事态的高度的社会感受力、组织力、应变力、创造力等等。与之不同的是, 东方对这个问题最重要的思想则是把≪大学≫、≪论语≫中所提到的"修身齐家治国平天下"当作领导者必备的统治气质。齐景公问孔子, 什么叫政治? 孔子回答说: "必也, 正名乎"57), 更具体地说, 他揭示了君君、臣臣、父父、子子的作用论 58)。 那么, 帝王应具备什么样的才质呢?

子思提出了帝王必须具备的如下九个原则59)。

---

56) 李范俊. 辛承权 共著, ≪政治学≫, (首尔:博英社), 1988, 119－120.

57) ≪论语≫, 子路.

58) 齐景公问孔子什么叫政治? 孔子答: [君君, 臣臣, 父父, 子子]。这句话非常简单, 却很好地道出了对角色的定义。即, 若为君主, 应该具备君主应该具备的条件, 遵守君主应遵守的本分, 做君主该做的事情;下臣应该具备下臣应具备的条件, 遵守应遵守的本分, 做下臣该做的事情;若为父, 应该具备父亲应具备的条件, 遵守应遵守的本分, 做父亲该做的事情;若为子女应该具备子女应具备的条件, 遵守子女的本分, 做子女该做的事情。
孙广德著, 河暎爱 翻译。1986, 『中国古代的君、臣、民理论』, ≪中国学报≫第26集, 第5次国际中国学大会参照 133－148。

59) ≪中庸≫, 1975, 首尔:玄岩社, 232－236; 李范俊. 辛承权 共著, ≪政治学≫, 123－124.

1. 修身: (保持自制力和稳定情绪) :自己修养

2. 尊贤: (尊重贤人)：知识

3. 亲亲: (爱亲人)：仁和

4. 敬大身: (恭敬大臣)委任职权

5. 体君臣: (体谅君臣)：保障身份

6. 子庶民: (爱庶民如子)：爱手下

7. 来百工: (招聚百工)：公正

8. 柔远人: (款待远方人)：外交能力

9. 怀诸侯: (容纳诸侯)：德政

上边所提到的九条都不可少，但古往今来，帝王的外交能力、委任权限、修身等最为重要，这是手握统治权的人务必要具备的。

我们要考察新罗时代的最高领导者三位女王是如何发挥她们的政治统率力，并给新罗女性留下了怎样的影响等问题。同时要比较善德女王、真德女王、真圣女王不同的政治态度。比较的具体项目包括继承王位的背景、个人情况(出生背景、品德、体力、配偶、私生活)、统治基础(支持阶层)、外交活动、统治时间及其业绩等。

Ⅱ. 三位女王継承王位的背景

新罗时代善德王、真德王、真圣王，这三位女王的统治时间共三十五年。下面谈谈她们诞生的历史背景和文化背景。

1. 三位女王诞生的历史背景

1) 善德女王是二十六代真平王的长女，名德曼，聪明伶俐，性格很好，宽宏大量，非常仁慈。由于真平王没有儿子，去世后立长女善德为王。善德，号圣祖皇告，第二十七代王，统治时间十六年(632 – 647)(三国史记，券五，新罗本纪 善德王)。

2) 真德女王継承了善德女王的王位，是第二十八代王。她名叫胜曼，是真平王的舅舅葛文王的女儿，跟善德女王是堂姐妹关系。据传真德女王善良美丽，身长七尺，垂手可达膝盖。真德女王在位八年(647 – 654)(三国史记，卷 第五，新罗本纪 第五，真德王)。

3) 真圣女王是第五十一代王。她叫宪，是第四十九代宪康王和第五十代定康王的妹妹。定康王没有子女，临死前留下遗言说，古有善德、真德之先例，真圣也可为王，于是真圣便蹬上了王位。从887年到897年，统治时间共十一年，是最后一位女性政治领导人。(三国史记，卷 第11，新罗本纪 第11，真圣女).

也许有人会认为，先王没有儿子和弟弟，女王継承王位是极为自然的事情，然而，实际上善德女王継承王位并不顺利，在关键时期发生了两次叛乱。真平王五十三年末，即善德女王継承王位的前夜发生了伊柒宿和阿食、石品叛乱[60]，女王末年，围绕着王位継承权问题又发生了上大等毗昙的叛乱[61]。两次叛乱都是围绕女王継承王位而发生的，所以决不能认为这是偶然的。

引人注目的是，对毗昙的叛乱有两种不同看法，井上秀雄氏主张，由于在和白会议上要决定善德王是否退位，因而善德王一派发动了这次叛乱[62]，然而李基东氏却主张，伽倻出身的金庾信拥护善德女王即位，反对奈勿王系氏族会议废除善德女王，立毗昙的决定而发起的。[63]

---

60) ≪三国史记≫, 4, 新罗本纪 4, 真平王 53年.

61) ≪三国史记≫, 5, 新罗本纪 4, 善德王 14年.

62) 李锺旭, ≪新罗上代王位继承研究≫, 岭南大学校民族文化研究所, 民族文化丛书 7, (大邱:岭南大学出版部), 1980年, pp.182 – 183; 井上秀雄 新罗政治体制变迁科程"

70

反对女王即位的势力究竟是哪一派，很难具体指明，但可以肯定的是真骨贵族阶层。因为真平王已经死亡，善德女王即将即位的时候没有一个经历过智证王、法兴王时期，已经树立一定的威望并能够继承圣骨王的男人。

三国史记有一句话说，圣骨男尽。从中可以了解当时的情况。

真骨贵族反对圣骨女王即位的事件充分证明，在父系社会制度下的新罗社会女王即位是一件非常不容易的事情。

2. 社会文化背景

1) 男女性文化的影響

新罗时期男女关系似乎非常开放，可以自由自在地互相交际、谈恋爱。

据记载，统一三国的英雄金庾信家有一段比较有趣的历史。金庾信母亲万明夫人系新罗真骨闻名王族，她的父亲属肃讫宗。万明夫人是智证王的曾孙女、立宗葛文王的孙女、振兴王的侄女，却与金官国仇玄王的孙子舒玄陷入热恋中。

万明和舒玄违抗父母之命私奔，双双跑到很远的地方同居，生了庾信(三国史记，卷41，列传1，金庾信，上)。由此可见，新罗王族的恋爱观。

还有，万明夫人的女儿文姬同金春秋恋爱，结果，休了王后，举行了婚礼，成为正式王后。据三国遗事记载，金庾信从政治利益出发把自己的妹妹介绍给金春秋，妹妹怀孕后，为了让她能够嫁给王族，演出了一场要烧死妹妹的假戏。善德女王得知后，要求王族对自己的行为负责，于是他们终于结为夫妇[64]。

闻名家族－金庾信家的自由恋爱故事是新罗上流社会真骨中有代表性的事例。而其他新罗真骨族的许多恋爱故事，由于其记录太短被排除到历史之外。众所周知的处容歌也有助于我们去了解新罗人自由开放的男女关系。新罗宪康王时期级干处容

---

63) 李基东，『新罗奈勿王系的血缘意识』，≪历史学报≫，5354合订本，1972，29－31.

64) ≪三国史记≫，卷41 列传 1，金庾信上.

有个漂亮的妻子，疫神人爱上了她，他们趁处容出门之际在寝室勾勾搭搭。处容回来发现自己心爱的妻子正在同奸夫鬼混，不仅不愤怒，反而唱起歌，跳起舞来赞美他们的行为，并退出房去，为他们提供方便。

研究新罗历史的文暻铉先生对此发表自己的看法说，丈夫发现妻子的不正当行为后不仅不惩罚，还加以赞美，这说明他们的思维方式跟我们现代人不一样。新罗人认为，淫荡的通奸行为是应该表扬的爱情美德，而不是受良心责备的不健康的行为。从这个故事中可以看出，新罗贵族阶级自由开放的性文化和彻底追求性享乐的意识。65)

女性政治文化在这种男女平等的土壤之上扎根发芽，使得新罗女性能够非常自然地参与国家公职。

2）母系繼承的影響

围绕着新罗善德、真德、真圣三位女王的王位繼承权问题，父系繼承理论和母系繼承理论截然相反，针峰相对。当然，要研究这个问题除了圣骨、真骨等骨品问题外，还要考察有关新罗繼承王位方面的极为夏杂的家谱。我们只考察有关三位女王的内容。

李钟旭主张，新罗女王的繼位是在父系繼承社会里因为没有可以繼承的儿子才出现的例外现象。

在善德王和真德王即位的时候，铜轮太子家谱中的真正、真安、文王等属于三代之内的男人都死了，只剩下了女人。所以在铜轮太子和真平王的家系中没有可以繼承王位的男人，不得不选女人繼位。女子第一代也当属于父系家谱。66)

研究新罗历史的文暻铉却主张母系继承说。他说，在新罗父系繼承只是表面现象，实际上母系繼承制度是主流。在新罗善德女王、真德女王等三位女王都理直气

---

65) 文暻铉，《新罗史研究》, (大邱: 庆北大学出版部), 1983, 241－242.

66) 李锺旭，《新罗上代 王位继承研究》, (大邱:岭南大学出版部), 1980, 150, 151.

壮地繼承了王位。从中可以知道，当时多么重视女系。不仅如此，在新罗上古时代的王位繼承恐怕是巫师长式的失君系女性来繼承。以朴赫居世为首的上古王系好象是女王，估计巫师长王实际上是处女王。[67]

他还举了新罗最大的王陵98号(大陵)坟票瓜形双坟发屈时的例子。一对坟墓中北边的是女性的坟墓，而南边的是男性的坟墓，王妃的坟墓比王的坟墓大，也更华丽。这一事实揭示了女性优越的思想和女性祭司长的王子身份。还说这个陵比善德女王、真德女王的早一，二世纪，可能还有其他女王的存在，而且当时的王妃象女王，还说已经用王权是通过女性司祭长系才繼承的学说，来揭示了这种观点的正确性。[68]

据安天教授的主张，檀君可能是女性。我国曾出现过世界上罕见的现象，女性嫁出去后使用母亲家的姓氏，在户籍、家谱、各类文书上记载着母亲家的姓，这是母系继承传统所遗留下来的习惯，证明女性优越的社会地位。

现在，中国的孩子在父亲和母亲的两个姓中可以任意选择一个。曾任职中国驻韩大使馆的李桂玲参事官的儿子就使用母亲的姓。三位女王能够繼承王位的主要原因当然是因为没有具备繼承权的男人，但还有一个不可忽视的文化问题，即新罗具备了能为一位女性赋予最高统治权的男女平等的文化环境。在极端歧视女性的朝鲜时代，根本谈不上什么女王不女王的。

Ⅲ. 比较三位女王的政治风度极其概况

第一，前面已经探讨过王位继承的背景，要详细了解请参考Ⅱ。

善德女王和真圣女王继承王位有共同点。善德女王是没有儿子的前任王的长女，

---

67) 文暻铉 《新罗史研究》. 249, 250.

68) 文暻铉，《新罗建国说话研究》，1972，第4集，1~50.

虽然姓金，但以圣骨资格継承了王位;真圣女王是按照没有子女的前任王的遗言以真骨王族的资格継承了王位。那么，真德女王是怎样継承王位的呢?

据传，善德女王原有配偶，叫饮葛文王，他们之间可能没有子女。如果有儿子的话，真德能継承王位吗?

三国史记或三国遗事中没有涉及到她们的子女。

编纂新罗王位継承一书的李锺旭的研究结果很有说服力。

善德女王和饮葛文王之间究竟有没有子女?这个问题不清楚。然而，如果他们之间有子女的话，他们(是圣骨)就没有王位继承权。因为真平王之后至少还有属于铜轮太子家系的女子和第一代女子等具备圣骨身分的人。[69]　父权制社会，在継承问题上只有第一代女子才具有同男人一样的资格。[70]　也就是说，真德姓金，但又是属于铜轮太子家系的人。所以可以认为是以圣骨的身份継承了王位。

第二，三位女王的出生背景差不多，但性格、体格、私生活等都大不一样。善德女王的名字叫德曼，父亲是真平王，母亲是麻耶夫人。真德女王的名字叫胜曼，父亲是国饭葛文王(还有国分葛文王一说)，是真平王母亲的弟弟，(三国史记,卷第5,新罗本纪第5,真德王)　与善德女王是堂姊妹关系。据三国史记记载，母亲是朴氏月明夫人，而三国遗事中却叫阿尼夫人朴氏。真圣女王叫宪曼，父亲是景文王，母亲是文咨王后，是四十九代宪康王和五十代定康王的妹妹。

第三，三位女王的性格、品德不一样。

善德女王宽大，仁慈，敏捷，通情达理。她对有关≪知几三事≫[71]的事，具有锐利的洞察力和先见之明。如，当唐朝赠送牡丹的时候她(即位之前)对父亲说，牡丹花虽然很漂亮但没有香味，种花结果证明她说对了;有一次发生了百剂的500名兵将入侵的事件，她能够预测出他们将要隐藏的地点，就派兵逮捕回来;她甚至在死前已经知道自己将在道率天死去。

---

69) 李锺旭，≪新罗上代王位継承研究≫，(大邱: 岭南大学校出版部)，1980, 179 – 181.
70) 说这种女子的子女不能取得父系家系的成员权。
71) Ernest L. Schusky *Manual for Kinship Analysis*, 1972, 27 – 28; 李锺旭，上揭书，180

她实行善政以救济天下穷人，亲切和蔼地对待那些怀恋自己的年轻人。诸如此类，可以窥见她的性格。与此相反，真德女王的性格却非常屈强。她杀死了反对前任女王而叛乱的毗昙和他的一党30多人[72]，判他们灭九族之罪，最终评定了叛乱，从根本上防止了此类事件再发生，为后人作出了榜样。她还根本不理唐皇帝的责骂，连续6年使用自己的年号－太和，具有至高的使命感。真圣女王的性格是自由奔放，坦率刚强，纯真无邪。

善德女王喜欢艺术，派人收集和编辑了新罗乡歌。她虽然是最高统治者，但没把自己的感情和人的本性藏在心底，而公开喜欢男性。她生前把王位让了出来。至于善德女王的体格无法知道，但可以知道真德女王体格魁梧。她身高7尺，垂手可达膝盖以下。据真圣女王的哥哥定康王说，她的骨格象大丈夫，她对自己的侄儿姚说，背两边的骨头突出来跟自己的背一样。

在三位女王中，善德女王和真圣女王有自己的配偶，而三国史记或三国遗事里都没有有关真德女王配偶的记载。在某种意义上说，他们的私生活象她们的性格一样很不相同。由于资料不足难免片面。据记载，善德女王对一个普通青年的爱，报以母亲般的温暖，可见她成熟和稳重的气质。有关真德女王的私生活，还没有查到更多的材料，也没有发现有关她配偶或有关男人的记录。据估计，正如部分现代女性忽视婚姻重视工作的倾向一样，估计真德女王也将一腔热血倾注在国家大事上，坚持亲手织绸，甚至亲自作太平歌送给唐皇帝，而忽视了自身的婚姻，走独身主义之路，为新罗牺牲了自己。

据传，真圣女王的私生活，尤其是性生活很放荡。喜欢角干魏弘，频繁叫到宫里来，甚至委任他做重要事情。他死后，真圣暗地里叫美男子进来一起鬼混，而后立即委任要职。[73]人们责备她说，她这种好色放荡的性行为加快了新罗的灭亡。[74]但，批评的锋芒不应该直接指向她紊乱的性生活。　因为我们不能忽视当时新罗的

---

72) 《三国史记》，卷 第5, 新罗本纪 第5 真德女王.

73) 《三国史记》，卷 第11, 新罗本纪 第 11, 真圣女王.

74) 安天, 《何时能出女性总统?》, (首尔: 가리사니 出版社), 1992. 26.

男女之间性文化非常开放，形成了自由恋爱的社会环境。她虽然身为最高统治者，但应该允许她在性生活方面作一个普通人。她应该受到批评的是公私不分，只要自己喜欢就委任要职，结果使全国陷入混乱，而这是她的政治失误和不称职。

第四，在巩固统治基础、选拔人才等方面，善德和真德表现出了非常卓越的领导才能。但，真圣却没做到，她的领导水平很低。一个国家的统治者需要身边有几个出色的参谋，能够随时同他们商量国家大事。可以说，选拔人才是巩固统治基础的核心问题。

善德和真德两位女王是善于使用人才的天才。如，委任金春秋负责对外事务和外交工作，委任金庾信等将军担负要职。她们治国有方，关心百姓，施政以德，受到百姓拥护；在抵抗外来势力的入侵方面，态度坚决、果断，派大将军金庾信攻略邻国百济，获得了座城池(加兮城、声热城等)。有一天，金庾信率兵行军中正要路过自家门前，不巧，这个时候他接到了善德女王的指示说，有个地方正在受敌人的袭击，情况非常危机，国家命运掌握在你的手里，希望你不辞劳苦，立即前赴战场。金庾信二话没说，没有见自己的亲人立即奔赴新的战场，消灭了敌人，取得了胜利。

金春秋相当于一国宰相。一次他被派往高句丽与高句丽王谈判，谈判中他因违抗王命被监禁。善德女王得知后，组织了一万名决死队[75]，赶到那里救出了金春秋。可见善德女王多么珍惜人才。正因为她这样爱惜人才，用人有方，他们才会忠于女王，为她献身。

真德女王也曾派金春秋赴唐与太宗建立友好关系，接受他们的援兵，打退了百济。金庾信、陈春、天尊将军等攻占百济的三座城池(茂山，甘勿，桐岭)，获得了许多兵器和一万多匹马。

与之相反，真圣女王没有很好地领会用人是最重要的统治要素这一道理，可以说她恰恰败在这个问题上。她让跟自己亲密的男人很快地成为可以参与国家大事的重要人物或者担负重任，不分公私，在使用人才方面犯了无法弥补的错误，盗贼泛

---

75) 《三国史记》，卷 41 列传 1，金庾信 上.

滥。叛乱在全国范围内蜂涌而起，但无法镇压，导致了不得不让出王位的后果。

佛教基础:善德、真德、真圣三位女王有一个共同点，她们都深深受到了佛教的影响，经常跟僧侣一起讨论国事，亲自去寺刹倾听说法。尤其是善德女王，对佛教做出的贡献非常大。她修建了营造司、瞻星台、芬皇寺、皇龙寺和皇龙寺九层塔。

她还派慈藏法师到中国学习佛教。皇龙寺九层塔是他归国后提议而修建的。据说，神人导师跟他说:你们国家以女人为主人，她虽然有德但没有威严，归国之后在皇龙寺修建九层塔，那么，周围的九国就会服从你们国家，王权会得到巩固。后来，女王怀着让周围国家服从新罗的伟大理想，修建了九层塔，并用国名命名每一层，如，一层叫日本，二层叫中国，三层叫五月.等等。(三国遗事，卷第4，塔像 第4皇龙寺九层塔)。 修建黄龙寺的目的在于抵制外来势力的侵略，保护老百姓的安全，树立女王的威严和权威。后来，它同黄龙寺的丈六像一同成了新罗的护国三宝。

有记载说，真德女王也亲自到寺刹举行过祭祀仪式。真德元年十一月，她亲自到奈乙神宫祭祀(三国史记卷第5)。 真圣女王也到黄龙司摆百座亲自听了说法(三国史记卷十一)，她还允许60人削发为僧，于真圣王四年五月十五日，她还亲自去观看了燃灯。真圣女王也跟善德女王一样重用僧人，让大矩和尚收集编纂新罗乡歌集≪三代目≫。真圣女王虽然在年轻的时候私生活紊乱，但末年定居海印寺(北宫海印薮)求佛丈夫惠成大王(角干魏弘)的冥福度日。

据记载，她们在身体不舒服时采取赦免罪人，赐人为僧，请高僧听伯高子等措施以恢复健康。(三国史记 卷十)

第五，外交活动的领导才能。真德女王外交活动的领导才能最突出。三位女王向唐朝进贡方面有所不同，善德女王在十六年间共进贡十次，真德女王在八年间九次派使节团进贡，有时一年超过两次。真德女王亲自织绸作太平歌送唐朝，唐黄帝非常高兴，册封真德王为鸡林国王。真圣女王在自己统治时期是否进贡，几乎没有历史纪录可查。可是当时有两件比较特殊的事情。首先，新罗在开始惩罚高句丽的668年以后，当务之急是吸收百济和高句丽的游民，恢复国土，赶走半岛内的唐军，可能根本顾不上进贡76)。其次，新罗统一三国之后，从圣德王开始同唐朝建立了全面的友好关系和外交关系，反而唐朝向新罗请兵[77]，可能从真圣女王开始用不着进贡。无论如何通过朝贡，新罗的外交能力得到了很快的发展。

自619年同唐朝开始进行外交活动至668年的五十年间新罗、百济、高句丽向唐朝派遣使节团的次数共达81次，其中新罗派遣使节团进贡的次数达34次，说明新罗外交的急速发展。真德和善德女王在位时，共派遣十九次，占新罗派遣使节团进贡总数的一半以上，可见她们在外交方面倾注的心血。

向唐进贡还有另一个特点，新罗使节进贡，唐朝就有回赐，然而比回赐更重要的是他们给进贡的人赐予官职，这仅限于新罗。据真德王二年条，金春秋请求改变章腹，按照中国的制度去做，唐朝方面从内殿拿出贵重的衣服给金春秋和他们一行，并在他们归国前下诏书封金春秋为特进，封文王为内武卫将军。

据唐书，特进是正二品文散官，左武卫将军是从三品中央职将军[78]，事实上这仅仅是名誉罢了，但下赐的范围只限于新罗，为新罗外交带来了象宿卫外交试的质变。

向唐进贡，新罗女王们的外交领导才能得到了进一步的提高[79]。所谓的宿卫外交，在三位女王中真德女王时代最突出。可以说宿卫外交是总结新罗历来对外交涉经验的结晶，是综合性外交手段。关于宿卫的最初记录可以在真德王二年记载的如下内容中找到。

金春秋和他的儿子以使臣的身份前赴唐朝，向唐太宗请兵，唐太宗非常高兴，允许他出师。金春秋说："下臣有七个儿子，愿留下一个在您身边护卫，请允许。"于

---

76) 申滢植，《三国史记 研究》，(首尔:一潮阁)，1981，245－248.

77) 前揭书，261.

78) 上揭书，236.

79) 申滢植，宿卫学生考『历史教育』11.12合订本，70.；申滢植，《三国史记研究》，1967，266－268.
   所谓宿卫是唐朝军事制度之一，是在唐朝首都维护同性的护卫军士兵，士兵中有周边各国的王子，在皇帝身边保卫皇帝，从中华思想角度分析，皇帝把周边诸侯国的王子留驻自己身边的目的在于提高自己的权威。从真德王2年把金春秋及其儿子文王派往唐朝开始有这种宿卫事例。

是他留下了自己的儿子文王。在真德王五年派金仁问到唐朝进贡，就让他留下来宿卫。宿卫跟一般的人质不同，进贡的都是国王的子弟等身份比较高的人。真德女王派的人都是以王族为中心的高官，尤其是多次派过金春秋父子，这是后来武烈王派系活跃于政治舞台的信号。

有关真圣女王派遣使节团的历史记载很少。据三国史记，就有两次记录，一次于892年把兵部侍郎金处珉派往唐朝去，可是中途淹死在海里，另一次于987年派遣使者到唐朝报告立宪康王的庶子晓为太子的事情，而记载中没提到使者的官职和姓名。看来，真圣女王在自己掌握统治权的十一年中，没有积极开展外交活动，在这方面表现出的政治领导才能也很低。

唐朝积极支持了新罗，善德和真德两位女王争取唐太宗和唐高宗的军事支援打退了高句丽和百济的侵略。据三国史记，十三年间，唐太宗派玄奖传高句丽天子的书，劝告他们停止与新罗的战争。说，"新罗依赖我们，不拒绝进贡，你们同百济一起立即停战。如果继续打新罗，明年就兴兵打你们国家"(三国史记，卷第5，新罗本纪,第5，真德王)。唐太宗做到了言行一致，第二年，即十四年五月开始征伐拒绝劝告的高句丽。有记载说，善德王出三万兵力帮助征伐高句丽的唐太宗。

唐朝在真德女王时期也曾帮助新罗抵制过百济的侵略。金春秋以使者身份跟唐高宗说，近年来百济不断侵略我国，如果陛下不出兵除掉可恶的势力，我国的百姓都将被活捉，无法渡海进贡。唐高宗深表同情，允许出师(新罗史记，卷第5，新罗本纪，第5，真德王)。

事后，真德王向唐朝报告军事支援的结果，并还礼报答，进一步加强了两国之间的友谊。从改善两国关系以来，只有新罗一国能向唐朝请求军事援助。善德王十一年八月，十二年九月，真德王二年冬天，新罗向唐朝请求援兵，事实证明，唐朝成了新罗强有力的后备力量。

这一事实证明唐朝对真德女王的信任和礼貌，而且唐朝的支持为后来新罗能够征伐百济和高句丽打下了基础。

唐朝在真德女王的统治期间派出持节使，对新罗以礼相待。真德元年二月，唐太

宗派持节使追认前王为光禄大夫，册封国王为鸡林国王。真德王八年三月真德王去世，唐高宗(太宗的儿子)派出持节使。唐高宗听到消息后，在荣光问举行追悼仪式，又派太常丞장문수持节吊唁，并赠开府仪同三司，赐彩缎300匹。

我们认为持节使是中国皇帝的代理人，具备一定的资格，如同新罗的进贡人必须具备一定的资格一样。唐朝在真德王时期派过两次持节使，在真德女王八年(654)被派到新罗的唐朝持节使张文受的官职是太常丞，是纵五品。他们大概都是属于纵四~五品，无论持节使或两国的关系都在政治上是平等的，不是上下级关系[80]。

第六，三位女王的统治时间大不一样，善德女王为十六年，真德女王为八年，真圣女王为十一年。治理国家的业绩在质量和数量方面都有很大的差异。善德女王在三位女王中，统治时间最长，业绩也最大。尤其是为了芬皇寺和护国而修建的芬皇寺九层塔、永照寺和黄龙寺，为佛教建筑和佛教文化给予了积极的影响。至今已过一千多年，但全世界的观光游客为了参观佛教艺术云集庆州。善德女王时代所建的瞻星台是东洋最古老的天文观测台。

善德女王为新罗灿烂的佛教文化立下了不朽功绩，这是看得见摸得着的。而真德女王却完善了行政部，巩固了王权，这可不是能够看得见，摸得着的。最突出的就是新设执事部和仓府，进一步加强了王权，从而，由执事部管理全部行政，还主管了国家机密业务。据记载，二月把主改为执事部，以波珍餐竹旨当作执事中侍(即后日的侍中或大臣)，处理机密事情。

真德女王建立了一种制度以加强王权，这就是新年初一百官进宫向国王祝贺新年，然后开始新一年的各种工作。可以说，这个习惯流传至今，成为新年互相祝贺的民族风俗，今天的"始务式"可能也是这个制度的延续。三国史记有记载说，元旦国王到朝元殿接受百官祝贺，春节就成了惯例。真德女王实施的是奖惩分明的公正的政治。评定毗昙和炎肿一派的叛乱后，严厉惩罚，立即处死，还严格实行奖励制度，对有功的将兵按其战功的大小给予奖励。在她执政八年间，一直使用自己的年

---

80) 前揭书 240.

号－太和，跟唐平起平坐。她同金春秋、金庾信、金法敏等尽一切努力，确保外交成功，打退高句丽和百济，打下了三国统一的基础。

而真圣女王掌权十一年，比真德女王更长，但政治业绩却在三个人当中最少。真圣女王最大的业绩是收集乡歌，提高了新罗人的艺术自豪感。她最后承认自己的失误，把王位让给了自己的侄儿，退位的决定也很果断，显示了女王风度。

Ⅳ．三位女王的统治给新罗和女性的影响

1. 创造了新罗式女性政治文化

朝鲜时代的女性受到了非人的待遇。女人受三从之道的束缚，禁止改嫁，不许庶子出身的子女参加科举，不许作官。但新罗时代的女性却完全不同，在男女关系方面完全平等，互相交际方面非常开放，自由自在，经常出现年轻女子婚前不经父母承诺随意跟着恋人逃跑的现象，还有发现妻子的淫乱行为不仅不愤怒不憎恨反而赞美，跳舞，让出屋子的事情。看三位女王继承王位的背景，前王都没有儿子，有的虽然有叔叔但即位不到一年就死去，结果诞生了善德、真德女王。女王善德统治新罗十五年，实施的是为民政治。她派行政官到地方巡查，帮助和指导寡妇、独身和有困难的人，有时还免收各州的租税。为了维护女王的威严和国土完整，修建了黄龙寺九层塔，在选用宰相、将军等人才方面发挥了卓越的政治才能，出色地治理了国家。

真德女王继位后表现出的统治能力和外交活动也非常突出。240年后，宪康王在遗言中说，按照善德王、真德王的先例，我既无儿女，可让妹妹继承王位。于是诞生了新罗的第三位女王。

如果第一位女王的政治业绩不怎么样，那么恐怕不会再出现第二，第三位女王了，或许会在叛乱中失去政权，或许象朝鲜朝那样实行摄政。通过男女性文化所了解到的那样，不仅王室家族为代表的上流社会，就连一般庶民社会也都过着自由奔放的性生活，女性还有祭司长的社会地位，女性政治文化就是在此基础上生根发芽的。

新罗时期，三位女王的诞生和她们的统治能力在以男性为中心的政治文化环境中创造了新罗型女性政治文化。

2. 佛教文化的发展和佛教向生活领域的渗透

三位女王为新罗的佛教建筑和佛教文化作出了不可磨灭的贡献。千年风雪之后还有众多世界各地的游客前来新罗古都庆州参观灿烂的佛教文化，可见其历史价值。庆州有佛国寺、瞻星台、释迦塔、多宝塔、石窟庵、芬黄寺九层塔等文物。

瞻星台于新罗善德女王时期修建，是东洋最早的天文观测台，地面直径5.17/m。全国的中学、高中的学生进行历史考察和修学旅行时都到这里来。芬黄寺九层石塔也是在善德女王时期修建的，至今保存完善，使我们想起当年善德女王对佛教的关怀，唤起我们对佛教艺术的欣赏欲望。她还鼓励僧侣严守戒律，召集僧侣讲读佛经，批准几百人削发为僧，派慈藏法师到中国学习佛教。为防御外部势力的入侵，保证老百姓的安全，在新罗修建了三大国宝之一的芬黄寺九层塔。每逢一月，她亲自到神宫举行祭祀，赦免罪人。

真圣女王也在黄龙寺举办伯高子，亲自到场听说法(三国史记。卷十一)，赐60人为僧，于真圣王四年五月十五日亲自去观看了燃灯会。让大矩和尚收集编纂新罗乡歌集《三代目》，是她的功绩。女王们在得病的时候赦免罪人的同时允许一班人当僧侣，召集高僧听百高座(三国史记卷十)。

如今佛教文物成了韩国的文化遗产，对国民生活影响很大。农历四月八日释迦牟尼诞辰日是国家制定的公休日，全国各地的寺庙按照新罗时期的老习惯举行燃灯活动，无数男女老少到寺里去听说法，点灯。还有好几十个团体的好几百名聚集汝矣岛举行记念活动，晚上还举行燃灯活动，烟灯队列从汝矣岛一直连到韩国最大的寺庙曹溪寺。这一天，无数的男女老少亲自到寺庙拜佛祈祷，求佛实现自己的愿望，保障全家健康，事业成功等。一千多年前，真圣女王在海印寺度过晚年，为自己的丈夫惠成大王冥福求佛，今日的求佛行为跟她是一脉相承的，已经成了许多人生活的内容之一。

3. 同唐朝建立友好关系，为三国统一打下基础

三位女王在自己的统治时期都保持了与唐朝的友好关系。善德女王纠正过去混乱的进贡方式，改为每年一月按时进贡。唐太宗接受善德女王的请求往高句丽派遣持天子诏书的使臣，命令立即停止入侵新罗，而高句丽不从命，第二年就进攻高句丽帮助新罗。真德女王亲自作太平歌，赠送给唐主，歌颂了太宗的业绩，并把他的德治与五帝三王相比。唐王非常高兴，册封女王为鸡林国王。

真德女王时期，太宗认为新罗的金春秋人品很好，以礼待他，还为在敌阵打仗的新罗兵派了援兵。由此可见，新罗同唐朝的关系非常和睦友好。

继承真德女王王位的就是忠于她的金春秋－太宗武烈王(三国史记，卷第五)。真德女王在位时特别信任武烈王，唐朝皇帝也破例提拔了他。

新罗在经历了真德女王统治时期(647－654)和武烈王时代到文武王时期，即676年后，终于实现了统一。统一新罗的主将金庾信就是由善德女王和真德女王选用的名将，他在两位女王在位时坚决抵抗了高句丽和百济的不断入侵，夺回了领土，歼灭了敌人，获取了武器，保卫了国家。由于选用了金庾信、金春秋(武烈王)和文武王等人，打下了统一三国的基础。

到此考察了新罗时代三位女王的概况、诞生背景和统治风格，可以了解到，女性也具有卓越的领导能力，她们在以男性为中心的政治文化环境中创造出了女性政治

文化。由此可以得出如下结论：

第一，在新罗社会之所以出现女王是因为前王没有儿子。正因为有了这个条件，金德曼和金胜曼以圣骨王族的身份各自即位，成了第二十七代善德女王和第二十八代真德女王。在240年之后即位的金宪曼的情况也是如此。因为前王没有子女，遵照王的遗言，立其真骨王族妹妹，重现了善德、真德两位女王的先例，成了真圣女王。但当时新罗社会的男女地位和性文化及社会文化背景也为此提供了有利的社会环境。

第二，在评价女性政治领导能力的时候，善德女王和真德女王与众不同的智慧和领导能力不仅成为重要论据给予很高的评价，还成为现代韩国政治史和女性政治的重要事例。时过千年，善德女王的统治风度受到更高的评价。真德女王的外交领导能力带来了新罗－唐朝外交的质的变化和急速的发展。高句丽和百济却没有具备这种能力的人才。

第三，善德女王和真圣女王为发展新罗灿烂的佛教文化而作出了很大的贡献，使佛教渗透到大众的生活中去。尤其是善德女王为了维护国家和女王的权威修建了黄龙寺九层塔。

第四，善德女王和真德女王跟唐朝的太宗、高宗保持了紧密的友好交流关系，培养出了优秀的宰相和杰出的将军，打退了外敌的入侵，打下了三国统一的基础。

参考文献

◆ 《三国史记》

◆ 《三国遗事》

◆ 文暻铉, 1983, 《新罗史研究>, 庆北大学出版部

◆ 李基白, 1993, 《新罗政治社会史研究》, 一潮阁

◆ 李基白, 1987, 《新罗思想史研究》, 一潮阁

◆ 李基东, 1993, 《新罗骨品制社会和花郎道》, 一潮阁

◆ 李锺旭, 《新罗王位继承研究》, 岭南大学民族文化研究所

◆ 《民族文化丛书》, 1980, 岭南大学校出版部

◆ 申滢植, 1981, 《三国史记研究》, 一潮阁

◆ 河暎爱, 1985, 「韩国新罗时代三位女王的统治和女性传统文化」, 北京第4次世界
　　女性大会 《女性及传统文化》, 研讨会论文

◆ 孙广德著, 河暎爱 翻译。1984, 「中国古代的君臣民理论」。 《中国研究》 第26
　　集,韩国中国学会发行

韩国女性参与政治与社会活动

当代韩国女性参与政治和社会活动的研究

I. 绪论

最近，在韩国女性和亚洲其他国家女性活动中发生了不少的变化。在韩国今年十七代国会议

员选举中，女性议员当选了39名。2000年台湾选举中选出了女副总统。东亚女性论坛1994年在日本开始，1996年在韩国，1998年在蒙古，2000年在台湾，20003年在香港举办。这些变化都直接或间接的影响了韩国女性参与政治和社会的活动。

但是，如何能够使女性发挥其能力，和男性平等的参与政治和社会活动仍然还是一个很遥远的，需要我们継续努力去实现的目标。

其实回顾一下韩国女性发展的道路，便觉上述观点不缪。因为30-40年前的韩国女性，还不能和家庭成员一起吃饭，只能在厨房吃，当时更谈不上什么政治社会生活了。但是，如今这种现象是看不到了，这说明，韩国女性也随着社会的发展在发展着，这里固然有许多发展的因素，诸如，国家富裕了，个人和社会也都发生了变化，风习和制度也随之发生了变化，民主化的进程为女性的解放开辟了道路。但是最为重要的是，女性由于受到可以和男性同样接受教育的可能，于是女性知识的提

高，女性主体意识的提高，为女性从家庭束缚中解脱出来，提供了非常有利的帮助。

特别是从90年代以来，韩国的女性参加第四届北京世界女性大会之后，在国际舞台上活动日益频繁起来，不仅加入了NGO主管的东北亚女性团体，联合国女性地位委员会，ICW会议等国际女性活动团体，而且在联合国女性为委员会里，韩国被选为理事国，在ICW里，韩国被当选为理事和传播委员会的委员长。

但是，在韩国的女性运动中，有一个明显的不足，就是对于女性政治与社会发展的理论研究。虽然参加国际会议有一些报告书之类的文章，但是能够形成体系与学问的研究，目前还尚缺乏。韩国目前，各个女性团体活动开展的比较活跃，教育训练也有开展，但是，理论研究仍然处于不足阶段。李景淑教授曾经研究过女性问题，提出过关于女性团体的课题，她指出，韩国女性团体应为提高女性参与政治社会活动进行培训，女性团体要成为培养女性领袖的基地，女性团体要研究女性的问题，未提出女性方面政策提出方案，同时，女性团体要成为监督有关部门执行女性政策的压力机构。

本文研究的目的是一方面回顾过去韩国女性参与政治社会活动的状况，同时对于目前女性活动所存在的问题进行一段小结，通过这样的小结，对于今后女性参与政治活动提出一些方向性的建议。

关于政治发展的概念有许多解释，概括起来，大致有以下内容：

1. 政治发展是就政治现代化(Political modernizatiaon)而言。就是指建立西洋式的政党，行政组织及立法机关。

2. 政治发展也叫做民主制度的建设(building of democracy),其实，民主发展的目的就是要实现民主政治制度与民主的生活方式。

3. 政治的发展指的是行政与法律的发展。

4. 政治发展需要市民教育的提高及普遍参与(Popular Participation).

政治发展与行政发展使政治过程和行政过程能够更加活泼的发展，其主要作用者是政党人，国会议员及行政官。因此，女性的政治发展就得加入到政党，国会，政府机关才能得以实现。

另外，政治发展与社会发展是不可分割的孪生姊妹，因为政治发展是与多方面的社会变迁之中的一面(one aspect of a multidimensional process of social change)[81]。政治发展于社会发展从本质上看，是一个历史的过程，政治和社会结构要适应环境的变化，这两者缺一不可，都要有所变化，因此，这两者是不可分割的，。

综上所述，女性更加积极参与政治机构和社会各界的活动，并且能够出色的完成自己所负担的工作，这样不仅使女性的权益得到保障，就连女性的地位也得以提高。我们认为，只有这样，女性的政治与社会的参与活动才能够得以发展。

所以，为了弄清韩国女性政治发展情况，有必要对韩国女性参与行政部，立法部，司法部等机构的情况有所了解，并且在行政部里，则以历代的长官(部长)，次官(副部长)为中心；立法部则以国会议员和地方议员为中心进行考察。

至于韩国女性的社会问题，想通过韩国女性的经济社会参与，法律系统参与以及女性团体的活动，进行考察。

II, 韩国女性历代参政现状及其作用

1. 韩国女性行政府参政的现状

1）韓國女性參与總統和副總統競選的現狀

从1948年最初总统选举起，到1997年12月的第15代总统选举为止，韩国有三位女性参与总统直接、间接选举，作为候选人参加过竞选。1960年8月12日举行的第四代总统国会间接选举当时的执政党－民主党推选朴顺天位候选人参加竞选。直接竞选是第13代的选举，当时洪淑子被选为候选人，但因故，途中宣布不参加竞选

---

81) Samuel P.Huntington,*political participation in Developing Countries*(Cambridge:Harvard Unversity press,1976), 4

了。在第14代选举的时候，有新政党推举的候选人金玉善竞选，结果落选。

　　副总统选举的情况是这样的，从1948年初代副总统选举起，到1960年3月15日的第5代副总统选举为止，韩国女性有二次参加副总统的选举，第3代(1952、8、5)与第5代(1960、3、15)的竞选中，由女子国民党推选的候选人任永信，以总票数的2.7%和0.9%而落选。因此，在韩国至今还没有一位能够决定政策的最高女性领导者出现82)。

2) 韓國女性歷代担任各部長官(部長)現狀

　　韩国的女性从1948年初待选举起，由任永信被选任为商工部长官(部长)以来，到1998年为止共有20人出任过各长官(部长)。

　　到1982年为止，几乎每届都没有超过有3人出任过长官(部长)。在卢泰寓总统时期，专门设立了主管女性问题的机构，政务二长官室，有四名女性长官(部长)被任命。1993年金永三总统时期，除了女性部的部长外，保社部、环境部、教育部等机关，有八名女性长官(部长)被任命。

　　在初代有以金贞淑女性次官(副部长)为首的四名女性被任命为次官(副部长)。是历代政府中，女性次官(副部长)最多的时代。

　　在金永三总统时期，金长淑做长官的时候，在"女性发展基本法"中，通过了"女性周节"，定于每年的7月1-7日，为法定的女性节日周，在这一周里，召开全国的女性大会，在大会上，就目前需要解决的女性问题进行专门性的讨论。

　　在女性长官里，任职最长的属全斗焕总统时期的金正礼长官，他任职三年，其它的女性长官，一般大都任职1年零3个月，像这样女性长官任职期短，也是女性长官领导能力有限所造成。因此，这些问题都是今后有待解决的课题。

　　在金大中总统时期，保社部长官由朱良子出任，文化福祉部有申乐均被任命，女

---

82) 韩国中央选举管理委员会编，≪大韩民国选举史≫，第一辑(1973.12)731-764页。第二辑(1973.12)295页。第三辑(1980.11)361-384页。

性特别委员会由尹厚静出任。

女性特别委员会的设立，最近在韩国女性界是很大的话题，因为在这里涉及到设立十多年的管理女性的"政务二长官室"是保留还是撤消，把女性问题的管理，设在总统秘书室所属的"女性特别委员会"，女性界的大多数和舆论界都希望保留原来的机构，在促进这个过程中，女性界要求召开公听会并且和向第二政务长官室提交建议书等[83]有许多的舆论也提出了这样的要求，也开展了签名运动，但是，这次改选的总统终于建立起了女性特别委员会。

到2001年，韩国政府关于女性的政策有了极大的变化。在政府机构里一定要有对于女性政策计划，综合计划行政机构。因此根据公的布政府组织法的改正，于2001年1月29日新设立了"女性部"。

这是因为原来的政务长官室(第二室)以及女性特别委员会没发挥行政组织方面的功能，因此政府为了解决各方面的女性问题，设立了较完整的有立法功能及执行权力的强有力的行政机构。这就是女性部(Ministry of Gender Equality).

2. 韩国国会议员中女性议员参与及其作用

1）韓國女性國會議員的參与

从1948年制宪国会以来，到1998年4月的第15代国会为止，在国会里进出的女性议员人数是75人，占国会议员总数的3.0%(参照表一)。

韩国的国会议员的选举方式，从大的方面看，可以分为两大类。即所谓的"地域区议员"，由地域的住民直接选出的与被叫做职能的代表制的"全国区议员"。在过去，曾有过议员是由统一主体国民会议选出的维政会议员。地域区议员代表着地域住民的利益，在地域有着地区党办公室，在国会也有办公室，可是全国区议员，没有地区党办公室，只有国会办公室。

---

83) 韩国女性团体协议会发行≪女性≫月刊 1998.1月2月合本，16-20页，23-28页。

地域议员是由地方住民选举产生的，所以比全国区的议员要更赋予其意义。

从第13代、14代的议员来看，女性议员只有6人和5人，并且都是全国区的议员，没有一位是地域区的议员，在议员职継升时升上1人[84]，在补选时又追加补上1人[85]。

但是，在1996年4月11日的选举中，由于女性议员的当选人数的增加，给女性增添了许多的欢乐。在住民选举中，地域议员有2人当选(林进出议员和秋美爱议员)。全国区议员有7人被当选。其后，金贞淑博士被継升为议员职议员，在4月2日的补选中，前朴正熙总统的女儿朴槿惠被追加补选上，这样在15代国会中，女性议员共有11人，是継9代国会以来，女性人数最多的一次。

由表可看出，第十六代国会议员总数为273名。其中女性国会议员为16名。占比率5.9%。以过去高一点。尤其是今年实行的第十七代国会议员选举时在299名议员中女性议员有39名，占13%这可以说是在韩国国会议员选举史上有了最高的数字。

这些结果是几十年间女性界和学术界用不断地努力而争取来的。例如强调主张妇女当选名额制度要求改善制度，女性界的联合活动，为女性候选人成立基金会的活动等。

更要注意的事呀竞选的女性候选人的数字。第十六代女性议员候选人数有69人，占5.9%。但到了第十七代，其数字增加了两倍以上，共有156名，占11.5%。女性国会议员候选人数也是历代国会议员选举史上最高。这说明如果候选人数较多的话，当选人数也多。这些现象使得对女性政治参与有关心的年青人能够参与民意机构的机会。

韩国女性议员的人数，在世界131个国家相比，还是属于比较少的国家之一。为了争取更多的女性议员的比例，争取从选举的制度上立法，使女性人数从法律上得到人数的保证，这是一方面。另外，就是要争取有更多的女性查玛后不参加竞选

---

84) 弃党空位补缺，是从党内的候补议员中継升。
85) 地域区域议员缺位，经住民选举补位。

才能有选拔的余地。为了使更多的女性出马候选，培养女性的参与政治能力和提高修养水平，非常重要。

(表一) 韩国历届女性国会议员候选人数与当选人数总计表(从第一代到第十七代)

代次	历届选举日	候选人数			候选人数当选人数		
		总数	女性	%	总数	女性	%
制宪国会	(48.5.10)	948	22	2.3	200	1	0.5
第二代	(50.5.30)_	2,209	11	0.5	210	2	0.1
第三代	(54.5.20)	1,207	10	0.8	203	1	0.5
第四代	(58.5.2)	841	5	0.6	233	3	1.3
第五代	(60.7.29)	1,518	8	0.5	201	1	0.5
第六代	(63.11.26)	976	7	0.7	175	2	1.1
第七代	(67.6.8)	821	8	1.0	202	3	1.5
第八代	(71.5.25)	698	8	1.1	204	5	2.5
第九代	(73.2,27)	412	12	2.9	219	12	5.5
第十代	(78.12.12)	547	12	2.2	221	8	3.6
第十一代	(81.3.25)	862	23	2.7	276	9	3.3
第十二代	(85.2.12)	611	16	2.6	276	8	2.9
第十三代	(88.4.26)	1,219	26	2.1	299	6	2.0
第十四代	(91.3.24)	1,206	35	2.9	299	3	1.0
第十五代	(96.4.11)	1,550	43	2.8	299	11	3.7
第十六代	(2000.)	1,178	69	5.9	273	16	5.9
第十七代	(2004.4.15)	1,356	156	11.5	299	39	13
合计		18,169	471	2.59	4,069	130	3.19

资料: (1) 从制宪至12代的资料来自，≪女性研究≫第12号(韩国女性开发院发行,1886)39页.
　　　(2) 第13到15代资料来自，韩国中央选举委员会。

2）韓國女性國會議員的作用

① 提出的法律案

国会议员是代表国民，对于国政进行建议，立法，审核豫算，检查国政执行情况，进行评价。因此，女性议员也是利用怎样的职责，开展有利于女性的工作。我们可以利用在14代国会女性议员所提出的"女性发展基本法"议案于　1995年12月19日得到了通过。

"女性发展基本法"是新韩国党的议案和新国民会议的"男女平等基本法"的议案。这两个议案提交到行政委员长处后，由行政委员长综合了两个议案的内容之后。汇成一个"女性发展基本法"得到了通过，并于7月份开始投入实施。基中说道。性别差改善委员会是没有权利对性差别行为做纠正和警告的准司法行机关，所　以仍旧保持有限的权限。

"女性发展基本法"的内容：是女性行政的基本计划。女性发展基金，女性团体支援等问题，通过这样的一些内容的制度，为女性参与社会政治生活建立了法律上的保障。

另外，"对待女性待遇滞待问题解决的对策"议案，至今还没有得到解决，　对于这个问题，向女性负责人交待的是，"现在是处于正在调查的阶段"，所以　至今还没有任何进展。

但是，提出的外案不只是一个，在14代国会上，关于"淫乱行为的防治法"中，仅对卖淫处罚的内容修改案得到了通过。同时，在国会内建　立了托儿所，对于女性职员超过25岁就退职的规定，得到了废除。

② 常务委员会的活动

在国会里，常务委员会的工作非常重要，如果观察一下，国会内的21个常务委员会中的女性委员的活动，可以看到，在文教公报委员会里，有李永姬，金贤子，李润子，康富子，郑熙敬议员在参与工作；在保健社会那里，可以看到金模任，金长淑，申荣顺，朱良子议员在工作：在15代国会议员里，由于有权英子会员的参与，文教，公报，保健社会部里，女性议员分布的更多了。

但是，专业性较强的部门，向法制事委员会，外交统一，财务，农水产部门，都没有女性议 员参与。

③ 女性议员向政府提出质疑

从女性议员向政府提出的质疑来看，在第11代国会上提出了七个议案，第12，13代国会上，各自有5次，第14代有4次。女性议员在国会上所提出的议案，绝大部分是社会问题和文化方面的问题。政治，外交，安保方面有二次，经济方面只有一次，如此可知，在经济或者统一等问题上，女性提出的议案较少，因此在这些领域里，女性要投入更大的力量才行。

3. 韩国地方议会议员中的女性议员的参与及其作用

虽然韩国的选举总统和选举议员都是由国民直接选举，这对于民主化是有很大的推进，可是，到1990年为止，韩国虽有地方选举法规，但是近30多年没有实施地方议员选举，也没有设地方议会，因此，韩国国会，各政党人士，学者及专家及多数民众皆主张举行地方选举，实施地方自治[86]。

但是，在地方自治团体的选举中，只有一名女性市长当选，虽然，这样的选举中女性当选的不多，但是通过这样的地方选举，使我们获得了经验，我们深信，一直奋战在地方第一线的女性，有很广泛的群众基础，如果随着选举次数的增加，女性议员当选的数字也会增加，大势所趋，必然获胜。

在过去，韩国进行的地方议会的选举有过三次，但是关于女性议员参与选举的材

---

86) 河暎爱，≪台湾省县市长及县级议员选举制度之研究≫．(台湾：文史哲出版社)，1989年 1页。

料，目前很难找到，尤其是韩国地方自治学会和言论界一直提出许多批评和建议，所以，1971年实施的韩国地方选举有很大的意义，其后1991年3月26日的基础议院选举时，得以实施。在1991年6月20日的广域市选举时，采取了新的比例代表的方式，这样取得了重大的进展。(表二)来看，在当时的4，304名议员中，女性议员有40多名。在广域市的选举中，广域市的议员总数为866名，其中女性议员有8名，这样所占的比例，各为0.9%。但是到了1995年6月27日实施的基础议员与广域议员及市长(团体长)四大地方议会议员同时选举时，广域市的议员总数为927名，女性议员有55名，占56%，基础选举的议员总数为4，541名其中，女性议员有72名，占1.59%。这要比1991年地方议会议员的情况好的多，特别是广域议员的女性比例。特别是广域议员的女性比例增加了6倍，得到了很大的发展。

(表二) 韩国地方议会女性议员统计表(1991年-2002年)

届次	选举时间	选举项目	广域市议会			基础会议		
			议员总数	女性议员	%	议员总数	女性议员	%
第一届	1991.3.26	广域议员				4,304	40	0.93
	1991.6.20	广域议员	866	8	0.93			
第二届	1995.6.27	同时选举	972	55	5.7	4,541	72	1.59
第三届	2002.6.13		682	63	9.2	3,485	77	2.2

资料：韩国中央选举委员会提供

地方议会的议员的工作内容和国会议员的工作大致相差不多，但是地方议员们的工作，无论是男女议员，全都侧重在地区民员纠纷问题的解决上以及预算和结算的确认上，但是，由于地方议员没有制度条例和改正及废除条例的权力，这方的权限独在国会上，所以想对权限少些，为此侧重在民员方面的问题比重大一些。正因为如此，女性议员有更多的时间和国民接触，和国民谈话，而男性议员则更多地将精力投入到经济调查方面，但是有时进行经济调查是议政方面的活动时，不可避免的定要参加，对于女性议员来说也是需要克服很大的困难的。

大韩民国经过1991年，1995年二次的地方自治大选的经验，使许多参加竞选 的人取得了不少的经验，播下了不少民主主义的种子，特别是地方自治女 性的政治参与，开启了新的一幕，有许多的女性团体以地方选举为契机，增加了女性对政治的参与主要活动。使女性参与政治活动，有了可观的现象87)

从1998年和1995年地方选举比较来看，没有很大的差别，但到了在2000年6月的选 举来看，市，道议会比例代表当选举者共73名，其中女性议员占当选人员49名，占 67.1%。

这些比率比起1998年36.4%，约增加了30%。这是因为在市，道议员比例代表选举 时，明文规定了推荐女性人数一定要在50%以上。因此，推荐候选人时，每两人中一定有一位女性候选人。如果违反这些规定，选举管理委员会不接受候选人名单，因此，女性名额制度开始有了实质的效果。88)

但对地域区，地方议员来说，虽然有明文规定，推荐候选人时给女性分配30%的名额，但这些条项只是形式上规定，没有像市，道议会比例代表一样积极实 现。所以在道议会地域区议员总数609名中，女性议员只占了2.3%(609名中14名)。

III. 韩国女性在社会各个方面的参与概括

1. 经济社会参与的概括

韩国女性参与经济社会活动，是随着经济活动的需求和供给这两方面的增长而継

---

87) 孙凤淑1998年地方自治选举于女性团体的作用。韩国女性协议会主办，全国女性团体领袖研修会演讲(1998.4. 14-15)第10页。

88) 女性白皮书, 女性部发行, 2002, 268. 273

续增长的。韩国女性劳动力能够多给社会经济市场，也有以下三点原因：

1) 韩国女性所受的教育水准逐渐升高，需要女性的企业需要增多，工资也逐渐增高；

2) 生育的节制与保育的完备，家电使女性从繁重的家务劳动中解放了出来，社会各种服务设施服务上门；

3) 女性走出家门就业认识提高，实现自我价值，创造自我价值的意识提高，增加家庭经济收入的欲望等。

其结果从(表三)可以看出，韩国女性参与经济活动率上升着，1986年为41.9%，10年后的1995年上升到48.3%，长了6.4%。 相反，同期的时期里，男性参与经济活动的比例却不见增长太多，从1985年的72,3%到1995年的76.5%，增长4.2%。但到了2001年和2002度，男性参与经济活动的平均增长率减少到73.3%，而女性增长率也略有下降。

(表三) 女性参与经济活动的增长率推移表

性别	1980	1985	1990	1993	1994	1995	2001	2002
男子	76.4	72.3	74.0	75.8	76.4	76.5	73.3	73.8
女子	42.8	41.9	47.0	47.2	47.9	48.3	48.1	47.9

资料：统计厅，经济活动人口年报 1995年

女性这种良好的就职增长率，与女性劳动力的高学历是分不开的，从(表四)参与经济活动人口的学历表上看，1980-1995年期间，其比重为：中学以下学历从81.7%下降到48.4%；高中学历从15.7%上升到38.6%；大学毕业学历从2.6%上升到13.0%。尽管有这样的变化，但是与男性的高学历构成比例相比，还是比较低的。其差别也正在呈现逐渐下降的趋势。

(表四) 女性参与经济活动的学历构成比例表

单位：%

性别	中学以下		高中毕业		大学毕业		参与经济活动人口
	总数	比例	总数	比例	总数	比例	
女子	3,978	48.4	3,177	8.6	1,069	13.0	8,224
男子	3,715	60.6	5,684	6.8	2,755	22.7	12,153
计	7,693	37.8	8,861	3.5	3,824	18.8	20,377

资料：统计厅，经济活动人口年报 1995年

另外，从产业别来看女性参与社会经济活动，全体女性就业率中的64.0%是就职于社会间接资本及其它服务性行业中。

但是，最近的韩国由于遇到了经济危机，使许多的企业，公司、机关纷纷减员，在减时，首先被减的就是女性。虽然在招工广告中，提到招收女工，但从实际招收的情况看，并没有招女工，这些现象说明，韩国的女性工作，还有待进一步发作，韩国的女性权益还没有得力措施进行保护。

(表五) 主要国家女性经济活动参加比率

区别	美国	英国	EU	日本	韩国
经济活动参加(99)	77%	68%	72%	59%	50%
雇用平等法	1964年	1970年	1963年	1986年	1987年

资料：女性白皮书，2003年，女性部发行，325

从(表五)来看，韩国参与经济活动率是(50%)。这比率和美国(77%)，英国(68%)，EU(72%)，日本(59%)比较起来平均约低了20%。

并且，2001年OECD资料也可看得出来，在女性经济活动者中，大学毕业以上的高学历者参与比例是这样的：美国81.4%，英国87.4%，澳洲78.2%。韩国只有54.7

而已(参考表六)。这可见韩国社会女性虽然参与经济活动者比以前有所增加，但韩国社会还没有重视到女性高学历者的能力。特别是在韩国社会，女性结婚之后，由于出产，育儿等关系，再进入劳动市场是很少的事，因此，在韩国，活用女性人力是很大的社会问题之一。

(表六) 主要国家学历和女性工作比率

区别	美国	英国	澳洲	日本	韩国
小学	50.5	51.8	54.0	56.3	61.0
高中	72.3	76.0	66.2	61.6	49.7
大学	81.4	87.4	64.4	64.4	54.7

资料：OECD(Employment Outlook,2001),女性白皮书，2003年，女性部发行，326.引用

2. 参与法律系统活动现状

女性参与政治活动，对于决定与女性相关联问题的政策，起到举足轻重的作用，可以为女性争得权益和利益。通过这样的过程，使女性可以以平等的权力参与活动，从而有利于社会政治结构的变化。

正因为这样，所以需要有许多的女性积极参于政治与法律系统的活动。只有执行人对于女性问题有着平等的观念或者理解女性问题时，执法才能平等的进行，所以为了执法判断的准确性，需要要有女性参与法律系统活动非常重要。通过女性参与法律系统的活动，对于女性利益侵害进行诉讼，辩护和裁决，从而使女性的利益得到声张，得到保护。从(表五)的女性参与法律系统的活动现状看，法官总数1262人中，女性有66人，占5.2%。检查官总数985人中，女性有10人，占1.0%。律师总数3048人，女性有39人，占1.3%。全体法相同人数为5295人中女性有115人，占总人数的2.2%[89]。但是这些数据不能表明女性参与法律系统人数过多。

---

89) 朴银贞 外共著≪法学入门≫,1998, 法文社，316页

$$\text{(表七)}\ 韩国女性参与法律系统现状：\textbf{1995年}$$

(单位：人，％)

现职	总人数	女性	比例
法官	1,262	66	5.2
检察官	985	10	1.0
律师	3,048	39	1.3
全体	5,295	115	2.2

资料：朴银贞 外共著《法学入门》法文社(1998)，笔者重编)

　　法科录取考试中，高等司法考试的女性考生的合格率逐渐提高。从1951年第二届考生开始起，1981年以后每年有10个以上的合格者。1994年的女性合格者31人，占总合格人数的10.6%，1995年女性合格者27人，占8.8%。2004年发表了第四十六回司法考试，2次合格者共有1009名，其中女性合格者有246名(占24.38%)[90]

　　最近有23为女性法官成立了"女性法系统研究会"，另外，在司法研修院里于1998年3月初，在29位女性研修生中，由21位成立了"女性法学会"(东亚日报，98.4.6.)。组成这样的学会，为研究女性参与，为研究女性参与法系统活动，以及为了保护女性权益有了研究基地，因而得到了好的评价。

　　从(表八)的韩国大学男女教授比率变化可知，30年来，全体教授当中，女性教授的比率几乎没有变化。从1970年的9.6%到2003年增加到了14.9%。2003年，从四年制的国立大学来看，女教授比率是9.2%。但是，私立大学女教授比率是16.9%，几乎差两倍。女性正教授比率在各个大学里都较低，而女性讲师在全体教师中占42%。这可见，许多女性人力没有获得正教授的职位，而只是处于低收入的教师等职位。

---

90) 东亚日报2004.12.3.

(表八) 韩国大学女教授比率变化

		1970	1975	1980	1985	1990	1995	2000	2001	2003
全体教授	男教授	5,905	7,614	10,512	17,396	22,352	29.743	36,385	37,198	38,387
	女教授	621	861	1,284	2,412	2,985	4,195	5,758	6,111	6,719
	女教授比率	9.5	10.2	10.9	12.2	11.8	12.4	13.7	14.1	14.9
国立大学	男教授	2,344	2,958	3,788	5,990	7,624	9,365	10,393	10,443	10,799
	女教授	66	108	212	530	665	818	966	1,005	1,100
	女教授比率	2.7	3.5	5.3	8.1	8.0	8.0	8.5	8.8	9.2
私立大学	男教授	3,561	4,656	6,724	11,406	14,728	20,378	25,792	26,755	27,588
	女教授	555	753	1,072	1,882	2,320	3,377	4,792	5,106	5,619
	女教授比率	13.5	13.9	13.8	14.2	13.6	14.2	15.7	16.0	16.9

资料：教育部，教育统计年报

　　在公职社会，女性所占的比率越来越大。根据行政自治部统计年谱(2003年)，2002年末到现在，行政部，立法部，司法部综合起来，女性公务员总共有286,074名，占全体公务员的869,030名的32.9%，比前一年度2001年282,028名有所增加。

　　在公职社会里，增加女性人力的主要原因是女性采用目标制度(1996-2002)，施行两性平等采用目标制度(2003-2007年)，和军加算点违反决定(1999年)等。为了促进女性公职参与，韩国政府努力制定了各种政策和制度。对于女性本身来说，她们希望在职业不稳定时期得到一份稳定的工作，并且能够被提升。(参考表九)

(表九) 女性公务员现状(1995-2002)

	1995	1996	1997	1998	1999	2000	2001	2002
全体人员	903,823	913,104 (+9281)	923,714 (+10,610)	888,217 (-35,497)	865,650 (-22,567)	849,152 (-16,498)	859,329 (+10,177)	869,030 (+9,701)
女性	246,468	253,917 (+7,449)	265,162 (+11,245)	263.853 (-1,309)	258,347 (-5.506)	267,674 (+9,300)	282,028 (+14,381)	286,074 (+4,146)
	27.3	27.8 (+0.5)	28.7 (+0.9)	29.7 (+1.0)	29.8 (+0.1)	31.5 (+1.7)	32.8 (+1.3)	32.9 (+0.1)

资料：行政自治部，统计年报

从(表十)可知，韩国政府为了女性的权益保护，开发以及扩大社会参与，从2000年开始，积极活用女军力量。在1999年，女军力量是2085名(军校和副士官)，干部正数占1.4%，但2000年，经过实施四年的扩大女军人力计划(2003年)，已有3,335名。干部名额增加到2.1%，到2020年，会增加到7,038名，干部名额将达到5%的水准。

(表十) 女军现状：2003年

区分	统计	将校				副士官			
		总计	陆军	海军	空军	总计	陆军	海军	空军
	3，335	1，933	1，658	117	158	1，402	1，144	39	219

3. 韩国女性团体的概况

在今天，各国都积极参与NGO(联合国非政府组织团体)的活动，并且越来越活跃，但是，在这样的活动中，属女性团体的活动最为活跃。

根据1994年的资料，韩国已经登记注册了的女性团体有2,200个左右[91]，但是随着社会团体登记注册的手续变得方便，最近大的小的女性团体又增加了许多。其

---

91) 韩国女性开发院94女性相关资料 400-29。

中, 活动校为活跃的团体大约有150多个。

　　简单的概括一下：在韩国女性团体中, 历史校长的会员团体以及协同会员团体共有49个,韩国女性团体协议会, 女性与政治连关联的团体,韩国女性政治联盟. 韩国女性政治文化研究所, 韩国女性有权者联盟. 韩国女性政研究所等, 女性与宗教关联团体有：韩国女性佛教联谊会中央本部, 天道会女性会本部, 天主教女性联合会等, 女性与国际关联团体有：韩中女性交流协会, 韩日亲善协会, 国际JONTA　韩国联合会。与科学相关联的女性团体有：大韩女性技术人会, 韩国女性情报人协会此外有关食生活, 衣生活, 工艺, 美容等等, 各个单位均有女性团体组织。

　　由于文稿的篇幅关系, 所以在这里, 就不对所有的女性团体所展开的活动进行一一的介绍了。从总体上看, 基本上开展了关于政治问题、经济问题、工人问题、专业职业问题等方面主体的学术讨论会, 在现案问题上, 女性团体协议会邀请了各部的长官, 来召开政策侃谈会；女性政治联盟举行早餐论坛会(19回)；女性政治文化研究所召开国际学术会议和开展女性教室活动；女性团体联合会则以法和制度的改善为中心开展着工作, 女性团体联合的成员几乎都是年轻的女性。

4. 韩国女性在中国社会活动概况

　　妇女的社会参与与时代潮流一起, 不仅某些地区, 而且是超越国境. 通过NGO形成连带关系, 产生的更大的凝聚力。韩国女性NGO同西欧相比, 历史并不长。韩国女性团体协议会, 韩国女性选举权者联盟. 韩国女性全体联合等为首的国内女性NGO团体, 虽然在1995年仅有一百余个, 但是99年汉城NGO世界大会为止, 团体的数量急剧增长(餐章1995年汉城NGO世界大会白皮书)。"韩国女性NGO委员会"讨论各种国内外NGO的进行事项, 主要观点, 未来的促进事项等, 通过女性NGO报告委员会正展开积极的活动。中国的中华全国妇女联合会作为中国最大的妇女组织机构, 在促进妇女社会的发展, 保护妇女权益方面起着积极的作用；并有GO和

NGO的作用。还有例如，北京大学对外妇女研究中心，妇女研究所，郑州大学妇女研究中心等大学研究机关。

韩国女性交流是多种多样的，国际性的学术研讨会，具有代表性的有：梨花女大和淑明　女大共同举办了第一届东北亚女性学术大会；在北京大学妇女研究中心举办的纪念北京大学一百周年校庆的"二十一世纪的妇女研究与发展"等。在这些研讨会中，北京大学提交了三十三篇论文，中国的其他大学发表论文三十三篇，海外学者及有关女性的论文十五篇。在韩中女性交流协会举办的有关中国研讨会和演讲主题有酒文化，环境保护，中国的家庭，中国女性的理解等多种多样。在1998年本会创立四周年之际，在"韩中经济交流现况和女性的作用"的大主题下，通过韩中两国经济交流现况和展望，中国吸引外国人投资的政策，韩国的女性企业家对中国投资的希望领域，韩国女性企业家对中国事业的成功实例等主题发表，使参加人员对实质性的问题的理解展开激烈的讨论，从而使大家对两国女性问题产生了极大的兴趣。

(表十一) 韩中女性交流协会　中国关联学术研讨会及演讲现况

日时	姓名	所属	主题
1996.5.23.	惠熙笙	上海妇女联合会副主席 上海市高等法院副院长	韩.中女性交流的必要性及其展望
"	徐凯	北京大　历史学科教授	中国研究文化及其影响和对策的在思考
"	黄河清	上海市电力物资公司主席	环保.物资节约与女性之角色
1997.7.9.	金天一	辽宁大学校教授	中国社会的家庭与家族：韩.中女性交流协会三周年演讲会
1998.6.10.	文正九	建国大学校　社会大学长	韩.中两国间的经济交流现状及展望：韩中女性四周年研讨会
"	谷金生	中国大使馆　一等书记官	中国引进外资现状与政策：韩中女性四周年研讨会
"	李文亨	产业研究员　责任研究员	四周韩国女性企业对中国投资　有望业种
"	赵顺柞	上海Buile代理理事	韩国女性企业家对中国事业成功事例

日时	姓名	所属	主题
1997.6.	李秀苓	中国驻韩大使馆 文化参事官	中国女性的理解 韩中女性交流协会定期开会
1998.5.	田成男	前东亚日报 公务局长	21世纪中国社会与女性定期开会
2002.8.19.	张世平	中华全国妇联发展部部长	中国女性参与的经济发展
	李民裁	韩国女性经济热协会汉城支会会长	韩国女性参与的经济发展
	杜洁	中国妇女研究所 副研究员	中国女性的社会参与
	河暎爱	庆熙大学教授	韩国女性的国际社会参与

韩中建交10周年纪念北京研讨会(北京：全国妇女联合会活动中心)

韩国和中国的妇女GO及NGO的交流正在逐渐扩大。最初的交流是在1994年2月中国的中华全国妇女联合会主席兼全国人民代表大会副委员长陈慕华团长一行受韩国政务长官金长淑的邀请对韩国进行访问。北京的第四次大会，政府方面有五十多个人参加。95各民间妇女团体中的700多名参加了本次大会。本次大会把妇女问题摆到世界的高度进行了讨论。决定了最核心的"北京行动纲领"等十二个项目。各国每年三月在联合国召开的"联合国妇女地位委员会会议"上，对北京行动纲领的执行进行报告和发表，对一些问题的解决方案促进了各国进行了激烈的讨论。1996年在韩国举行的东亚研究会上，来自中国的GO及NGO9人参加了这次大会。在1999年SeoulNGO世界大会上，许多妇女参与了发表，从而成为发展女性的社会地位的好机会。

韩国女性团体和中国妇女团体建议多个角度进行频繁的交流。但作为与中国相关的妇女团体"韩中女性交流协会"以社团法人的注册后进行活动，主要为有关妇女学术大会，文化交流 女性企业家等提供资料，与上海妇女联合会，北京大学妇女研究中心，延边大学妇女研究中心等共同举行座谈会。对于两国的社会问题进行广泛的交流。并授予88名延边学生奖学金。尤其是2002年和2004年韩中女性交流学会和中华全国妇女联合会共同举办了韩中妇女研讨会及青少年文化艺术交流大会。第一次在北京，第二次在韩国举办的时候参加的各国代表有300多名，同时还举办了韩中两国青少年文化艺术交流活动。通过举办这样的活动，扩大了两国的民间交流领域，增进了两国之间的友谊。

5. 韩国女性政治社会地位提高的因素

韩国女性参与社会政治活动，在世界范围内来看是属于比较落后的。但是，这种状况最近以来逐渐呈现改善的势头。之所以能够如此，这里固然有许多的因素在发挥着作用，但是如果集中起来看，大致有这么几方面促成好转的因素。在这里社会民间团体的作用是不可忽视的，尤其是女性运动团体的作用，在这里更大。另外还有女性当选保障制度的影响，还有女性团体参与国际大会，因而提高女性的社会地位等等，都可以看作是促进进步的重要因素。下面就这些问题简单地谈一下。

1）女性保障制度的改善及其作用

在实施民主政治的过程中，理想和现实都很重要，许多人主张男女以平等的人数进入议会，这个固然好，但是在现实中，这个很难达到的。在世界许多国家里，男性和女性的投票人数几乎是一半对一半，可是能够真正被当选的比例，却不是50%对50%。这里就存在着社会对女性的传统观念以及女性本身因生育和家务负担还有职业的双重压力很自然的让位于男性的沿习。为了缩短这种理想与现实的距离，缩短男女间在政治力量上的差距，有些国家制定了保障女性代表参政的比例，以此来为维护女性的权益。比如挪威这个国家，在执政党法规中规定："在任何选举与提名中女性或男性的比例至少要占40%"。挪威从1983年开始实施女性参政保障制度，目前女性议员数占全体议员的45%。并且在内阁18个部长席位中，女性部长有8人，占44%的比例。如此之多的女性参与政界，这不能不和制定的法规有关。比利时政党组织方面也规定女性保障名额占25%，此外，巴基斯坦、印度、埃及、孟加拉等国，也都有女性名额占10%的保障制度。中国和台湾也有女性代表的人数保障制度，所以，女性代表往往都超过20%以上，尤其是台湾，在宪法里把保障女性人数明确地规定了下来[92]。因此在立法委员会、监督委员、县及市议员里，女性所占有的比例非常高[93]。

韩国和日本之所以女性参与的人数少，原因就在这里，因为没有制度做保障，所以女性参政的比例数少。每次在召开学术会议的时候，总是要提到中国的例子和台湾的例子，对于年5保障女性参与政治活动作为样板进行呼吁，可是进展成效甚微。当然以后还要进行进一步的努力。在卢泰禹当政的时候，对于全国的240个市政府的"妇女福祉课"，全都任命女性担任负责人，同时提格为科级，进行过一次改革。此后，女性团体结成联盟，在地方议会议员的选举中，联合采取行动，使女性议员的选票超过以前的2倍。

2) 國際大會的參与和女性參与意識的增强

1995年在中国北京召开的第四届女性大会，为近来，推进世界女性运动的发展，树立了20世纪以来最大的里程碑。首先其规模之空前壮观。GO的美国总统夫人、韩国的总统夫人为首的女性代表有15,000人出席了会议：NGO组织的各国的女性代表有30,000人出席了会议。这次大会出席的各界女性代表就有45,000多人。在这次大会上通过了"北京行动纲领"12条。并决定于每年的3月在美国的纽约召开"联合国女性地位委员会"届时各国提出执行"北京行动纲领"12条的情况报告。韩国每年都有政务长官为首的事务官、女性开发院研究员、作为民间团体的有韩国女性团体联谊会会长、国际关系委员长等平均每年也都有十多人出席会议。在出席的GO和NGO联合召开的女性会议上，发表我们的意见和主张。在IWC里，李燕淑前长

---

92) 台湾的宪法第134条规定："各种选举，应规定妇女当选名额，其办法以法律定之。"

93) 河暎爱，≪台湾省县市长及县市议员选举制度之研究≫，(台湾: 文史哲出版社)，1998，394-407页

官、康景和博士各自被选为理事；在亚太地域的女性机构里，则有金贞淑理事长和
孙凤淑女士参与活动。通过这些活动的参与，使我们能够进一步的了解到各国女性
工作是怎么样开展的，同时制定了哪些政策和取得了那些成就,对于存在的问题采
取怎样的对策等，使我们对女性工作事业的发展提高了认识，开阔了视野，交流了
经验。

3）女性團体的功能

女性参与社会活动，无论是东方还是西方，实质上是没有多少进展。但是从1995
年的世界第四届北京女性大会为契机，韩国女性NGO有约700人左右参与了这个大
会。会议集中讨论了在世界范围内关于女性方面的问题，并一致通过了12条"北京
行动纲领"，通过这个纲领的实施，需要世界各国每年都要向联合国召开的"联合国
女性地位委员会"报告实施情况，同时，NGO还派出观察团，参与此事。韩国女性
团体一如既往的出席了1998年3月2日至3月14日召开的第四届会议，在这次会议
上，集中讨论了≪女性的人权≫(Women's Human Rights)；≪女性与暴力≫(Women
& Violence)；≪女性与纷争≫(Women & Armed Conflict);≪女幼儿≫(Girl Child)
四个方面的主题。我们出席这样的会议，从会议上带回来了真经，为我们韩国的女
性事业提供非常重要的经验。

更主要的是韩国女性NGO组织召开了1996年"东亚西亚女性论云"，在这个论云
上有7个国家的150多人出席，国内有400多人出席了会议。"东亚西亚女性论云"是
每两年召开一次的会议，第一届于1994年在日本召开，第二届于1996年在韩国召
开。第三届是在1998年8月，在蒙古召开会议。

最近1998年6月4日进行地方议会选举，为了迎接这个选举，有四个女性团体联
合，为参加女性政治进行各种教育活动。韩国女性政治联盟邀请了美国女性政治联
盟的阿尼塔沛蕾斯.坡格斯会长进行教育训练。美国女性政治联盟(NWPC)是超越政

党的女性团体，其目的就是为了竞选议员和竞选高位官职，从1971年建立以来，逐渐发展成为全国性的团体，其会员有2万多人。通过培训当选为联邦议员的比例由原来的3%增长到10%。州议员由原来的5%增加到21%。

韩国女性在国际社会中的重要作用：

1995年以后，韩国女性参与的国际社会活动逐渐增多起来，具有代表性的一次是参加第28届ICW(International Council of women)总会，这个会议是1997年6月15-23日在加拿大温哥华举行，韩国女性团体协议会有41人出席了会议，这次会议的成果是，李燕淑协议会会长当选为理事，姜景和女协国际关系委员会委员当选为舆论分科委员长。ICW的理事会，任职三年，会长、副会长有5人，理事5人，会计理事、副会计理事，书记2人等，共有15人有投票权，这些理事会带动全会开展各项活动。ICW在以前除了会长是印度尼西亚人以外，几乎所有的席位没有东洋人的位置，这次就不一样了，东洋有二人当选理事。为此，在这个会议上，东洋人也有一席位置了。

在亚太女性政治中心(CAPWIP：Center For Asia Pacific Women in Politics)中，有韩国女性政治文化研究理事长，现任国会议员的金贞淑博士，当选为副总裁，活跃在这一领域里94)。韩国女性界与中国女性相关连的民间团体，只有韩中女性交流协会。这个协会多年来和中国的许多女性团体进行过交流。北京大学的中外研究所、延边大学的女性问题研究所、上海妇女联合会等召开过座谈会和相互访问等交流。今年6月计划要在汉城召开以"韩中经济交流与女性企业家的作用"为主题的国际讲演会议。通过这样的会议进行对女性的教育训练，将来韩国也可以对女性进行培训，为女性登上政治舞台，做出卓越的贡献。

---

94) ：韩国女性政治文化研究所提供资料。

6. 结论

至此，我们对于韩国女性参加政治社会活动的发展概论做了简单的介绍，通过这样的了解，我们可以从1990年以来的数字统计中看到，韩国女性在政治和社会活动中，地位得到提高的现象。

在行政部门，有女性的大使、中央选举管理委员会委员、次管(副部门)也有女性被任命，女性长官(部长)数也有所增长。对于提高女性的生活质量，提高女性的社会地位都起到了应有的作用。

在立法部里，由于女性的国会议员和地方议员的参与的参与人数逐渐增多，不能不说在女性史上有很大的发展。特别是地域区国会议员中，有2名女性被当选，这对于女性来说是带来了新的活力因素，特别是唯一的女性市长的当选，其意义完全打破了女性不能当市长的偏见，对外也取得很高的评价，对于促进其他地区女性议员的当选，也是一服很强的催化剂[95]。

女性参与政治和社会活动还有受到很多限制。例如：社会的偏见和不平等，传统文化的偏见，不公平的法律制度，男性政治指导者的意识不足，以及有选举权者的偏见等各种因素，使得女性参加政治社会活动的潜力和可能性无法反映到政治和社会的各领域里。因此，如果不改善这些状况的话，女性还是无法争取到实质的权利，去参与到政治活动中。

韩国女性虽然在今天取得了一点成绩，但是为了能够更好地参与政治社会活动，我们还要作如下的努力：

1）女性的势力化(empowerment of women)

为了使女性能够更广泛地参与各种政治机构与社会各个方面，在加强对女性个人培训的同时，还要加强女性团体的教育和培训，并且要加强联合，形成强有力的女

---

95) ：≪女性新闻≫女性新闻发行，1998.4.17(第471号)第4页。

性政治势力化 (empowerment of women)。

2）女性的政治社會化

要对女孩子从小进行政治教育活动。在中学时代作为学生代表的肯尼迪就做过要当总统的梦，所以从那个时候起就培养将来当总统。另外，有过暑假期间，在女性议员那里做辅佐官，经历的女大学生，很容易跨进政治人之大门。所以要开辟培养教育女子有投票权的教育内容，比如要进行议政的监督活动，要参与讨论如何解决现实的社会问题活动，通过开展各种活动，要吸引女性笑心政治，参与政治。

3）韓國女性提高NGO作用

为了21世纪女性的发展，要重视韩国女性的NGO作用。要接收多种团体和多样的要求，并且要共同合作相辅相成。不懂要适应国内的情况，而且要把眼光放的更远一些，构成亚洲女性NGO Network，如：社团法人韩中女性交流协会在2002年(韩中建交10周年)成立，并且在中国北京与全国妇女联合会一起举办国际学术会议以及青少年文化交流　。积极利用信息通讯网络，积极学习各种语言和语种，努力提高专业化程度，要在国际化大舞台上大展身手。

4）女性政策的監督机能与制度改善

女性要参与到社会盛会各个领域里，尤其要监督女性政策执行的一贯性，要善于动员舆论进行监督和催促工作；要积极促进对于女性相关联的制度的改革，为女性能力的开发，要制定相应的政策；女性保障制度要进一步扩大范围。

此外还有许多要抓的东西，但是我认为女性问题矛盾的主要方面，就是要解放思想，就是要敢于接受新鲜事物，就是要敢于参与政治生活和社会生活。

参考书目：

女性发展基本法(1995.12.30法律第5136号)
同法施行令(1996.6.29大统领令 第15099号)
韩国中央选举管理委员会编, 大韩民国选举史, 第一到第三辑
韩国女性开发元, ≪女性白皮书≫1985年。
韩国女性团体协议会≪女性≫1996, 1997
韩国个女性团体发行的该团体的宪章与规定等相关资料。
金贞淑 编著 ≪女性与政治≫(韩国女性政治文化研究所 发行1991, 1995)
李庆淑 1993,"韩国女性之政治的地位"≪韩, 中女性之地位≫梨花女大和淑明女大共同
　　　　举办第一届东北亚女性学术大会 资料集 。1-2
朱准希"女性政策与女性议员的作用"≪女性渔政(二)≫(韩国女性政治文化研究所,
　　　　1995)
韩贞一 1991,≪韩国政治发展论≫,韩国：法文社
河暎爱 1997,≪中国现代化与国防政策≫,韩国 韩书籍株式会社
河暎爱 1989,≪台湾省县市长吉县市议员选举制度之研究≫,台湾：文史哲出版社
David Easton.The Political System(New York:Alfred A.knopf.1971)
SamuelP.Huntington,Political Participation in Developing

地方自治与选举制度

Ⅰ. 地方自治与选举之间的理论

1. 地方自治的定义

世界上许多国家实施地方自治，许多学者专家研究有关地方自治，但不容易以几句话来简单说明其定义。因为今日有些相关用于和地方自治用语相互混淆，如：地方政府(local government)、地方行政(local administration)、地方自治(local self-government 或 local autonomy)等。此外，也有称地方自治为地方代议政治(local representative government)、分权化政治(decentralized government)[1]。此将最常混淆的『地方行政』、『地方制度』、『地方政府』及『地方自治』各词简述如下：

『地方行政』是对中央政府的地方行政区域的措施而言，更具体的说，地方行政，乃是国家在依法划定之特定区域内公务或政务之处理。然而国家依法制定之特定区域，即系地方政府权利行使之范围，则特定区域内公务或政务之处理，实即地方政府公务或政务之处理。是则所谓地方行政，乃地方政府机关处理事务，执行政策和

---

[1] 此种见解者 ≪云五社会科学大辞典≫，第三册，政治学≫(台北: 台湾商务印书馆，民国七十四年二月，四版)，页一一○; 金甫炫。金庸来: ≪地方行政의 理论과 实际≫(汉城: 法文社，1983年8月30日，再版)，页七三至七四; 薄庆玖: ≪地方政府与自治≫(上)(台北: 华视文化事业公司，民国七十一年八月，初版)，页一，五至七。

推行业务之措施和活动。地方自治乃指任何地方的公共事务，由该地方的人民选举议员组成地方议会，另一方面，由民选行政首长负责地方政府的许多活动[2]。所以，地方行政，可以是国家行政的一部分，也可以是地方自治下的行政。

至于『地方制度』的涵义，非常广。根据词源的解释: (成法曰制，如法制、典制[3])。是以所谓制度，乃各种法制，不仅地方行政区划、行政组织等涵盖在内，就是地方上的教育制度、警察制度、财政制度、选举制度等等亦无不包括在内。因此，采用地方分权，行地方自治者固为一种地方制度; 采用中央集权，未行地方自治者，亦为一种地方制度，同为处理地方政务的建制。惟权利结构与关系不同。

至于『地方政府』乃为某个区域内的特定政治机关; 在采用集权主义的国家，地方政府的地位是国家官署(state agency)，其作用实在地方区域推行国家行政。在实行地方自治的国家，地方政府的地位是地方自治团体(local self‑governing body)，其作用有二，即一方面是地方自治的机关; 他方面又是中央政府推行国家政务的代执行机关。而地方自治则指某一区域内之地方自治团体的自主性治理活动而言[4]。

英美两国都是采用分权主义的国家，实行地方自治，地方政府具有双重机能，即负有推行地方自治及执行中央政令的双重任务，因而英美人士所谓的地方政府即常具有地方自治的意义，但两者又常可互为代用。所以大英百科全书说:『地方政府乃为一种机关，以决定和执行国内较小地区的政务。所谓地方系指一个特定区域。其变体的文字则为地方自治，其命意所在，乃系著重于地方专体之决策和行动的自由。在英国常将地方自治作为地方政府』[5]。

从以上的说明中，可以了解有些国家是地方自治与地方政府常互为代用的。但在学理上，这两个概念之间是有所区别的。哈里斯(G.M.Harris)在比较地方政府(Camparative Local Government)一书中，明白的说明了地方自治的意义，并明确的提出地方

---

2) 薄庆玖: 前书，页九; ≪云五社会科学辞典≫，第三册，政治学，页一一〇。

3) 薄庆玖，前书，页十。

4) ≪云五社会科学辞典≫，第三册，≪政治学≫，页一一〇。

5) 同上。

116

政府自治与政府两者之间区别的标准，如下：

第一，一中央与地方之关系为准：假如地方机关之首长，系有当地人民选举。为地方福利之谋致者，虽在中央的监督下，但有相当程度的自由与自主权之机关，则为地方自治。至于所谓『地方政府』者，则为中央之『派出机关 (field agency)』，等于中央派驻地方执行事务之机关，奉命行事而无自主权。

第二，以社区(Community)之关系为准：假使地方之决策，能为当地人民之利益而服务，向当地人民负责者，则是地方自治。反之，如地方机关并非由人民直接参与，也不向当地全部社区负责，并不专为地方利益而施政，则是地方政府[6]。也有人以地方之权利分配情形为准，而行区分者：即认为采行『分割性地方分权』制度(decentralization)者，为地方自治。所谓『分割性地方分权』，乃为中央机关与地方机关权力之割分，各有其独立范围，地方机关在权限范围内，有高度的裁量权及相当的自主权，中央不得随意干涉。而实施『分工性地方分权』制度(decencentration)者。所谓『分工性地方分权』，乃谓中央机关据昂部分权力交予地方机关代为行使，而中央任握有最终的决定权，地方只是中央之代理而已[7]。

由上述可知，地方自治是一个地方之首长必须由该地方人民选举，如果未经由该地方人民选举产生，不能说是地方自治，此外，地方首长在为了地方人民的利益而采取某种必要之措施时，中央虽然可以监督，但应给予相当的决策权与自主权。所以薄庆玖教授认为："所谓地方自治，乃国家特定区域内的人民，依据国家法令，在国家监督之下，自主法人团体，自行处理各该区域内的公共事务的一种政治制度"[8]。所谓自行处理各该区域内的公共事务，不可缺少的事，是由该区域人民选举议院负责议政，监督政府行政；并选出行政首长以负责地方公共事务的处理。

---

6) 张沛杨：「地方政府与地方自治」，《宪政思潮》，第十期(台北：宪政思潮杂志社，民国五十九年四月初版)，页一九六至一九七。

7) 同上；薄庆玖，前书，页七。

8) 薄庆玖教授：「地方自治」(行政院人事行政局公务人员训练班印)，页一。

2. 地方选举为地方自治之础石

首先要了解选举是指什么? 地方自治与选举有何种关系? 云五社会科学大辞典对于选举的概念界定为: 选举是指一个组织依其规定由全部或部分成员抉择一个或少数人充任该组织某种权威职位之一种程序。但这与任命、世袭、抽签不一样[9]。地方选举实务经验颇多的谷合靖夫在『选举制度论』一书中, 对选举的界定也持同样的看法。并且他认为公职的选举是国民直接参与政治的最普通的办法, 经由选举决定执政者, 并且通过被选出的人之意志, 才能使国民的意志的意见反应到政府的各种政策之上。因此选举之政治的意义殊为重要[10]。选举可说是选出替人民参与国政的代表的行为。现代民主政治之下, 人民先选出代表者, 再使其代表者参与政策的决定与执行的行为。袁颂西教授在『中华民国选举罢免制度』一书中, 强调民主政治之下选举的重要性时, 他说:

近代民主政治, 不但是民意的政治, 而且也是民治的政治, 其最终的目标, 就是为了实现民有与民享。但民意如何表达、民治如何实施, 必定要有一套方法, 为过去各种政治如君主专制与贵族寡头政治等所没有的才行, 否则即不成其为民主政治。在民主政治下, 这个独特的方法即为选举(election); 经由大大小小的选举, 不但使政府决策所需的民意基础得以建立起来, 同时统治机构也由于不断诉求民选而获得更新与获得民众的支持。因之, 我们可以说, 民主政治就是具有选举的政治[11]。

有人认为宪法与选举法有不可分的关系。选举为宪法的一种要素。国家选择之制度, 或为直接民主制、权利分立制、代表民主或法西斯主义(Fascism), 其所采制度不同, 选举方法自不一样。由此可知, 选举法之重要。

---

9) ≪云五社会科学大辞典≫, 第三册, ≪政治学≫, 页三九九。

10) 谷合靖夫: ≪选举制度论≫, ジェソスト, 80年代の地方自治12(东京: 第一法规出版株式会社, 昭和58年2月20日, 第1刷), 页1(三)

11) 袁颂西等: ≪中华民国选举罢免制度≫(台北: 中央选举委员会印行, 民国七十四年六月出版), 前言, 页一。

雷(Douglas w. Rae)教授曾经研究二十个国家的选举结果与选举制度的分析之后，他认为：所有国家的选举制度几乎没有例外，都是对执政党与大政党有利；并且选举法是多数党掌握议会议席之重要手段[12]。因此有人认为选举制度是『政治操作的最特有的道具』[13]。因此选举制度与选举法，可以反应同时代权力结构的特徵。

英国学者麦坚西(W.J.M. Mackenzie)在其『自由选举(Frec Elections)』一书中，认为：自由选举虽然其本身不一定是最高目标，但那是价值最高的方略。因为在整个社会中，为了保护其政府必须要有两点条件：

1. 一个国家其政府的措施一般人民不容易了解，又很夏杂，但有选择可以得到人民的同意感与参与感。

2. 选举是旧执政者用和平的方法用政权转移到新执政者的最正常的方法。』[14]。

所以在自由明主国家中，选举为选出国民代表的手段，也可以说是民主政治的出发点。

韩国的政治学者丁菀燮在『选举论』一书中，认为民主政治之下，选举之政治机能有三：1. 直接选举指导者(国民的代表)的作用，2. 间接决定选择某种政府(内阁)的作用，3. 选举为国家权力正当性的基础作用[15]。

由此可知，选举为民主政治不可缺的一种条件，也是达成民主政治制度最重要的一种途径。虽然有选举之行为并不一定就是民主政治，但没有选举根本谈不上民主政治。

前面所说的地方自治者，指中央政府尊重地方团体之决策与行动之自由。然而，在民主政治下，地方政治之决定又取决于其地方人民的意见与反应，换句话说，在民

---

12) Douglas W. Rae; *the Political Consequences of Electoral laws*, revised edition (New Haven: Yale University Press, 1971), pp.13－15.

13) Bernard Grofman and Arend Lijphart (eds.), *Electoral Laws and Their Political Consequences* (New York: Agaton Press, 1986), P.2

14) W.J.M Mackenzie: *Free Elections* (George Allen S Unwin Ltd, 1958), pp.13－14

15) 丁菀燮: ≪选举论≫(汉城: 博英社)1984年1月10日，二版)，页十五。

主政治下，地方政治事务由该地区人民自己决定与处理。但事实上，一般人民或为自己的知识及能力所限，或为谋求自己的生活及出路，实无法直接过问政治，势非选择一部分人来专业负责地方公共事务的决策、立法与执行的工作不可。因此，今日所谓的地方自治必须经由选举才能达到。傅宗懋教授在『选举与地方自治』一文中，认为今日美国所实行之民主政治可作为世界之表率，其理由为美国民主政治的基础，在于有良好的地方自治。他研究的结果指出："民主政治之实现，奠基于地方自治的推行，而地方自治的推行，又有待于地方选举的成功"16)。由上文可以说明地方选举确是地方自治的础石。

Ⅱ．选举制度之结构

选举制度的结构可分为下列四个重要的部门：选举人，候选人及助选人，选务机关以及选举诉讼管辖机关。准此观照，就台湾省县市长及县市议员选举制度的结构分述如下：

1. 选举人之资格取得

选举权是由国家法律所赋予的权利，这个权利是公权，与普通的私权不同，普通私权只关系权力者一身的利害，而选举权则关系全国的利害，所以普通私权可以转让于他人，而选举权则不能转让于他人，如果转让于他人，就是违法17)。因此现今各国对于地方选举皆规定有积极资格与消极资格。

---

16) 傅宗懋：「选举与地方自治」，国民大会秘书处编：《选举之理论与实践》(台北：编者印，民国五十四年十一月)，页二二〇。

17) 薄庆玖：「台湾省地方选举之研究」刊载于国民大会秘书处边，《选举之理论与实践》，(台北：编者印，民国五十四年十一日)，页五五七。

1）選舉人之積極資格

所谓积极条件乃人民取得选举权应具备之条件。此等条件，各国地方选举几乎一致规定有国籍，年龄，与居住期间等三种限制，亦有少数国家尚有纳税及教育程度之限制者。

（一）国籍：国籍之认定标准，各国之国籍法均有规定。国籍可分为固有国籍与取得国籍两种[18]。固有国籍，有采血统制者，有采出生地制者，惟据哈佛大学调查结果，大部分国家系采血统与出生地之混合制[19]。中华民国国籍法对于固有国籍主要采血统制，附带采出生地制。

依中华民国「国籍法」第一条规定，下列各人属中华民国国籍：1. 生时父为中国人者；2. 生于父死后，其父死时为中国人者；3. 父无可考或国籍者，其母为中国人者；4. 生于中国地，父母均无可考或国籍者。无中国民国国籍者皆没有选举人之资格。如果外国人要取得中华民国选举权，必须办理归化手续，归化具有中华民国国籍后才能取得选举人之资格。现行选罢法对县市长及县市议员选举人之资格取得要件中，均无国籍之限制。傅宗懋教授在『选举与地方自治』一文中，认为台湾的县市选举实际上有国籍的限制。如他说：

我国地方选举之法规，虽无须具备中华民国国籍字样，但依据『台湾省各县市公职人员选举罢免规程』第二十九条规定：'公民有选举，罢免权。公民之身份，依台湾省各县市实施地方资质纲要第十条规定认之'。「台湾省各县市实施地方自治纲要」第十条规定「居民」之积极与消极资格。又据同纲要第七条：『凡中华民国人民，现居县市区域内者，均为县市居民』。因此，我国之地方选举实际上有国籍之条件[20]。

---

18) 取得国籍细节参见傅仁燮：《台湾地方选举之研究》，嘉新水泥公司文化基金研究论文，第一六七种(台北：嘉新水泥公司文化基金会，民国五十八年五月初版)，页一〇八——一〇九。

19) 民国三十九年记雷松生讲授国际公法笔记第二册，转引，傅仁燮：《台湾地方选举之研究》，页一〇七。

20) 傅宗懋：「选举与地方自治」刊载于国民大会秘书处编，选举之理论与实践(台北：编者印，根据此规定, 可以说台湾省县市长及县市议员选举人资格取得要件中有国籍的限制。

(二) 年龄: 凡本国国民须达一定年龄方得行使选举权, 乃为各国共同之制度, 惟其年龄高低则各有不同。兹将各国对于选举人资格取得中年龄之限制如下:

表4-1 各国对选举人的年龄限制表

年 龄	国 家
满18岁	苏俄, 南斯拉夫, 美国, 土耳其, 加拿大的萨斯喀基瓦州村议会。
满19岁	瑞士之Zug州。
慢20岁	日本, 瑞士联邦, 中华民国, 大韩民国。
满21岁	英国, 法国, 比利时, 智利, 意大利。
满23岁	瑞典下院, 挪威。
满30岁	Hunrar(女性) 匈牙利。

资料来源: 1. 丁尧燮, 选举权(韩国首尔: 博英社, 一九八四年一月十日再版), 页一五二至一五三。
2. 傅宗懋, 「选举与地方自治」, 国民大会秘书处编印: 《选举之理论与实践》(编者名: 民国五十四年十一月), 页二四七。

由表中可知, 一些重要国家规定选举人年龄之限制是二十岁至二十一岁, 如韩国, 中华民国, 日本, 英国, 美国各州, 意大利, 法国等, 但有少数国家规定十八岁, 如苏俄, 土耳其等。不过这种年龄之条件, 在选举时有时常引起政党间之争论。例如: 韩国在一九八七年修改宪法及各种选举法规时, 对于选举人年龄限制问题, 政党之间产生了不少争论。因为选举人年龄与选民人数(投票人数)是有密切关系的, 因此在野党为了争取大学生票, 就主张将原则定之选举人年龄由二十岁改为十八岁, 但执政党主张十九岁, 但是选举人年龄最终仍规定维持二十岁21)

台湾省政府最近亦对选举人年龄问题做了研究调查。问卷中有一项是『对选罢法规定年龄满二十岁才有选举权之意见』, 填答者中百分之九一·四赞成原规定之满二

民国五十四年十一月), 页二四六。

21) 韩国各政党对选举人年龄的主张

十岁; 而赞成十八岁者只有百分之六·九。在问卷研究对象者中教育程度分成四种:
不识字, 小学程度, 中学, 大学, 除了不识字者赞成改为十八岁者占百分之十八·
二, 特别高之外, 大致比例都很接近[22])。

由上述台湾和韩国例子来看, 两国国民似乎都认为二十岁是较合适成为选举人的
年龄。

(三) 居住期间; 各国地方选举, 对于选举人必须居住期间之规定并不一致。韩国
选举法中, 对居住期间方面国会议员选举与地方选举均未有规定与限制。又如英国
规定于一定日期(依一九八二人民代表法定为六月一日)内, 居住于选举地区者, 美国
各州对选举人居住本州时间长短亦有规定, 须住满两年者有四州, 须住满一年者有
三十三州, 须住满六个月者有十一州, 缅因州则规定在该州设有住所满六个月, 而
居住满三个月者即有选举权。除各州有居住时间限制外, 美国各州尚规定公民欲在
州内某县某市某区投票, 仍须在该县, 市, 区居住满若干时间方可取得投票权[23])。
在居住期间方面, 日本对国会议员选举并无规定, 对地方选举, 则规定须在市町村
区域内継续居住三个月以上者才有选举权[24])。

民国七十二修订之选举罢免法第十五条第一项对于取得选举人资格之居住期间规
定为: 有选举权人在其本籍或在各该选举区継续居住六个月以上者, 为公职人员区
域选举各该选举区継续居住六个月以上者, 为公职人员区域选举各该选举区之选举

年　龄	政　　党　　别
20岁	民主正义党(执政党)
19岁	民　主　党
18岁	国　民　党

资料来源: 东亚日报 1987年9月17日, 第一版; 同月22日, 第一版; 大韩律师协会志, 月刊)1987年
8月号(汉城: 大韩律师协会发行)。

22) 台湾省政府新闻处编: ≪对选举罢免法之意见≫, 省政业务专题研究报告(编者印: 民国
七十五年五月), 页七。

23) 傅仁燮: 前书, 页一〇九。

24) 日本公职选举法, 第九条第一, 二项(一九八四年修正, 法律七十一号, 法律八十七号)。

人。又第三项规定, 第一项之居住期间, 于直辖市, 县(市), 乡(镇, 市)地方公职人员之选举, 在其行政区域划分选举区者, 仍以行政区域为范围计算之。但于选举区公告后, 迁入各该选举区者, 无选举投票权。因此来看, 中华民国国民继续住在该选举区内最少六个月以上者, 才有选举人的资格。

(四) 纳税及教育程度: 今日世界实行普通选举之国家而设有此两种限制者, 仍所在多有, 例如美国目前尚有阿拉巴马, 阿肯色, 密士失根, 的萨斯, 佛吉尼亚等州仍保留象征式人头税(Poll Tax)为取得选举权之条件。巴西一九三五年选举法第三条第款规定乞丐不得登记为选举人[25]。

至于教育程度之限制似较财产限制更多。例如美国现在约有半数的州规定选举必须经过某种教育测试, 惟选举人程度标准各有不同, 有规定必须能读者; 有规定须读写之外尚须能解释宪法一条者[26]。不过纳税及教育程度的限制, 中华民国, 韩国, 日本三个国家在中央或地方选举法的选举人资格要件中均无见此规定。

根据上述规定, 可以看出县市长与县市议员选举人之资格取得, 有国籍, 年龄及居住期间的限制。年龄与居住期间的计算以七十二年修正的选罢法第四条规定为准。

2) 選舉人之消极資格

所谓选举人之消极条件, 即选举人不可具有的条件, 有此条件即丧失其选举权。各国法制规定不同, 兹举例说明之: 韩国选举法规定, 有下列各项情形之一者, 无选举权:

(一) 受禁资产或限定治产之宣判者。

(二) 受禁锢(关在监牢里的一种自由刑, 以上之刑事宣判者, 其刑期尚未执行完毕, 或尚未确定免予执行者。

---

25) 傅仁蘷: 前书, 页一一〇。
26) 傅仁蘷: 前书, 页一一一。

(三) 曾因选举犯罪被判刑事罚金五千圆(约美金十元)以上未经过二年，或受禁锢以上之刑事宣判后再确定免予执行，或执行完毕或免予执行后未满六年者。

(四) 依法院判决停止或丧失其所有权者[27]。

日本公职选举法规定，有下列情事之一者不得有选举权与被选举权。

(1) 受禁治产之宣告者。

(2) 受禁锢以上之刑执行未了者。

(3) 受禁锢以上刑之处分而未经执行者。

(4) 因选举而犯罪者[28]。

美国加州州宪法，对于选举人之消极资格也有限制：外国人，痴呆及神经病人，受刑禁之人，挪吞公款而被定罪之人，及不能以英文诵读宪法与书写姓名者，均不得在本州行使选举权[29]。纽约州宪法也规定：身体残废，不能读写英文，无投票权[30]。

西班牙对此规定较特殊，如：

(一) 入现役或后备军人及军人退役后未满十年者。

(二) 教士，各宗教教师及修道者。

(三) 现在或昔时为皇室之亲属者[31]。

至于中华民国无论县市长及县市议员选举或其他各种选举，凡人民有下列情况者，不得为选举人：

(1) 称夺公权尚未复权者。

(2) 受禁治产宣告尚未撤销者。

前述各国的规定与中华民国现行选举法规比较来看，选举人的规定除了若干西方国家的纳税及教育程度的限制之外国籍，年龄的限制几乎每个国家都有所限制。惟

---

27) 韩国国会议员选举法第十一条(一九八四年七月二十五日修正，法律第三七三一号)。

28) 日本公职选举法第十一条。

29) 美国加州一八七九年州宪法第二条，一九三〇年十一月四日修正。

30) 纽约州宪法一九二一年修正第条第一款。

31) 西班牙宪法一九三一年第七十条。

中华民国各种选举法中居住期间的限制似乎过严。

据选罢法第十五条规定:

选举权的取得，须在籍或各该选举区継续居住六个月以上，而且居住期间之计算，以投票日前二十日为准，并以申报户籍迁入登记之申请日期算。如此一来，是否等于选举人的资格取得必须要二百天呢? 有人会说美国的居住期间更长，但美国的环境与东方国家不一样，美国国民中移民过来的人不少。有些国家没有规定居住期间之限制(如韩国)笔者认为今日急速的人民生活里，为了选举人的参政权，中华民国各种选举中居住期间方面有缩短的必要。

2. 候选人

所谓候选人之资格，乃谓人民欲经过选举，而被选就任议员或其他各种公职人员所需具备之资格，也就是说，被选举权是人民得依据法律，凭其条件，请求他人选举自己为某种公职人员的资格[32]。因此也可以称被选举资格。

由于各种公职人员直接参与公务的处理，对国家有相当大的影响，所以各国对于候选人之资格取得，有许多限制，并且对候选人所须具备的条件的需求较选举人为高(如候选人年龄比选举人大)。

1）候選員的積极資格

积极资格，是指必须具备之资格，一般如: 国籍，居住期间，学经历等要件，兹分述如下:

(一) 国籍: 以国籍为取得候选资格的条件，似为各国通例。韩国, 日本, 中华民国均不例外。盖各国宪法或法律，莫不规定，只有本国人民，才能取得候选人资格。甚至，有的国家，如巴基斯坦共和国，更规定只要有效忠他国之意思或对外国

---

32) 丁尧燮: ≪选举论≫, 韩国汉城: 博英社, 一九八四年一月十日再版)。页一五四至一五五。

有忠诚或依归之承诺，或取得外国公民权，或行使他国公民权利，或服从或依附于外国者，即丧失其候选人资格[33]。相反地，苏俄早起对于居住在苏俄境内的外国人，不论他是否拥有苏俄国籍，一律给予选举权及被选举权(一九一八年苏俄宪法第二十条，第六十四条)。

依选罢法第三十一条规定：中华民国公民可登记为候选人，另回夏中华民国国籍满三年，或因归化取得中华民国国籍满十年者，得依规定，申请登记为候选人。

(二) 年龄：对于年龄之限制，一般言之，对候选人年龄的要求比选举人为大，因为多数国家采用候选人年龄比选举人年龄高的原因，是参与政务的人需要更多的经验及见识，年轻者取其『动劲』，年高者取得『老成』，『动劲』大是国家的好引擎，『老成持重』乃是国家必须的方向盘[34]。不过也有少数国家对候选人年龄的要求与选举人相同，如美国，南斯拉夫，瑞士联邦(Swiss)等国。兹列出主要国家对候选人的年龄限制如下：

表4－2 各国对候选人的年龄限制表

年　　龄	国　　　家
满18岁	南斯拉夫
满20岁	瑞士
满21岁	英国(下院)
满23岁	苏俄，瑞典(下院)
满25岁	大韩民国，日本(众议院)，法国(下院)，美国(下院)，意大利(下院)
满30岁	日本(参议院)，美国(上院)，挪威，匈牙利(女性)
满40岁	意大利(元老院)

资料来源：丁尧燮，選舉論，页一五六。

---

33) 巴基斯坦共和国宪法第一〇三条；印度联邦共和国宪法第一九一条；马来西亚联邦宪法附篇第八计划第六节第七款及肯亚共和国宪法第九十六条，转引，薄庆玖：台湾省公职候选人积极资格之研究(台北：国立政治大学学报第二十一期，民国

34) 傅仁燮，前书，页一二二。

从表二可知，各国所采用候选人之年龄限制有别。下院候选人年龄以满二十五岁最多，上院候选人年龄以满三十岁最多。

中华民国对候选人年龄之规定也不例外。一般而言，对候选人的年龄要求比选举人又较同级之民意代表候选人年龄为大，例如县市议员之候选人之年龄为满二十三岁，而县市长则为满三十岁[35]。

(三) 居住期间：居住期间限制之目的为使议员与该选举区选民维持密切沟通的关系，充分地方了解该选举区重要事务，全心全力服务民众[36]。候选人居住期间的限制，各国规定不一。韩国现行国会议员选举法与地方议员会选举法，对于居住期间未规定[37]。英国，苏俄也没有限制，但也有些国家有长期间之规定，如冰岛为五年，挪威为十年，美国下院选举为七年，上院选举为九年。

中华民国现行选罢法，对于候选人居住期间并无特别规定，换句话说，候选人与选举人的资格规定相同，须继续居住满六个月，此外在其本籍也可取得候选人的资格。

(四) 学经历限制：选举的目的，在推举有能力的人出来为国家，为民众服务，然而谁有能力？谁没有能力？必须要有一个客观的标准，这个标准几乎都是从学经历上去寻求。依选罢法第三十二条规定，各级地方公职候选人，应具备学经历。

3. 助选员

候选人竞选的唯一目的就是当选。帮助候选人的当选，是助选员的最重要的任务。助选员怎样帮助候选人从事竞选活动为当选与否之关键所在，由此看来，助选员的角色实在实在重要。『助选员』的名称，在台湾最初称之为『选举运动员』，后来改称

---

35) 动员戡乱时期公职人员选举罢免法(民国七十二年七月八日修正，(以下简称：「七十二年选罢法」第三十一条。

36) 丁尧燮，前书，页一五七。

37) 唯一的是大统领选举候选人选举日当天为止继续国内居住五年以上者，才有其候选人资格，韩国大统领选举法第九条。

为助选员[38]，但韩国和日本仍然称之为助选运动员。

那些人能担任助选员？那些人不得担任助选员？及助选员的任务如何？依照各国所规定的助选员的规定来看，虽不像选举人或候选人资格规定的那样严格，但在选举法规中至少也有些规定存在。例如：在英美两国公务员皆不得担任助选员从事各项助选活动[39] 以保持公务员的『行政中立』立场。韩国地方议员选举法与国会议员选举法均规定：除了候选人选举事务所的选举事务长、选举联络的负责人货选举事务员外，其他人员不得从事选举运动[40]，也就是说候选人、所举事务所的选举事务长、选举联络的负责人或选举事务员可以担任选举运动员。值得注意的是，学生能否担任选举运动员的问题？过去韩国各种选举法规对于学生担任助选员问题，均明白限制不能担任。但去年(1988)四月六日新公布的地方议会议员选举法与其他各种选举法中均已允许学生(年龄满20岁以上者)担任选举运动员[41]。并且韩国选举法又规定这些选举运动员的名额[42]，以及设置选举事务所与选举联络所[43]。

在韩国那些人不得担任地方议会议员选举运动者，其规定颇详细，例如：在地方议会议员选举不能担任选举运动者为：

1. 不具备选举权的资格者。

2. 国会议员与其他地方议会议员。

3. 国家公务员法与地方公务员法所规定的公务员及其他法令规定的公务员。

---

38) 国家建设研究委员会编：≪我国当前选举问题及选举行为之研究≫(台北：编者印，民国七十年六月，初版)，页三六，八八。

39) 林水波：「竞选活动」，袁颂西等，≪中华民国选举罢免制度≫(台北：中央选举委员会印行，民国七十四年六月，初版)，页二七一。

40) 韩国地方议会议员选举法(一九八八年四月六日，法律第四〇〇五号公布)第三十四条; 国会议员选举法(一九八八年三月十七日，法律第四〇〇三号公布)第四十一条。

41) 韩国地方议会议员选举法，第六一条第一项。国会议员选举法，第七三条第一项。

42) 韩国国会议员选举法，第四十四条第一项。有关竞选活动之地方选举规定，除了地方议会议员选举法规规定之外，其他与国会议员选举法规规定同样之效力。

43) 韩国国会议员选举法，第四十一条。

4.『乡土预备兵』小队长级的以上的干部、里、洞、统(里)、班(邻)的首长等人。

5. 宪法裁判所裁判官、各级选举管理委员、教育委员会的教育委员。

6. 政府投资机关(包括韩国银行)的职员等[44]。

日本公职选举法也规定某些人不得担任助选员，原则上，只要不违反法规任何人皆有从事选举运动之自由。但具有特殊职务者，禁止其涉入选举运动，以防止滥用职权。如：

1. 投票管理员、开票管理员、选举长及选举分会长等选举事务有关人员，在职务中不得在其关系区域内从事选举运动[45]。

2. 各种选举委员会委员与职员、推事、检察官、警察等其职务中，不得从事选举运动，此外，国家与地方公共专体的公务员、教育者(包含学校校长及教员)不得利用其他职位从事选举活动[46]。

日本选举法规对于助选员名额没有限制，但设置选举事务所树木限制的规定[47]。至于学生能否担任助选员问题日俄不能选举法第一三七条有规定：未满二十岁至任何人不得从事选举活动。照此规定，年满二十岁以上之任何学生都可以担任助选员。

在台湾有关入选的资格，据选罢法第七条规定：『有选举权而无动员战乱时期公职人员选举罢免法的第四十七条第一项各款情事一者(即候选人的消极资格规定)，得担任助选员』，但中央选举委员会六十九年十月三十日六九中选法字第一二五一号解释，其所称『有选举权』，并不受选举区之限制。但一人不得同时为二人以上候选人之助选员，其登记为二人以上候选人之助选员者，均予剔除，又根据选罢法第三十五条，现役军人或警察、辨理选举事务人员及公务人员，均不得担任候选人助选员。

---

44) 韩国地方议会议员选举法，第二十八条第一项至第八项；第三十四条第二至三项。

45) 日本公职选举法(一九八四年法七十一号，法六十七号修改)，第一三五条。

46) 日本公职选举法，第一三六条；中央选举委员会编：≪中日韩选举法的比较≫(台北：编者印，民国六十九年十二月，初版)，页六八。

47) 日本公职选举法对于设置选举事务所数目之限制中有关地方选举之规定：地方公共团体议会议员及市町村长选举时，每一候选人设置一所为限。日本公职选举法第一三一条第三项。

中华民国选举法规有规定各候选人的助选人员，在候选人设竞选办事处时得检送
以下文件申请登记 1) 助选员各册三份，并得附送用补名册 2) 助选员最近三个月
内户籍本国身份证影印本两份 3) 一时正面脱帽像片两张并送请主办选举机关审核。

由上述中日韩三个国家选举法规对助选人员规定来看，中华民国的助选限制较多。

4. 竞选活动

候选人在竞选期间，为了要宣扬其政见，争取选民的好感，不能忽视竞选活动。
且选活动的成功或失败，是候选人当选之主要关键。据中国论坛社所做的实证研究
指出：　竞选活动为选民认识他所选候选人的第二个主要管道(第一个为大众传播)；
加深选民对候选人影响的主要途径为候选人的表现或成就，候选人的政见．品德与
学识；选民主要靠竞选活动加深对候选人的印象。

1) 政見發表會

政见发表会从理论上言，本为选民了解候选人重要方式之一。候选人的政见一方
面固然反映出部分选民的政治意愿与需要，但也不免有说服选民，引发选民潜在的
心理情感与认同的作用，籍以获得选民接纳及投票支持而达到当选的目的，因此政
见发表是决定候选人选举成败的重要关键。尤其在先进民主国家的选举中，政见为
当选的最主要关键。如美国一九八年的期中选举，经济政策．国防经费．核子武器
冻结．社会福利政策为民主党在州长众议院选举上获胜的主要政见重点。又如韩国
一九八七年十二十六日举行的大统领选举，执政党候选人卢泰愚能够得到胜利的因
素也归功于政见政策的成功。

候选人的政见既然这么重要，发表政见应行遵守的原则，各国选举皆有规定。例
如过去韩国选举有共同政见发表会与个人政见发表会两种。但现行韩国选举法规仅
规定公职候选人应举办共同政见发表会。据国会议员选举法第五十一条规定：管辖

选举区，选举管理委员会应举办共同政见发表会。候选人登记截止后，顶定适当的时间与地点，在区与市举办二次，郡举办三次，时间每一候选人在三十分钟范围内，平均分配。但管辖的选举区选举管理委员会对人口超过三十万以上的区与市，次及邑面超过十二个以上的郡，得增加共同政见发表会一次。除各选举区候选人外，他人不得于共同政见发表会发表政见。此外并规定禁止举办个人演讲会，任何人除依规定举办的共同政见发表会外；于选举活动期间不得使多数民众修桥铺路，为选举活动举办个人政见发表会. 座谈会. 讨论会. 实施演讲会及其它类似活动。

相反的，日本选举法采用公办与自办二种政见发表会，但目前只规定自办政见发表会，而公办政见发表会已废除。

在一九八四年以前，日本众议院　参议院(地方选出)议员及都道县知事的选举，依规定举行公办政见发表会。为使选举人明了候选人的政见起见，在都道府县选举管理委员会指定的市町村举行政见发表会。政见发表会应由各该选举的工职候选人到场为运动发表演说，如各该公职候选人不能到场演说时，由其代理(以非公职候选人为限)代为演说；但以一人为限。

有关政见发表会举办计划的决定及，都道府县选举管理委员应与规定主办政见发表会的市町村选举管理委员会事先协议，决定政见发表会的预定日时，会场，在每一人政见发表会上演说的公职候选人人数及演说时间，于各该选举日期公告之日起二日内公告之。此外，都道府县选举管理委员会承认有必要时，得决定采用班别编成的方式选举政见发表会。在作上述的决定时，得召集在都道府县区域内有主要事务所的党政或其友部的代表或其他关系人，听取其意见。但按一九八四年修改公布之「日本公职选举法」(法律七十一号，法律八七，七号公布)，有关公办政见发表会方面共计八条全部删除。

日本的个人演讲会(自办政见发表会)在法规上规定仍分为两种。简述如下：

一，使用公共设施的个人演讲会：公职候选人可使用下列的设施，举行个人演讲会：1，学校及公民馆：2，地方公共团体管理的公会堂：3，市町村选举管理委员会指定的设施，其管理者应依政令的规定，做必要的布置。

二, 使用公共设施以外的设施的个人演讲会: 公职候选人得使用前述规定公营设施以外的设施(建筑物及其他设施), 举行个人演讲会。公职候选人依规定举行个人演讲时, 最迟应于举行日前二日: 将使用的设施, 举行日期及公职候选人的姓名, 以书面向市町村选举管理委员会提出申请。对于设施(包括设备)的使用, 每一公职候选人就同一设施得免费使用一次。

过去台湾县市长及县市议员选举均有实施公办与自办两种。袁颂西教授分析第五届台北市长中详细说明公办与自办政见的区别与其政见发表会的法规演变过程。如: 公办政见会由主办选举机关联合办理, 而于各乡镇县辖市区之适当地点, 设置政见发表会场, 由各候选人轮流发表政见, 此项政见发表会, 候选人应亲自到场, 助选员或他人均不得代理。联合办理竞选宣传所需之费用, 由各候选人平均负担。其数额由主办选举机关先期公告, 于申请候选人登记时缴付之, 不缴付者, 视为登记手续不完备, 其候选人登记, 不予受理。

上述法规与现行选罢法最大不同点有三:

第一当时「助选人或他人均不得代理候选人到场演讲」而现行法规改为「除候选人及其助选人员外, 他人不得在场演讲」。

第二当时「办理竞选宣传所需的费用, 由各候选人平均负担」, 而现行法规改为办理竞选宣传之费用, 由政府负担。

第三当时没规定自办, 公办政见发表会的先后次序, 而现行法规明规定「自办政见发表会之期间在先, 公办政见发表会之期间在后, 公办政见发表会期间不得多余自办发表会期间」可见法规随著人民的需求, 或这种环境的因素, 总会由所变更。尤其第三点是六十九年制定选罢法时很受瞩目的条文之一。

5. 选举机关

1） 擧事務机關

选举事务机关是依法办理各种选举业务的机关。举办选举一定要设置选举事务机关已处理与选举有关的各种行政业务。选举事务在诸般行政事务中，是一个最不易办好，而责任最为重大的部门，稍一不慎不但影响公民之权利，而且影响选举之效力，甚则诉讼不绝浪费公帑[48]。故选举之推行自愿有专责之机关主办其事，多数国家在选举法规中都明文规定有关选务机关的组织与职权等。但有些国家却未设选举之专责机关。兹举例说明如下：

1. 英国：该国地方选举，属于道之选举由道议会委任一人充任选举监督；属于区内之选举，由区秘书兼任选举监督；属于乡之选举，由乡秘书兼任选举监督；属于普通市之选举责因该市是否割为分区而有不同，　未割分选区者由市长兼任选举监督，割分选区者，由议会指派议员分别担任各分区之选举监督[49]。

2. 美国：据联邦政府过去无任何办理选举行政之专业机关。但1979年修改1980年1月8日生效的联邦竞选法(F.E.C.A)规定『联邦选举委员会(F.E.C)，掌管联邦公职人员选举事务』[50]。

韩国国会议员选举法与地方议会议员选举法有关选举事务机关均规定：　『除本法另有规定者外，由中央选举管理委员会统辖、管理，同时对下级选举管理委员会违法或不当的处分，得予取消或变更之』[51]。

又规定中央选举管理委员会之下，设置『选举区选举管理委员会』，『区、市、郡选举管理委员会』及『投票区　选举管理委员会』[52]。可见韩国的各种选举由中央选

---

48) 郎裕宪：≪台湾地方选举≫(台北：国力政治大学公共行政企业管理中心，民国五十五年十一月出版)，页四一。

49) 张世贤译：≪联邦竞选法≫(台北中央选举委员会编印，民国七十六年三月。)

50) 同注一。

51) 韩国地方议会议员选举法第三条。

举管理委员会统辖，其下分为道选举管理委员会，区、市、郡选举管理委员会，投票区选举管理委员会，共四种。

现行日本公职选举法第五条规定：有关选举事务，除了特别规定者外，参议员(比例代表选出)的选举，由中央选举管理委员会管理。众议员及参议员(选举区选出)，都道府县选举管理委员会管理。市、町、村议会议员及市、町、村长的选举，由市、町、村的选举管理委员会办理[53]。

台湾地方选举的选务机关，在民国六十九年『议员战乱时期公职人员选举罢免法』公布之前，分为选举事务与选举监察机关两大部门(所谓『选监分立』)。而此后选举行政与选举监察综合纳入选举委员会的职掌，并排除司法检察系统介入选举行政(此即选监合一)。

Ⅲ. 选举制度的规范

1. 选举区

选举区为当选名额之分配区域，亦为候选人之竞选区域[54]。对候选人来说选举区的重要性实在很大。此与候选人之投票区有别。一个选举区可设数个投票区，同一选举之候选人可在该选举区内之任何投票区作竞选活动。但同一选举区之选举人除在一定之投票区行使其投票权外，不得在同一选举区内之其他投票区投票。

选举区因划分的方法不同而有数种[55]：

---

52) 韩国地方议会议员选举法第四条第一至三项。

53) 日本公职选举法第五条第一项。

54) 傅仁燮：台湾地方选举之研究，硕士论文(台北：政治大学公共行政研究所，民国五十七年)，页八〇。

55) 同上注。

1) 以地为基础及以人为基础之选举区。前者，凡住在同一地区之选民对于该地区之代表均有权选举，因此称为地的选举区。后者，凡具有同种性质的人不问住于何地，均联合起来为一选举区，因此称人的选举区。由他的选举区产生的议员则称为职业代表制。

2) 单数选举区与夏数选举区。凡一选举区仅产生一名当选人者，称单数选举区，又称小选举区。凡一选举区产生两名以上当选人者称夏数选举区，又称大选举区。

3) 法定选举区与非法定选举区。凡选举区之划分定之于法，不得由选务机关随意改变者称为法定选举区。否则即为非法定选举区。

除了上述几种之外，还有日本所采用的中选举区制度，所谓中选举区制度为一个选举区选出三名至五名之议员[56]。不过这制度也可归属于大选举区制度一部分。由于选举区的大小直接影响候选人的当选名额，各国每逢选举时几乎都有选举区的调整，因为各政党为求各党的利益，主张修改选举其余的调整，因为各政党为求各党的利益，主张修改选举区制法规。所以不仅美国各国都产生 Gerrymandering. 例如韩国十二届国会议员选举采用一选举区选出二名。属于大选举区制度。而一九八八年四月二十六日举行的第十三届国会议员选举法修改时引起争论最大的以及修改最多的就是有关于选举区制度。也就是说，最主要四个政党；民政党(执政党)，民主党，平民党，共和党各有个案提出[57]，经过激烈的争论之后，执政党与政府采纳平民党领袖金大中提案－－小选举区制即「一区一人制」。因此经由这次选举结果意外地平民当大胜，民政党却大败了。

又如日本，在昭和三十一年(1956年)鸠山内阁曾提出有关公职选举法中有关小选举

---

56) 清水睦：「『现行选举制度の问题点』」，ジェソスト増刊总合特集38，选举(东京：有斐阁，昭和60年3月25日)，页49；崛江湛：『选举区制』，ジェソスト増刊总合特集38，页52。

57) 韩国原来采用选举区制是一个选举区选出二名，所谓「一区二人制」。这选举法修改时民政党主张「一区一至四人制」；平民党提出「一区一人制」；民主共和党主张「一区二至四人制」。有关选举区争论问题各种报纸报道。如韩国中央日报，一九八八年一月十九日，第三版；东亚日报，一九八八年一月十一日，第一版及第三版；东亚日报一九八八年一月十三日及十六日，第三版。

区制与人口移动的法规修正案予于国会审查。此修正案一方面虽然受到当时执政党议员的造作另一方面却对当时在任的国会议员相当有利。但是许多选举区由于在行政区域或地理条件等其他多方面的不适合：因此，此选举区之划分的提案就遭受到在野党的大力批评与攻击，而在参议院的审议之中被否决掉了[58]。

英国在1944年设置「选举境界委员会」(Electoral－Boundary Commissions)。此委员会虽然随时可以提出报告书，但在三年至七年之隔间内，必须要对全国性的实态分析作调查一次。英国著名的 Mackenzie 教授认为此委员会设置的目的原本是为了避免受到政党与政略的影响，而能够公正地分配议会议席。但经由数十年的经验来看，此委员会始终还是受到了政党政略之影响，而并未达到实际的效果[59]。

依选罢法第三十九条规定：县市长选举依其行政区域为选举区。县市议员选举以其行政区域为选举区，并得各在其行政区域内划分选举区。但县市议员，由生活习惯特殊国民选出者，以县市行政区域内之山胞为选举区，并得按平地山胞，山地山胞或在其行政区域内划分选举区。

上述县市议员及山胞县市议员选举的选举区，由各该选举委员会划分之，并应于发布选举公告时公告。但选举区有变更时，应于公职人员任期或规定之日期届满六个月前发布之[60]。

2. 代表方法

各国的选举，其决定当选的方法可分为多数代表制，少数代表制，比例代表制。此外亦有职能代表制，兹略述如次[61]：

---

58) 同注3, 崛江湛：『选举区制』，页56至57。

59) W.J.M. Mackenzie, *Free Elections* (George Allen & Unwin Ltd., 1958), pp.112－113。

60) 选罢法(民国七十二年七月八日修改)，页四十二条。

61) 有关资料同注 3, 清水睦：『现行选举制度の问题点』页49; 萨孟武: ≪政治学≫(台北: 三民书局，民国七十二年一月，增订出版)页四四四至四五二; 丁尧燮: 选举论(韩国汉城:

1）多數代表制（Representation of majorities）

凡一选举区产生两名以上当选人者称复数选举区, 又称大选举区。

多数代表制又可分为绝对多数, 相对多数两种。而绝对多数中, 有一较特殊的特别多数原则; 相对多数中, 亦有较特殊的有条件相对多数原则, 简要说明如次:

(1) 绝对多数法: 即候选人必须获得选举人总投票的过半数以上票数, 始能取得当选人资格, 故又称过半数法。

(2) 特别多数法: 即候选人必须获得选举人总投票数的三分之二或四分之三以上的票数, 始能取得当选人资格, 此法虽更能代表民意, 但实际运作上相当困难。

(3) 相对多数法: 即候选人之间得票比较多数者为当选人, 而不必考虑其得票是否有过半数。

(4) 有条件相对多数法: 即候选人必须先获得一定票数以上, 始有资格参与比较, 再由其中的比较多数票者, 此法可说是相对多数法的一项改良制度。这样可防止得票过低者当选, 可防止滥竽充数现象的发生。

台湾省各县市实施地方自治选举, 在民国三十九年首次公布选择法规中, 对县市长之选举, 采用绝对多数当选制, 规定必须有全县市过半数公民之投票, 得票超过投票人总数之过半数者, 始为当选。如果选举结果无当选时, 应就得票较多之前二名候选人, 于二十日内举行第二次投票, 以得票较多者为当选, 票数相同时以抽签定之。到民国四十一年, 地方自制选举法规第一次检讨修改时, 认为此种选举方式, 劳民伤财, 乃修改为「县市长之选举, 应由县市公民投票, 以得票最多数者为当选」。从此一规定以后, 地方自治选举一律采用比较多数当选制[62], 但妇女保障名额者例外, 这妇女保障名额制度为台湾各种选举制度的特点。

博英社, 1984年1月10日, 再版), 页二五七至二六三; 陈德禹: 「选举程序」, 袁颂西等, ≪中华民国选举罢免制度≫(台北: 中央选举委员会印行, 民国七十四年六月, 初版)页三五一至三五二。

62) 台湾省政府民政厅编: 台湾选政(1)(编者印, 民国四十九年六月初版, 民国五十九年六月再版), 页三九。

2）少数代表制（Representation of minorities）

少数代表制是对少数派保障其最小限度议席的方法。因为在多数代表制之下，有时候强有力的政党其甚至比反对党仅多一票，即能将反对党完全排除在代表之外。为了消除多数代法的不公平，保障少数党也有进入议员的机会，即有少数代表制或比例代表制的创立。但是这种代表法，必须在一选区选出二人以上的多数议席的大选举区，才能适用[63]。

3）比例代表制（Proportional representation）

比例代表制是使各政党能够比例它们所得票数，多数党选出多数议员，少数党选出少数议员。此方法与多数代表制及少数代表制比较的话，有两点不同。

(1) 在普通个选举法，何人当选，乃比较各候选人所得票数，凡多得一票者，就可当选，所以其当选票数是不确定的。反之，比例代表法乃先求出当选人应得票数，各政党则以这个当选票数为标准，依其所得票数，算出它们应该选出多少议员。这个当选票数为当选商数（Electoral quotient）

(2) 在普通选举法，选举人投给某候选人的票，就成为该候选人个人所得的票，不问该候选人得票怎样的多或怎样的少，总不能转让于别人。反之，在比例代表法，因为当选商数已经确定，某候选人所得的票，达到当选商数之后，其余票（Surplus Vote）就转让于其他候选人。又者，某候选人得票太少，距离当选商数过远，绝对没有当选的希望，其废票（Wasted Vote）亦转让于其他候选人[64]。

简言之，就先求出当选应得票数，例如假定议员名额四名的选举区总投票数有一万票 10000÷4＝2500 所以四名中得到二千五百票以上的候选人都当选，并且如果某一个候选人得到四千票，除了二千五百票之外，余票一千五百票可以转让同一政党的他候选人。

---

63) 萨孟武：前书，页四五二至四五八；丁尧燮：前书，页二六三至二六八。

64) 详见萨孟武：前书，页四五九至四七七；丁尧燮：前书，页二六八至二八七；

以上两点是比例代表制的重要的特色，由于第二点即如何转余票及废票又分为单记比例代表法与名单比例代表法两种，以代表的正确性及公平性来看，比例代表制可说是代表制度中最理想的。所以此制度自从一八五五年丹麦实施之后至今已有颇多理论的进步。并且比例代表制之计算方法已达到三百至五百种以上[65]。

采用比例代表制可达以下的目的:

1. 由于依所得票数选出议员，因此赋予少数党议员选出之机会。

2. 为尊重选举人之权利行使，可以防止死票。

3. 得票数与当选议员数的比较上，可以维持比例关系。

4. 可以认定舆论之复合的性质。

如此比例代表制又可称数学的选举制是因为解决地域的选举制度的缺失而产生。

现在所采用比例代表制之国家，除了西德，希腊(Greace)，意大利(Italy)之外，还有韩国国会议员选举中「全国区议员」由比例代表制产生[66]。

4) 職業代表制度(Functional Representation)

职能代表是与地理或区域代表(geographical or territorial representation) 并行选出代表的一种方法，区域代表是由居住在一定的地理区域内的选举人，选出代表者。在近代民主政治之下所谓代议制度是代表全国民为基础。而选出代表者方式是在区域选举区内，依照人口数来选出代表者，选出的代表亦认为自己是该区域的代表，因此近代民主政治之下代议制又被称为地理的或区域的代表制[67]。职能代表制是与

---

65) 丁尧燮: 前书，页二七〇至二七一。

66) 韩国国会议员由地域区议员与全国区议员两种方式产生。地域区议员的当选方法采取多数代表制，全国区议员属于比例代表制产生，值得注意是地域区议员与全国区议员最大的不同点是地域区议员一定经由人民直接选举。反之，全国区议员不经由人民选举，只经由政党提名就可以，也就是说选举结果，除了在地域区选举中没得到五席以上之政党之外，其他党都得分配到全国区议席，韩国国会议员选举法(1981年1月29日，法律第3359号修正公布，第130条(全国区议席的分配与当选人的决定)，第1项至第9项。韩国国会议员选举法(1988年3月17日，法律第4003号修正)，第133条第1项至8项。

由职业的或经济的团体来选出代表的一种方式，使医师公会，律师公会，劳动公会，农会，资本家团体等皆能退出代表者。因此这样选出的代表并不是代表全国民而是代表职业团体或利益团体而已[68]。中华民国国民大会代表及立法委员选举在区域代表之外，采用此种代表方法[69]。

3. 提名制度

许多国家在各种选举中都采用候选人提名制度(Nominating Candidates System)。即在有资格之选民中，先经由一种提名方法选出候选人，而选民只在提名的候选人中投票。如果没有提名制度，选民如何在众多的人中去选择国民的代表者呢？据华力进教授之研究以台湾省县市长选举来说，一个县就有几十万有资格竞选县长的人，选民从几十万人去选一个，结果可能分散投票到许多人身上，谁能当选？会选出一个怎样的人？谁都无法知道。最后当选的人可能时大多数人从不知道的人，当然也无法知道他当选后如何作县长了[70]。由华教授之说明可知提名制度之重要性了。

选举之提名有下列几种方式[71]:

1) 党提名：这是最重要的一种。我们可以说，政党的主要目的和主要工作之一，是为了提名公职候选人。但政党提名候选人，也会产生如由党内少数人操纵的弊端。美国早期政党对各级公职候选人都采干部会议(Caucus)的办法。而参与干部会议者，

---

67) 丁尧燮：《选举论》，页二八七至二八八。

68) 伊藤动：《近代政治学の基本问题》，增补板(日本东京：成文堂书店，昭和三十八年)，页三〇六至三〇七。

69) 赵永武：「中华民国宪法有关选举之规范」，袁颂西等，《中华民国选举罢免制度》(台北中央选举委员会印行，民国七十四年六月，初版)，页八四。

70) 华力进：《政治学》(台北：经世书局印，民国七十二年五版)页二六六。

71) 张世贤：「选举种类与方式」，袁颂西等，《中华民国选举罢免制度》，页一〇八至一〇九；郎裕宪：《台湾地方选举》，页九四至一〇四；有关初选制 W.J.M Mackenzie: *Free Election*, op. Cit., pp.40－41。

仅党内少数人而已。尤有甚者，许多候选人由政党领袖决定。一般党员对党内提名候选人没有任何的影响力。

2) 初选制(Primary Election)：美国许多州政府办理初选，由州政府用公费为政党办理提名，但实际上只为民主共和两党提名，其余小党均不合格。初选制又可分为开放初选(Open primary)和关闭初选(Closed primary).开放初选，参加初选投票之选民，并无党籍的限制，凡具备公民资格者，皆可参加初选。关闭初选，仅党员才可参加投票。

3) 选民签署：即一定数额之选民签署支持某一人竞选，则此人即为候选人。

4) 个人登记：个人登记，即欲参加公职竞选者，无须经过提名或签署的手续，只由其本人直接向选务机关申请登记，经审查合格，便成为正式的候选人。

5) 临时写入(Writing－in)：即选举人于投票时，可在选票上已有之候选人外，将其他人名字填入选票中，则被填入者即为候选人。

这五种方式中，采用几种混合方式的国家也不少，而且中央选举与地方选举也不一样。例如韩国大统领(总统)选举，国会议员选举均采用「政党提名」与「个人登记」制(韩国称为「无所属候选人」人员之限制)两种，但地方选举只采取选民签署制[72]。又依据日本公职举法，众议员与参议员选举以及各种地方选举均采用「个人登记」与「推荐登记」两种[73]。美国大统领与副统领选举以及大多数州选举的公职候选人提名时采用直接初选制(Direct Primary election)，但纽约(New york)州与明尼苏达(Minnesota)

---

72) 韩国大统领选举法(1981年1月24日法律第3355号修正公布)，第25条第1项；韩国国会议员选举法(1981年1月29日法律第3359号公布)，第26条第2项；韩国地方自治法(1949年7月4日)，法律第32号公布，1960年11月1日法律563号仍沿用)，页71条：「欲参加各道与首尔特别市议员之候选人经该选举区选民五十人以上，市，邑，面议员十人以上之签署推选」，但1988年4月6日法律第4005号公布之，韩国地方议会议员选举法第24条稍为不一样，如该条第二规定：「欲参加道议会议员候选人二百以上三百人，区，市，郡议会议员候选人五十人以上一百人的选民签署推选」。

73) 日本公职选举法(昭和25年4月25日)法律第100号公布昭和59年12月法律第87号修正)，第八十六条第一，二项

142

州均并用初选制与代表者会议(Convention)[74]。所谓代表者会议，系由政党或其他团体之代表者一起开会决定候选人推荐(Nomination)的方法。此方法系因干部会(Caucus)有缺点，而改进另一种政党提名方法。

此外，苏俄也采用提名制度，但与资本主义国家不一样，而实施候选人推荐制度。拥有候选人推荐权利者，属于依法规定机关。即共产党机关，劳动组合，协同组合，青年团体等为限[75]。因此虽在法律上有被选举的资格，如没有经由以上诸团体的推荐，以个人身份资格无法参与竞选。

至于台湾，过去第一届县市长选举选举采用签署制度。据「台湾省各县市县市长选举罢免规程」第五条规定：「经该县公民三千人以上之签署推选，得为县市长候选人」[76]。不过现行县市长及县市议员选举在法规上均无签署或其他提名一词，仅采取候选人登记制。根据选罢法规定，县市议员候选人年满二十三岁，县市长候选人须年满三十岁得登记为公职人员候选人。「选举人申请登记为候选人，以其行政选举权之选举区为限」。如果想做县市议员及县市长候选人向该县市选举委员会申请登记即可。

4. 投票方法

虽然选举不一定非以投票法行之不行，但投票仍是选举的最主要，最常用的一种方法。因而世界许多国家普遍采用投票方式选拔国家的选举与能，其投票方法有下列几个重要原则：

1) 秘密投票：现今欧美各国，均采行秘密投票，并且多数采用澳大利亚投票制度(Australian Ballot)。澳制是：各选举区在办理选举时，先办候选人登记，由若干选民签署提名候选人。政府预先制成选举票，选举日，选民至投票所领取选票后，走

---

74) 丁尧燮：《选举论》，页二二六。西平重喜：『比例代表制』ジェソスト增刊总合特集38，页63
75) 苏俄宪法，第一四一条，选举法第五十六条引自丁尧燮：选举论，页二三〇。
76) 台湾省政府民政厅编：台湾选政(1)，页三九。

进投票所内，用无记名投票法，选择自己所欲投的候选人，在其姓名上，作一符号，将票封卷，退出独室，把选票投入票柜中，而后离开投票所。台湾省县市长及县市议员实际选举运作也是采行上述澳制的秘密投票法。

2) 自由投票：凡选举人可自由随意行使选举权，而国家或地方政府不得加以干涉的，称为自由投票(Free voting)。采用自由投票之国家，如.美国·英国·韩国·日本等。至于认为选举为一种公务，选举人应有执行之义务，他们如果废弛了职务而不去投票，则国家或地方政府自得加以制裁者称为强制投票(Compulsory voting)，采行此制的国家如瑞士，澳大利亚，比利时，荷兰等国[77]。中华民国无论县市长及县市议员选举或其他选举均采行自由选举，如陈德禹教授说：「我国公职人员选举罢免法虽无明文规定为自由投票，亦无明文规定强制投票，亦无明文规定强制投票之任何制裁办法。观之实际投票运作，我国乃是采行自由投票原则」[78]。

3) 出席投票：所谓出席投票(Present Voting)，即选举投票之日，选举人必须亲自到投票所投票，或亲自参加选举会的选举，均称之为出席投票。与此相反的是，选举人因故不能亲自到投票所投票，得用其他方法，行使投票的，称之为缺席投票。缺席投票有两种主要方式：

(1) 委任投票：如荷兰，选举人因公务离开选举区者；在英国选举人在军队或军舰上服务者，均可委托别人代表去投票，唯英国之受委任人，仅限于委任人的夫妻，父母，兄弟，姐妹，而其人又必系同选举区的选举人[79]。

(2) 通讯投票：选举人在投票之日，因故不能亲自到投票所投票，事前由选举机关先将选举票寄给选举人，选举人填妥后，由邮局寄回。此称为通讯投票或通信投票。英国过去淮大学选举区，采用此制：现在只淮军舰或军舰服务的选举人，始可用之。在日本，选举人因疾病，负伤，残废，生产，坐监或从事职务于所属投票所之市町村区域外者，均得行使通讯投票制[80]。韩国地方选举及国会议员选举均规定合乎

---

77) 高应笃：≪地方自治学≫(台北：台湾中华书局，民国七十一年二月第二版)，页一四四。
78) 陈德禹：「选举程序」，袁颂西等，≪中华民国选举罢免制度≫，页三二四。
79) 同上注

资格者的选举人有如下的原故无法亲自到投票所投票时，得依总统令的规定，自公告选举日当天起五日内，向区，市，邑面的首长作「不在者申告」：

a，于选举人名溥所登记的投票区外，作长期旅行者。

b，依法令的规定，长期寄居营内(军队内)或舰艇的军人。

c，长期寄居医院，疗养院，收容所，教导所，船舶等处者[81]。

现今各国多以出席投票为原则，如有特别事故者始用缺席投票办法。台湾至今尚未操行缺席投票法，且为贯彻本人出席投票之原则，投票时选举人须携带自己的国民身份证及图章，凭领票，并在图章者可挎右手拇指全模[82]。不少学者专家都主张采行缺投票制。

4）单记投票与连记投票：选举投票时，只准许选举人在选票上图选一名候选人，为单记投票法(Single　Voting)。而准许选举人在选票上图选数名候选人者，为连记投票法(Block　Voting)。

台湾过去的选举系采单记投票法。但民国七十二年七月八日修正公布的选举罢免法，对监察委员选举，改采连记投票法。县市长及县市议员其他各级公职人员选举，仍以普通，平等，直接及无记名单记投票法行之[83]。

目前韩国与日本选举法规及实际运作中均未于选举票上刊印候选人相片。由于用选有候选人相片的选票圈选，可以防止选票上的字迹模糊，书写错误，及音同字异等问题，并且可以解决文盲投票的困难问题。因此台湾的选票印制方式可供韩国与日本参考。

80）日本公职选举法，第49条第1项至2项。

81）韩国地方自治法，(1960年11月1日法律第563号修正公布)第三章选举，第58条第2项；韩国国会议员选举法(1984年7月25日修正)第18条第2项；韩国地方议会议员选举法(1988年4月6日法律第4005号公布)，第16条第2项。

82）陈德禹：「选举程序」，页三二五。

83）选罢法第三条第一项。

5. 当选

1）当選的標准

现行选罢法对于决定当选标准的规定, 如下:

(一) 采相对多数法:

① 县市长及县市议员之选举, 按各该选举区应选出之名额, 以候选人得票比较多数者为当选, 票数相同时, 以抽签决定之。主办选举委员会应通知票数相同之候选人, 于投票日后二日内会同监察人员公开为之。候选人未亲自到场者, 由主办选举委员会代为抽定。

② 妇女当选名额之计算: 县市议员选举有妇女当选名额其当选人少于应行当选名额时, 应将妇女候选人所得选举票单独计算, 以得票比较多数者为当选。妇女当选名额为至少应当选名额, 其计算方式, 依下列规定。但无妇女候选人者, 不在期限。

a. 县市议员选举, 分区选举开票结果, 如妇女当选人不是各该选举区规定名额时, 应将该选举区妇女候选人, 依次当选。

(二) 同额或不足额候选之当选标准:

候选人数未超过或不足各该选举区应选出之名额时, 除监察委员及村里长选举仍以得票比较多数者为当选外, 应以所得票数大下列规定以上者始为当选:

① 县市议员选举以各该选举区应选出之名额除该选举区选举人总数所得商数百分之二十。

② 县市长选举为各该选举区选举人总数百分之二十五。

2）当選不足额与出缺的處理

(一) 当选不足额的处理

候选人依前述规定标准未达法定得票数, 致选举结果未能当选, 或当选不足应选出之名额时, 如未县市长应与投票后一定期间内公告重行选举, 此项重行选举, 应自投票之日起三个月内完成选举：至于县市议员即视同缺额。同一选举区内缺额达三分之一时，应定期重行选举，此项选举应自事实发生之日起三个月内完成选举。

（二）当选人出缺的处理

县市长及县市议员在就职前死亡或被判决当选无效者依下列规定办理：

① 县市长应定期重行选举。此项选举应自死亡之日获法院确定判决送达之日起三个月内完成选举，但提起再审之诉者，自再审程序终结之日起算。

② 县市议员均视同缺额，同选举区内缺额达二分之一时，应定期补选。此项补选应自事实发生之日起三个月内完成选举。

东北亚女性参与社会的现状与互助合作体系探索

Ⅰ. 绪　论

　　我们生活的目标可以说有两种：　一是追求财富、权力、名誉等满足欲望的物质方面；　一是追求福利的生活，　以及自我价值的实现等精神方面的。由於男尊女卑、三从之道、七去之恶等诸多习惯和制度，　东北亚女性们受到非人性的待遇，　无法追求属于自己的物质和精神生活，　没有自我意识，　只不过是他人的附属品。但从1975年世界女性大会的召开，　之后　"95北京世界女性大会"、"99首尔NGO世界大会"的召开，　使家庭、工作单位和社会中男女要平等的意识逐渐深入人心，　女性逐渐开始成为人性化有主体性的独立人格体。这可以说是东北亚近现代史上最有价值最有意义的变化。东北亚女性冲破封建社会道统旧体制的束缚，　透过各种各样的社会活动相互交流，　接触体验不同的文化。新制度的建立给女性们带来了人性化的生活以及女性事业发展的可喜成果。特别是女性团契在东北亚这一大舞台上日益活跃。这其中包括学术活动、座谈会、摄影及美术作品展、韩服展示、女性团契间的互动等多种文化交流，　使得个人与团契有了追求的目标，　扩大了东北亚国家之间的民间交流领域，增进了东北亚国家之间的友谊。

　　但对於这些东北亚女性参与社会合作未受到重视，　尤其是民间女性团契取得的成果并未得到应有的认可参与社会和适当的评价。

因此，本论文要探讨的是东北亚女性参与社会活动的动因，分析女性透过参与社会政治活动，参与教育活动，参与文化艺术活动等给各国带来的影响，并试图探索出透过女性参与社会活动，未来社会发展的最佳方案和方向的建议，关於参与社会的概念有许多的解释，概括起来看，大致有以下内容:

1. 参与是为民主化的手段，同时要维持发展状态的作用[1]，参与是使得社会成员们获得同意的过程。

2. 社会发展也叫做民主制度的建设(building of democracy)，其实，民主发展的目的就是要实现民主政治制度与民主的生活方式。

3. 社会发展和政治发展需要有市民教育的提高及普遍参与(Popular Participation)社会发展和政治发展与行政发展是使政治过程和行政过程能够更加活泼的发展，其主要作用者是政治人物、国会议员及行政官僚。因此，女性的政治发展就得加入到政党、国会政府机关才能得以实现。

另外，政治发展与社会发展是不可分割的孪生姊妹，因为政治发展是在多方面的社会变迁之中的一面(one aspect of a multidimensional process of social change)[2]。政治发展与社会发展从本质上看是一个历史的过程，政治与社会结构要适应环境的变化，这两者缺一不可，都要有所变化，因此，这两者是不可分割的。

在本论文中参与社会的意义是，女性开始走出家庭，参加各种社会活动，步入国内外社会中，有了互相交流的机会，透过个人、组织生活间接或直接的追求自我价值的增加。东北亚各国在经济上存在著很大的潜在力，有很强的相互依存性，及地理位置上的接近使文化上具有很多相似性，在女性问题上也有许多共同之处。所以

1) Goodell, Grace, "The Importance of Political Participation for Sustained Capitalist Development", in Peter L Berger(ed), *Modern Capitalism*, vol.2 (Capitalism and Equality in the Third World), New York: Hamilton Press, 1987, 96～133.

2) Huntington, Samuel P, *Political Order in Changing Society*, New Haven: Yale University Press:, 1968, 4

本论文是以东北亚国家韩、中、日、台湾的女性为中心来进行研究的。

对于一个团契或社会来说，所有成员共同取得的成果最终就是每个成员的利益，如果对这一点加以充分认可的话，那麼成员就会主动接受那些被赋予的、尚未理解的强迫行为，这具有相当重要的意义。由於追求终极目标的内在意图依然存在，虽然没有外部压力，就称不上是真正的自发意识。不受外在和内在力量影响的"自发秩序"(spontaneous order)，可以说是对行为最初的决定权和行为造成的结果负全部责任的真正的自发性[3]。所以女性作为一个社会群体所追求的正源于这种拥有真正的自我意识的时代精神。

时代精神也可以说成是时代潮流．赵永植博士所著 《오토피아》中这样写道:"在精神、文化、历史、社会性现象中，时代潮流是一股时代思潮和主流习惯规范。若用思想之类的话来描述的话，就是时代精神、主流习惯和倾向的精神发展"[4]。迄今为止女性正从私人性质的家务劳动中摆脱出来，参与到带有公众性质的工薪劳动中，而这种时代精神正，是这一现象自然而然产生的原因，同时也是这种变化持续下去的重要原因。

过去东北亚女性的活动局限在狭小的家庭空间里，除了做些家务，不能参加社会、国家政治的活动，根本称不上是一个完整人格体，女性受到非人的道统习惯的束缚。例如，韩国女性在结婚之前，必须听从父母之命；结婚之后要无条件地服从丈夫之意；丈夫过世后，得听从儿子之言，女性没有自我意识，必须附属倚赖于他人，根本谈不上具有独立的人格。这种受到非人待遇，被陋习束缚，被制度所困的女性，并非韩国仅有，像中国、日本、台湾等东方国家也普遍存在。

在中国，三从四德[5]的理念以及缠足的陋习多少年间一直束缚著中国女性，阻碍著

---

3) 林太升,「实体与还流概念的东洋思维的理解」,《庆熙大学木曜研讨会》, 发表论文, 韩国: 庆熙大学人类社会再建研究院, 2002.

4) 赵永植), 《오토피아 OUGHTOPIA》, (首尔: 庆熙大学校出版局), 1996, 161.

5) 中国女性和韩国女性一样, 女性有三从之道之外还有四德。这就是妇德, 妇容, 妇功, 妇

中国女性参与社会活动的脚步。以下的中国女性运动史就充分说明了这一点:

"妇女没有人身自由, 甚至没有生存的权利, 妇女必须无条件服从丈夫, 忍耐肉体和精神的痛苦。谨守三从四德和成为贤妻良母是每一个妇女要遵守的规则6)。中国电影 ≪大红灯笼高高挂≫透过揭露中国的纳妾制度, 反映了女性受到的非人道的残忍的待遇, 受到国内外的广泛关注。

在日本, 男女有别的理念至今依然存在。在 "99NGO世界大会"上发表的主题为 "Women NGO's Role and Networking for Peace in Family and Society", "神奈川女性协会"代表 Fusano 认为: "问题在于女性们称自己的丈夫为主人"的习惯。主人的反义词是奴隶。因此, 在日本 "夫妻关系"常被人看作是 "主人和佣人的关系"7)。另外双膝跪地也是日本女性的一种道统生活习惯, 这种道统使得日本女性至今一直过著非人性的生活。现下, 东北亚女性的生活已经发生了直接或间接的变化, 女性开始成为有自我的独立的人格体。许多国家还出现了女行政长官及社会领导者。这都是过去所无法想像的。所以下面探讨的是东北亚女性参与社会活动及其对国内外产生的影响。

II. 东北亚女性参与社会活动及其对国家的内外在影响

在东北亚地区女性参与社会活动已经被接受和承认, 走出家庭, 能够到广阔的社会中工作, 这给国内和国际上带来了很大影响。外在影响是世界女性大会、东亚女

言。而且 "女子无才便是德", 即认为女性没有知识, 教养, 判断力, 问题且解决能力, 以及没有能力才有德。

6) 中华全国妇女联合会编, ≪中国女性运动史≫, 朴智勋等译, ≪中国女性运动史(上)≫, 韩国女性开发院, 1991.

7) Kay Fusano, "Women NGO's Role and Networking for Peace in Family and Society", "99首尔NGO世界大会, Women NGO's Role and Networking for Peace in Family & and Bright Society", GCS International Women's Clubs, 1999, 60－66.

性论坛、"99首尔NGO世界大会"的相继召开。内在影响可以说是 IGO和NGO在各国家实行 "北京行动纲领"12个项目8)及其他活动，女性运动发展新方向的确定，各种NGO活动，学术界与社会舆论等，女性的独立自我意识开始得到许多国家的肯定。对此的具体阐述如下:

1. 世界女性大会成为一个转折点

世界女性大会自1975年在Moscow首次举行之后，每十年举行一次，各国女性们透过参与各式各样的女性解放运动，参与各种社会活动，逐渐认识到女性也是生存的独立人格体。她们的主张被各个国家所接受。

1995年于北京召开的第四届世界女性大会，参与人员之多、规模之大，特别是美国、韩国总统夫人及其他国家元首夫人的参加，备受世界瞩目，包括IGO女性成员15,000名、NGO女性成员30,000多名在内的45,000多人参加了北京世界女性大会。韩国约有700多人参加，成为参加世界女性大会的国家中参会人数最多的国家。大会以 "透过女性的眼睛看世界"(Look at the World Through Women's Eyes) 为标题每天举行分组研讨，最后将IGO和NGO的意见综合起来制定了 "北京行动纲领"(Platform for Action of Beijing)。这个行动纲领涉及了主要关心的几个领域的战略目标和实施方案(Strategic objectives and actions)，共有12个项目，包括女性与贫困、女性与人权、女性与教育训练等。这12个项目每个国家实施5年之后，其结果要写成报告提交给每年在美国举办的[UN女性地位委员会]作会报。

值得注意的是韩国实施了北京行动纲领之后所取得的最大成果是制定了 "韩国女性发展基金法"以及 "女性发展基金的执行"等法律9)。1996年在美国举办的UN女性

---

8) 北京行动纲领十二个项目共有六章361项。12个领域有: 1. 女性与贫困 2. 女性的教育和训练 3. 女性和保健 4. 对於女性的暴力 5. 女性和武力纷争 6. 女性和经济 7. 权力以及意思决定和女性 8. 女性与制度 9. 女性的人权 10. 女性和广播媒体 11. 女性和环境 12. 女儿。

地位委员会会议上，韩国发表了这些，女性发展基金法和基金实际执行报告，许多国家对于韩国的发展和取得的成果表示了热烈的祝贺并给予了极高的评价。

2. 东亚西亚女性论坛的影响

东亚西亚女性论坛是从1994年开始，每两年举办一次。首次东亚大会1994年在日本东京举行；第二次是1996年，在韩国首尔；第三次是1998年，在蒙古的库伦；第四次是2000年，在台湾举行。在台湾举行东亚大会是独具特色的一届，有很多生理残障人参加。

历次大会几乎都有400～500名参会，与会代表们积极讨论了涉及东亚国家诸多方面的女性问题，有关女性团契互相访问，相互交流。这些女性透过广泛参与国际社会活动，是她们的生活更加美好、更具意义。

3. '99首尔NGO世界大会的经验

自1995年的北京女性大会召开之后，认识NGO这个词汇的人增加了很多。1999年10月10日至10月16日在首尔举办的NGO世界大会和以前以人权、女性、儿童等单一主题来举办的世界大会有所不同。这次大会是以多样化的形式综合讨论21世纪非政府机构的未来。这次大会共有108个国家参加，世界各国的女性NGO代表都积极参与了各项活动。除了东亚国家中国、日本、蒙古、台湾之外，美国、印度等女性NGO做了女性专题的研究发表。

国内也有不少来自于全州、光州、釜山等地区女性团契的女性代表来首尔参加这场盛大的会议。其中有一位女性团契会长的参观纪录中这样说道：大会使得女性团

---

9) 李燕淑，河暎爱等。当时，'韩国女性团体协议会' 主要干部开许多次会之後，提供意见给政府机关协议，研究之後完成草案，1996年制定及公布了相关法章。

契更加活跃的参加NGO活动， 也要求更多的女性积极参与活动。NGO要监督政府与企业以及新闻界、言论界等传播媒体。要使更多当地人知道NGO所具的价值，特别是年轻人，要知道开NGO世界大会意义何在。不仅要监视和制约，而且要提出对策和评定指标，不仅有责任实行计划经营，还能够做积极地倡导者。特别是号召所有女性团契积极参与更广泛的社会活动。[10]

首尔NGO大会以後，韩国有了很大的变化。韩国政府制定了 "协助NGO基金"。因此许多NGO团契也能够进行各种团契活动，受到国内外的好评，还给女性NGO团契和所有成员带来了很大的意识变化——变身的变化。

Ⅲ．东北亚女性参与社会及其成果

透过女性们积极展开的社会参与和各种活动，不仅是某一个国家，而且邻近国家之间也透过研讨会和国际大会互相访问， 交流成果， 给女性们很大鼓舞。尤其是在制度方面起到相辅相成的作用。参与在立法部的国会议员选举、各种政策决策机构、社会教育等领域的实际活动，女性的社会参与给女性运动带来了不少的成果。

这里将其归结为机个方面， 东北亚女性的参与政治状况和女性地位提升； 在东北亚确立女性社会地位，共同举办各项活动； 东北亚女性参与学术教育与意识变化，东北亚女性参与文化艺术活动，扩大民间外交。

1. 东北亚女性的参与政治状况和女性地位提升状况。

在民主社会， 立法部的作用很多， 如立法部议员制定法律权、提议议决权。所以立法、行政、司法三权中立法部最重要。最近世界各国产生了女性总统、女性首

---

10) 金基妙，「参加 '99首爾 NGO 的感赏」韩国：韩国女性团体协议会发行。女性, 1999, 9.

相、内阁议员等，带来了很大的影响。研究结果表明，韩、日、中三个国家的女性议员人数越来越多。韩国目前第16届国会议员中，女性国会议员有16名，占全体国会议员273名的5.9%[11]，和以往所占的2.1%[12]比较，显然女性议员的比例提升了很多。第1届中国民众代表大会中女性人大代表为147名，在全体民众代表中占12%，可是4－7届民众代表大会中，女人大代表占21.6%[13]，增加了2倍；日本的女性参议员为17.1%(总数252名中女性有43名)[14]。

台湾女性的参与政治状况是在东北亚变化最大的。2000年时，陈水扁政府除了选吕秀莲来担任台湾的副总统之外，还有10位女性担任内阁要职，如内务部部官张博雅，交通部部长叶菊兰等。而且负责台湾和中国本土问题的重要机关的大陆委员会主任蔡英文也是女性。台湾女性参与政治的真实状况给韩国、中国、日本等东北亚国家带了一个好开头，开创了两性平等参与政治的新纪元[15]。

这些不是自然发生的，而是各国的女性们经过不断的努力，在时代潮流中发挥坚强的毅力争取而来的。从韩、中、日女性政策的变化看，各国均有有关妇女权利的明文规定[16]，如韩国制定女性发展基本法(1995，12)，设立 "女性部 "(Ministry of Gender Equality: 2001年)；中国有 "中华人民共和国妇女权益保障法"、"中国女性发展纲领"(2004，4)；而日本不仅关注妇女问题，同时还制定了男女共同法规 "男女共同参与社会基本法"(1996，6)。这些都是各国女性向政府屡次要求，并团结政党、

---

11) 河暎爱，「当代韩国女性参与政治和社会活动的研究」，香港珠海书院亚洲研究中心北京大学中外妇女研究中心主办 ≪亚洲妇女问题的检视与展望≫,2004，9－10

12) 河暎爱，地方自治与女性的政治参与，(韩国: 三英社)，2005，150.

13) ≪中国妇女统计资料(1949－1989)≫，中华全国妇女联合会妇女研究所及陕西省妇女联合会研究会研究室编571，(北京: 中国统计出版社)。

14) 山本和代(Yamamoto Kazuyo) (2001)，「在gender的主流化女性的作用」，≪东亚细亚女性指导者会议资料集≫，韩国: 韩国女性部；有关日本地方议会议员的资料可参考，河暎爱(1991)，≪台湾地方自治选举制度≫，(韩国: 三英社)，206－262.

15) 河暎爱，「在台湾权力机构中女性的政治参与」，韩国国际政治学会年例学术会议，2000，12.14，发表论文，参考中华民国内阁中女性阁僚现况 韩国: 韩国国际政治学会.

16) 河暎爱，≪光明社会运动与女性≫，(韩国: 凡韩书籍出版社)，2005，100－101.

学术界、社会团契等各界力量所争取来的。

2. 东北亚女性参与学术教育与意识变化。

教育是改变人的意识当中最重要的原素，今天的成果除了前面陈述的对外影响之外，还有对内的影响，对内的影响是各国女性提升了教育水准，透过自发意志积极参与社会教育、参加各种研讨会。意识领域的革命使女性在家庭和社会各个领域中不断为争取自己的权利和地位奠定了基础。

东北亚女性透过国际研讨会、国际论坛以及各种参与活动，互相交换资料，共同讨论各国女性问题，交换各种情报、切磋经验，互相访问等，使女性的改革意识，对自我发现有很大的影响。韩中女性教育参与活动是多种多样的。国际性的学术研讨会方面，具有代表性的有：在北京大学妇女研究中心为纪念北京大学一百周年校庆举办的"二十一世纪妇女研究与发展"国际研讨会，会上，北京大学提交了三十三篇论文，中国的其他部门和机构的学者发表论文三十三篇，海外学者及有关女性的论文有十五篇。在韩国，梨花女大和淑明女大共同举办的第一届"东北亚女性学术大会"。社团法人韩中女性交流协会举办的有关中国问题研讨会和主题为中国家庭、环境保护、中国女性社会参与的演讲比赛等。在1998年该会创立四周年之际，举行了"韩中经济交流现况与女性的作用"为主题的研讨会，透过对韩中两国经济交流现状的总结和展望、中国吸引外资政策、韩国女性企业家在中国事业的成功事例等的研讨，使与会人员对实质性问题的理解展开了激烈的讨论，使大家对两国女性问题产生了极大的兴趣。此外，最近在香港举办的"亚洲妇女问题的检视与展望"(2004年)、"第三届亚洲女性论坛"(2006年5月)、今年在北京大学举办的"教育与女性问题"(2006年6月)等。

3. 在东北亚确立女性社会地位和举办联带活动

今天，我们所说的联带的价值与自由和平等相比，价值是最重要的[17]。各国女性团契开展了很多活动。除限定女性权利方面的法规之外，不少韩国女性团契还开展了各种竞争性活动，如发送公开书信，公开举办听证会等，成为了女性运动的先锋，对女性权利的扩大和女性地位的提升发挥了重要的作用。

台湾有个名为"妇女新知"的组织，是由各种妇女团契联合组成的，其主要作用之一就是在公职选举中监督男性候选人。这个组织以自定的"选举候选人10大政治条件事项"为标准，只支持那些符合条件的候选人。

中国女性经济团访问韩国之后，达成了在女性事务方面互相交换意见的协议。在参观产业市场时，也对经济活动表现出极度的关心。同时上海、釜山、北京、汉城等几个城市缔结为姐妹市。

东北亚女性们透过参加政治获得政治权利，对于各国政治的民主化起了很大的作用。各国女性政策的变化让一向被许多不人道的道统习惯束缚的东北亚女性得到了解脱。女性政策的变化，废除了这些不合理的制度，导入了新的制度。各国女性团契的联带活动和参与，直接或间接帮助女性提升了权利，同时也改善了女性的就业条件和劳动待遇。

4. 女性保障制度的改善及其作用

在实施民主政治的过程中，理想和现实都很重要，许多人主张男女以平等的人数进入议会，这固然很好，但是在现实中，这是很难达到的。在世界的许多国家里，男性和女性的投票人数几乎是一半对一半，可是，能够真正当选的比例，却不是50%对

---

17) Chung, Soo−bok, "New Social Movements and Transnational Civil Networks", *The Journal of Contemporary European Studies*, Vol.5. No.1. 1997, 416−417.

50%， 这里就存在著社会对於女性的传统观念以及女性本身因生育和家务负担还有职业的双重压力， 很自然的让位於男性。为了缩短这种理想和现实的距离， 缩短男女间在政治力量上的差距， 有些国家制订了保障女性代表参政的比例， 以此来维护女性的权益。比如挪威这个国家， 在执政党法中规定 "在任何选举与提名中女性或男性的比率至少要占40%"。挪威从1983年开实施女性参政保障制度，目前女性议员数占全体议员的45%。并且在内阁18个部长席位中， 女性部长有8人， 占 44%的比例。如此之多的女性参与政界， 这不能不和制订的法规有关。比利时政党组织方面也规定女性保障名额占25%。此外， 巴基斯坦、印度、埃及、孟加拉等国, 也都采用女性名额占10%的保障制度。中国和台湾也有女性代表的人数保障制度, 所以, 女性代表往往都超过20%以上， 尤其是台湾， 在宪法里把保障女性人数明确的规定了下来[18]。因此, 在立法委员、监察委员、县及市议员里, 女性所占的比率非常高[19]。

韩国和日本之所以女性参政的人数少， 原因就在这里， 因为没有应有的制度做保障， 所以女性参政的比例的人数少。每次在召开学术会议的时候， 总是要提到中国的例子和台湾的例子， 对於中国保障女性参与政治活动作为样版进行呼吁， 可是进展成效甚微， 当然以后还要进行进一步的努力。在卢泰禹当政的时候， 对於全国的240个市政府的 "妇女福利科"， 全都任命女性担任负责人, 同时堤升为科级, 进行过一次改革, 此后, 女性团体结成联盟, 在地方议会议员的选举中, 联合采取行动, 使女性议员的选票超过以前的2倍。

5. 东北亚女性参与文化、艺术活动和扩大民间外交

韩国女性团契和中国妇女团契在各个领域进行频繁的交流， 但作为与中国相关的妇女团契 "韩中女性交流协会"以社团法人的名义注册后， 主要为有关妇女学术大

---

18) 中华民国宪法第134条规定:"各种选举, 应该订妇女当选名额, 其办法以法律规定之。"

19) 河暎爱, 台湾省县市长及县市选举制度之研究, (台湾: 文史哲出版社), 2004, 394－407.

会、文化交流、为女企业家提供资料等。并与上海妇女联合会、北京大学妇女研究中心、延边大学妇女研究中心等共同举行座谈会，对于两国的社会问题进行广泛的交流，授予88名延边学生奖学金。尤其是2002年和2004年韩中女性交流协会和中华全国妇女联合会共同举办了韩中妇女研讨会及青少年文化艺术交流大会。第一次在北京，第二次在韩国举办时参加的各国代表共300多名，同时还举办了韩中两国大学生文化艺术交流活动。

韩、中、日 三国于2004年10月在中国山东省举办了首届"韩中日妇女大会"。韩国女性40名、日本70余名、中国200余名参加了此次大会。山东友好协会、山东省妇女联合会共同举办了这次学术研讨会，还举办了美术工艺作品展览会及三国女性展示各自国家的道统服装会等。韩国女性展示了韩服、日常服装，还展示了宫廷服饰、道统婚礼韩服、年轻人和贵妇人的服装等各色各样的有意义的服饰，而且表演了扇子舞。尽管这是一件极其繁琐的事，但她们怀著作为韩国人的自尊心和使命感及加强民间交流的目标，都认为这是一件非常有意义的事。透过精心准备，刻苦练习，从而赢得了其他国家女性们的好评与喝采。

第二届韩中日妇女大会 2006年7月在日本 시모노세끼 妇女协会举办。韩国有80余名参加了大会，她们分别来自首尔、大邱、浦项和釜山。中国有50余名参加，分别来自北京、山东威海、丹东等地。与首届相比，本次大会提升了社会参与的质量，加强了和睦相处和交流，扩大了领域。尤其是日本作为主办国，向参加者展示并大大宣传了日本各种乐器等艺术领域的成果。

第三届韩中日妇女大会在2007年10月在韩国举行，由韩中友好协会、韩中日女性交流协会共同举办。作为韩中建交15周年的纪念活动之一，韩国组成了3组办委员会，并隆重圆满的举办了这次会议。

东北亚女性透过这样的社会参与、文化艺术活动，扩大了各国间的民间交流领域，增进了东北亚各国间的友谊。透过各种研讨会、演讲会、论坛等教育参与，使得东北亚女性对女性相关各种领域了解得更多，也发现了东北亚女性的共同点。在韩国、中国、香港、日本举办的各种国际活动，促进和活跃了韩中两国和东北亚国家间各个领域的民间交流。特别是透过这种交流和访问活动，女性才有了新的自我发现和体验。并且不同国家的女性有著多样性。因此，她们不只是一个家庭主妇和普通的社会成员，而是东北亚地区共同体具有许多共通性的女性主体。

另外，女性受社会教育的影响，如韩中女性交流协会举办每年一次的"外国人首尔文化体验志愿者活动"(教育者接受了教育课程后，进行和外国人同去参观故宫，民俗村等实际体验)、"韩中女性两国语言比赛大会"等，使得女性受到各种社会教育后，对自己的社会活动有更加积极的思考，了解并增进了社会女性活动。

Ⅳ．东北亚女性在未来社会中的互助合作方案

在未来社会，东北亚女性为女性参与社会和价值的生活，应该如何合作？我们要为建立所期望的社会打好基础，我们需要共同的目标。这目标可以说是BAR社会、精神上美丽的社会(Spiritually Beautiful Society)，物质上富饶的社会(Materially Affluent Society)，人格上有价值的社会(Humanly Rewarding Society)。实现BAR社会，也就是东北亚女性的共同目标。这样的社会有更好的生活(better life)、更好的人际关系(better human relation)、更好的社会(better society)。这样的社会可以根据我们的心愿和人的思想来实现。这种思想的动力也能成为实现人类中心社会的基本价值。

在未来社会中，东北亚女性应该在以下几方面起主要作用：

第一、建议组成'东亚女性NGO Network'

在东北亚国家，女性的NGO的联盟活动不像西方社会那麽成熟。因此为了东北亚国家民间社会的自由成长，东北亚地区各国民间团契之间应建立联盟关系。尤其需要透过东北亚女性NGO活动，共同研究并推进东北亚女性共同关心的问题，共同寻找活动的方向。所以我建议组成'东北亚女性NGO Network'。只有这样才能将21世

纪东北亚时代发展成为具有丰富文化内涵的社会。同时，使东方文化发扬光大。

第二、为实现有价值的社会参与活动，恢复人性运动

未来的东北亚时代一定是东洋的精神文化和西方的物质衣冠文物文化相结合而成的综合衣冠文物社会。在综合衣冠文物社会，人应该自己把握自己的命运，成为世界的主人。正确地把握人类衣冠文物的方向，创造人类的福利，实现人生的价值，这是21世纪人类的责任和使命。在未来社会中。社会团契应该做什麽活动？根据调查研究表明，'恢复人性运动'比例最高，占53%；其次是'社会福利事业'，占23.3%；'自然保护与环境保护'占5.2%；'地域社会开发'占12.8%；'开发道统文化'占1.8%；'统一问题'占2.2%；其他占1.6%[20])。由此看得出来在现代社会最重要的社会问题就是恢复人性运动。因此，我们女性在家庭生活中，应该告诉孩子或家人人类中心思想的重要性。举办国际性女性会议时专门讨论实现女性'自我'，实现人类中心社会。

第三、继续监督政府对女性政策执行的情况

为继续推展东北亚各国女性政策，各国IGO和NGO应该共同合作努力。尤其是在决定女性政策的时候，为了促进韩、中、日三国及东北亚政府的实行意志，采取具有发展意义的女性政策，我们应该不断努力，并坚持监督作用。为强化各国和东北亚国家女性的团结力，各国应建立能实现国际GO联盟的体系，并继续推行在韩国召开的第一次'韩，中，日女性领导人会议'的旨意。

第四、扩大实施文化艺术交流

文化艺术是衡量该国家生活水平的主要标准。1994年以後，两国通过各种文化艺术的相互访问，表演会、展示会、文化广场、遗址考察，留学生交流等是彼此间的交流得到了极大的发展，这些活动在韩中两国人民的积极支持和参与下，取得了比预想更好的效果，同时这对增进韩中两国人民之间的相互理解有著极大的贡献。

将韩中日三国首都背景，北京，首尔，东京的艺术家们召集起来，创立 "BESETO" 美术节，进行合作交流，不仅有利於东北亚地区的共同发展，在民间的交流方面，也

---

20) 河暎爱，「接近新时代的市民团体的作用：关於GCS, Rions, Rotary, JC, 社会活动实证研究」社会福利政策，第八辑，韩国：韩国社会福利政策学会, 1999.

起了火车头的作用。韩中友好交流协会为促进韩中两国大学生间的友好交流，扩大汉语专业学习者的视野，在首尔和北京举办的"全国大学生两国语言比赛"，韩中女性交流协会和淑明女大在首尔举办的 "韩中女性两国语言比赛大会"21)， 通过这种机会， 使韩中两国的文化和学问交流得到进一步发展。这些友好的语言交流活动将来应当得到进一步的扩大。

V. 结　论

以上我们对于东北亚国际女性参与社会的概况做了一个简单地介绍， 透过这样的了解， 我们可以看到女性透过参与社会活动确实取得了很多成果， 女性的实际地位也确实得到了提升。

但是东北亚女性参与社会仍然受到很多限制。例如： 社会的偏见和实质上的不平等。道统文化的偏见， 不公平的法律制度， 以及男性政治指导者的意识不足等各种因素， 使得女性参与社会的潜力和可能性无法反映到政治及教育的所有领域里。因此， 不改善这种状况， 女性还是无法争取到实质性的权利。东北亚女性虽然在今天取了一点成绩， 但是为了能够更自由的参与社会以及各项活动， 我们还要做如下的努力:

第一、 女性的势力化 (empowerment of women)

为了使女性能够更广泛地参与各种政治机构与社会各个方面， 要加强对女性各个人的培养训练时间, 同时还要加强联合, 形成强有力的女性政治势力

第二、 女性的政治社会化

---

21) 2006. 9.4. 韩中女性交流协会和淑明女大在首尔盛大举办的 "韩中女性两国语言比赛大会, 与会将近三百人中， 包括驻韩中国大使夫人的光临指教， 现场发放将近三百万韩圆的奖学金给十九名得奖者， 活动已圆满落幕， 第三次的 "韩中女性两国语言比赛"将在2007年於北京大学和韩中女性交流协会共同举办.

从小就要对女孩子们进行政治教育活动。在中学时代作为学生代表的甘乃迪就做过要当总统的梦，所以从那时候起就培养将来当总统。另外利用暑假，在女性议员那里做辅佐官，有过这样经历的女大学生，很容易跨进政界之大门。所以要开辟有关投票权的教育内容，培养孩子的政治参与意识。比如，进行议政的监督活动，参加选举的自愿服务活动，参与讨论如何解决现实的社会问题活动，透过开展各种活动，吸引更多女性关心政治，鼓励女性参与政治。

第三、建议在各国社会教育过程中增设"母亲学"

在现代社会由於科学技术的发达，人们的生活越来越方便，但无论东方还是西方，许多女性觉得更加孤独，而且感觉不到自己的重要性，因此减少了与家人在一起的时间和丧失对子女的扶养能力。

研究结果表明，现在社会不重视母亲的作用，而且今天的妈妈比她们的上一辈的生活更加痛苦。因此，建议在韩中日各国家的社会教育科目中设置"母亲学"是相当有必要的。研究母亲学理论并运用于实际社会生活，透过国际研讨会共同讨论这些问题，要定位母亲的真正价值。

参考文献

中华民国 宪法 第 134 条

山本和代 (Yamamoto Kazuyo) 2001，「在gender的主流化女性的作用」，≪东亚细亚女性指导者会议资料集≫，韩国: 韩国女性部，2001年「在gender的主流化女性的作用」，韩国女性部，<东亚细亚女性指导者会议资料集>，(2001年5月7日～9日韩国发表论文).

≪中国妇女统计资料(1949－1989)≫，中华全国妇女联合会妇女研究所及陕西省妇女联合会研究会研究室编，中国统计出版社.

中国妇女社会地位调查课题组著 1993，中国妇女社会地位调查研究丛书(全国卷1)

中国妇女社会地位概况, 北京: 中国妇女出版社.

中华全国妇女联合会 编 1991, ≪中国女性运动史≫, 朴智勋 等 译, ≪중국여성운동사 (상)≫, 한국여성개발원.

河暎爱 2004,「当代韩国女性参与政治和社会活动的研究」, 香港珠海书院亚洲研究中心, 北京大学中外妇女研究中心主办 ≪亚洲妇女问题的检视与展望≫, 国际学术研讨会, (2004, 12, 17－20香港发表论文)。

______ 2005, ≪地方自治与女性的政治参与≫, 韩国: 三英社,

______ 2004, ≪台湾省县市长及县市议员选举制度之研究≫, 台北:文史哲 出版社.

黄妈梨 2004, 北京大学 主办,「探讨香港女性社会地位的转变」, ≪亚洲妇女问题的检视与展望≫, 国际学术研讨会.

赵永植 著 金天一译 2000, OUGHTOPIA 悟道彼岸, 首爾:庆熙大重建人类社会研究院 GCS研究所

魏国英 2004,「两性和合与 女性学研究的价值定位」, ≪亚洲妇女问题的检视与展望, 国际学术研讨会≫.

女性发展基本法 (1995. 12. 30. 法律第 5136号)

同法 施行令 (1996. 6.29 大统领领 第 15099号

金贞淑 编著 1991, 1995, ≪女性과 政治≫, 韩国女性政治文化研究所 发行.

吴在林, 2004,『关与韩国女性参与政治与的 研究』, ≪亚洲女性研究≫, 43－1, 淑明 女子大学 亚洲女性研究所

李庆淑 "韩国女性之政治的地位" ≪韩, 中女性之地位≫梨花女大和淑明女大共同举办 第一届东北亚女性学术大会 资料集 1993, 12。1－2

99 서울NGO 세계대회, 1999, 가정평화와 밝은 사회를 위한 여성NGO의 역할과 연대, (Women's NGO's Role and Networking for Peace in Family & Bright Society) 서울: GCS International Women's Clubs.

赵永植 1996, ≪오토피아≫, 서울: 경희 대학교 출판국.

전경옥, 노혜숙, 김금란 공저, 1999, 여성의 정치적 권리의식과 정치참여, 서울: 집문당

숙명여자대학교 아시아여성연구소, 2004, 아시아여성연구, 2004, 43－1

河暎爱 1991,『台湾地方自治选举制度』, 韩国: 三英社.

______ 2005, ≪地方自治与女性 政治参与≫, 韩国: 三英社.

______ 1999, 「새로운 사회에 접근하는 시민단체의 역할: GCS, RIONS, ROTARY, JC 사회봉사에 관한 실증연구를 중심으로」, ≪사회복지정책≫, 서울: 한국사회복지정책학회.

한국여성단체협의회 발행 (1996 – 1997), ≪여성≫.

한국 여성부 2001, ≪동아세아 여성지도자회의≫ 자료집, 서울: 한국 여성부.

__________ 2002, 2005, ≪여성백서≫. 서울: 한국 여성부.

한정일 1991, ≪한국정치발전론≫, 서울: 법문사.

Chung, Soo – bok 1997, "New Social Movements and Transnational Civil Networks", The Journal of Contemporary European Studies, Vol.5. No.1.

Huntington, Samuel P. 1976, Political Participation in Developing Countries, Cambridge: Harvard Univ. Press.

Kay Fusano 1999, "Women's NGO's Role and Networking for Peace in Family & Society", '99 Seoul NGO Conference, ≪Women's NGO's Role and Networking for Peace in Family & Bright Society≫, GCS International Women's Clubs.

Goodell, Grace 1987, "The Importance of Political Participation for Sustained Capitalist Development," in Peter L. Berger (ed), Modern Capitalsim, Vol.2 (Capitalism and Equality in the Third Wordl), New York: Hamilton Press.

http://www. chejunews.co.kr/2002/08/2002 – 0817/lifecult

http://www. yznxlt.org/wt7.htm/2006/05/16

韩中交流的回顾与展望

I. 序　论

2003年是韩中建交十一周年和韩中国民交流年。因此，这正是两国间多领域的合作为基础，将两国安定而紧密的纽带关系进行一次整理的大好机会。韩中建交以后，两国在政治，经济，体育方面的交流得到了持续的发展。但在学术和文化交流方面，特别是在女性领域的交流可以说是远远不够的。交流活动的意义在于，通过国家，集团或个人的交流活动，将不同的要素从发展的侧面上有相互交流，互通有无的必要。所以在这韩中建交十一周年之际，对两国交流的实际情况加以整理和分析，以便摸索出在今后的交流活动中实施更正确和积极的活动方案。

1. 韩中学术与教育方面的交流

最近韩国各大学和中国各大学之间缔结了姊妹关系，相互间交换教授，交流学生，交换学术资料，共同研究，相互承认取得的学分，互相访问，交换教学资料等。从1995年两国缔结中韩教育交流协力协议以来，目前互访的教育团体每年有100个。韩国70所大学与中国的150所大学已经缔结姊妹关系。已设立中文系的韩国大学超过了110个。设立韩文课的中国大学有25所以上。

1993年以来，中国政府在韩国进行了8次的汉语水平考试，参加考试的人将近6000名左右。为了支援在韩国发展中文教育，中国派了许多中文教师到韩国来。

韩国国际交流财团支援了一些在中国从事韩国关系研究的人员。拿1997年协助的人来看，北京大学2名，中央民族大学2名，吉林大学2名，延边大学2名之外，还有夏旦大学，南开大学，南京大学，清华大学的教授各一名。吉林省社会科学院，中国现代国际关系研究所，山东社会科学院，中国国际友好联络会，天津社会科学院各一人等，共有18人。这些研究支援事业継续发展下去的话，韩中两国教育文化前景良好。

韩中女性交流是多种多样的，国际性的学术研讨会，具有代表性的有：梨花女大和淑明女大共同举办的第一届东北亚女性学术大会；在北京大学妇女研究中心举办的纪念北京大学一百周年校庆的　"二十一世纪的妇女研究与发展"等。在这些研讨会中，北京大学提交了三十三篇论文，中国的其他大学发表论文三十三篇，海外学者及有关女性的论文十五篇。在韩中女性交流协会举办的有关中国研讨会和演讲主题有酒文化，环境保护，中国的家庭，中国女性的理解等多种多样。在1998年该会创立四周年之际，在"韩中经济交流现况和女性的作用"的大主题下，通过韩中两国经济交流现况和展望，中国吸引外国人投资的政策，韩国的女性企业家对中国投资的希望领域，韩国女性企业家对中国事业的成功实例等主题发表，使参加人员对实质性的问题的理解展开激烈的讨论，从而使大家对两国女性问题产生了极大的兴趣。

妇女的社会参与与时代的潮流一起，不仅某些地区，而且是超越了国境，通过NGO间形成连带关系，产生了更大的凝聚力。韩国女性NGO同西欧相比，历史并不长。韩国女性团体协议会，韩国女性选举权者联盟，韩国女性团体联合等为首的国内女性NGO团体，虽然在1995年仅有一百余个，但到了1999年汉城NGO世界大会为止，团体的数量急剧增长(参照1999年汉城NGO世界大会白皮书)。"韩国女性NGO

委员会”讨论各种国内外NGO的进行事项，主要观点，未来的促进事项等，通过女性NGO报告会正展开积极的活动。中国的中华全国妇女联合会是作为中国最大的妇女组织机构，在促进妇女社会的发展，保护妇女权益方面起着积极的作用；并有GO和NGO的作用。例如，北京大学对外妇女研究中心，妇女研究所，郑州大学妇女研究中心等大学研究。

韩国和中国的妇女GO及NGO间的交流正在逐渐扩大。最初的交流是在1994年2月中国的中华全国妇女联合会主席兼全国人民代表大会副委员长陈慕华团长一行受金长淑韩国政务长官的邀请对韩国进行访问的。北京的第四次大会，政府方面有五十多个人参加。95个民间妇女团体中的700多名参加了本次大会。本次大会把妇女问题摆到世界的高度进行了讨论。决定了最核心的“北京行动纲领”等十二个项目。各国每年三月在联合国召开的“联合国妇女地位委员会会议”上，对北京行动纲领的执行进行报告和发表，在对一些问题的解决方案促进了各国进行的激烈的讨论。1996年在韩国举行的东亚研究会上，来自中国的GO及 NGO 9人参加了这次大会。在1999年汉城NGO世界大会上，许多妇女参与了发表，从而成为发挥中国女性的社会地位的好机会。

韩国女性团体和中国妇女团体间以多个角度进行频繁的交流，但作为与中国相关的妇女团体“韩中女性交流协会”以社团法人的注册后进行活动，主要为有关妇女学术大会，文化交流，女性企业家等提供资料，与上海妇女联合会，北京大学妇女研究中心，延边大学妇女研究中心等共同举行座谈会。对于两国的社会问题进行广泛的交流。并授予88名延边学生奖学金。

2. 韩中友好城市间的交流

社会领域的交流中， 两国的几十个地方进行友好城市间的交流。首次从韩国大邱
与中国南京(1993年5月30日)开始， 汉城市和北京市， 仁川市和天津市， 釜山市和上
海市， 忠清南道和河北省， 忠清北道和黑龙江省， 京畿道和辽宁省等互相结成交流
协力。两国友好城市之间不但交换资料， 交流人员互访时也很想去访问自己的姊妹
城市。

以这种相互访问为契机， 更加促进和活跃了两国间各个领域的民间交流。中国政
府为了吸引韩国的企业投资， 以省政府或市政府为首组织的大规模招商团在汉城举
办了投资说明会。各个领域的人员交流的增加促进了两国间的相互理解和增进了彼
此的友谊, 这种趋势将来还会不断的扩大。

3. 韩中两国的文化艺术交流

文化艺术是衡量该国家生活水平的重要标准。1994年以后， 两国通过各种文化,
艺术团体的相互访问, 演示会, 展示会, 文化广场, 遗址考察, 留学生交流等是彼此
间的交流得到了极大的发展。这些活动在两国人民的积极支持和参与下, 取得了比
预想更好的效果。同时这对增进两国人民之间的相互理解有着极大的贡献。

1994年3月28日缔结的 "中韩文化合作协定"使该领域的交流和合作进入了更实质
的阶段。在文化领域中， 两国政府在1995－1996年的文化, 艺术, 学术, 广播电视,
新闻， 出版等方面实施了较好的交流计划。中国书画界在韩国先后举办了敦煌壁画
展(1994年), 中国的精品店(1996年8月)等展览会。著名的书法家启功业受邀到韩国
参加书画艺术展览会, 与同行进行了广泛的研究和交流。

将韩中日三国首都北京，汉城，东京的艺人们召集起来，创立"BESETO"美术节，进行合作交流，不仅有利于东北亚地区的共同发展，在民间的交流方面，也起到了火车头的作用。韩中友好交流协会为促进韩中两国大学生间的友好交流，扩大汉语专业学习者的视野，在汉城和北京举办的"全国大学生两国语言比赛"，通过这种机会，使韩中两国的文化和学问交流得到进一步发展。这些友好的语言交流活动将来应当得到进一步的扩大。

4. 韩中两国的经济交流

1997年的贸易规模为243.4亿美元中，对中国输出额为140.6亿美元，从中国进口额为102.8亿美元。比1990年的28.5亿美元增加了约5.4倍。同时，保持了37.8亿美元的顺差记录。使中国成为韩国的第三大贸易国。而韩国则为中国的第四大贸易国，并且这种贸易规模还在不但的扩大。这种发展趋势是由于两国建立了外交关系，缔结了贸易协定和投资信息协定。随着中国改革开放的进一步扩大，1993年末废除了外汇兑换制度，实行人民币贬值等措施，使韩国的技术和资本密集型产品，如电子，钢铁，汽车，化工产品，机械等高附加值产品的出口持续增长。

对中国投资前景较好的妇女相关行业，两国妇女由于文化地理的相似性和交通业的发达加速了两国的经济交流。对中国投资前景较好的妇女相关行业简单归纳如下：
中国独特的社会结构使中国的女性用品消费市场具有无限扩大的可能性
- 中国妇女与韩国妇女相比，在社会和家庭拥有的发言权较大，因此在消费方面也具有绝对的影响力
- 中国妇女大部分具有自己的职业，因此产品市场极具前途
- 中国妇女注重化妆品，时装，美容，装饰品等具有弹性收入的高层次消费领域

5. 结　论

两国为了建立成熟的伙伴关系，应在扩大经济交流的同时，还要进一步促进两国学术团体间的交流和文化艺术交流。为此两国政府应将有关妇女支援政策为基础，在筹集交流基金，提高彼此合作，培养两国语言人才等，使所有女性积极努力，为促进有关女性工作办好 "东北亚女性联合"而努力工作。只有这样才能将21世纪东北亚时代发展成为具有丰富文化内涵的社会。同时，使东方文化发扬光大。

今天，我们所说的连带的价值与自由和和平等相比，需要价值更为重要。特别是通过东北亚女性NGO的活动，共同寻求东北亚国家的妇女共同关心的问题和共同追求的领域显得更为必要。所以为了摸索人类共前景的方向，可以说摸索构筑 "东北亚女性NGO联合"的方案是十分正确的。

在最近的研究中，作为未来社会的社会团体应做的最重要的活动 "恢夏人性运动"在调查中占的比例最高(53%)。对于中国的人身买卖事件和日本的逃避综合症问题等，在各国展开的非人性社会和人间冷漠现象的研究和进行多方面的努力探讨解决方案，将21世纪变成充满和平和人间快乐的世纪。

GCS, LIONS, ROTARY 클럽과 J. C 의 활동현황과 발전방향

I. 서 론

1. 연구동기와 목적

사회단체는 사회학의 가장 기본 영역의 하나로서 오래 전부터 지속적인 연구의 대상이 되어왔음에도 불구하고 이에 대한 연구는 국내는 물론 국외에서도 도외시되어 온 것이 사실이다.

라이온스와 로타리는 미국사회단체를 대표할 수 있는 긴 역사와 가장 큰 규모를 지닌 통일된 하나의 Service Club클럽으로서 한국 내에서도 대표적 사회단체로 손꼽을 수 있다. 제이씨클럽은 젊은 청년들을 회원으로 제한하고 있으며 한국동란이후에 지역사회발전에 큰 몫을 했다고 하겠다. 밝은 사회클럽은 가난하고 어두웠던 60, 70년대의 한국사회에 정신문명과 물질문명의 부를 개인과 국가에게 보답한 것을 계기

* 본 연구는 학술진흥재단의 학술보조금에 의해 연구되었음.
첫째 성원들간에 공유하는 의식과 가치가 있는가?(이념) 둘째 구성원의 행위를 통합시키는 규범 혹은 행위양식이 정해져 있는가?(규칙. 규정) 셋째 하나의 특정한 목표를 추구하기 위해서 체계적인 역할 분화를 하고 있는가?(조직) 넷째 조직의 활동에서 핵심적인 인간행위가 있는가?(활동)

로 창립된 한국의 사회단체클럽이다. 이는 국내로부터 국외로 확산되어 가고 있다.

오늘날 우리의 사회는 노동현장에서의 갈등, 학내혼란, 일반대중의 가치관 변화, 그리고 정치적 부재 등과 세대간, 지역간, 집단간의 이해와 갈등이 첨예화되고 안정과 불안의 심한 기복을 초래함으로써 살인폭행, 인명경시풍조, 도덕성 상실, 한탕주의, 배금주의 등의 사회 혼란 현상이 연일 문제가 되어 마치 국가 전체가 표류하는 듯한 위기감을 느끼고 있는 듯하다. 이러한 상황하에서 일시적인 정치적 처방이나 경제적 무마로써 해소된다고는 볼 수 없으며 국민전체가 동질성에 의한 공감대의 형성으로써만이 극복될 수 있으며 이러한 사회적 난제를 극복하는 역할은 사회단체클럽이 가장 효과적으로 발휘할 수 있다고 하겠다.

근간의 한국사회는 지식인을 대표하는 대학교수를 평가함에 있어 '연구업적' 외에 '사회봉사실적'을 명문화하고 실제 적용하고 있으며 대학생들에게도 학업성적 외에 사회봉사 참여를 점수로 환산시키고 있다. 이는 지식이 사회생활의 전부가 아니라 우리 사회를 정화, 발전시키는데 있어서 봉사정신이 인간생활의 중요한 일면을 차지한다는 것을 단적으로 보여주고 있다. 따라서 봉사정신을 으뜸가는 이념으로 하고있는 사회단체클럽에 대한 연구는 현재의 한국사회를 이해함에 있어 필수적이라고 할 수 있다.

그러므로 본 연구는 4개 사회단체클럽의 이념과 활동을 연구하고 이들 사회단체가 한국사회에 어떠한 기여를 했는지 살펴보고자 한다. 또한 21세기 한국사회에 보다 바람직한 역할과 활동을 할 수 있도록 발전방향을 모색하고자 한다.

2. 연구의 이론구성 및 연구방법

(1) 연구의 이론구성

① 사회단체(Social Group)의 개념

사회단체란 '하나 혹은 그 이상의 목표를 추구하기 위하여 구성원들을 통합시키는 관계와 활동의 체계'라고 정의할 수 있다. 이러한 사회단체의 성립요건은 다음과 같이 네 가지로 구분할 수 있다.

② 사회단체클럽의 구성요소
이상의 성립요건에 수반되는 구성요소를 구체적으로 살펴보면 다음과 같다

가. <u>가치</u>
사회과학 중 가치(values)에 대한 가장 보편적인 용법은 인간의 주관에 따른 필요(needs), 태도 혹은 욕망(desires)과 상관된 목표 또는 이 목표와 관련된 사물이라고 말할 수 있다. 사회학과 인류학에서 가장 잘 알려진 가치의 개념은 인간이 향유할 수 있는 문화표준으로서 이 문화표준에 의해서 태도, 욕망, 필요한 목표물(대상)과 관련된 기타 사물(도덕적, 매혹적, 공통적 사고)을 비교해서 선택할 수 있다. 가치란 인류가 희망하고 바라는 목표 · 이상 · 신앙이며, 간단히 말하면 인류자신이 가치 있게 추구하는 사물이라고 할 수 있다. 이렇게 인정받게 되는 가치 있는 사물은 구체적으로 호화로운 저택, 비싸고 고급스러운 자동차, 국가를 위한 우수한 인재, 국가의 현대화를 꼽을 수 있으며, 추상적으로는 보람, 봉사, 평화, 사회정의 등이 모두 가치의 대상이 될 수 있다. 가치관은 많은 사람들이 받아들이거나 혹은 변혁을 거친 다음에 하나의 발전의 힘으로 조성될 수 있다.

따라서 본 논문과 연관하여 가치를 말하면 하나의 사회단체클럽의 창립과 폐지는 사회대중의 가치관 (받아들이느냐 혹은 배척하느냐) 에 의한 영향을 받지 않을 수 없다. 예를 들면 1910년 당시 미국사회에서 ROTARY나 LIONS는 당시 사회의 많은 역사가, 지식인이나 예술인들로부터 따가운 비평을 받으면서도 중산계층과 지역이나 지방 비지니스인들의 크나큰 호평 속에 급속하게 성장 발전할 수 있었으며 수 천 개의 사회단체클럽 중 'Big Three Club'으로 부상할 수 있었다. 또한 1960－70년대에 굶주리고 가난한 한국사회에서 농촌개발, 잘살기 운동, 건전사회 운동의 정신과 실천은 개인과 국가의 부(富)를 증대시키는데 기여하였으며 많은 시민들

의 열망 속에 한국의 밝은사회 클럽(GCS Club)이 태동하였다. 그러므로 우리가 하나의 이념과 활동을 분석함에는 필히 이념과 활동의 표면 – 규범과 기구조직 – 뿐만 아니라 그 내면의 가치관까지 탐구해야 한다.

나. 규범

규범(norms)은 일종의 규칙(rule), 표준(standard), 혹은 행동양식(pattern for action)을 일컫는다. 하나의 사회가 단체생활을 영위하는데 있어서 규범을 꼭 정해야 하는데, 이 규범에 따라 구성원의 행위를 구속하고 또한 어떤 행위가 적합한 것인지 부적합한 것인지, 어떤 자는 허가를 해야하고 어떤 자는 허가를 말아야 할 것인지 참고의 표준으로 삼게 되는 것이다.

본 연구의 주제는 사회단체클럽의 이념과 활동이다. 그러므로 본 논문에서 규범은 GCS, LIONS, ROTARY, JC클럽이 제정한 규정이 위주가 된다. 즉, 정관·헌장·규정집·각종 법칙과 시행세칙이 연구범위가 된다.

다. 조직구조

인간이 사회생활을 하는데는 어떤 제도를 기초로 하여 그 제도 내에서 조직구조와 관습규범에 따라 행동을 하게 된다. 일반적으로 사회학에서 말하는 조직 (또는 조직체;Organization)이란 "특정한 목표를 추구하기 위하여 의도적으로 구성된 인간활동의 지속적인 체계"라고 정의하고 있다. 조직체에는 목표가 정확히 정해져 있고, 그것을 달성하는 수단도 체계화되어 있어서 성원의 지위와 역할이 분화되고 조정된 기구이다.

버나드(C. I. Bernard)에 따르면 조직체란 개인의 유효성 (effectiveness; 목적달성의 정도) 에 한계를 부여하는 생물학적, 물리적, 사회적 제약을 극복하기 위해서 의식적이고 신중하게 짜여진 목적추구적 협동체라는 것이다. 그는 조직체의 기본요소로서 첫째, 성원간의 커뮤니케이션, 둘째, 성원들의 공헌의지, 셋째, 공동의 목적을 들고 있다. 버나드는 이처럼 조직체를 하나로 협동체계 (Corporate System)로 보았다. 사회단체클럽은 집단의 이념과 목표를 추구하기 위해서 회원들로 구성되어 졌으며 그 이념과 목표의 실천을 위해 지속적인 활동(봉사)을 하고 있다. 그러므로 사회학에서 정의하는 "특정한 목표를 추구하기 위하여 의도적으로 구성된 인간활동의 지속적인 체계"라는 정의에 부합된다고 하겠다. 그러면 사회단체클럽의 조직을 어떠한 성격과 유형으로 구분되는가 현실사회에 존재하는 조직체의 성격과 종류는 매우 다양하다.

에치오니 (A.Etzioni)는 조직을 지배하는 권력 (power)이 어떠한 성격을 가지고 있는가에 따라서 성원들이 반응(involvement; 투심)도 그에 걸맞는 양식으로 되는 경향이 있다는 것이다. 그는 대부분의 조직체는 이러한 권력투심의 성격에 따라서 강제적 조직(Coercive organization), 공리적 조직 (Utilitarian Organization), 규범적 조직 (Normative Organization)으로 분류하고 있다. 회원이행의 성격은 강제적 조직은 소외적이며 사법기관, 국립병원, 공립학교 등을 예로 들고, 공리적 조직은 계산적이며 호텔, 의사협회, 제조업체 등을 그 예로 들 수 있고, 규범적 조직은 도덕적이며 교회, 대학교, 사회복지단체 등을 예로 제시하고 있다. 사회단체클럽은 규범적 조직으로 분류할 수 있을 것이다.

한편 블라우와 스코트 (Blau, Scott)는 조직활동의 주된 수혜자 (Prime beneficiary)가 누구인가를 조직 분류의 기준으로 삼아 분류하고 있다. 첫째, 조직성원들 자신이 주된 수혜자인 상호수혜조직 (Mutual‐benefit Organization) 둘째, 조직의 소유자가 주된 수혜자인 영업조직 (Business Organization) 셋째, 조직외부의 고객이 주된 수혜자인 봉사조직 (Service Organization) 넷째, 전반적인 공공대중이 주된 수혜자인 공익조직 (Commonweal Organization)으로 구분하였다.

이러한 조직체에 대한 분류를 통해 사회단체클럽은 강제적 조직이 아닌 자발적인 조직체이며 이행의 성격이 도덕적인 규범적 조직과, 조직외부의 고객(회원이 아닌)이 주된 수혜자인 봉사조직으로 이해할 수 있겠다.

라. <u>인간의 행위</u>

앞에서 말한 가치·규범·조직구조는 모두 사회단체클럽의 정태적 요소이다. 이러한 요소들만 가지고는 사회단체클럽이 제대로 운영되기 힘들며, 그 기능을 발휘할 수가 없을 것이다. 그러므로 필히 인간이 개입되어 직위를 가지고 역할행위의 각종 활동을 집행해야만 비로소 조직체계에 동태현상이 발생하며 나아가 기능을 발휘하게 된다. 즉, 사회단체클럽을 포함한 어떠한 하나의 조직체가 그 기능을 발휘하느냐 못하느냐 하는 것은 실제로 어떤 직위의 어떤 사람의 행위와 상당한 관계가 있다고 할 수 있다. 비록 똑같은 법규나 제도라 할지라도 그 집행자가 어떤 사람인가에 따라서 법규나 규정이 발휘하는 기능에 변화가 생기며, 심지어 잠재적 기능(latent function)을 발휘하기도 하고 혹은 겨우 법규조문의 기능밖에 수행하지 못하는 상황이 되기도 한다. 그러므로 어떤 인물인가에 따라 결과적으로 다른 효과가 나타난다.

앞에서 말한 것과 같이 구조는 특정조직의 각 구성요소 상에 설립된 관계 도식이라고 볼 수 있다. 여기에 의하면 사회단체클럽도 하나의 조직으로서 그 조직의 효율적 운영을 위하여 구성인원이 필요하다. 즉 크게는 회원이며 이들은 각 단체의 총재단, 회장단, 부장단, 실무국장들이며 이들의 활동은 대단히 중요하다고 하겠다. 사회단체조직은 강제적 조직이 아니고 자발적 조직이기 때문에 임원 혹은 직책을 맡은 사람들의 역할 여하에 따라서 그 조직체가 더욱 폭넓게 확산될 수도 있고 반대로 그 조직체가 와해 내지 해체될 수도 있는 것이기 때문에 어떤 의미에서는 정부의 조직, 기업조직, 행정조직보다도 관련 구성원들의 역할이 더욱 증대된다고 하겠다.

(2) 연구방법

본 논문의 연구방법은 문헌분석법과 설문조사를 병용하였다. 연구자료는 이론부분에 사회학·심리학·정치학 등의 상관분야의 자료를 최대한 광범하게 수집하고자 노력하였다.

① 문헌 분석법의 자료로서

가. GCS · LIONS · ROTARY · JC의 헌장, 정관, 규정집과 관련 법규들

나. 각종 선언문, 연설문, 실록, 年史, 연구보고서와 각종 통계 자료

다. 서적 · 정기간행물 · 연구논문

라. 학위논문, 각종신문, 각 클럽의 신문 및 홍보책자, 정기간행물 등

② 설문조사

가. 표본설계와 조사 실시

　설문조사는 연구를 위한 기초설문조사와 그것을 토대로 다시 설문조사를 실시하였는데 기초 설문조사는 연구자가 선행연구들을 참조하여 작성한 기초설문지를 가지고 4개클럽의 한국 본부와 부분적인 지방클럽(광주. 울산. 포항 등)을 방문하였으며, 주요 방문 대상으로는 역대총재단 · 회장단 · 임원진 및 실무국장 · 간사 등을 중심으로 방문조사 하였다. 본래는 광역시 중심으로 설문을 하려고 했으나 서울. 경기지역으로 조사지역을 다시 선정한 뒤 GCS · LIONS · ROTARY · JC클럽을 무작위 추출방법을 사용하여 표본을 설정하여 인구통계학적 관점에서 조사 대상 수 600명을 선정하였다.

나. 설문기간과 기관

　　*설문기간 : 1998년 8월 10일부터 동년 12월 20일까지

　　*설문기관 : (주)대상정보기술

다. 자료처리와 분석

　조사실시 후 회수된 설문지는 부호화 작업을 거친 후 컴퓨터로 전산처리 하였다. 전산처리는 SPSS(Statistical Package for the Social Science)의 프로그램을 이용하였으며 각 연구문제의 특성에 따라 우선 전체 문항에 대한 반응 빈도를 알아보고 전체문항에 대한 인구학적 특성에 따른 독립변인을 교차분석(Cross - tabulation),

백분율로 제시하였다. 독립변인은 응답자가 소속한 사회단체별, 년령별, 회원별, 직장별 4가지였다. 독립변인 외에도 설문주제영역별로 회원추천, 회원증감, 회비 및 활동비등의 중간 매개변인을 설정하고 이와 관련한 몇가지 문항에는 교차분석을 실시하였다.

II. 사회단체클럽의 이념

1. 밝은사회클럽

밝은사회클럽은 이 지구상에 인간의 이상사회, 즉 정신적으로 아름답고, 물질적으로 풍요하고, 인간적으로 보람있게 살 수 있는 인류의 위대한 [지구공동사회(Global Cooperation Society)]를 건설하고자 하는 이념을 실천하기 위해 창설된 시민운동조직이다.

밝은사회운동의 철학적 기초는 전승화(全乘和)이론과 주리생성론에 기저를 두고 있다. 전승화는 세상의 만물만사는 서로 관련되고 서로 작용된 것이 합해져서 이루어 진다는 뜻이다. 우주의 모든 개별적 존재들은 각각 독립된 실체이지만 시간, 공간, 환류(环流)의 영향을 주고받으며 상호연결되어 역동적으로 변화하면서 발전해 나간다. 이러한 우주현상에는 반드시 원인이 있는데 원인 - 결과, 결과 - 원인의 변화운동이 전승화의 기본법칙이다. 주리생성론은 우선 이원적 실재(음·양, 정신·물질, 주체·객체·등)를 전제로 인정한다. 이러한 대립적인 두 실재가 서로 작용하고있는 양자의 교호(交互)관계가 생성관계인 것이다. 그러나 그것은 단순한 생성작용이 아니라 주리적 힘에 의한 생성관계이다.[1) 인간에 있어서는 주의생성론(主意生成论)이

---

1) 주리적 힘이란 무기물에 있어서는 단순한 이치, 식물·동물은 감각과 지각작용, 인간인 경우 의식적 주의(主意)능력을 말하며 이 힘이 주축이 되어 셋이 하나되는 원리에 따라

라고도 부르는데 중요한 것은 인간의 의식작용으로서 인간행위를 설명함에 있어서 고차원적인 의식에 따른 통일적 유기체로서의 인간관 즉, 통정(統整)된 인격체로서의 인간관은 바로 이 이론에서 도출된다. 또한 인간중심주의(Humancentrism)의 인간적인 인간사회, 보편적 민주주의, 문화적 복리주의는 밝은사회운동의 핵심사상이다

이 운동은 인류사회가 안고 있는 문제점을 해결하기 위해 노력하는 운동이며, 인류의 평화와 복지사회건설을 위한 운동이며, 미래사회에 대비하는 범세계적 운동이다. 선의·협동·봉사에 기초를 두고 세계 석학들의 선도적 역할을 통해서 밝은사회클럽을 육성지도하고 클럽의 사회활동을 범세계적으로 확산함으로서 인간이 중심이 되는 지구협동사회를 건설하려는 운동이다9). 이 선의(Good Will), 협동(Cooperation), 봉사·기여(Service) 영문약자 GCS와 '지구공동사회'(Global Coope-ration Society) 의 영문약자 GCS를 밝은사회클럽으로 부른다.

밝은사회건설을 위한 밝은사회운동은 단란한 가정, 건전한 사회, 평화로운 세계를 3대목표로 하며 또한 밝은사회클럽은 건전사회운동, 잘살기운동, 자연애호 운동, 인간복권운동, 세계평화 운동을 5대운동으로 실천에 옮기고 있다.

2. 라이온스

라이온스의 목적은 첫째, 세계인류의 상호이해 정신을 창조, 배양 둘째, 보다나은 사회와 시민사회를 고취 셋째, 지역사회의 생활개선 사회복지 공덕심 함양에 적극적인 관심 넷째, 협력과 상호 이해로써 클럽 상호간의 유대도모 다섯째, 정당과 종파를 초월하여 모든 사회문제 해결을 위한 토론의 장 마련 여섯째, 지역사회의 숨은 봉사인을 격려하여 각 분야의 윤리적 수준향상과 효율성의 제고 등으로써 이러한 라이온스의 6대 목적은 기본 이념인 '봉사의 실천(We Serve)'을 추구하고자 하

대립적인 두 실재가 하나의 통일적인 새로운 존재로 탈바꿈 하는 원리가 주리생성의 원리이다.

는 것이다.

즉, 라이온스의 기본이념은 '봉사의 실천(We Serve)'으로써 정의 될 수 있으며 위에서 언급한 6가지의 클럽 목적은 그 기본이념을 실천하기 위한 하위 강령으로써 파악될 수 있는 것이다. 또한 라이온스 클럽은 그 기본이념인 '봉사의 실천'을 좀더 효율적으로 실천하기 위해 '자유, 지성, 우리국가의 안전'을 3대 슬로건으로써 갖고 있는데, 이러한 클럽의 슬로건과 6대 목적등이 함유한 내용을 파악하는 것은 라이온스의 이념을 이해하는데 기본적인 토대가 된다.

그리고 이상과 같은 라이온스의 기본 이념은 라이온스의 8가지 윤리강령을 통해 더욱 구체화되는데, 라이온스의 '8대 윤리강령'은 다음과 같다.

첫째, 자기 직업에 긍지를 갖고 근면, 성실하게 사회에 봉사한다.

둘째, 부정한 이득을 배제하고 정당한 방법으로 성공을 기도한다.

셋째, 남을 해하지 아니하고 자기 직업에 충실한다.

넷째, 남을 의심하기 전에 먼저 자기를 반성한다.

다섯째, 우의를 돈독하게 하며 이를 이용하지 않는다.

여섯째, 선량한 시민으로 자기의 의무를 다하며, 국가, 민족, 사회의 향상을 위하여 노력한다.

일곱째, 불행한 사람을 동정하고 약한 사람을 도와준다.

여덟째, 남을 비판하는데 조심하고, 칭찬하는데 인색하지 않으며 모든 문제를 건설적인 방향으로 추구한다.

3. 로타리

로타리는 봉사의 이상을 모든 가치 있는 사업활동의 기초가 되도록 고취, 육성함을 그 목적으로 하며, 그 기본 이념은 자신에게 봉사(Service Self)하는 것이 아닌 '초아의 봉사(Service Above Self)'로 정의 할 수 있다.

로타리의 기본 이념인 초아의 봉사는 나아가 다음의 4가지 항목으로 좀더 구체화되는데, 이는 곧 '로타리의 4대 강령'이며 로타리의 4대 강령은 다음과 같다.

첫째, 봉사의 기회를 마련하기 위하여 교육의 범위를 넓힌다.

둘째, 사업과 전문직업의 도덕적 수준을 높이고 모든 유익한 직업의 진가를 인식하여 로타리안 각자는 자기 직업을 통하여 사회에 봉사할 수 있도록 지업에 품위를 높인다.

셋째, 로타리안 개개인이 개인 생활이나 사업 및 지역사회 생활에 있어서 항상 봉사의 이상을 실천하도록 한다.

넷째, 봉사의 사상으로 결합된 사업인과 전문직업인들은 세계적 우의를 통하여 국제간의 이해와 친선과 평화를 증진한다.

이상과 같은 로타리의 기본 이념인 초아의 봉사와 이를 발전시킨 4대 강령은 각 회원들이 로타리의 4가지 표준 즉, 우리가 생각하고 말하고 행동하는 데 있어서 첫째, 진실한가? 둘째, 모두에게 공평한가? 셋째, 선의와 우정을 더하게 하는가? 넷째, 모두에게 유익한가? 등에 비추어 활동하게 함으로써 실현되고 있다.

4. JC(Junior Chamber)

JC는 성격과 취미, 직장, 학력 등이 서로 다른 개성을 가진 인격체들이 모여 민주시민으로서의 훈련을 통하여 청년들의 지도 역량을 개발하고, 복지 국가의 실현을 도모하며, 나아가 국제청년회의소의 신조에 입각하여 국제간의 이해와 우호를 증진시켜 인류의 번영과 세계평화에 기여함을 그 목적으로 한다.

JC의 기본 이념은 다음의 'JC 3대 이념'에서 잘 나타나 있다.

JC의 첫 번째 이념은 '개인의 능력 개발(Individual Development)'이다. 이는 자신이 미숙하다는 겸허한 마음과 장래의 지도자라는 자부심을 바탕으로 실천을 위한 용기를 기르고 다음 세대를 짊어지고 나아갈 실력과 식견을 함양 할 수 있는 실천의 도장을 지향하고자 함이다.

　JC의 두 번째 이념은 '지역사회의 개발(Community Development)'이다. 청년들의 단결된 힘으로 사회에 적극 헌신하며 젊음과 정열로써 손으로 일하고 이마에 땀을 흘리며 사회에 봉사하고자 하는 것이다.

　JC의 세 번째 이념은 '세계와의 우정(World Fellowship)'이다. 즉 JC회원은 모두가 친구이고, 단체훈련을 통한 인간적인 유대가 국가에서 국가로 번져 우정으로 발전하여, 그 우정은 개인적인 것은 물론 세계평화와 번영에 기여하는 범 인류적인 폭넓은 우정으로써 여김이 JC의 세 번째 이념인 것이다.

　이상과 같은 JC의 3가지 기본이념인 개인 능력개발, 지역사회개발, 세계와의 우정 등은 JC의 '4대 활동기회부여' 즉, 개인의 능력개발, 경영능력 개발, 지역사회개발, 그리고 국제활동 개발을 통해서 더욱 구체화된다. 또한 JC의 기본 이념은 'JC 신조[2]'와 '한국 JC강령[3]'에도 잘 표현되어 있으며, 이러한 기본 이념들이 회원활동의 기본 방향이 되고 있다.

　4개 사회단체클럽의 창립배경과 이념에 대해 (표1)과 같이 살펴볼 수 있다.

　창립배경으로는 창시자, 국적, 당시직업, 창립 년도로 구분해보았으며 좌우명 및 표어, 목적 및 정신을 중심으로 이념을 살펴보았다.

　밝은사회클럽의 창시자는 한국의 조영식 박사이다. 당시 조 박사는 경희대학교 총장으로서 세계총장회의 회장을 역임하고있었다. 그는 50년대부터 가난과 투쟁, 비정의 사회를 보면서 인간이 살기 좋고 보람을 느낄 수 있는 사회를 건설해야한

---

2) JC 신조 : 신앙은 인간생활에 의의와 목적을 부여하며, 인류는 국경을 초월하여 형제가 될 수 있으며, 경제적 정의는 자유기업을 통해서 자유인에 의하여 최선으로 달성되며, 정치는 법률에 기반을 두며 인간의 자의로 행해질 수 없으며, 이 지구상의 가장 위대한 보배가 인간의 개성 속에 있으며, 인류에의 봉사가 인생의 가장 아름다운 사업임을 우리는 믿는다. '한국 JC 40년사 세계를 하나로 II' 참조

3) 한국 JC 강령 : 우리는 시대적, 사회적 사명을 자각하고 JC 본연의 이념을 같이하는 청년들의 의지와 정열을 한데 모아 자주적, 자립적, 자발적 실천력으로 복지사회 건설과 세계 평화를 이룩하는데 총력을 다한다. '한국 JC 40년사 세계를 하나로 II' 참조

다는 생각을 했으며 60-70년대에 한국사회에서의 성공적인 사회건설을 바탕으로 전세계에 확산하고자 노력하였다. 따라서 1975년에 '사회가 물질적으로 심화되고 비인간화됨을 시정하기 위하여 전세계적으로 밝은사회 운동이 전개되어야 한다'고 역설하고 보스턴선언을 계기로 1978년에 밝은사회 한국본부가 최초로 창립하게되었다.

라이온스 클럽의 창시자는 미국의 Melvin Jones이다. 그는 1913년에 독자적인 보험대리점을 경영하면서 사업가들의 모임인 사업동호회에 가입 된지 얼마 안되어 그 회의 총무로 당선되었다. 당시에 이런 모임의 종류는 많아서 회원 간에는 주로 금전적인 이익에만 급급하여 회 운영이 한계에 부딪히고, 위기에 이르게 되자 정력과 지성, 공명심이 투철한 사람들을 주축으로 하여 이들의 재능을 지역사회발전에 활용하는 방향을 계획하게 된 것이 동기가 되어 1917년에 창립되었다.

로타리의 창시자는 Paul P.Harris 이다. 그는 한 직업에서 단 한사람씩만 뽑아 회원을 만들고 주 1회씩 모여 친목을 도모하며, 각각의 직업정보를 통하여 상부상조하며, 나아가서는 시카고 시민에게 봉사하자는 것이었다.

JC의 창시자는 은행원인 Henrry Giessenbiet씨 였다. 1915년 한 소녀가 길가에서 놀다가 교통사고로 참변을 당하는 장면을 목격한 후 어린이들에게 공원을 만들어 주어 교통사고의 재발을 막고 지역사회의 각종 문제점들을 해결하기 위해 32명의 젊은이들이 모여 <진보적 청년시민협회(YMPCA)>를 만들기로 합의를 보았다. 이것이 JC의 태동을 향한 첫걸음이었다.[4]

---

4) "韩国JC 40年史", 세계를 하나로 II, 사단법인 한국 청년회의소, 1992, 51.

<h3 align="center">〈표 1〉 4개 사회단체클럽의 창립배경과 이념</h3>

기 준	밝은사회 국제클럽 (GCS)	라이온스 국제협회 (LIONS)	로타리 국제협회 (ROTARY)	JC (JUNIOR CHAMBER)

1. 창립 배경
  1) 창시자
  2) 국적
  3) 당시직업
 	
  4) 창립년도
	조영식 박사
	한국
	前 세계대학총장회 회장,
	前 경희대총장
	1978년
		Melvin Jones
		미국
		보험대리점경영,
		사업동호회 총무
		1917년
			Paul P.Harris
			미국
			변호사
			1905년
				Henrry Giessenbier
				미국
				은행원
				1915년

2. 슬로건 및 Motto	선의·협동·봉사·기여 밝은 사회 이룩합시다	자유 · 지성 · 우리국가의 안전 우리는 봉사한다.	초아의 봉사 (Service Above Self)	개인의수련 (Training) 사회봉사(Service) 우정(friendship)
3. 이 념 (목적 및 정신)	철학적 기초: 주리생성론(主理生成论) 전승화이론(全乘和理论) 3대 목표 :단란한 가정 건전한 사회 평화로운 세계 3대 정신 : 선의 협동 봉사-기여 5대 운동: 건전사회 운동 잘살기 운동 자연애호 운동 인간복권 운동 세계평화 운동	목적 : 세계 인류의 상호이해 정신을 창조·배양한다 외 5개항 윤리 강령 : 자기 직업에 긍지를 가지고 근면. 성실하게 힘써 사회에 봉사한다 외 7개항	목적 ; 로타리의 목적은 봉사의 이상을 모든 가치 있는 사업황동의 기초가 되도록 고취하고 육성하며, 특히 다음 사항을 힘써 행하는데 있다. 4대강령 ; 첫째, 봉사의 기회를 마련 하기 위하여 교우의 범위를 높인다. 둘째, 사업과 전문직업의 도덕적 수준을 높이고 모든 유익한 직업의 진가를 인식하여 로타리안 각자는 자기 직업을 통하여 사회에 봉사할 수 있도록 직업의 품위를 높인다. 셋째, 로타리안 개개인의 개인생활이나 사업 및 지역사회 생활에 있어서 항상 봉사의 이상을 실천한다. 넷째, 본사의 사상으로 결합된 사업인과 전문직업인들은 세계적 우의를 통하여 국제간의 이해와 헌신과 평화를 증진한다.	목적 ; 이데올르기를 초월한 순수 국제 민간단체로써, 세계평화와 복지증진을 위해 노력하는 미래 지향적인 지도력 개발 3대 원칙 ; 개인의 능력개발 지역사회 개발 세계와의 우정

자료출처 :GCS 헌장, Lions 정관, Rotary 강령, J.C 정관 4개단체의 관련자료 참고

〈표 2〉 이념 · 목표 인지정도

(단위: %, 명)

특성 및 구분	잘 알고 있다	어느 정도 알고 있다	잘 모르고 있다	합 계(N)
<사회단체별>				
밝은사회	33.5	60.2	6.2	100(161)
라이온스	37.6	60.5	1.9	100(157)
로 타 리	34.7	64.5	0.8	100(124)
제 이 씨	36.4	60.3	3.3	100(110)
<학력별>				
중학교 미만	25.6	69.8	4.7	100(43)
고등학교졸업	34.0	62.9	3.1	100(159)
전문대학졸업	28.6	64.3	7.1	100(56)
대학교졸업	35.2	61.3	3.5	100(199)
<회원별>				
임 원	44.0	55.2	0.9	100(348)
평회원	23.9	68.8	7.3	100(205)
합 계	36.5	60.2	3.3	100(553)

　4개 사회단체의 이념 · 목표에 대한 인지정도를 묻는 질문에 대해, <표 2>에서 보이는 바와 같이, 전체 응답자의 37.1%가 '잘 알고 있다', 그리고 60.4%의 응답자가 '어느 정도 알고 있다'라고 응답한 반면, '잘 모르고 있다'라고 답한 응답자는 2.6%에 불과했다. 소속 사회단체의 이념 · 목표에 대한 인지도는 상당히 높다고 평가할 수 있으며, 이는 각 단체별 그리고 회원들의 학력별 분석에 관계없이 높게 나타났다. 그러나, 임원의 경우 '잘 알고있다(55.2%)'는 응답이 평회원의 경우(68.8%)보다 낮게 나타났으며, 이는 임원에 대한 이념 · 목표 교육이 보강되어질 필요가 있음을 시사해준다고 하겠다.

III. 4개 사회단체클럽의 주요활동 및 공통점과 특색

1. 4개사회단체클럽의 주요활동

한국에서 4개 사회단체 클럽은 로타리클럽이 1927년에 창립되어 가장 오랜 역사를 가지고 있고, 제이 씨클럽은 1951년에, 라이온TM클럽은 1958년에, 밝은사회클럽은 1978년에 각 각 창립되어 길게는 79년에서 짧게는 30년에 이르기 때문에 활동사항은 대단히 많다. 논문의 원고수량의 제한으로 인하여 그 활동항목만을 명시하면 아래와 같다.

(1) 밝은사회 클럽

①장학사업
②자연보호 활동
③의료 봉사 활동
④사회사업
⑤연차대회 개최
⑥국제 교류 및 UN 과의 활동
⑦기타활동

(2) 라이온스 클럽

①장학사업
②봉사활동
③사회사업
④국제활동
⑤청소년 교류활동

⑥간행물 발행

(3) 로타리 클럽

①클럽봉사
②직업봉사
③사회봉사
④국제활동
⑤폴리오 플러스
⑥결식아동돕기 미술전시회
⑦정기 간행물 발행

(4) JC(Junior Chamber)클럽

①회원연수
②국제교류
③홍보활동
④대국민 캠페인
⑤쎄미나, 토론회, 심포지움
⑥한국 청년대상 시상
⑦어린이 음악, 미술 실기 대회
⑧이웃사랑 운동
⑨JC 의원 동우회
⑩JC 선거
⑪독립기념관 건립 실무 추진

2. 4개 사회단체클럽 활동의 공통점과 단체별 특색

(1) 4개 사회단체클럽 활동의 공통점

앞서 살펴 본 바와 같이 4개 사회단체클럽은 여러 가지 활동을 하고있으며 그 중에서도 공통점으로는 다음과 같은 활동을 하고있는 것으로 요약할 수 있다.

① 봉사활동

봉사활동은 얼핏 생각하면 돈 많은 사람, 생활에 여유 있는 사람이 하는 것으로 생각하는 경우가 있으나 오히려 자신이 쓸 것을 줄이면서 남을 위해 이웃을 위해 불우한 사람을 위해 희생하는 희생정신에서 우러나온다.

4개 사회단체클럽은 불우이웃돕기, 양로원. 고아원 방문, 소년소녀가장돕기, 자활원. 환경미화원등을 방문 위로연을 베풀고 장애인을 위한 보청기무료보급, 사랑의 삼각끈 가정 - 노인. 회원. 불우어린이로 만든 가정운동 등 다양하게 실천에 옮기고 있다.

② 장학금 지급

4개 사회단체클럽은 한국의 많은 학생들에게 장학금을 지급하고 있다. 밝은사회 클럽은 초·중·고교생과 불우맹인자녀 등에게 단위클럽에서 장학금을 지급하고 있으며 밝은사회장학재단이 설립추진중이다. 라인온스클럽은 재단법인 한국A지구 장학회를 설치운영하고 있으며 중고교생 및 대학생에게 장학금을, 로타리클럽은 장학문화재단을 설립하여 전문대생 및 대학생에게, 제이 씨는 특우회 자녀에게 장학금을 각각 지급하고 있는 것을 알 수 있다.

③ 자연보호. 환경보호

라이온스클럽은 녹화봉사사업으로 81 - 88년까지 309 - H 지구에 낙엽송 6만본을 식수하였으며, 제이 씨는 지방관광지를 환경보존지역으로 선정, 관리하는 지역 환경보전 운동을 전개하고 있으며 환경문제 심포지엄을 개최하였다. 밝은사회클럽은 자연보호차원에서 나무심기, 쓰레기 및 오물수거, 수질개선사업 등을 지속사업으로 실천하고 있다. 이 자연애호운동은 밝은사회클럽의 5대운동중의 하나로서 각 클럽에서 꾸준히 추진하고 있다.

④ 의료봉사 및 사회사업

라이온스클럽은 한국라이온스 히어링센터(언어 및 청력장애자 복지센터)와 한국라이온스 안구은행을 제도를 실시하여 각막수술을 하여 광명생활을 찾아주었다.

밝은사회클럽에서는 해외의료봉사 및 무료진료를 실시하여 많은 사람들에게 큰 호응을 받았으며, 자선음악회, 미술전시회 등을 통해 마련한 7만 달러를 소말리아 기아어린이 성금으로 보냈다.

로타리클럽은 소아마비박멸의 필요성을 교육하는 회의 또는 대중캠페인으로 폴리오폴리스 기부금을 마련하고 지역사회의 아동면역 활동을 후원하고 있다.

⑤ 국제교류 및 유엔과의 활동(국제활동)

4개 사회단체클럽은 많은 국제 활동을 하고 있다. 그 중에서 각 사회단체의 대표적인 활동을 예를 들면,

밝은사회클럽은 1992년에 UN－NGO소속단체로 가입되었으며, 97년에 경제사회이사회(ECOSAC)자문기구의 지위를 획득하였다. 그리하여 유엔에 대표를 파견하고 밝은사회 클럽의 활동보고서를 제출하고 있다. 1999년10월에는 밝은사회 국제본부와 CONGO, UNDP 공동으로 한국에서 'NGO세계대회'를 개최하게 된다. 또한 밝은사회 국제본부의 공로로 1981년에 '세계평화의 날'을 제정하고 매년 이를 기념하고 있다.

라이온스클럽은 1947년 이래 국제라이온스클럽이 전 인류의 복지증진에 목적을 둔 유엔의 경제사회이사회 자문기관으로 일해오고 있으며 유네스코, 유니세프, 유

엔개발기구(UNDP)등 전문기구와 함께 일해오고 있다. 1985년 3월에 UN과 라이온스 달을 승인 받았으며, 매년10월 8일을 '세계라이온스 봉사의 날'로 정하였다.

로타리클럽의 국제 활동 중 대표적인 것으로 청소년 교류 사업을 들 수 있는데 일본 로타리 지구로타랙트의 한국방문 외에도 지구자매결연, 유엔창립 50주년 기념 행사 실시 등을 들 수 있다.

한국제이 씨는 다양한 국제교류활동을 전개하고 있다. 일본. 대만을 비롯하여 90년도에는 한·러 청소년교류 조인식을 명문화하였다. 또한 한·중 교류는 경제협력 차원에서 추진하고 한·북경 청년 기업가와 교류를 맺었고 미국JC, 독일 JC와도 자매결연을 하고 있다.

(2) 4개 사회단체별 활동의 특색

4개 사회단체클럽은 공통적인 활동외에도 각 클럽에서 독특한 활동들을 하고 있다. 자료의 미비로 제한점이 있으나 개략적으로 다음과 같은 활동들을 살펴볼 수 있다.

① 밝은사회클럽

밝은사회클럽의 활동유형에서 타 단체와 뚜렷이 구분되는 점은 한국에서 탄생한 클럽으로서 국제본부가 한국에 위치하고 있으며 이에 따라 한국사회에서 요청되는 주제를 가지고 국제적 활동을 주도적으로 이끌어 왔음을 알 수 있는데 '남북이산가족재회운동 서명작업'이 대표적 사례가 되고 있다. 그 외 밝은사회클럽의 활동이 가지는 특색은 '세계평화운동'이라는 목표와 운동주제에 맞추어 연구 및 활동이 이루어졌다는 점이다.

가. <u>세계평화의 날 기념 및 국제세미나 개최</u>

밝은사회클럽의 특색 중의 하나는 평화의 날에 대한 국제세미나 및 기념식을 들 수 있다. 1981년 조영식 GCS국제본부 총재의 주도적인 역할로 제36차 유엔총회에서 참석국 만장일치로 '세계평화의 날'이 결의된 이후 제1회 국제평화학술회의 (1981.9.16 - 18)의 개최를 시작으로 1998년까지 총17회의 기념식과 국제평화학술회의를 개최하였다. 특히 유엔 창설50주년을 맞은 1995년에는 유네스코본부와 공동으로 '유엔창설50주년 및 유엔제정 관용의 해' 기념 '관용, 도덕과 인간성 회복을 위한 대 국제회의'를 조셉 버너리더 유엔사무차장을 비롯한 30여 개국 대표 약 1,500여명이 참가한 가운데 9월 5일부터 7일까지 서울에서 성황리에 개최하였다. 이외에도 평화문제 관련 대내외 연구과제를 40여 차례 달성하였으며 기타 평화문제 관련 세미나, 토론회, 강연회 등을 100여 개 이상 개최함으로써 평화에 대한 폭넓은 인식을 갖게 하였다.

나. <u>의료활동 및 무의촌진료</u>

의료봉사활동 역시 밝은사회클럽의 대표적인 활동의 하나로서 치과대학생 클럽인 코다클럽은 무의촌진료활동, 빈민지역의료봉사활동, 농어촌지역무료진료활동을 매년 방학을 이용하여 꾸준히 펼치고 있고, 이외에도 동울산클럽, 과천연합회, 평택여성클럽 등의 단위클럽에서의 의료봉사 및 지역병원과의 연대로 무료진료를 전개하여 왔다.

다. <u>이산가족을 위한 범세계적 서명운동개최</u>

또한 주목할 만한 것은 GCS 국제본부와 한국본부 그리고 단위클럽이 함께 열심히 참여한 "한국의 이산가족재회를 위한 범세계적 서명운동" 사업이다. 1950년 한국전쟁으로 남북한이 분단된지 어언 45년이 넘도록 편지왕래는커녕, 생사 확인조차 못하는 이산가족수가 일 천 만이 넘은 상황에서, 국제본부 조영식 총재가 국가를 초월한 범세계적 서명운동을 시작하고 모든 국가본부, 지역본부, 단위클럽에 호소하여 밝은사회 전체클럽 전 회원이 서명운동에 동참하게 된 것이다. 이 서명운동에는 세계의 153개 국가라는 엄청난 나라가 참여하고 이 천 만명 (정확히 21,202,192

명)이 넘는 세계인이 참여하여 1994년 11월 4일 세계 기네스북 1위에 오르는 세계
기록을 갖게 되었으며, 이는 이산가족 재회의 염원을 모든 이들에게 알리고 하루
속히 평화통일이 이룩되기를 기원하는 계기가 되었다

라. <u>밝은사회연구소 운영</u>

밝은사회국제본부는 밝은사회연구소를 운영하여 정기적으로 '밝은사회 연구논총'
을 년1회 발행하고 있으며 또한 '밝은사회'를 년1－2회 발행함으로서 밝은사회운
동의 기본철학에 의한 이론개발 및 단위클럽의 활동사항에 대한 체계적인 연구를
진행하고 있는 특색을 가지고 있다.

② 라이온스

가. <u>라이온스 클럽의 사회사업으로서는 다음의 3 가지를</u> 들 수 있다.
첫째, 309－K 지구의 새서울 라이온스클럽은 찬조금 10,000,000원과 일본으로로부
    터 기증 받은 검안기(檢眼机) 4대를 79년 10월 경희대 조영식 총장(밝은사
    회 국제본부 총재)에게 전달하고 동 대학 의료관계 교수들의 기술봉사를
    얻어 "한국 라이온스 안구은행"을 설치하였다. 이로써 약 10년 동안 4－
    500명의 환자들에게 각막수술을 시행 광명을 되찾아주는 큰 사업을 추진
    하였다.
둘째, 라이온스 클럽 사회사업의 일환으로 설립된 "한국라이온스 히어링 센터(언
    어 및 청력장애자 복지센터)"는 1980년 1월 15일 창립된 이후 난청환자
    115 명을 시술하여 청력을 되찾아 주고 있다. 이 사업은 진료시설 및 장비
    와 전문기술진은 서울대 병원 측에서 부담하고 치료비는 라이온들이 각각
    부담 봉사하고 있다.
셋째, "라이온스 대구 장애자 복지회관"은 1984년에 라이온스 국제협회의 지원
    과 당시 309－D지구 대구지역 전 회원들이 1인 20,000원을 각출하여 개

관하였으며 직업재활, 의료재활, 교육재활 등 사업을 벌여 나가고 있다.

이상의 3가지 사회사업 중 안구은행과 히어링 센터는 많은 생명에게 희망과 기쁨을 주고 새로운 삶을 갖게 했으나 첨예한 의료설비와 막대한 치료비 등으로 운영에 어려움을 겪고 있으며, 지구차원에서 새로운 기획과 협조가 요청된다고 기록하고 있다.

나. 장애자 복지회관 건립

대구 장애자 복지회관 건립 등으로 의료복지와 재활사업 분야에서 직접적인 봉사활동 뿐만 아니라 그에 필요한 기반시설 설립에도 적극적으로 투자하는 노력을 보여 한국 사회의 불우한 계층을 위해 물심양면으로 활동을 펼치고 있다. 이러한 사회사업분야에서의 활동은 한국에서만이 아니라 세계 각국의 남녀 회원들과 함께 교류를 통하여 서로 힘을 모아 해외의 어려운 이들을 위한 도움의 손길을 뻗치고 있다.

다. 국제활동

라이온스클럽은 유엔의 경제사회이사회의 자문기관으로 활약하고 있으며, 식량농업기구(FAO), 유엔아동기금(UNICEF), 유엔교육과학문화기구(UNESCO), 유엔프로그램(UNDP) 등의 국제전문기구와도 함께 일하고 있으며, 세계 국가 언어 중 13번째로 정기간행물인 한국어판 라이온지를 매월 발행하고 있다.

③ 로타리클럽

가. 해외유학생 장학금 제도

로타리클럽의 특색중 하나는 '해외유학생 장학금'제도를 들 수 있다. 물론 국내에서의 장학금은 4개 사회단체클럽에서 모두 많이 추진하고 실제적인 도움을 주고 있지만 해외장학금은 로타리클럽에서 지속적인 사업으로 추진 및 집행하고 있으며 국내에서 유학을 가고자 하는 사람은 로타리 해외장학금에 상당한 관심을 가지고 있다. 요즈음과 같은 국내의 어려운 경제사정에서는 이러한 해외장학금 제도는 젊은 세대들에게 어려운 학문의 길을 택할 수있도록 하는 적지 않은 원동력이 될 수 있을 것이다.

나. <u>청소년 교류사업</u>

청소년 교류사업으로는 한국 로타리 단위클럽과 해외 로타리 단위클럽간의 '지구 자매결연'등의 우정교환 맴버를 후원하거나 호스트하는 활동 등도 국제교류활동으로 좋은 예라고 하겠다.

다. 폴리오 폴리스

로타리클럽의 독특한 활동 중의 하나인 폴리오 폴리스란 소아마비 박멸의 필요성을 교육하는 회의 또는 대중 캠페인을 지역사회에서 개최하고, 지역 또는 국가의 소아마비 박멸을 위한 캠페인에 주요 사업단체를 참여시키며, 소아마비 박멸을 위한 국내외 봉사 프로젝트를 후원하는 모든 활동을 지칭한다. 특히, 한국 로타리클럽의 경우 단위 클럽 프로젝트의 일환으로 지역사회의 아동 면역 활동을 후원하며, 국가 내 소아마비 감시 체제를 확립한 바 있다. 또한 1996년 3월29일 현재 남서울 클럽등 18개의 단위클럽에서 폴리오 플러스 기부금으로 2,400,000원을 모금하였다.

라. <u>결식아동 돕기 미술전시회 개최</u>

최근의 사업으로는 결식아동돕기 미술전시회 개최를 위해 아미로타리와 천지로 타리가 주최가 되어 각 단위클럽에서 함께 협조준비중에 있으며 봉사활동에 최선을 기울이고 있음을 알수있었다.[5] 로타리는 정기간행물 '로타리 코리아'를 발행하

---

5) 아미로타리 (99. 3.12)주회, 천지로타리(99.3.17.)주회, 희망로타리(99.3.17)주회에 방문하여 설문조사의 경위를 설명하고 설문을 받았으며 회의의 의제는 모두 결식아동 돕기 미술전 개최에 대해 많이 논의되었다.

고 있으며 무엇보다도 특색있는 것은 각 단위클럽의 주보발행이라고 하겠다. 이는 클럽별 약간의 차이는 있지만 매주 발행되는 소식지로서 회원상호간의 동정과 클럽의 활동상황을 알 수 있다.

마. 메이크업 제도(出席補塡:make up)

로타리클럽은 다른 사회단체와는 달리 매주 1회의 주회(周会)를 갖는데 이 모임은 회원들의 출석률을 높일 수 있는 제도(出席補塡:make up)를 갖추고 있다. 즉, 로타리클럽 회원이 부득이 출석을 못할 경우 다른 클럽에 출석하여 출석보진을 할 수 있으며 14일 이상 외국으로 여행하는 경우 여행지에서 개최되는 로타리클럽 회의에 출석하여 메이크업을 하면 출석규정의 면제를 받을 수 있다. 현대 사회생활 속에서 바쁘게 살아가는 젊은 세대들로부터 주회는 너무 힘들다는 의견이 제시된 적이 있으나 국제협회 등 로타리 전체의 성격상 이 문제가 쉽게 바꾸어지지는 않으리라고 한다.6)

④ JC

가. 회원연수

JC는 '훈련원 과정 1단계'를 반드시 이수해야만 정회원 자격을 부여하는 회원자격 규정에 따라, 모든 신입회원 및 정회원을 대상으로 연수 참여의 의무화를 통한 회원의 자질향상을 꾀하고 있다. 특히 모든 신입회원을 대상으로 1박2일 동안 실시되는 '1단계과정'의 필수 과목에는 JC이론 및 한국 JC 역사와 현황, 뉴리더십 개발, 지역사회 개발, 통일, 환경, 시민 의식에 관한 특강, JC와 국제활동, 회의진행규칙 등이 구성되어 있으며 이에 대한 시험 및 평가도 이루어진다. 또한 1단계 이외에도 2단계, 3단계, 4단계, 부인회원, 유스JC 등으로 나누어 단계별 여수 프로그램

6) 남서울로타리클럽 국장과의 대담에서, 1998. 11. 10. 남서울 로타리 방문

을 실시함으로써 오래된 정회원들에게도 새로운 지식과 동기를 부여해 주는 프로그램으로 자리매김 되고 있다.

특히 회의진행규칙 등의 훈련과정을 통하여 제이 씨 회원들은 실제 사회생활이나 정치참여에 직접 응용함으로써 지방의회지도자 및 사회지도자로서 자질을 갖추게 되는 원동력이 된다고 본다.

나. 한국 청년대상 시상

국가와 지역 사회 발전에 이바지하고, 창의적이며 모범적인 청년을 표창하는 한국청년대상은 1975년 교육, 새마을, 공무원 등 3개 부문에서 첫 시상을 한 것을 시발로, 1991년 제 17회에 이르기까지 지속적으로 실시되고 있는 JC의 핵심적인 활동 중의 하나이다.

다. 정치지도자 배출

1991년 지방의회선거에서 기초와 광역의회 의원 동우회가 출범함으로써 한국 JC는 JC국회의원 동우회, JC광역의원 동우회, JC기초의원 동우회 등 3대 의원 동우회 활동을 통하여 회원들의 리너쉽을 배양하는 한편, 젊은 국가인재 양성에 큰 몫을 차지하고 있다.

라. JC 선거

JC 모든 임원들의 임기는 철저한 1년 담임제로써 매년 민주적인 선거를 통해 새로운 리더를 뽑고 있는데, 이는 JC활동의 중요한 사항중의 하나로써 회원들은 이러한 활동을 통하여 민주적인 선거의 절차를 체험하고 있다. 한국 JC 중앙 회장단을 포함해 15개 지구회장단 359개 롬회장단 선거까지 포함하면 전국에서 한 해 375회의 선거를 치룬다.[7]

---

7) 한국JC는 회장단을 포함해 15개 지구회장단, 359개 롬회장단 선거까지 포함하면 전국에서 한 해 375회의 선거를 치루는 셈이다. 이러한 JC선거는 약간의 폐단을 양성하기도

마. <u>독립기념관 건립 실무 추진</u>

제이 씨는 민족의 숙원사업인 독립기념관 건립에 협조하여 제이씨의 전국 각 지구 사무실을 독립기념관 추진위원회 사무실로 이용하게 하였으며 독립기념관 건립위원회의 모든 실무를 담당하는 조직력을 발휘하기도 하였다.

바. <u>세미나, 심포지움개최</u>

또한 독립기념관의 설립이후에도 88년에는 개관 1주년의 기념행사로써 '한국인의 미래 좌표 심포지엄'을 개최하였으며, 90년 '현대 사회와 인간성 회복 심포지엄' 개최 등 독립기념관의 개관 기념일에 맞추어 계속적인 심포지엄을 주최하여 한 민족 발전이 가능성을 재정립하고 있다.

IV. 4개 사회단체클럽의 평가와 역할기대

1. 사회단체에 대한 역할평가 및 전망

(1) 한국사회의 기여도

〈표 3〉 사회단체클럽의 기여도

(단위: %, 명)

특성 및 구분	많이 기여하고 있다	약간 기여하고 있다	별로 기여하지 못하고 있다	전혀 기여하지 못하고 있다	합 계
합 계	48.8	45.0	5.2	0.9	100(553)

하지만 의원동우회에서 나타나듯이 한국 정치인중 많은 숫자의 JC출신의원들이 있으며 또한 회원중에는 정치입문의 뜻을 가진 사람도 있다.

4개 사회단체가 한국사회에 얼마나 기여하고 있는지에 대한 의견을 <표3>에 정리하였다.

많이 기여하고 있다(48.8%), 약간 기여하고 있다(45.0%)로 응답한 회원이 93.8%로 높게 나타나 별로 기여하지 못하고있다(5.2%)의 항목을 두드러지게 앞서고 있어 클럽의 한국사회기여도에 대한 회원들의 생각이 매우 긍정적인 것으로 나타났다.

이러한 4개 사회단체클럽에서는 수십년의 역사를 가지고 있는데 과연 한국사회에 어떤 기여를 하였는가?

라이온스클럽이 한국사회에 기여한 것으로는 '한국 라이온스 안구은행', '한국라이온스 히어링센터', 대구 장애자 복지회관'의 사회사업을 대표로 들 수 있다.

309-K지구의 새서울 라이온스클럽은 찬조금 10,000,000원과 일본으로부터 기증받은 검안기(檢眼机) 4대를 79년 10월 경희대 조영식 총장(밝은사회 국제본부 총재)에게 전달하고 동대학 의료관계 교수들의 기술봉사를 얻어 "한국 라이온스 안구은행"을 설치하였다. 이는 약 10년 동안 400-500명의 환자들에게 각막수술을 실시하고 광명을 되찾아주는 큰 사업을 추진하였다. 또한 한국 라이온스 히어링센터(언어 및 청력장애자 복지센터)는 1980년 1월 15일 창립된 이후 난청환자 115명을 시술하여 청력을 회복하게 해주었다. 이 사업은 진료시설 및 장비와 전문기술진은 서울대병원 측에서 부담하고 치료비는 라이온스 회원들이 각각 부담, 봉사하고 있다.

또한 라이온스 대구 장애자 복지회관은 1984년에 라이온스 국제협회의 지원과 당시 309-D지구 대구지역 전 회원들이 1인 20,000원을 내어 개관하였으며 의료재활, 교육재활 등의 사업을 벌여 나가고 있다.

이상의 세 가지 사회사업 중 안구은행과 히어링센터는 많은 생명에게 희망과 기쁨을 주고 새로운 삶을 갖게 함으로써 사회단체클럽으로서 한국 국민들에게 커다란 기여를 했다고 볼 수 있다.

로타리클럽의 대 국민 기여도 중 가장 큰 것은 역시 학문에 뜻이 있는 청소년들에게 장학금을 지급한 것을 대표로 들 수 있다. 95-96년에 4년제 대학생 121명과 전문대생 11명에게 1억4천2백여만원을 지급하였다. 이외에도 국내에서 외국으로 유학가는 학생들에게도 로타리장학금은 큰 도움이 되고 있다. 그 외 한국 로타리클럽의 큰 공헌중의 하나는 한국이 중추가 되어 여성클럽을 창립하고 세계여성클럽이 만들어지는 쾌거를 가져왔다는 점이다.

로타리클럽의 강령에서 살펴보면 직업인과 전문인을 회원의 기본자격으로 하고 있기 때문에 동서고금을 막론하고 사회생활이나 정치무대에서 항상 소외되어 왔던 여성들은 자연히 배제하는 상황이 되어 오래도록 여성로타리클럽이 탄생되지 못했다. 그러다가 한국에서 언론인, 변호사, 여사장 등 전문직업인 45명이 뭉쳐서 '무궁화 여성로타리클럽'8)의 창립을 계기로 세계에서 처음으로 로타리 여성클럽이 탄생되었으며 동시에 이를 계기로 각국에서 여성로타리안이 결성되었다. 한국 여성로타리클럽의 수는 73개 클럽에는 2,351명의 여성회원이 등록되어 있다.

제이 씨는 1975 ‒ 1991년 제 17회에 이르기까지 국가와 지역사회발전에 이바지하고 창의적이고 모범적인 청년에게 '한국 청년대상 시상'을 지속적으로 해오고 있다. 또한 청년들의 자기계발 노력향상의 기치 하에 한국의 정치일선에 수백 명의 지역 일꾼을 배출해냄으로써 회원들의 리더십 배양과 청년들의 지도력을 유감없이 발휘하는 면모를 과시하고 있다고 볼 수 있다.

또한 제이 씨는 민족의 염원인 독립기념관 건립에 제이 씨 전국 각 지구 사무실을 독립기념관 추진위 사무실로 이용케 하였으며 실무를 담당하는데 모든 노력을 기울였다.

밝은사회클럽의 중요한 사업은 '한국의 이산가족재회를 위한 범세계적 서명운동'이다. 한국전쟁으로 남북한이 분단된 지 어언 45년이 넘도록 편지왕래는커녕 생사확인조차 못하는 이산가족 수가 일천만 명이 넘는 상황에서 전국에 있는 밝은사회클럽 모든 회원이 서명운동에 동참하였다. 이 서명운동은 2천만 명(21,202,192)이 넘는 많은 사람들이 서명운동에 동참함으로써 국내는 물론 세계기네스북에 오르기도 하였다 이는 그만큼 한국인의 평화통일과 이산가족의 재회를 갈망하는 간접적

---

8) 무궁화 여성로타리클럽은 당시 잡지사 사장인 임진출 , 강기원 여성변호사 등이 중추가 되어 창립되었으며 초대회장에 임진출 씨가 피선되었다.

인 표현과 마음이라고 하겠다.

무엇보다도 더욱 주목할 것은 3차 핵전쟁의 위협 하에 세계 각국이 국가 이익에 앞서 다투어 핵을 개발하며 전쟁을 일삼게 된 상황에서 한국의 밝은사회 국가본부의 공헌으로 현재 매년 9월 3번째 화요일을 '세계평화의 날'로 제정하여 기념하고 있는 것은 남북한이 분단되어 있는 현시점에서 세계시민은 물론 우리 국민들에게 평화사상을 일깨워주는데 큰 일조를 하고 있다고 할 수 있다.

구체적으로 정신적 측면과 물질적 측면으로 나누어 기여현황을 <표4>와 <표5>로 살펴보았다.

〈표 4〉 정신적 측면에서의 기여

(단위: %,명)

특성 및 구분	의식개혁 및 계몽운동	평화운동	지도자 양성에 기여	인권존중	지역봉사	도로문화 정착	지역사회의 정책개발	기 타	합 계
<사회단체별>									
밝은사회	28.0	13.7	3.7	13.7	32.3	6.8	0.6	1.2	100(161)
라이온스	21.0	1.3	5.1	4.5	66.2	1.9	0	0	100(157)
로 타 리	18.5	4.0	6.5	8.9	58.1	3.2	0	0.8	100(124)
제 이 씨	13.6	1.8	50.9	3.6	19.1	7.3	3.6	0	100(110)
<연령별>									
20대	18.4	2.6	16.4	5.3	44.7	5.3	5.3	0	100(38)
30대	14.2	4.7	36.2	4.7	30.7	7.9	1.6	0	100(127)
40대	21.6	7.0	8.6	5.9	50.3	5.4	0.5	0.5	100(185)
50대	23.8	4.9	4.1	11.5	53.3	2.5	0	0	100(122)
60대	27.2	6.2	6.2	13.6	43.2	1.2	0	2.5	100(81)
<임원별>									
임 원	17.5	6.6	14.4	5.5	50.0	4.6	0.6	0.9	100(348)
평회원	26.8	3.9	14.1	12.2	36.6	4.9	1.5	0	100(205)
합　　계	21.0	5.6	14.3	8.0	45.0	4.7	0.9	0.5	100(553)

정신적 기여를 묻는 질문에 45.0%가 지역봉사라고 답해, 회원들의 해당클럽의 지역봉사활동에 대한 기여도를 높게 생각하고 있는 것으로 나타났다. 의식개혁 및 계몽운동(21.0%), 지도자양성에 기여(14.3%)가 그 뒤를 따르고 있다. 밝은 사회클럽의 경우 지역봉사(32.3%)와 더불어 의식개혁 및 계몽운동이 28.0%를 이루고 있어, 높은 비중을 보였다.

제이씨의 경우 지도자 양성에 기여한다는 응답이 과반수를 넘는 50.9%를 차지해 제이씨 회원들의 당 클럽의 지도자 양성에 대한 기여도를 높이 평가하고 있는 것으로 나타났다. 연령별, 임원별로 보았을 때도 지역봉사에 대한 응답이 가장 많았으나, 30대 연령에서 지도자 양성에 기여한다는 응답이 36.2%를 차지해 지역봉사 30.7%를 앞서고 있다. 이는 제이씨의 지도자양성기여라는 반응에서 보듯 나이제한이 있는 성격상 제이씨에는 30대 젊은층이 많음을 보여주고 있는 대목이다.

〈표 5〉 물질적 측면에서의 기여

(단위: %,명)

특성 및 구분	장학금 지급	불우이웃 돕기	의료 봉사	복지기관 설립	장애인 돕기	자연보호 및 환경개선	기 타	합 계
〈사회단체별〉								
밝은사회	18.0	65.8	6.2	1.2	3.7	2.5	2.5	100(161)
라이온스	24.2	59.2	11.5	1.3	2.5	0.6	0.6	100(157)
로 타 리	47.6	37.1	11.3	0	0.8	0.8	2.4	100(124)
제 이 씨	40.9	24.5	1.8	3.6	4.5	18.2	6.4	100(110)
〈연령별〉								
20대	34.2	47.4	5.3	2.6	2.6	5.3	2.6	100(38)
30대	32.3	41.7	2.4	2.4	4.7	11.8	4.7	100(127)
40대	26.1	55.7	7.6	1.6	2.2	2.2	2.7	100(185)
50대	32.6	47.5	12.3	0	3.3	2.5	1.6	100(122)
60대	32.1	49.4	12.3	1.2	1.2	2.5	1.2	100(81)
〈회원별〉 임 원	35.1	45.4	8.0	0.6	2.9	4.9	3.2	100(348)
평회원	24.2	55.6	7.8	2.9	2.9	4.4	2.0	100(205)

특성 및 구분	장학금 지급	불우이웃 돕기	의료 봉사	복지기관 설립	장애인 돕기	자연보호 및 환경개선	기 타	합 계
<직업별>								
공무원	18.8	68.8	0	6.3	6.3	0	0	100(16)
경영관리직	33.3	41.2	15.7	0	2.0	3.9	3.9	100(51)
교육자	15.6	65.6	9.4	3.1	0	3.1	3.1	100(32)
자영업	36.6	40.1	8.5	1.8	3.5	6.0	3.5	100(284)
전문직	28.1	57.8	9.4	0	1.6	3.1	0	100(64)
사무/기술직	25.9	59.3	3.7	3.7	0	3.7	3.7	100(27)
가정주부	11.1	74.1	7.4	0	3.7	3.7	0	100(27)
기타	28.8	61.5	0	0	3.8	3.8	1.9	100(52)
합 계	31.1	49.2	8.0	1.4	2.9	4.7	2.7	100(553)

　　4개 사회단체클럽은 한국사회에 물질적 측면에서 어떠한 기여를 하였는가를 묻는 질문에 대해 '불우이웃돕기'가 49.2%로 가장 많았고, 장학금지급, 의료봉사, 자연보호 및 환경개선의 순으로 나타났으며, 사회단체별로 살펴보면, 장학금지급은 로타리(47.6%), 제이씨(40.9%)가, 불우이웃돕기는 밝은사회클럽(65.8%), 라이온스클럽(59.2%)이 가장 높게 나타났다. 연령별, 직업별로 살펴보면 공통적으로 불우이웃돕기에 가장 큰 비중을 두어 모두 함께 더불어 살아가려는 이웃사랑의 마음을 연령별, 회원별, 직업에 관계없이 많은 회원들이 공감하고 있음을 보여주고 있다. 이러한 반응은 4개 사회단체클럽의 실천 활동과도 상관성이 있는 것으로 나타났다. 장학금 지급제도는 로터리 활동사항의 특색에서도 알 수 있는 바와 같이 로타리의 가장 큰 봉사요 보람이다. 로타리는 매년 거의 수십억을 장학금으로 지급하고 있다. 이는 물질적 기여에서 나타났듯이, 장학금 사업을 많이 벌이고 있는 것과 밀접한 관계를 가지고 있다.

(2) 사회발전을 위한 사회단체의 역할기대

<표 6> 사회발전을 위한 사회단체 역점사항

(단위: %,명)

특성 및 구분	인간성 회복운동	사회복지 사업	자연보호 및 환경보존	지역사회 회개발	우리전통 문화개발	통일 문제	기타	합 계
<사회단체별>								
밝은사회	68.9	15.5	7.5	4.3	2.5	6.0	6.0	100(161)
라이온스	46.5	33.8	3.8	10.2	1.9	3.2	6.0	100(157)
로 타 리	45.2	32.3	4.8	12.1	8.0	3.2	1.6	100(124)
제 이 씨	48.2	10.0	4.5	29.1	1.8	1.8	4.5	100(110)
<회 원 별>								
임 원	52.0	23.6	6.3	12.1	2.0	1.7	2.3	100(348)
평회원	54.6	22.9	3.4	14.1	1.5	2.9	5.0	100(205)
합 계	53.0	23.3	5.2	12.8	1.8	2.2	1.6	100(553)

사회발전을 위한 사회단체의 역점사항에 관한 설문에서는(표6 참고) 인간성 회복운동이 53.0%로 가장 높게 나타났으며, 사회복지사업 23.3% 지역사회개발 12.8% 순으로 나타났다. 이는 현 한국사회의 여러 가지 사회문제 즉, 존속 살해, 보험금 노린 아내·남편·자식살해 및 자신의 신체절단 등의 현 사회문제와 관련하여 볼 때 인간성 회복운동이 크게 부각되며 현 사회문제를 반영하고 있다고 하겠다. 그 외에 자연·환경보존, 전통문화개발, 통일문제는 각각 5.2%, 1.8%, 2.2%로 나타났다. 사회단체별로 살펴보면, 4개 사회단체클럽 모두 45.0%이상 인간성회복운동을 중요시하고 있다. 특히 밝은 사회클럽이 68.9% 의 높은 비율로 '인간성 회복'문제를 역점사항으로 제기하고 있어 해당 단체의 인간중심의 이념과도 일치함을 보여 주고 있다. 회원별로 살펴보았을 때 임원과 평회원들 모두 인간성 회복운동에 52.0%, 54.6%로 응답하였으며 사회복지, 지역사회개발 순으로 나타났다.

〈표 7〉 도덕성·인간성회복을 위한 효과적 방법

(단위: %, 명)

특성 및 구분	캠페인	세미나	TV매체 등 홍보	교육울 통한 계몽운동	기 타	합 계(N)
<연령별>						
20대	36.8	10.5	18.4	31.6	2.6	100(38)
30대	22.0	3.9	15.7	57.5	0.8	100(127)
40대	15.1	7.6	35.7	40.0	1.6	100(185)
50대	12.3	4.1	36.9	44.3	2.5	100(122)
60세 이상	14.8	11.1	24.7	7.4	7.4	100(81)
합　　계	17.5	6.7	28.6	44.7	2.5	100(553)

이러한 역점사항들을 실천에 옮기려면 어떤 방법이 효과적일 것인가에 대해 설문을 해보았다(표7 참조). 응답자중 '교육을 통한 계몽운동'에 답한 회원이 44.7%로 가장 높았고, 'TV매체 등 홍보'에 응답자가 28.6%, 캠페인이 17.5%로, 세미나가 6.7%로 응답하였다. 사회단체클럽들은 여러 가지 강연이나 세미나 개최 시 혹은 회원 연수와 교육 시에 사회현안문제에 대한 회원들에게 교육을 통한 계몽운동을 전개하도록 해야 하고 이들 회원들은 다시 각각 주위가족이나 친지에게 알리도록 해야 할 것이다.

연령별 분석을 통해서 보면, 20-30대의 젊은 층에서는 캠페인을 선호하는 경향이 나타났으며, 40-50대의 경우는 교육을 통한 계몽운동과 TV매체 등 홍보를 통한 방법이 효과적이라는 의견이 높았으며, 60대 이상의 노년층에서는 TV매체 등 홍보를 통한 방법을 다소 선호하는 것으로 조사되었다.

(3) 타 사회단체클럽과의 연대모색

현대사회는 시민단체, 사회단체의 힘이 어느 때 보다도 중시되고 있으며 따라서 NGO의 역할이 더욱 돋보이는 시대이다. 개개의 사회단체가 각각의 목적과 이념에 따라 활동을 하고 있지만 이러한 단체가 같이 힘을 합하여 연대해 본다면 그 힘을 더욱 크게 발휘할 수 있을 것이다. 이에 대해, 4개 시민단체의 연대 필요성에 대해 설문해 보았다. 4개 사회단체가 연대할 필요성이 있느냐(표8 참고)는 질문에 있다가 40.0%, 없다가 16.3%, 필요성은 있으나 현실적으로 어렵다가 43.8%로 나타나, 응답자의 대부분이 사회단체 간 연대의 필요성은 인식하면서도 그것이 현실적으로 어렵다라 는 생각을 하고 있는 것으로 드러났다.

〈표 8〉 4개 사회단체가 연대할 필요성

(단위: %, 명)

특성 및 구분	있 다	없 다	필요성은 있으나 현실적으로 어렵다	합 계(N)
<사회단체별>				
밝은사회	32.3	25.5	42.2	100(161)
라이온스	35.0	7.6	57.3	100(157)
로 타 리	54.0	17.7	28.2	100(124)
제 이 씨	42.7	13.6	43.6	100(110)
<연령별>				
20대	42.1	21.1	36.8	100(38)
30대	47.2	15.7	37.0	100(127)
40대	41.6	13.5	44.9	100(185)
50대	37.7	17.2	45.1	100(122)
60세 이상	27.2	19.8	53.1	100(81)
<회원별>				
임 원	37.1	16.1	46.8	100(348)
평회원	44.9	16.6	38.5	100(205)
합 계	40.0	16.3	43.8	100(553)

하지만, 그 필요성에 대해서는 83.8%(표8 참고)가 동의하고 있어 대다수는 사회단체 연대의 필요성에 대해서는 크게 동의하고 있는 것으로 보인다.

또한, '없다'라고 부정적인 반응을 보인 응답자에 주목해볼 때, 밝은 사회 회원의 25.5%, 라이온스의 7.6%, 로타리의 17.7%, 제이씨의 13.6%가 연대의 필요성을 느끼지 못하는 것으로 나타났으며, 연령별 또는 회원별 분석에서는 큰 차이가 없는 것으로 나타났다.

〈표 9〉 연대가 어려운 이유

(단위: %, 명)

특성 및 구분	이념이 다르기 때문에	사업이나 활동범위 등이 다르기 때문에	정체성(Identity)이 다르기 때문에	국제협회의 승인이 어려워서	기 타	합 계(N)
〈사회단체별〉						
밝은사회	23.1	32.3	41.5	3.1	0	100(65)
라이온스	2.2	31.1	60.0	6.7	0	100(90)
로 타 리	7.9	44.7	42.1	0	5.3	100(38)
제 이 씨	22.9	50.0	25.0	0	2.1	100(48)
〈연령별〉						
20대	15.4	46.2	30.8	7.7	0	100(13)
30대	18.8	41.7	37.5	0	2.1	100(48)
40대	9.4	36.5	50.6	3.5	0	100(85)
50대	7.3	30.9	54.5	3.6	3.6	100(55)
60세 이상	19.5	39.0	36.6	4.9	0	100(41)
〈회원별〉						
임 원	9.8	38.7	47.2	3.7	6.0	100(163)
평회원	19.0	34.2	41.8	2.5	2.5	100(79)
합 계	12.8	37.2	45.5	3.3	1.2	100(242)

4개 사회단체의 연대가 어려운 이유를 묻는 질문에 대하여, <표 9 >에서 보여지는 바와 같이, 전체 응답자의 45.5%가 '정체성이 다르기 때문에'라고 응답하였으며, 37.2%는 '사업이나 활동범위가 다르기 때문에' 12.8%는 '이념이 다르기 때문에'라고 응답하였으며, '국제협회의 공인이 어려워서'라는 의견도 3.3%로 나타났다.

각 단체별 분석에서도 역시 '정체성이 다르기 때문에'와 '사업이나 활동 범위가 다르기 때문에'라는 응답이 많이 나왔으며, 밝은 사회와 제이씨에서는 '이념이 다르기 때문에'라는 의견도 각각 23.1%와 22.9%로 다소 높게 나타났다. 또한 회원별 분석에서도 전체적인 분포와는 큰 차이를 보이지 않았으나, 다만 평회원의 경우 '이념이 다르기 때문에'라는 의견이 임원의 경우 보다 다소 많았다.

<표 10> 연대 후 가장 시급히 추진해야할 사업

(단위: %, 명)

특성 및 구분	통일문제에 관한 캠페인	북한주민 돕기운동	자연보호 및 환경운동	교육개혁 운동	빈부격차 해소운동	기 타	합 계(N)
<사회단체별>							
밝은사회	3.7	3.1	49.1	28.0	11.2	5.0	100(161)
라이온스	10.8	7.6	39.5	19.7	13.4	8.9	100(157)
로 타 리	12.1	5.6	42.7	18.5	16.9	4.0	100(124)
제 이 씨	10.0	4.5	35.5	29.1	10.9	10.0	100(110)
<연령별>							
20대	10.5	0	60.5	18.4	10.5	0	100(38)
30대	7.9	4.7	39.4	29.1	8.7	10.2	100(127)
40대	8.6	6.5	41.6	21.6	18.4	3.2	100(185)
50대	6.6	5.7	42.6	25.4	11.5	802	100(122)
60세 이상	13.6	6.2	38.3	19.8	11.1	11.1	100(81)
<회원별>							
임 원	7.8	6.6	41.4	24.7	11.8	7.8	100(348)
평회원	10.7	3.4	43.4	22.0	15.1	5.4	100(205)
합 계	8.9	5.4	42.1	23.7	13.0	6.9	100(553)

'4개 사회단체가 연대 후 가장 시급하게 추진해야할 사업이 무엇이라고 생각 하는가'라는 질문에 대해, <표10>에서 보는 바와 같이, 전체 응답자의 42.1%는 '자연보호 및 환경운동'이라고 답하였으며, 23.7%는 '교육개혁 운동', 13.0%는 '빈부격차 해소운동'이라고 답하였다. 그밖에 '통일문제에 관한 캠페인(8.9%)', '북한주민 돕기 운동(5.4%)의 순으로 시급한 과제를 지적하였다. 이와 같은 견해는 각 단

체들 사이에서, 그리고 연령별, 회원별 분석에 있어서도 거의 일치를 보이고 있으며, 4개 단체의 연대 후 가장 큰 호응을 얻을 수 있는 사업은 '자연보호 및 환경운동'과 '교육개혁 운동'이라고 압축될 수 있겠다.

<표 11> 4개 단체 협동 및 연대를 위해 할 수 있는 일

(단위: %, 명)

특성 및 구분	간행물 상호교환	상호자료 및 정보교환	공동프로젝트 사업운영	지역단체장 모임 및 상호방문	기 타	합 계(N)
<사회단체별>						
밝은사회	9.3	44.1	31.7	13.0	1.9	100(161)
라이온스	7.6	26.8	53.5	10.8	1.3	100(157)
로 타 리	4.8	33.1	50.0	10.5	1.6	100(124)
제 이 씨	5.5	28.2	52.7	12.7	0.9	100(110)
<연령별>						
20대	5.3	50.0	34.2	7.9	2.6	100(38)
30대	8.7	29.1	49.6	11.8	0.8	100(127)
40대	5.9	35.7	44.3	14.1	0	100(185)
50대	8.2	26.2	50.0	11.5	4.1	100(122)
60세 이상	7.4	28.3	44.4	8.6	1.2	100(81)
<회원별>						
임 원	6.9	29.6	48.3	13.8	1.4	100(348)
평회원	7.8	40.0	42.4	8.3	1.5	100(205)
합 계	7.2	33.5	46.1	11.8	1.4	100(553)

4개 사회단체가 협동 및 연대를 위해서 할 수 있는 일은 무엇이라고 생각하는가를 묻는 질문에 대하여는, <표 11>에서 보는 바와 같이, 전체 응답자의 46.1%는 '공동프로젝트 사업운영'이라고 답하였으며, '상호 자료 및 정보교환(33.5%), '지역단체장 모임 및 상호방문(11.8%), '간행물 상호교환(7.2%)' 등의 순으로 응답하였다.

각 단체별로 살펴본 결과, 밝은 사회는 '상호자료 및 정보교환(44.1%)'을 가장 선호하는 반면, 다른 3개 단체는 공동프로젝트의 운영을 희망하고 있는 것으로 나타났다. 연령별로는 20대에서 상호자료 및 정보교환을 가장 선호하였으며, 그 이상의 연령에서는 공동프로젝트의 운영을 가장 선호하는 것으로 나타났다.

2. 단체의 활성화

(1) 단체의 활성화에 중요한 것

사회단체클럽에서의 보다 더 많은 지속적인 활동이 있어야 하고 클럽이 활성화되어야, 더 많은 사회적 기여 내지 한국의 사회발전에 더욱 큰 도움이 될 수 있다. 최근의 IMF상황이후 사회단체클럽의 활성화를 위해서 무엇이 중요한가에 대해 <표12>를 살펴보면 다음과 같다.

〈표 12〉 단체의 활성화에 있어서 중요한 것

(단위: %, 명)

특성 및 구분	회원상호간 친목도모	회장리더쉽 및 집행부열정	계속적인 사업전개	월례회 및 주회 적극참여	홍보사업에 주력	기타	합　계
<사회단체별>							
밝은사회	54.0	18.6	8.7	11.8	4.3	2.5	100(161)
라이온스	39.5	47.1	3.2	8.9	0.6	0.6	100(157)
로 타 리	55.6	13.7	3.2	23.4	3.2	0.8	100(124)
제 이 씨	40.9	30.9	4.5	15.5	3.6	4.5	100(110)
<연령별>							
20대	39.5	34.2	0	15.8	2.6	7.9	100(38)
30대	53.5	22.0	4.7	11.8	5.5	2.4	100(127)
40대	43.8	34.1	7.6	11.4	3.2	0	100(185)
50대	51.6	26.2	4.9	14.8	0.8	1.6	100(122)
60대	45.7	23.5	2.5	23.5	1.2	3.7	100(31)

특성 및 구분	회원상호간 친목도모	회장리더쉽 및 집행부열정	계속적인 사업전개	월례회 및 주회 적극참여	홍보사업에 주력	기타	합 계
<회 원 별>							
임 원	48.6	29.0	5.2	13.2	2.0	2.0	100(348)
평회원	46.3	26.3	4.9	16.1	4.4	2.0	100(205)
합 계	47.7	28.0	5.1	14.3	2.9	2.0	100(553)

　사회단체별로 살펴보면, 먼저 밝은사회클럽과 로타리클럽이 회원 상호간 친목도모에 각각 54.0%, 55.6%로 압도적으로 응답해 친목도모에 대한 매우 높은 관심을 나타냈으며, 라이온스 클럽은 회장리더십 및 집행부열정, 회원 상호간 친목도모에 각각 47.1%, 39.5%로 응답해 리더쉽에 대한 기대를 타 단체들에 비해 더 높게 나타냈다. 월례회 · 주회 적극참여 항목은 로타리클럽에서만 23.4%로 비교적 높은 관심을 보이고 있어 관심을 끈다. 회원별로 보면 임원과 평회원 모두 회원 상호간 친목도모, 회장리더십 및 집행부열정이 각각 가장 높은 순위로 나타났다. 연령별로 보면 모든 연령층에서 회원 상호간 친목도모가 역시 가장 높은 비율로 그 다음이 회장리더십 및 집행부의 열정으로 나타났다. 이상에서 전반적으로 고찰해볼 때 사회단체의 활성화를 위해서 무엇보다 중요한 것은 회원 상호간의 친목도모를 꼽을 수 있으며 그 다음으로 회장의 리더쉽과 집행부의 열정이 또한 대단히 중요시됨을 알 수 있다. 이러한 반응의 결과는 사회단체클럽에서 단체의 활성화를 위해 참고할 가치가 있을 것이며, 또한 크고 작은 조직생활에서 주목할 필요가 있다고 하겠다.

(2) 회원가입의 추천유무

〈표 13〉 추천회원 수

(단위: %, 명)

특성 및 구분	1-2명	3-5명	6-10명	10명 이상	없 다	합 계(N)
<사회단체별>						
밝은사회	39.8	18.6	7.5	11.8	22.4	100(161)
라이온스	38.6	29.9	24.8	8.9	5.7	100(157)
로 타 리	37.1	22.6	6.5	16.9	16.9	100(124)
제 이 씨	28.2	22.7	5.5	10.9	32.7	100(110)
<회원별>						
임 원	34.5	25.3	17.2	11.5	11.5	100(348)
평회원	33.7	20.5	2.9	12.7	30.2	100(205)
합 계	34.2	23.5	11.9	11.9	18.4	100(553)

추천한 회원 수는(표13참고) 1-2명이 가장 많은 34.2%로 나타났고, 그 다음이 3-5명으로써 23.5%였다. 6-10명, 10명 이상으로 응답한 회원은 각각 11.9%로 나타났으며, 없다는 응답자는 이러한 결과를 볼 때 4개 단체의 회원은 자신이 속한 사회단체에 주위의 친구나 동료들을 대체로 많이 추천한 것을 알 수 있다. 이와 연관하여 회원의 가입동기를 <표14>에서 알아보았다.

〈표 14〉 가입동기

(단위: %, 명)

특성 및 구분	이념, 정신이 좋아서	주위의 추천 및 권유로	자신의 교양 습득을 위하여	개인사업에 도움이 되기때문에	대인관계의 폭을 넓히기 위해	사회현실레 참여하기위해	개타	합 계(N)
<사회단체별>								
밝은사회	53.4	24.8	0.6	1.9	5.6	13.7	0.6	100(161)
라이온스	24.8	52.2	3.2	3.8	8.3	7.6	0	100(157)
로 타 리	33.9	39.5	0.8	1.6	12.9	11.3	0	100(124)
제 이 씨	14.5	33.5	4.5	4.5	34.5	16.4	1.8	100(110)
합 계	31.3	36.4	2.6	0.9	14.4	13.6	0.6	100(553)

가입동기를 사회단체별로 살펴보면, 이념 및 정신이 좋아서 가입한 단체로는 밝은 사회클럽의 회원들이 타 사회단체 회원보다도 높은 53.4%의 비율을 나타내었다. '주위의 추천 및 권유'에 의해 가입한 경우는 라이온스클럽이 52.2%높게 나타났으며, 로타리는 이념 및 정신, 주위추천 및 권유의 두 항목에 각각 33.9%, 39.5%로 반응함으로써 각각 약간의 차이를 두고 있다. '대인관계의 폭을 넓히기 위해서'가입한 경우는 제이씨 클럽의 회원이 34.5%로써 타 사회단체 회원보다(밝은사회 5.6%, 라이온스 8.3%, 로타리 12.9%) 많은 차이가 있음을 보여준다.

(3) 회비 및 활동비

<표 15> 회비 및 활동비

(단위: %,명)

특성 및 구분	2만원이내	3 - 5만원	6 - 10만원	11 - 100만원	100만원 이상	합 계
<사회단체별>						
밝은사회	65.2	19.9	4.3	9.3	1.2	100(161)
라이온스	7.0	44.6	36.3	7.0	5.1	100(157)
로 타 리	2.4	10.5	39.5	41.9	5.6	100(124)
제 이 씨	3.6	52.7	24.5	17.3	1.8	100(110)
<연령별>						
20대	26.3	44.7	15.6	10.5	2.6	100(38)
30대	22.0	40.9	17.3	18.1	1.6	100(127)
40대	25.4	31.4	27.0	13.5	2.7	100(185)
50대	18.0	25.4	34.4	18.9	3.3	100(122)
60대	19.8	19.8	24.7	27.2	6.6	100(81)
<회 원 별>						100(348)
임 원	17.0	31.6	27.0	20.1	4.3	
평회원	31.2	31.2	22.4	13.2	2.0	100(205)
합 계	22.2	31.5	25.3	17.5	3.4	100(553)

　사회단체별, 지역별, 단위클럽별 차이가 있기 때문에 사회단체의 회비 및 활동비에 대해서 <표 15>를 통해 살펴보면, 2만원 이내에 대해서는 밝은 사회클럽이 65.2%로 가장 높게 나타났고, 3 - 5만원인 경우는 제이씨 클럽 52.7%로, 6 - 10만원인 경우는 로타리클럽이 39.5%를 나타냈다. 11 - 100만원 경우는 로타리클럽에서 41.9%로써 가장 높았고, 100만 원 이상인 경우 역시 로타리가 5.6%로 가장 높게 나타났다. 회원별로 볼 때는 평균적으로 임원이 평회원 보다 많이 내는 것으로 일반조직체와 같은 반응을 나타내는 것으로 나타났다.

(4) 소속단체클럽의 개선분야

<표 16> 소속단체의 개선할 분야

(단위: %, 명)

특성 및 구분	회원간의 친화력 결여	순수한 봉사 정신 결여	너무 형식 (행사, 의식 등)에 치중	대외홍보 부족	대외사업 부족	합 계(N)
<사회단체별>						
밝은사회	14.9	11.8	23.0	41.0	9.3	100(161)
라이온스	7.6	33.1	47.8	10.2	1.3	100(157)
로 타 리	5.6	21.8	34.7	30.6	7.3	100(124)
제 이 씨	12.7	10.9	51.8	21.8	2.7	100(110)
<연령별>						
20대	7.9	28.9	34.2	18.4	10.5	100(38)
30대	17.3	7.9	43.3	28.3	3.1	100(127)
40대	7.6	25.9	39.5	23.8	3.2	100(185)
50대	10.7	24.6	36.1	23.8	4.9	100(122)
60세 이상	6.2	14.8	33.3	34.6	11.1	100(81)
<회원별>						
임 원	7.2	20.4	43.1	25.0	4.3	100(348)
평회원	15.6	19.5	30.2	27.8	6.8	100(205)
합 계	10.3	20.1	38.3	26.0	5.2	100(553)

발전이란 부족한 점을 개선해나갈 때 가능하다. 소속 사회단체클럽이 앞으로 개선할 분야는 어떤 것인지에 대한 의견을 <표16>에서 질문한 결과 응답자의 38.3%가 너무 형식(행사, 의식 등)에 치중한다. 26%가 대외 홍보부족, 20.1% 순수한 봉사정신결여라고 답해 회원간 친화력 결여(10.3%), 대외사업부족(5.2%)과 비교해볼 때 큰 차이를 나타내고 있다.

사회단체별로 가장 많은 회원이 생각하는 개선할 분야를 살펴보면, 밝은 사회클럽은 대외홍보부족(41.0%)을, 라이온스클럽, 로타리클럽, 및 제이씨클럽은 너무 형식에 치중한다는 의견에 각각 47.8%, 34.7%, 51.8%로 응답하였다.

V. 결론 - 사회발전을 위한 정책제의

우리는 앞에서 사회단체를 '하나 혹은 그 이상의 공통된 목표를 추구하기 위하여 구성원을 통합시키는 관계와 활동의 체계' 라고 정의한 바 있다. 사회단체는 사회학의 가장 기본적인 관심영역의 하나로서 오래 전부터 지속적인 연구의 대상이 되어왔다. 특히 도시화. 산업화 과정이 전개됨에 따라 다양한 사회단체와 조직체들이 발전하고 일반대중의 사회생활도 크게 변화하고 있다. 이러한 시대적 상황에서 개인에 대한 사회단체 또는 조직체의 영향력은 시간이 흐를수록 한층 심화되고 있다. 본 논문에서 우리는 사회단체클럽이 사회학에서 규정하는 사회단체로서 학문적 연구 가치를 지니고 있음을 살펴보았다. 그럼에도 불구하고 사회단체클럽에 대한 연구가 문헌분석위주에서 사상적 · 철학적 측면의 연구로 주류를 이루고 혹은 제 사회단체클럽의 간행물은 해당클럽의 소식지나 교양매체로서의 성격을 지니고 있는 실정이다. 따라서 밝은사회, 라이온스, 로타리, 제이씨 의 비교연구는 이들 4개 사회단체클럽의 실증적 분석을 통하여 한국사회에서 이를 재조명해보고, 사회봉사 의식이 지식인은 물론 사회전반에서 요구되어지는 가치로 부각되고 있음을 인식할 수 있는 전환점이 되었다.

4개 사회단체클럽은 한국사회에 정신적 측면과 물질적 측면에서 커다란 기여를 하였다. 이들은 로타리클럽의 연간 수십억 원을 비롯하여 라이온스클럽, 제이씨, 밝은사회클럽에서도 많은 장학금을 지급하여 초 · 중 · 고 · 대학생들과 해외로 유학생활을 할 수 있는 학문의 길을 여는데 큰 힘이 되어주었다. 뿐만 아니라 사회 환경운동의 차원에서, 의료봉사와 각종사회사업을 통하여 국내에 수많은 사람들에게 보람된 생활의 기쁨을 안겨주기도 했다.

정신적 측면에서는 수많은 지역봉사를 꾸준히 지속적으로 추진하고 있으며, 계층별, 연령별, 사회단체별 높은 비중으로 기여하고 있음을 알 수 있었고 , 의식개혁 및 계몽운동으로 한국의 시민사회에 적지 않은 선구자적 역할을 하고 있음을 볼 수 있었다.

　오늘날과 같이 과학문명. 정보화 . 자본주의의 논리가 전통적으로 한국사회를 지배해오던 모든 가치를 대체하게 되면서 각종 사회혼란과 사회병폐가 불거져 나오는 환경 속에서, 사회발전을 위한 사회단체의 역점사항으로 '인간성회복운동'이 가장 중요하게 부각된 것은 현대물질문명사회에서 한국 사회문제와 병폐의 한 단면을 보여주는 것이라 하겠다. 이는 동시에 이 문제해결에 대한 사회단체클럽의 활동 및 역할을 기대하고 있어 앞으로 4개 사회단체클럽의 활동에 귀추가 주목된다고 하겠다.

　이러한 문제해결을 접근하는 한 방안으로 사안(事案)에 따른 연대 - 공동프로젝트 사업운영을 정책적으로 제의해 본다. 즉 인간성 회복운동에 관한 4개 사회단체클럽의 대대적이고 연속성 있는 활동(세미나 개최, 캠페인 전개, 회원교육, 교육을 통한 범시민 계몽운동)을 전개 해보는 것은 인명경시, 살인폭행, 도덕성 상실로 사회혼란현상이 연일 문제가 되는 현 상황에서 대단히 시급하고 가치 있는 일이라고 하겠다.

　단체의 활성화를 위해서는 회원 상호간의 친목도모 그리고 회장리더십 및 집행부의 열정이 계층별, 연령별 단체별로 광범위하게 중요한 것으로 나타나 조직사회 및 사회단체클럽회원들과 임원들에게 큰 의미를 부여해준다. 주목할 것은 소속 사회단체클럽에 대한 개선방안이 제기되어 더러는 홍보가 부족하고 더러는 회의가 너무 형식에 매인다는 지적을 하였다. 이 또한 각 사회단체클럽에서 충분히 참고하여 개선해 나가야 할 것이다.

　각종 사회단체들은 공동의 이해를 달성하고자 하는 목적에서 이루어진 연합으로서, 이들 단체의 존재가 한국사회내의 어떠한 조건을 선택하는지(예를 들면 이념의 선택에서 알 수 있듯이), 이러한 조건에 의해 발생된 이해들은 어떻게 단체의 활동에 적용시키는지, 그리고 이들 사회단체들의 이러한 활동이 한국사회에서 어떻게 받아들여지고 있는지를 알아봄으로써 이들 사회단체들이 한국사회에서 어떠한 자리를 차지하고 있는지에 대한 평가를 내릴 수 있을 것이다 또한, 4개 사회단체클럽들의 상호교류를 제안하는 바, 경제학에서 말하는 거래비용 삭감이 시사하듯이, 상호간의 자료교환, 정보교환, 공동프로젝트사업추진 등을 통해 사회단체들이 추구하고자하는 목표를 보다 효율적으로 달성할 수 있을 것이라고 기대 한다.

<h1 style="text-align:center">참고문헌</h1>

I. 국내문헌

* 1차 자료

경희 40년사 편찬 위원회, 경희 40년사(상권), 경희 출판국, 1992.
네 가지 표준(The four way test), 633∼6513.
라이온스 헌장집(FY 92‒93), 국데 라이온스 협회 309‒A지구 발행, 1993.
라이온스 정관, 1988년 5월 21일 개정, 1995년 5월 20일 개정(제 19회 309 복합지구
　　　　년차대 회결의), 국제라이온스 협회 309‒A 지구 발행.
로터리 강령(Object of Rotary).
밝은사회클럽헌장, 밝은사회국제클럽 한국본부 발행.
밝은사회연구, 연구논총 제 5집‒제 17집, 경희대 밝은사회문제 연구소, 1981‒1996
사단법인 한국청년 회의소, 한국 제이씨 40년사‒세계를 하나로(I,II), 1992년 10월.
영등포 로타리 25년사(1967‒1992), 영등포 로타리 클럽발행, 1992.
(J.C) 정관 및 제 규정집, 사단법인 한국청년 회의소, 1995년 5월 개정‒증보판 발행.
하영애, 1996, "밝은사회클럽과 라이온스클럽의 비교연구", 밝은사회연구,제 17집, 경희
　　　　대 밝은사회연구소 발행.
하영애, 1996, "밝은사회운동의 이해", 밝은사회국제클럽 수련회 교재, 밝은사회국제클
　　　　럽 한국본부 발행.

황병곤, 1995, 밝은사회(GCS)운동 활동백서, 경희대 밝은사회 문제연구소.

* 2차 자료

경희대 인류사회재건 연구소, 1981, 「인간의 의미」.

국제평화 연구소 편, 1985, 「유엔 과거.현재.미래」, 경희대학교 출판국.

김선호.김정한, 1989, 「한국의 중층문화」, 일조각.

김채윤, 1995, 「사회계층이란 무엇인가」, 민음사.

박순영.조만제.신대순, 1984, 「밝은사회운동론」, 경희대 출판국.

사회문화 연구소, 1993, 「오늘의 사회학 입문」.

서울대학교 새마을운동 종합연구소, 1981, 「새마을 운동의 이념과 실제: 새마을 운동
    국재 학술회의 논문집」.

손재식 외 5인, "현대사회에서의 도덕과 인간성 회복에 관한 연구", 「평화연구」, 국제
    평화 연구소.

신대순.이환호, 1995, 「밝은사회의 이론과 실제」, 신아.

신대순, 1995, 「사회클럽 조직관리론」, 신아.

신복룡 외 역, L.P. 바라바트, 1991, 「현대정치사상」, 평민사.

신용하 외, 1994, 「한국사회운동의 기반과 새경향」, 문학과 지성사.

이종수 역, 레이몽 아롱, 1979, 「사회사상의 흐름」, 홍성사.

인간 조영식 박사 101인 츨간 위원회, 1995, 「조영식 박사, 그는 누구인가 - 인간 조영
    식 박사101인집」, 교학사.

정복수 편역, 1993, 「새로운 사회운동과 참여민주주의」, 문학과 지성사.

조영식, 1994, 「조국이여 겨레여 인류여」, 교학사.

_____, 1986, 「나의 세계평화 백서, 1986년, 세계평화의 해 기념 국제평화세미나 기조
    연설」, 경희대출판국.

_____, 1991, 「눈을 들어 하늘을 보라 땅을 보라」, 예진출판사.

_____, 1951, 「문화세계의 창조」, 문성당.

_____, 1996, 「오토피아」, 을유문화사.

_____, 1965, 「우리도 잘 살 수 있다」, 경희대 출판국.

_____, 1975, 「인류사회의 재건」, 을유문화사.

조영식.손재식 공저, 1995, 「관용,도덕과 인간성 회복」, 경희대학교 국제평화 연구소, 1995.
최재역 역, 존비티, 1977, 「사회인류학」, 민중서관.
홍승직, 1972, 「지식인의 가치관 연구」, 삼영사.

II. 외국문헌

* First Source

Bahlke, Howard. 1956, "Rotary and American Culture: A Historical Study of Ideology.", Ph.D. diss., University of Minnesota.

Graham, F. Wayne. 1980, *Sixty Years of Devotion and 'Acommplihment : A Brief History of the Rotary 'Club of Morris.* Morris, III.: Rotary Club of Morris.

Sohn, JaeShik ed.1994, *PEACE IN NORTHEAST ASIA*, KYUNG HEE UNI..

Sohn, JaeShik , 1991, *PEACE and Unification of Korea*, KYUNG HEE UNI.

Kittler, 1968, Glen. *The Dynamic World of Lions International.* New York: M.Vans and Co.

Marden, Charles F. 1935, *Rotary and Its Brothers: an Analysis and Interpretation of the Men's Service Club*, Priceton University Press.

Nolan, 1984, Raymond A. *History of Rotary International, District 760.* Reston, Va.:Rotary International.

* Second Source

Bender, Thomas. 1971, *Community and Social Change in America.* New Brunswick, N.J.:Rutgers University Press.

Blumin, 1981, Stuart M. *The Emergence of the Middle Class: Social Experience in the American City, 1760 — 1900.* New York: Cambridge University Press .

Choue, YoungSeek . 1981, Oughtopia, Pergamon Press.

Ehrenreich. 1985, *Altruistic Imagination: A History of Social Work and Social Policy in the United States*. Ithaca: Cornell University Press.

Elizabeth A. Ferguson, 1975, *Social Work: an Introduction*, N.Y: J.B. Lippincott Company.

韩国的学生运动

I. 韩国学生运动史与其社会的意义

学生运动在韩国的社会运动中有着极为重要的意义。

韩国的学生运动是在尊重民主和自由的基础上，通过社会团体的运动给政府施加压力，来减少腐败和权利斗争。

特别是以四一九学生运动为中心建立起的民主信念，在七八十年代的韩国社会中，无论在社会还是政治上都有很大的影响力。他们前赴后继，用自己的鲜血来维护信仰，为今天的民主化贡献了不可磨灭的力量。

1. 韩国学生运动略史

韩国的学生运动早在1919年二八宣言前就以秘密结社或同盟休学的形式开始，基本上不受社会各势力走势的影响，而是通过赋予学生团体以动机来谋求发展。在敌人首府的中心，代替民族独立思想的二八独立宣言、三一运动的传播者、促进者，预言了近30年间的民族自主力量培养和文化活动发展。在社会主义思想影响的浪潮中，发生了六一零万岁事件、光州学生运动等具有民族主义倾向的学生运动。学生力量在民族独立这样的单一命题前，除了积极地抗议外，还在特定的历史、政治情况下，开展地下活动，举办演讲，并尽可能地扩大了브나로도运动的影响力。

　　解放之后，学生力量作为一个独立的整体保留了下来，在开放的政治环境中，一边试图联合社会其他力量，一边进行政治活动。其中，较有名的有1945年8月17日成立的建国学徒队和朝鲜建国准备委员会联合起来一起活动。由此可见，各学生运动根据各自不同的政治路线，寻求志同道合的政治势力合作，在左右翼对峙的意识形态下发展。在左右翼激烈的对立和冲突中，学生运动特有的个性渐渐地消失了。在韩国战争中，经常能感觉到危机状况的不仅仅是学生，还有标榜自己是自由民主主义的第1共和国，我们可从中看到，传统的权威主义正从根本上朝着制度化发展。

　　通过四一九学生抗议，学生运动恢复了他们固有的善良本质和整体性。以四一九学生运动为转折点，一直是社会的压力的学生力量在政治活动中受到了一定的启发。此后近20年间，以四一九学生运动为基础形成了新的理念，并在此基础上进一步影响了政治和社会。

　　在四一九学生抗议中，最鲜明的理念便是排除自由和国民意志的权利是无用的，对被视作民主主义的根本的选举的虚造是对国民权益的侵犯。尤其是在理想化的民主主义的理念中，对自由的表述是最为敏感的，并痛叹自由被剥夺的现状——"标榜民主主义，作为民众公仆的中立的官僚和警察却是家长制专制权利的走狗。民主主义理念的最起码的选举权与被选举权也被玩弄。言论、出版、集会、结社和思想的自由光芒由于无知的专制权利的毒辣而连忽明忽暗的光都见不到了。"[1]

　　四一九学生运动遗留给我们的最重要的理念是民族统一的理念。以革新界为中心，进步党党主席曹奉岩的处刑真相是他将北韩视为了和平统一的对象，还有金九被杀的真相等，是改过自新的抬头，并公然地提出了改善统一条件的问题。统一理念一出现就成为大学里最为中心的课题。从9月初开始，有了实质内容上的多样的议论，11月首尔大学的民族统一联盟成立，开始具体的从各个角度去探索统一的理念和计划。在言论、学术、艺术、创作和体育等各方面进行文化交流，并有发自民族自决精神的南北交流论等。学生们带着反对外来势力的信念，自觉维护韩国的传统。

---

1) 高丽大学生会，四一九宣言文，1960年4月19日。

70年代后半开始，学生运动和第一在野党－－市民党合作一起促进民主化运动，和知识分子与在野势力也随时联合行动，学生们掌握了学生运动的主导权，并且自然的成为社会一般的民主化运动的一支，面向广大学生的学生运动已不像原来那般突兀。但是，学生的政治活动依然是不合法的，在校内校外都是被禁止的，所以并没有大规模的学生抗议活动，只有小规模的聚集和一时的抗议，如发传单等比较简单的行动。

80年代开始，学生运动的理论实践变得尤为活跃，并导入了第三世界的从属理论等，深化了理念，对比学生抗议，是意识形态的武装时期。

综上所述，这一时期是学生运动的转型期，可以看出反美主义和运动路线的激进化。

另外，学生运动和制度圈内右派批判势力相冲突。从"帝国主义"理论的采用，1985年以后出现的美国文化院占有事例，以及1986年5月3日仁川斗争等，都可以看出其内部分裂的一些证据。直到那时为止，社会各方面都没有对美国的存在或驻韩美军的存在，军事协作问题，亦或美国经济社会影响力的问题，以及资本主义式秩序提出质疑。而已抛去过去理论意念的学生力量，是不惜采用极端方法来抗议的。他们常采用自虐或者自杀的方法来抗议政府行为，试图用这种示威方法来谋求道德上的支持。非制度圈的激进路线与制度圈内批判势力和"协力状态"相平行，忠实反映了与持续进行的学生运动类似的反美主义情绪和自主独立命题。在野党和学生运动紧随六二九宣言，在激进的同时还发挥着先导的作用。这之后，"经济增长"、"反共"、"安定"一类国家支配意识形态不断的将一些进步力量逼入周边势力中，从其结果我们不难看出城市的中产阶级不关心政治，劳动运动家产生双重意识，消费指向型的拜物主义，价值观混淆，利己主义和个别化等一些90年代初韩国社会的特征。

从六十年代到八十年代的学生运动无论是在内容上还是表现形式上都有较明显的差别。60年代初被称为"四一九遗产"的社会运动中的一些意识，在70年代不断向民主主义方向发展。到80年代则变成了对国家体制的确立和形成过程的质疑。学生运动在坚持自主要求及面对美日间经济依存的现实的同时,民族独立性被不断强化.在

80年代几个有代表性的学生运动中可以看出反美主义的抬头，理论斗争的白热化，以及接二连三的工人运动，随着时间推移实行了大众路线。

有意思的是，对美国认知的变化始于1985年，这点与对朝鲜认识的变化有密切的关系。我们对美国的态度呈肯定趋势，而对朝鲜则存有傲慢及好战的态度。相反，受朝鲜主体思想影响的NL派却视美国为仇敌。而学生们对统一问题的看法总是带有更多的理想主义成分。因此，在感受到社会对统一不抱希望的氛围之后，学生们使之成为了公共讨论的焦点。

2. 韩国学生运动的评价

根据以上学生运动的过程，可以看出直到80年代末，韩国学生运动还是以改革内部体制为目标的，在85年帝国主义思想潮流大量涌进以后，在学生运动圈里，读马克思，列宁思想成为一种潮流，还有一部分人试图将金日成的主题思想与马列理论相结合，但是大部分学生还是执着于能否找到一个符合韩国现状的理想社会形态，为了实现这个目标，需要做出多方面的努力。四一九事件以后，为了符合70年代"社会定义"中的分配志向，学生运动在民族主义的基础上，更加追求'自由民主'这个终极目标。从80年代中期起，民主主义发展为实现'民众的角度"上的民主，换句话来说，就是加快中世纪封建社会的解体，并发展掌握经济命脉的中上层资本家构成的以民众为核心的"民众民主主义"。

目前为止，学生运动可以解释为以韩国社会为根基所出现的持续性社会运动潮流，同时也刺激了其他各方面运动的发展。如工人运动，农民运动，贫民运动，或者把美国中心的社会科学调查方法本土化，或者批判权威性政权主导下的社会，学生运动以一种不可忽视的社会力量登场。他们作为政治圈的一部分，在舆论控制下，形成少数政派。

总结以上的学生运动，通过拒绝划一主义以及拒绝独裁体制，营建了为了民主主义进展的良好氛围。将过于集中的国家机构职能缩小并分散，复苏极度萎缩的社会，把民主主义的感情，即社会的多样化要求，在无内外部压制和统制下表现出来，任何集团都有可能掌握这种权力，控制极端的分裂现状，使社会矛盾体制化。在韩国政坛，这种代表性普遍存在，事实上，它暴露了潜在的阶级矛盾，并且很难通过解决这种矛盾的冲突来达成某一协议。实际上，韩国政治的特征是军事主义，反共主义，儒教主义和塑造中心人物，导致整个社会的学习、变通能力非常脆弱。另外，如果社会由强调利益和主张、调节、妥协等有机的依存关系形成，资本主义就可以向着正确的方向发展。

除支配以上4种日常生活以外，宗教的影响力也是不容忽视的。在宗教共同体里面，利用空余时间传教的方式得到了肯定，特别是在促进密集区域的联系中取得了成功。像现在一样的社会不规范状态的扩散，个性化和共同生活方面的缩小及缺乏，核心家族生活方式的扩散，使中产层的主妇有了更多的闲暇时间，使宗教共同体能够持续成长。以儒教秩序为本的连接和以宗教组织为中心的横向连接不仅影响了城市中产阶级，还影响了社会周边的所有成员，与理性变革相抵触。

Ⅱ．4.19革命和民族统一的努力

学生运动一般是学生以集团活动的方式对政治、经济、社会、文化等各个方面的社会现实的积极参与的行动。学生们比起成年人，带着理想，放下改革性的运动，而以先驱者的身份登上历史舞台。

韩国的学生运动在民族特殊情况下，在每个历史转折点上，形成特殊的条件和相关阶段性内容，但是该运动的核心还是民族发展与民族统一。

让我们详细探讨以下以民族统一为中心的四一九革命吧。

1. 革命的社会背景

在我们民族史中具有非凡领导力,策划一人永久独裁的自由党, 通过警察暴力的手段蹂躏近代民主主义真谛－－国民的参政权, 而50年代的校园则正在傀儡政权中寻找新的转折点。在这样的双重背景下, 举国民众开始奋起。

对未来蓝图枯竭的社会, 只有校园内还能讨论理想的民族国家和民主主义。对渴望自由和爱的人们, 当独裁达到极度的时候, 愤怒的火焰就从这里开始迸发了。

四一九运动的过程首先是从地方高等学校在校园内高喊自由开始的, 然后逐渐演变成为反独裁、反既成社会等的对社会的斗争, 并且一直波及到了首尔地区的学生。四一九学生运动的导火线是2月28日1000多名庆北高等学校学生和大邱高等学校学生的示威。他们高喊着"别把校园当成政治工具""换学校自由"等口号, 嘲讽学校被政治所利用。当时, 所有的中高等学校都被政府压制。学生们想在没有统治的自由氛围中上课学习, 而校园内无谓的选举政策成为长期积累的不满情绪的爆发点。

从大邱开始的示威逐渐波及到全国各地方, 他们示威的原因不是在于"学校被政治所利用", 而是在于社会构造中更深的矛盾, 更确切地说感受到现实的不遇和腐败病态的矛盾。学生的口号逐渐有了政治色彩, 高喊"我们的前辈瞎了眼""我们要保护民主祭坛"的口号。[2]

> 我们很明白理論和实际是不同的。讓学校和现实社会如此黑暗是讓人惊訝的。民主主義彰顕的標志選举……无法想象的否定, 一点点的突顕出来……讓我们团结在一起抗議, 来打倒正在腐蚀神圣的民主主义的恶勢力, 還有那仮惺惺的行為。[3]

在此倡议书上提出的是对既成世代义愤填膺的理由, 彻底查明社会不遇的言论态度, 从形成的信念中可以看出学生行为所能决定的一些事情。现在他们针对导致大

---

2) 1960年3月10日, 水源、忠州学生示威游行的口号。
3) 순경高中, "为大家维持地方", ≪学生问题研究≫1960, 147。

众不满和引导独裁的言论，抹掉50年代校园自暴自弃和放纵的特征，开始进行阶段性的清算。不仅如此，修复既成世代的过错的唯一的势力是在自我安慰的同时鼓励青年们他们特有的义气。在学生示威逐渐扩散的同时，恶名昭彰的舞弊选举也逐渐公然地进行了起来。

由于1959年立案的否定选举计划案在社会上散布了不安，忍耐了12年独裁的民众开始抒发不满，开始了对统治阶级的批判。有长期民权斗争经验的民主党宣布遏制了民主主义的三一五不法选举的全面无效，宣言对主权抢夺的全面的斗争，使民众反抗更加激烈。民众反抗的近因是对被剥夺主权的愤怒，远因则是12年的一党独裁体制在国民心理上埋下了政治的压抑，经济的贫困等种子，现在终于爆发了。之后的警察开枪事件更是造成了70多人死伤的惨案。

第一次的马山事件中，学生们的意识从校园开始，先是谴责政治的腐败，再谴责不法选举和警察暴行。警察非人道主义的残酷杀人行为，让全民族憎恨，腐败的独裁政权变成了直接抵抗的对象。学生们喊着"跟在马山学生之后""找回国民主权""旁观者是胆怯的"等口号，跟随全国学生自治组织的决定，大多数的学生参加了民权恢复斗争。另一方面，面对学生的示威，政府的立场则是比起解决矛盾，"反共"更为重要。独裁政权是利用"反共"，禁止批判，抑制民众的不满，避免直面国家所面对的根本性问题－－统一问题。马山事件发生后，又再次以反共为借口。"反共"的再次登场和惨烈的警察镇压，使政府和国民间的屏障越来越高，随着金朱烈的尸身在马山海域上被发现，这个屏障开始破裂。这个事件是促使自由党崩溃的象征。独裁政权的霸道和他的残忍性完全地暴露了，学生集团凭借非常的应急力，开始了示威的准备。

高中学生们提出了这样的口号"全国的学子们,觉醒吧！你们的内心深处流淌着真正的革命的血液，眼前时常显现出在马山事件中被子弹射穿的兄弟们的遗体。和平的示威是我们的自由，马山事件中在枪口前呼喊民主的未得到解放的兄弟们，他们当时的实情需要去追究，这残案让我们义愤填膺，无法入睡。"这场余波也波及到了首尔地区的学生。"对社会环境畏缩、冷淡，只为学费烦恼的学生们"也感到了在这历史转折时期中，有必要做出负责任的呐喊。"只有青年学子们才能成为创造真正民主化的主力军。"这场余波也使他们的民族使命感更加强烈。首尔地区的学生们抓住了新生欢迎会这最好的机会。在4月18日，高大生等学生首先高举起了斗争的旗帜。"同胞间互相残杀的这种恶劣的现实"使学生们无法再旁观下去，阐明了"为了争取真正的民主化必须参加与社会的斗争"的理念，并确立了达成这理念的方向。

"对社会斗争"是当时学生中根深蒂固的对现实的强烈不信任的写照。在民主主义下剥夺了国民的参政权利，解放后的12年间，对保守派的这种行为的不满的积累以这种形式表现了出来。起码，校园里还是可以谈论民主主义和民主国家的，首先，阶级变动欲望增加，大量的学生将意识行为转变为可行行为，也觉悟到现实环境跟所学的民主主义有很大的差异，学生们在理论上对这种脱离进行了批判，而且试图让这些理论更结合实际，更有可行性。

学校里学到的是"民主主义的基础是自由"，但政治现状把自由剥夺掉了。官员和警察本该是人民的公仆，中立的执法者，但事实上他们是拿民主伪装起来的专制统治的走狗。而且大家也都看到了社会政治的支配秩序很明显违背了民主主义原则。特别是校园里"曲学阿世"的相当一部分知识分子认识到他们的无力，特别是四一九之后，他们成为了大家不信任的对象。"排斥没有行动能力的知识分子"，"既成世代，自我反省吧!"等口号成为当时统合集团的中心，对那些没前途的，对社会不管不问的保守派的抗拒，从这些口号中也可以看出来。4月18日晚上，执政党迫害学生，竖日就发生了在民主主义斗争史上规模最大的，无可比拟的自发性游行示威。上午9点20分，队伍从首尔大学文理学院出发，一路汇集了首尔市内各大学学生3万多名，下午1点30分左右，学生们对"大学史上对赤色专制的过度斗争的掌握"很是自豪，并有了"为了我们后代的繁荣和昌盛，我们不冲锋陷阵不行"的自我牺牲的口号，还有如下的见解。

看那！我们那满溢着喜悦的自由火把。看那！我们在沉默的黑夜，狠打自由的种子。在日本帝国主義的鉄錐下，我和我那疯狂的呼唤自由的父亲和兄弟们无愧于心。

我們并不孤独。永遠地以民主主義死守派為榮。看那！现实的背后， 没有勇气的不坚定者跟着道义前进。前進！自由的秘訣就是勇气。我們的隊伍是理性的， 善良的， 和平的，自由的，熱情的隊伍。4)

学生和国民的意志一般是一致的， 表现的民众的力量就像抗日运动起事的三一运动。这里就从渐进的报道事实， 军队的中立， 美国的压力等借了光，而四二五大学教授示威就成为了四一九运动的高潮。大学教授通过他们的宣言文,将"首尔各地的示威覆盖了被剥夺了主权的国民的愤郁,像纯水一样奋起的无论何时都在抵抗不义的学生们，才是真正国民正义的表现"正当化，也是导致李承晚下台的原因之一。社会上散布着对自由党和自由党政治力量的不信任， 但对于李承晚个人魅力的反对如果不是大学教授团也是不可能的。

结果在26日上午10点， 李大总统发表了"我会按照国民的意愿下台"的声明书， 并得到了国会的一致通过。四一九大众起义也就此告下一个段落。

2. 革命精神的定立

无数学生的生命像历史的祭物般消逝。四一九学生运动随着李大总统下台而告一段落。四一九学生运动是民族史上， 民众意志和学校理想主义最完美的结合， 也是历史上重要的转折点。民主化的冲击者对四一九学生运动做出了如下的评价。

四一九学生运动， 在学生运动发展史上， 提出了很多新观点，为学生的态度变化提供了一系列的契机。

1. 学生们不断地形成自觉的肯定意识。50年代的学生， 比起教养、人格等， 更看重未来的前途。因此与他们盲目的进大学相比， 四一九学生运动前后的学生们认识到自己是历史的创造者， 因此很自觉的认识到大学生的社会任务并且自觉于实践。这正是支持四一九学生运动的主导力量，这种力量一直持续到了70年代后。

---

4) 首尔大学,《四一九宣言文》

2. 成为了在大学发挥自身机能的分期点。学生们的自觉行为使得大学不仅发挥了冲突关哨的作用，且在政府机关外，发挥着对政府组织的批判作用，就是所谓的"现实止扬"。因此学生团体为了形成对未来的世界观，不断地培养自己阅读各种文献的能力，同时也将韩国最根本的问题－－统一问题拿出来讨论。

3. 在主导民主发展方面，作为主要力量的学生团体，逐渐认识了民主发展的可能性。在充斥着放纵和武力的世界里，学生已被打上烙印成为了革命的主体。这不仅给国民带来了好的影响，也使自己接受了现实，他们并不是从先辈或是前人那里得到帮助，而是在自身的意识及对立感中自觉行动的。

这之后，学生被认为是唯一可以阻止社会腐败的力量，他们在批判政府政策和设定国家前进方向的过程中如雨后春笋般茁壮成长起来。

4. 四一九学生运动使学生成了民众意志的代言人，与民众同呼吸共存亡。从这点来看，四一九学生运动的确成为了学生运动史的分期点。学生们通过积极的学生活动，在继承四一九精神的过程中不断地对四一九精神进行着再照明及再解释的工作。

但是我们不可以忘记的是四一九民主运动的奉献，这以后一直发生的民权运动的精神之柱和从第三世界开始的'民族解放运动的始发点'是可以把握的。四一九学生运动是在把握民族解放运动的观点上，使学生内部意识形成"自主国家建设"的核心思想。

3. 过政和社会的混乱

国民没有预想到的是李承晚的下台和对李承晚高峰时形成的自由党的破坏。与此同时，第1共和国画上了终止符。四一九发生当时，国民的怨恨是集中在自由党的领导层而不是李承晚个人身上。李承晚在四一九当时对不停地示威征询防止策，连日召集国务会议讨论时局收拾策，而许政恰是当时的主要负责人。

李承晚和许政在议论后期的4月25日委任了3部长官。他们完全断绝了和自由党的政治关系，只听任于大统领李承晚，这次是具改革性质的任命。就是说第1共和国与第2共和国的架桥役割不是过度内阁，　　也不是为了完成四一九革命的课业而入阁的政权。

因此李承晚的下台使许政失去了监守首席国务议员的正当性。

但是，忙于收拾时局的国会要求许政构成过度政府。他于4月28日构成了过度内阁。为拥护李承晚大统领，国会改宪成了内阁责任制，试图结合民主党旧派和自由党革新派成立新保守党政党来收拾政局的许政对民主党合作的要求被拒绝，而只能单独组阁。

在这种情况下，作为四一九革命主导力量的学生和知识分子对社会改革过度要求，也多少开始表现出他们的不满。

在5月2日的≪延世春秋≫"我们胜利归来"的社论里说道：　"四一九革命要成为根本的民主革命的精神革命"并强调了要消灭恶势力。四一九革命的完成是要把腐败的社会势力民族革命化。同样的内容在高丽大学的四一九决议里表现为"在这种恶毒的阴谋中，我们崇高的学徒们的鲜血被用于耻辱的试验，付出沉重代价的革命的成功在不完全状态下彷徨着。""一手持着真理的笔，一手握着正义的剑"不能放弃，"光荣的革命到结束为止都要探寻如何对抗反革命阴谋的方法，像这样以学生为主体，是革命的主体，也是放弃权利的学生的立场，现实的状况对理想的发言是理所当然的，政府为了实现革命精神也是正确的。

但是过度政府的作为，随着时间的流逝，与国民期望背道而驰，停留在旧政权的角色范围内。在1960年4月28日，出现了"革命的课业上以非革命的方法来执行"这样的暧昧标语，李承晚大统领虽然下台了，但是自由党议员还是占着议会半数以上的位子，议会的作用一如既往的发挥着。以当时的情形来看，比起国会解散更重要的是改宪成责任制，他们的主张是半民主势力占大多数的主张，没有开化的机能性。当时以大学生和革新界人士为中心的示威，每天在国会厅门前进行着。

4. 统一理念的 土着化

在查明了前进步党党首曹奉岩处决真相后， 便以和平统一北韩作为目标。1948年南北协商谈判时， 金九的被杀真相调查委员会等组织的活动有向正统化转变的趋势。与此同时， 韩半岛的当前任务是在民主民族革命阶段通过对反美， 半封建， 反保守斗争的统一条件的改善来制定法规并完善。不过， 这些主张只是革新活动的一角， 但国会仍然一如既往的坚持反共政策， 且依据在国联监视下的土著人口比例维护自由选举方案。

学生们返回学校的同时， 也目睹了政治和社会现实的"非革命的"结果和自由的讨论过程， 包括当时现实的政治， 自立经济体系克服贫困等的课题， 依据基本的"自由统一"掌握落实。从9月初开始的学生集团内部关于统一的讨论， 于11月1日结成首尔大学校民族统一联盟, 开始具体化实现, 之后成为学生运动信念的基石。

通过向学生们采纳的建议文， "既成世代是南北分段的悲剧引起的道德的责任， 对于民族统一的新时代的正义的发言置之不理， 是没有压制的资格的"。同时针对统一问题缺乏积极性。说"南韩的所有政党和社会团体彻底拭去失败主义， 是准备南北韩总选举联合的关键"， 并建议"张总理是为了协商韩国统一问题对美国和苏联进行特别访问，并与美苏领导人进行会谈"。对此， 学生们印象清楚深刻。

尽管政府强烈反对， 成均馆大学校、延世大学校、庆北大学校等各大学学生们継续结成民族统一研究团体， 与革新势力和在野人事及在野党合作。学生们的统一议论越发活跃了。1961年4月19日， 在第二次宣言中再次说道"……在民族革命执行的前进道路上分裂祖国的民族统一存在有巨大的问题。"临近5月不依靠UN， 民族自决精神立足的南北交流论抬头，倡议"号召在南北统一的推进的同时召开南北韩学生会议和南北学生记者人间的交流，并举办学术讨论会，艺术，学问，创作，体育等的交流。"并且南北韩的个别排斥外势和挽回民族自主性， 但实现南北统一的宣言被采纳。该运动和全国大学联合组织的民族统一全国学生联盟成立成为统一运动的先锋。他们打着"在既成世代不能指望自主统一，我们用手实现"的号召文，并采纳如下的共同宣言文。

1. 北韩－－学生及当局－－的积极呼应欢迎。

2. 南北学生在板门店会谈。

3. 5月以内会谈，准确日期再公布。

4. 政府为学生会议提供一切便利。

5. 民族统一全国学生联盟选定地区代表做会谈准备。

对于学生们的宣言文，政府的态度是"南北交流主张是突然出现的事情"，政府以及国会和一般国民更加强硬地号召强化反共态势。针对这一点民统联于5月8日南北学生会谈例行会议上申明思想，"非政治的聚会什么样的人都阻碍不了我们的会谈，历史站在我们这一边"的态度。5月13日向参加会谈的学生进行物质支援，和政府及反对人士的参与，催促南北学生会谈，及统一推进崛起大会的学生们阐明思想。社会反共团体及政府的强硬政策虽然与学生立场相关，但是在"代言民族良心"这样的意识下，既成世代的"通过政策对大众贫困的恶循环和民族统一不能做出现实的科学方案的责任，在应该潜心学习的校园内却不得不对统一问题耗费心身的责任"进行强调要求。

民主党政府为了限制学生的这种反映，早在3月就使国家保安法改正案和关于集会及示威运动的法律案立法化了。在中立论和南北交流论的统一议题进行的同时，感觉到对国民自由的威胁的全国学生和国民高喊"张政权下台"，"美国人滚回去"，"洋鬼子滚回去"，"百姓怎么在苛政下活呀"，"自由党的最后挣扎，民主党回来"等口号，重新找回4.19精神的本质，全力恢复自由。到了5月，民主党政府在内阁会议通过了国家保安法改正案等制裁法案，历史上随着5.16军事政变又开始进入了另一个深渊。

学生运动中的学生信念的形成是这个时期最重要的动因。直到诞生第2共和国，学生信念是建立自由精神，第2共和国后的近1年时间里，学生的意识中形成了压倒性的信念，事实上所有大学的报纸和杂志都是关于统一的问题，以此来唤起学生的民族意识。即，4.19以后学生的信念从自由民主主义转换为了民族主义，这是学生集团从国际关系投影韩国，再从民族角度重新定义政治秩序的结果。

중국 실용주의 중심의 교육개혁이 가져온 사회적 변화
- 대학교육자의 삶의 질 향상을 중점으로 -

I. 서 론

인간이 살아가는 목적은 명예, 부귀, 사랑, 자아만족을 추구하며 보다 나은 생활, 보다 행복한 생활을 영위하는 것이다. 이러한 인간의 보편적인 목표는 자본주의 국가나 사회주의 국가나 대동소이하다고 하겠다. 중국은 빈곤, 무자유, 폐쇄적 사회의 오랜 칩거에서 '교육혁명'의 새로운 시대에 접어들면서 보다 인간다운 생활에 관심을 갖게 되었다.

중국은 마오쩌둥(毛澤东)이 사망하고 1978년부터 덩샤오핑(邓小平)이 집권하면서 정치개혁과 경제적 개방정책을 단행하여 그 여파는 교육부문에도 변화와 개혁을 일으켰다. 실용주의 중심의 노선은 이념지향적인 모델을 벗어나 실사구시가 중국사회의 지도이념이 되어야 함을 강조한다. 즉 공산주의 기본노선을 유지하면서 경제사회의 발전차원에서 '중국특색의 사회주의'건설이라는 구호를 내세우고 부분적으로 자본주의적 시장경제체제를 수용하는 차원의 시도가 이루어졌다. 이러한 실용주의 중심의 정책기반 형성을 위하여 중국은 '사회주의 4대(농업, 공업, 국방, 과학기술) 현대화 건설' 정책을 제시하였고 이 네 분야를 현대화하기 위해서 교육이 모든

* 경희대학교 교양학부 조교수
** 본 연구는 2005년도 경희대학교 학술연구비 지원을 받아 연구되었음.

것을 우선하도록 하고 이를 추진할 수 있는 인재육성을 중요시하였다. 이와 더불어 대학에도 개방개혁의 신선한 충격으로 '국제 합작부'를 설치하고 국내는 물론 세계 각 국가와 국제교류와 대외활동을 강화하게 되었고 가장 최근의 개혁조치로 '세계 일류대학건설'과 대학발전전략을 추진 실행하고 있다.

90년대 초에 중국 교수들은 박봉에 궁핍한 생활을 하였으나 최근에는 휴대폰 소지, 아파트 구입, 차량 보유 등 변화된 모습을 보이고 있다. 이러한 놀라운 사실은 필자로 하여금 무엇이 중국 교수사회에 이러한 변화를 가져오게 했는지 지적인 호기심을 가지게 하였고[1], 중국의 교육개혁에 초점을 두고 본 주제를 선정하게 되었다.

본 논문은 '삶의 질 향상과 발전(the quality of life and develop)'이란 접근 방법으로 교육개혁을 연구 분석하고자 한다. 발전은 대체로 근대화, 산업화, 복지 국가를 지향하는 것으로 본다. 과거에는 범세계적으로 발전의 유일한 척도는 경제 성장이었으나, UN의 국제 발전 전략은 다음과 같이 설명하고 있다. 즉 발전의 궁극적인 목표는 개인의 안녕에 있어서 지속적인 향상을 초래하고 모든 사람들에게 혜택이 돌아가게 하는 것이다. 만약 과도한 특권, 부의 양극화, 사회 불평등이 지속되면, 발전은 그 본질적인 목적에 있어서 실패한 것이며, 사회에 있어서 질적, 구조적 변화는 급속한 경제성장과 조화를 이루어야 하고, 기존의 불균형은 실질적으로 감소되어야 한다. 이러한 목표들은 발전의 결정요인도 되고 동시에 최종결과도 된다[2]. 따라서 발전 개념을 나타내는 근본적인 가치관은 특정 사회의 성격, 역사, 문

---

1) 현재 중국 교수들의 생활은 상당히 윤택해졌기 때문에 필자의 호기심과 이 주제의 시의성에 약간의 갭이 있을 수 있다. 그러나 수교 전인 1990년부터 중국 교수들과 교류가 있었던 필자로서는 너무도 궁핍했던 교수들(당시 베이징대 역사학과 교수급여가 인민폐 600위안-700위안, 한국 돈 약 십만 원 상당.)의 생활이 여러 가지로 향상되면서 '사회주의'가 변화하는 자체를 실감하게 되었고 이를 파악하는 것이 우리가 중국을 이해하는데 중요한 선결 과제라고 생각되었다. 또한 교수의 봉급이 올랐는데 왜? 어떻게 올랐는지 그것을 실증조사(사회주의 국가에서는 어려운)를 통해서 규명해 보고자 하였다.

2) Stewart Macpherson, *Social Policy in the Third World: the social dilemmas of underdevelopment*. (Brighton; Harvester). 1982, p.12.

화 그리고 무엇보다도 그 사회 구성원들의 열망에 관계해서 그 사회의 맥락에서 논의되어야 하며, 이 가치관은 인성의 잠재력 구현이라는 질문들로부터 시작하여 정립할 수 있는 것으로, 예를 들면, 빈곤, 실업, 무주택, 불평등의 해소를 발전의 관심사로 보는 것으로부터 출발하여, 나아가서는 참교육, 참여, 공동체 같은 것으로 확대시켜 나아갈 수 있을 것이다.[3] 그러므로 본 연구에서의 발전 개념은 중국사회가 개방·개혁정책을 표방한 이후 실용주의 중심의 교육개혁을 추진하면서 중국지식인이 느끼는 빈곤 해소, 처우개선, 생활 안정 등 인간적 욕구에 따라 추구되고 있는 삶의 질 향상을 위한 일련의 변화를 지칭한다.

중국은 '중국교육개혁과 발전강요'를 공포하면서 다음과 같이 말하고 있다.

"누가 21세기의 교육을 장악하느냐에 따라서 21세기 국가경영에서 전략적 우위를 차지하게 되는지를 결정하게 된다. 멀리 보고 교육개혁을 충실히 추진해야 한다."[4]고 교육혁명을 감행하고 있다. 이러한 중국을 이해하기 위해서 그들의 실용주의 중심의 교육개혁을 파악하는 것은 대단히 중요하다. 그러나 중국의 교육에 관한 연구는 교육 전반에 관한 개괄서와 중국의 세계일류대학건설 정책에 관한 연구, 대학개혁의 비교연구 등 거시적인 연구가 있으며[5] 실용주의 중심의 교육개혁 이후 교육종사자의 삶의 질 향상과 관련한 심층적 연구는 없다.

따라서 본 연구의 목적은 중국이 실용주의 중심의 교육개혁의 변화를 통해서 대

---

3) Stewart Macphersom, Ibid, pp.19 – 23; 전국진, "국가발전과 사회정책 발달이론에 관한 연구", 1989. 202, 216 – 218.

4) 中共中央 国务院 发行, 「中国教育改革和发展纲要」. 1993. 2. 13.

5) 구자억 「중국의 교육」(원미사, 1999), 구자억 외, 「세계의 교육혁명」(문음사, 1999)은 중국교육의 전체를 이해할 수 있으며, 제임스 왕, 「현대중국정치론」(그린, 2000)에서는 교육개혁에 관해 부분적으로 다루고 있다. 이 자료들은 교육개혁에 관한 전체를 개괄하고 있으며 이론적 측면이 강하다. 중국문헌으로는 中国中央教育科学研究所의 '21世纪 中国教育展望'에서는 소질교육, 기술교육, 직업교육, 성인교육 등을 다루고 있고, 马万华 교수의 『从伯克利到北大清华』(北京: 教育科学出版社, 2004)에서는 고등교육의 개혁과 중미 연구형 대학건설이 중점적으로 다루어지고 있다. 논문으로 '중국의 세계일류대학건설 정책에 관한 연구' '중국의 성인고등교육 개혁동향'에 관한 것 등 다수가 있다.

학교육종사자들의 생활안정과 삶의 질 향상에 어느 정도 기여하였는가를 파악하는 데 있다. 구체적으로는 실용주의 중심의 교육개혁이 중국사회의 경제적, 사회문화적, 정치 이념적으로 어떠한 변화를 가져왔는가를 중점적으로 고찰할 것이다. 또한 이러한 실용주의 중심의 교육개혁이 가져오는 부정적 측면에 대해서도 살펴본다. 본 논문의 연구방법은 문헌 분석 외에 부분적인 설문조사를 병행하였다. 설문조사는 중국의 베이징대(北京大)와 산둥대(山东大)의 교수, 행정직원, 대학생 등 89명과 그 외 비공식적으로 만난 교수들 수 명을 대상으로 이루어졌으며 설문 시기는 2006. 1. 5 - 1. 20까지 이루어졌다.

중국의 교육개혁은 시기, 내용, 목표와 방침에 따라 지나치게 포괄적이고 방대하다. 그러므로 본 논문에서의 교육개혁의 범위는 1978년부터 2006년까지의 시공간적 범위로 하고, 개혁개방시기에 중점을 두어 '실용주의 중심의 교육개혁'으로 명명하고자 한다. 구체적으로는 최근의 교육개혁인 1993년의 [중국교육개혁발전강요]('中国教育改革和发展纲要' 이하 '깡야오': 纲要)와 1994년의 [중국교육개혁발전강요의 실시의견]('中国教育改革发展纲要'的 实施意见)을 중점 내용으로 한다.

Ⅱ. 실용주의 중심의 교육개혁의 배경

중국은 1949년 신중국 이후 사회주의 국가 건설을 위한 내부적 갈등을 겪어 왔다. 특히 마오쩌둥 사상에 입각하여 마르크스 레닌주의를 주창하는 세력과 경제건설에 치중하는 실용주의 중심의 세력 간의 갈등은 시대상황의 변화와 함께 지속되어 왔다. 특히 문화혁명기간에 샤빵(下防)정책에 의해 2천만 명이 시골로 추방되고 학교가 2년간 폐쇄 정지되는 교육의 황폐기를 겪으면서 중국 사회는 공산주의만이 유일한 사회체제가 아님을 인식하고 새로운 변화를 추구하게 된다. 이러할 즈음 1976년 마오쩌둥이 사망하고 덩샤오핑이 집권하면서 현대화를 추구하는 실용주의 중심의 노선이 공식화되면서 자본주의 시장경제 사회를 받아들이게 된다. 동시에 공업, 농업, 과학 및 국방의 현대화 중에서 교육이 중국 사회 변화의 핵심과제로 제시된다. 따라서 점차 능력주의적, 실용주의적 사고방식이 확산되고 이 분야의 인재육성이 부각되며 사회비평을 수용하고 급기야는 대학교육 종사자들의 생활안정이 우선 과제로 제기되었다. 또한 현대화를 위해 '(敎育新体制)'를 만들고 이의 실천을 위해 대외교류 및 교육의 세계화 전략이 요구되는 것이다. 이를 구체적으로 살펴보자.

1. 사회주의 현대화와 대학교육의 개혁

중국 대학교육개혁의 목표는 사회주의 현대화 건설이 가장 핵심이었다. 1978년부터 각 분야에 추진된 개방개혁 중에서도 덩샤오핑은 대학교육에 대해 혁신적인 전략을 내놓았다. 즉, '싼거미엔썅(三个面向)'이란 전략으로 이는 덩샤오핑이 1983년 베이징의 경산학교에 써 준 제사(題词)로서 "교육이 현대화를 향하여, 세계화를 향하여, 미래화를 향하여 나아가야 한다(敎育要面向现代化, 面向世界化, 面向未来化)"는 교육발전의 근본원칙을 천명하였다.[6] 이 '싼거미엔썅' 중 현대화 미엔썅은 주체이며 세계화 미엔썅과, 미래화 미엔썅은 두 날개이며 그 실적이고 핵심적인 내용은 즉 사회주의 현대화 건설을 위하여 덕, 지, 체를 갖춘 종합적이고 발전적이며 모든 것을 갖춘 '합격인재'(合格人才)를 양성해야 한다는 주장이다.[7] 또한 이러한 인재육성을 위해 대학이 현대화에 앞장설 것을 강조하였다. 이를 위한 조치들로서

---

6) 교육의 싼거미엔썅(三个面向)-현대화, 세계화, 미래화를 위해 나아가야 한다는 것은 고등교육발전의 기본원칙이며 중국교육개혁과 발전의 지도사상과 전략방침이라고 할 수 있다.

7) 纪宝成, 2004. 7, 「邓小平高等教育思想是我国高等教育事业发展的根本指南-纪念邓小平同志诞生100周年」, 学校党建与思想教育, 7-8. 1977년 8월 8일 덩샤오핑은 "과학과 교육에 대한 몇 가지 의견"을 발표하였다. 그리고 중앙은 대학교에 그간 중지시켜 온 학생 입학시험제도를 부활시켰다.

우수한 인재등용을 위한 대학입학제도의 부활과 강화, 수익자 부담 원칙의 대학생 등록금 납입제도 도입 등의 개혁이 불가피하게 이루어지게 되었다.

실용주의 중심의 교육개혁은 무엇보다도 과거의 교육개혁이 국민의 경제수준과 국력을 한 단계 높였다고는 하나 기대에 못 미치는 상황에서 교육을 국가발전의 중요한 전략으로 설정하고8) 다음 세 가지를 제시하였다. ① 중국 특색이 있는 사회주의를 건설한다는 당의 기본 견지와, ② 현대화, 세계화, 미래화를 위한 교육의 개혁과 개방을 가속화하여 높은 소양을 가진 노동자를 양성하며, ③ 사회주의 시장 경제체제와 정치체제, 과학기술체제가 서로 적응할 수 있는 '교육신체제'를 만들어야 한다.9) 그러기 위해서 중국은 과학기술의 현대화를 해야 하고 과학기술인재의 양성은 바로 교육이 기초가 되어야 하며 그 중추는 대학교육이 담당해야 한다는 것이다. 이러한 덩샤오핑의 대학교육사상의 지도하에 사회주의 시장경제체제의 요구에 적응하기 위하여 중국대학교육의 개혁은 추진 심화되었다.

2. 중국지식인의 궁핍한 생활개선

실용주의 중심의 교육개혁 중 가장 중요한 관건 중의 하나는 지식인의 경제적 지위 향상과 생활의 질을 높여야 한다는 사회적 압박과 요구에 의해 이 분야의 개혁이 이루어졌다는 점이다. 당시 중국 사회 교육자의 생활상에 관한 실례를 들면, 교장직을 가지고 있는 사람이 낮에는 학교에서 교육에 종사하고 야간에는 생계유지를 위해 '제2직업'을 가지고 식당에서 접시를 닦는가 하면10) 1990년 당시 대학교수의 월급은 400위안(한국 돈 6만 8천 원 정도)으로 생활이 어려웠다. 뿐만 아니라 교수들은 저택이나 좋은 아파트는 꿈도 꾸지 못하고 정부가 부여하는 대학교

---

8) 구자억, 『중국의 교육』, (서울: 원미사), 1999, 25 - 28.

9) 国务院, 关於 '中国教育改革发展纲要'的实施意见, 国发(1994) 39호,

10) 초등학교의 교장선생이 방과 후에 만두가게에서 일을 해야 家系를 영위할 수 있었으며, 많은 교육자들은 부업으로 '제2의 직업'을 가져야 했고, 이는 일간지에 보도되었다.

안에서 거주하는 것이 태반이었다. 따라서 사회에서는 "원자탄을 제조하는 지식인보다 차와 지딴(鸡蛋: 계란)을 파는 사람이 훨씬 낫다(造原子弹的不如卖茶鸡蛋的)"[11]라는 사회주의 국가에서는 보기 드문 불평과 여론이 들끓었다. 이러한 따가운 사회적 비판은 교육자들의 분배체계를 연구해야 하고, 평균주의 사상의 속박에서 벗어나 노력한 만큼 거두어 가는 자본주의 시장경제 체제의 도입을 내면화하게 되었고 안정된 직업 속에서 일할 수 있는 길을 마련하는 것이 급선무였다. '깡야오'(纲要)에서도, "교육의 전략적 지위가 실제 정책추진 과정에서는 제대로 이루어지지 못하고 있기 때문에 교육에 대한 투자 부족과 특히 교사에 대한 대우가 낮고, 학교운영 조건이 낙후되어 있는 점" 등이 지적되었다.[12] 따라서 지식인들의 극심한 빈곤상태에서 교육개혁은 이 문제를 최우선으로 다루지 않을 수 없었으며 교사우대정책은 교육개혁 항목의 중요한 비중을 차지하게 되었다.

3. 대외교류의 확대와 교육의 세계화 전략

중국의 실용주의 중심의 교육개혁의 세 번째 배경은 중국정부와 대학이 싼거미엔쌍 중에서 가장 중점이라고 할 수 있는 세계화 미엔쌍을 어떻게 구체화할 것인가에 모아진다. 1993년 중국국무원이 발표한 '중국교육개혁과 발전에 관한 기본방침'(中国教育改革和发展纲要)은 중국이 교육발전과 교육개혁을 추진하는 중요한 방침을 담고 있다. 이는 교육구조를 거시적으로 조정하는 기초로서 2000년까지 약 85%의 인구에 대한 9년제 의무교육의 보급을 비롯하여 대학교육의 중점발전에 큰 목적을 두고 있다. 또한 1994년에는 ≪"中国教育改革和发展纲要"的实施意见≫의 내용 중에는 대외교류를 넓혀야 한다는 항목을 강조한다. 자국교육의 자본금과 합자항목을 쟁취하고, 학교와 과학기술연구 기구의 국제학술교류와 합작을 지지하고

---

11) 马万华, "高等教育结构调整和女性高等教育", 北京大学主办[女性与教育问题]国际学术研讨会,(2006. 6. 15~16, 北京大学), 175.

12) 国务院, 关於 '中国教育改革发展纲要'的实施意见, 国发(1994) 39호.

발전시킨다[13])는 내용이다. 즉 사회주의 현대화건설을 위해서는 국내 전 분야에서 교육을 최우선적 위치에 둘 뿐만 아니라 외국경험을 배워야 한다는 파격적인 지침이 제시되었다.[14]) 이는 중국자체로서는 사회주의 현대화건설에 역부족이라는 점이 대두된 것이다. 따라서 국민경제수준과 국력이 한 단계 높아졌다고 하나 교육을 통한 더욱 큰 발전을 염두에 두고 1993년 7월의 '중점대학육성 의견'에서 21세기에 과학과 기술 분야의 국제기준에 맞는 교육여건을 갖추도록 하는 목표로서 약 100개의 대학교를 설립하는 소위 '211 공정'이 제시되었고[15]) 이를 보충하여 1998년에 또다시 '985공정'으로 새로운 개혁을 시도하게 된다.

Ⅲ. 실용주의 중심의 교육개혁의 주요내용

'기본방침'에 명시된 교육개혁의 내용은 교육체제개혁, 교육의 질적 향상을 위한 교수 – 학습방법의 개혁, 쟈오쓰뛔이우지엔서어(교사대오건설: 教师队伍建设), 교육투자 체제의 개혁으로 규모가 방대하다. 그중 교사대오건설과 교사우대정책의 시행, 대학교육투자와 대학경제발전의 개혁에 중점을 두고 다루고자 한다.

1. 쟈오쓰뛔이우지엔서어(敎師隊伍建設)와 교사 우대정책의 시행

쟈오쓰뛔이우지엔서어는 중국교육자들의 삶의 질 향상을 위해 다각적인 요구사항이 상향되어 얻어낸 개혁조치 중의 중심적 조치로서 다음과 같은 내용을 담고

---

13) 中共中央 国务院 发行, 1993. 2. 13. 「中国教育改革和发展纲要」.

14) 구자억 외, 「세계의 교육혁명」, (서울: 문음사), 1999, 416 – 417.

15) Wing – Wah Law, "Fortress State, Cultural Continuities and Economic Change: Higher Education in Mainland China and Taiwan", *Comparative Education,* Vol.32, No.3.(Nov., 1996), 386.

있다.[16) 첫째, 사회경제적 지위향상에 관한 개혁이다. 교육 분야 종사자들의 사회경제적 지위향상을 위해서 가장 중요한 것은 그들의 낮은 급여에 대한 처우개선이라고 하겠다. 이를 위해 우선 교사의 업무 강화와 교사단체의 설립을 우대하였다. 이는 바로 교육개혁과 교육발전의 근본적인 변화로서 중국은 교사의 정치지위와 사회지위를 높이고 학생은 반드시 교사를 존중하며 사회 모든 분야에서도 반드시 교사를 존중해야 한다는 시책을 마련하고 교육에 평생 종사할 수 있도록 하였다. 먼저 교사의 경제적 지위를 높이기 위하여 교사의 평균 봉급은 국가공무원의 평균 봉급보다 높게 책정하도록 하는 정책을 교육개혁의 일환으로 실시하였고, 교사들에 대한 의료문제도 국가공무원과 동등한 의료혜택을 향유할 수 있도록 하였다.[17) 또한 특별히 우수한 교사에게는 '특급교사'(特级教师)제도를 제정하여 격려하도록 하였다. 이러한 덩샤오핑의 지도하에 중국의 각급 각층에서는 교수와 교사직급을 개편하였다. 예를 들면, 대학교의 교수칭호를 교수, 부교수, 강사, 조교 등으로 구분하고 직무에 따라 초빙제, 책임제와 더불어 '스승의 날'(教师节)을 제정하였다.[18)

　둘째, 교육자 양성과 교육훈련과정의 강화이다. 덩샤오핑은 '어느 학교가 사회주의를 건설하기 위한 합격된 인재를 양성하고 덕, 지, 체의 전면발전을 위한 사회주의의 각오를 가지고 문화적 소양을 가진 노동자를 양성하는 관건은 교사에 달려 있다.'고 강조함으로써 합격된 교육자집단을 고등교육발전의 근본적인 지침이 되도록 하였으며 교육자들로 하여금 우수한 학술논문과 간행물을 반드시 출판할 수 있도록 보장한다고 하였다. 이러한 중국의 '교사대오건설'이라는 계획 아래 중앙정부는 지방정부로 하여금 사범교육에 관한 재정투자를 늘리도록 하는 한편, 우수한 학생들이 사범학교나 사범대학에 진학하도록 권장하고 있으며 지금까지 추진되고 있

---

16) 중국은 '교사대오건설 정책'(教师队伍建设政策)을 통해 중국 지식인들의 급여가 향상되는 기초를 마련하였다고 하겠다. 이에 관한 구체적인 내용은 구자억 외, 상게서, 432. 참고.

17) 구자억 외, 상게서, 432.

18) http://www.w2136.com/fw/art2005/11/4223421 - 3.htm/검색일: 2007. 1. 20.

는 교육연수보다 더욱 체계적이고 엄격한 교육훈련계획을 세워 교사의 자질을 향상시키고 있다. 또한 대부분의 교사들로 하여금 국가의 학력기준에 도달할 수 있도록 독려하고 있다. 예를 들면, 사범교육과 교사의 자격을 위한 훈련증가와 이와 더불어 교사의 업무수준도 계속적으로 개선되고 있는데 1993년의 각종 교육에서 교사의 학력 합격률 통계자료에 따르면, 소학교 교사가 84.7%, 중학교 교사가 59.5%, 고등학교 교사가 51.1%로 나타나고 있으며, 가장 주목할 것은 1993년에 '교사법' 제정이 태동하였다는 점이다.[19]

2. 대학교육투자와 대학경제발전의 시행

1978년 전까지 중국의 교육경비는 기본적으로 국가의 재정지원에 의존하고 있었다. 즉 국가가 모든 경비를 부담하여 왔던 것이다. 그러나 이러한 단일 교육투자체제는 교육발전에 커다란 장애요인으로 지적되어 왔다. 때문에 중국은 최근 몇 년간 교육재정의 개혁을 위한 조치를 취해 왔다. 그중 대학교육재정과 관련하여 파격적으로 대학등록금을 징수하였고 '211공정' 실천을 위한 전문예산항목설치, 다양한 교육경비모집체계를 구축하고 있다.

또한 1995년 '제5차 대학교육회의'에서 대학교육발전을 위한 전략과 목표가 설정되었는데 그중 중국이 사회주의 초급단계라는 사실과 지금까지 대학교육을 발전시켜 온 역사적 경험을 결합하여 '다양한 방법의 자금모금과 투입증가'를 강조하고 있다. 이는 중국정부가 교육경비를 부담하는 것을 위주로 하되, 기업이나 사업단위, 사회단체, 공민개인의 기부금이나 자금모금, 학생의 학비부담제도 시행, 국제와 해외단체, 개인의 학교 설립 혹은 합작학교 설립 등의 다양한 방법으로 학교운영경비 또는 학교 설립경비를 모으는 것을 말한다. 대표적으로 '대학등록금 징수'와 '211

---

19) 「邓小平与中国教育的振兴 - 兼论中国教育改革15年」,
    http://www.w2136.com/fw/art2005/ 11/4223421 - 3.htm/검색일: 2007. 1. 20.

공정' 및 '세계일류대학 정책의 실행'으로 구분할 수 있으며 구체적으로는 다음 장
에서 다루기로 하겠다.

Ⅳ. 실용주의 중심의 교육개혁이 가져온 사회적 변화

중국에서는 덩샤오핑의 개방화와 교육 현대화에 힘입어 실용주의 중심의 교육개
혁이 실시되었으며 그 이후 중국교육종사자들의 생활에는 다음과 같은 변화가 나
타났다.

1. 경제적 변화와 삶의 질 향상

교육개혁이 가져온 경제적 변화로서는 교육의 재정적 투자 등 여러 가지로 파악
할 수 있으나 본문에서는 실용주의 중심의 교육개혁 이전과 비교했을 때 어떠한
변화가 있는지, 교육개혁은 교수, 교직원, 학생들의 생활환경에 어떠한 변화를 가져
왔는가를 중점적으로 분석해 보고자 한다.

중국의 교육개혁 중의 가장 큰 수혜자는 역시 교수, 교사, 교직원 등 교육종사자
들이다. 이는 다시 교직자의 봉급상승과 지위 향상, 교수사회의 변화로서 "실용주
의 중심의"와 "능력주의", 대학생사회의 변화로서 "등록금 납부와 장학제도의 강
화"로 구분할 수 있으며 이에 관해서는 필자가 2006년에 북경에서 실시한 설문조
사[20] 결과 다음과 같은 결론을 얻을 수 있었다.

첫째 교직자의 봉급상승과 지위 향상이다. 앞서 설명한 바와 같이 중국사회의 교

---

20) 설문조사는 기초 조사와 그것을 토대로 한 설문조사를 실시하였다. 기초 조사는 주한
    중국 대사관 교육 참사처, 중국 교수, 중국 유학생들을 중심으로 방문 조사하였으며,
    설문조사는 중국 북경, 산둥 지역을 중심으로 교수, 행정원, 학생 89명과 그 외 비공식
    적으로 만난 교수들 여러 명을 대상으로 이루어졌다. 설문시기 2006. 1. 5. - 1. 20.

육자의 대우는 과거에는 대단히 낮았다. 따라서 교육자는 제2의 직업을 가져야 했고 또한 최고 지식인들의 생활은 지딴 파는 사람보다도 더 못했다. 그러나 이러한 그들의 생활도 교육개혁과 더불어 삶의 질에 변화가 일어났다. 이에 대해 "귀하는 현재 속한 부서에서 급여가 10년 전(1995년)과 비교하여 어떻게 변화하고 있다고 생각하십니까?(您认为在您所属部门的工资与10年前(1995年)相比有何变化?)"라는 질문을 하였다.

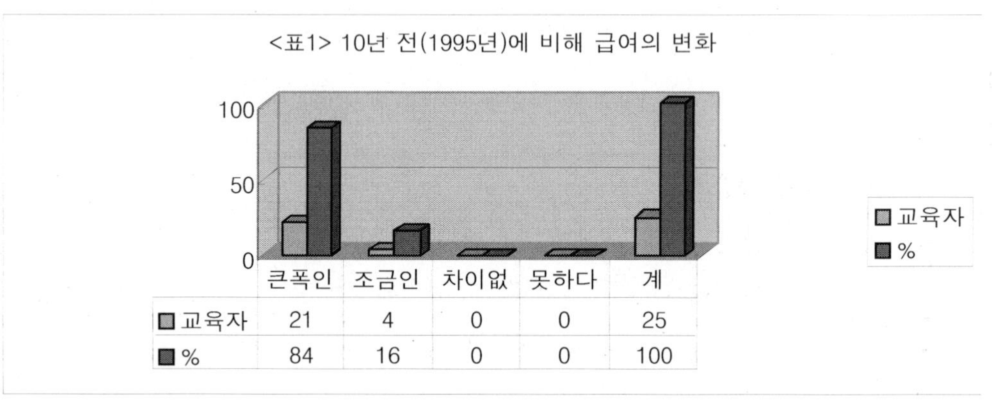

<표1> 10년 전(1995년)에 비해 급여의 변화

	큰폭인	조금인	차이없	못하다	계
교육자	21	4	0	0	25
%	84	16	0	0	100

<표 1>에 따르면, '큰 폭으로 인상되었다'가 84.0%로 나타났으며 '조금 인상되었다'가 16%로서 참여자 모두가 생활이 향상되었다고 답변하였으며, 과거와 비교하여 차이가 없는 사람은 0%로 나타나 대단한 변화를 알 수 있게 해 준다. 교직원의 봉급은 큰 폭으로 인상되었다가 88%인데 그중 베이징대 교직원이 10명, 산둥대 교직원이 4명이었으며 지역과 학교에 따라 급여의 차이가 보인다. 조금 인상되었다는 답변은 2명으로 베이징대, 산둥대 각각 1명이었고 응답자 전원이 급여의 상승을 나타내었다.

이어서, 실질적인 변화를 알아보기 위하여 다음의 질문을 하였다. "[실용주의 중심의 교육개혁 후 귀하가 근무하는 부서에서 가장 많은 변화를 느끼는 분야는 무엇입니까?](实用主义改革后, 在您工作部门中, 您认为哪个领域变化最多?)"라고 묻

고 우선순위별 3개 항목을 고르라는 요청에 대해 <표 2>에서 나타나고 있는 것처럼 1순위가 '급여수준향상'으로 23.7%, 2순위가 '연구 분야 지원증가'로 22%, 3순위가 '시설의 증대 및 확충'이 20.3%였고 그 다음 경영지원과 임용 및 채용이 각각 16.9% 순으로 나타났다. 이상의 설문결과를 보면 교수와 교직원의 급여가 가장 많이 오르고 있음을 모두가 공인하고 있는 것으로 조사되었다.

<표2> 실용주의 교육개혁후 변화 세가지 선택

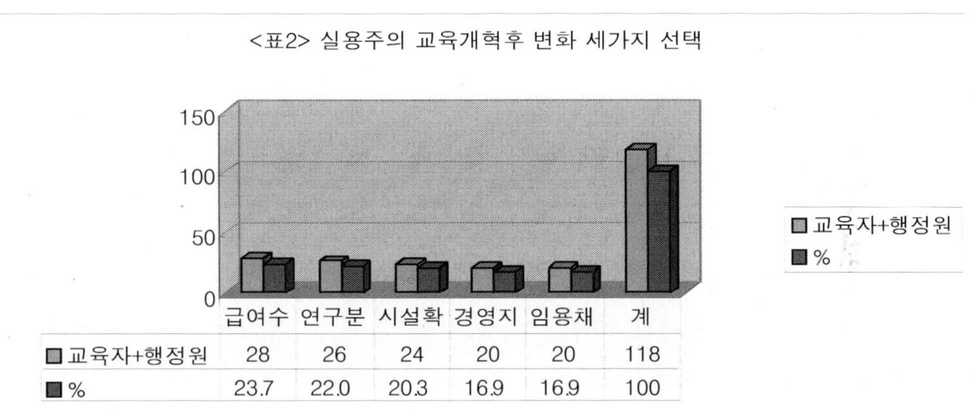

	급여수	연구분	시설확	경영지	임용채	계
교육자+행정원	28	26	24	20	20	118
%	23.7	22.0	20.3	16.9	16.9	100

　둘째, 교수사회의 변화는 "실용주의 중심의"와 "능력주의"로 변화하고 있다는 점이다. 교수의 개별적 능력과 실적에 따라 다양한 임금체계를 보이는 것도 중국의 중요한 변화 양상이다. 같은 교수라도 어떤 학과에 재직하고 있고 어떤 일을 하느냐에 따라 월급은 천차만별이다. 기본급은 같지만 수당이나 성과금은 차등 지급되고 있다. 또한 교수정년이 60세이지만 능력에 따라 80세까지 교수직이 보장되기도 하고, 30대 부총장이 나타나는가 하면 대학 부설 실험 소학교에 20대 교장이 부임하기도 한다. 일반적으로 교육개혁 실행 이전과, 교육개혁 이후 교수들의 급여에는 상당한 변화가 있었고 전반적으로 많이 올랐다. 한편 중국 교수들의 수입의 증가에는 외국 대학과의 각종 활동과도 비례한다. 중국의 명문대학교 교수들은 한국의 고려대, 경희대, 한양대를 비롯하여 일본 등 가까운 나라에 가서 교환교수를 하는 경우가 많았으며 연구, 강의, 특강 등을 통해 고수입을 얻게 되었다. 이는 중국 내의

교수들의 급여와 비교할 때 상대적으로 단기간에 고소득을 올릴 수 있는 기회가 된다. 이러한 교수 수입의 증가는 직간접적으로 삶의 질 향상을 가져오고 있다. 예를 들면, 90년대 초반에는 베이징대 인민대 등 교수 대부분이 대학교 안의 '국가에서 분배한 주거지'에서 생활하였으나 90년대 중반 이후부터는 앞서 설명한 부수입의 증가 등으로 베이징대 교수들 중에는 학교 외부에 아파트를 보유한 사람들이 상당수 증가하였다.[21]

셋째, 대학생사회의 변화로서 "등록금 납부와 장학제도"가 강화되고 있다는 점이다. 중국의 대학생은 과거에는(1950년대) 대학교에 등록금을 내지 않았다. 1977년 대학생 입학시험이 다시 실시된 이후에도 등록금을 내지 않았으며 오히려 많은 학생들은 학교에서 주는 생활비와 장학금(쭈쉬에진: 助学金)을 받았다.[22] 그러나 1985년의 학비징수에 관한 교육개혁 이후에 각 대학은 인민폐 100 - 300위안을 징수하였고 1994년 이후에도 학생의 등록금은 매년 300 - 500위안에 불과하였다. 그러나 10여 년이 지난 오늘날 대부분의 학교에서는 높은 등록금을 내고 있다. 때문에 중국의 교육개혁에 따른 투자에도 불구하고 대학등록금의 부담은 중국의 생활수준에 비해 턱없이 높아서 사회문제가 되고 있으며 급기야는 등록금을 내지 못해 자살하는 사례가 나타나 황금만능주의의 문제점으로 지적되고 있다[23]. 현행 중국의 주요대학의 등록금 현황은 <표 3>과 같이 나타났다.

---

21) 베이징대학교의 부총장이었던 역사학과 고 허방촨(何方川) 교수는 한양대학에서, 역시 베이징대학교의 역사학과 쉬카이(徐介) 교수는 고려대학에서, 랴오닝(辽宁)대학 진티엔이(金天一) 교수는 경희대학에서 각각 교환교수를 역임하였으며 이들은 후일 대학 밖의 아파트로 주거지를 옮겼다.

22) 「目前我国高校收费的 基本状況」, http://blog.people.com.cn/blog/static_toolbar.jspe 검색일: 2007 - 1 - 21.

23) 어느 농촌지역에서 아들이 대학에 합격하였으나 부모가 등록금을 내지 못하자 이를 비관하여 자살을 하였다. 마완화 교수와 인터뷰, 중국 베이징대 교육대학원 연구실 2006. 5. 14. 11:00~13:00.

<표 3> 中國 주요대학의 최근 등록금 현황

단위: 위안

학 교	2001年	2003年	학 교	2001年	2003年
베이징대학 (北京大学)	4800 – 5200	4900 – 5300	상하이쟈오통대학 (上海交通大学)	5000	5000
푸딴대학 (复旦大学)	5000	5000 – 6500	쓰촨대학 (四川大学)	3500 – 4200	4600 – 7000
지린대학 (吉林大学)	4200 – 5000	3800 – 7000	톈진대학 (天津大学)	4200 – 5000	4200 – 5000
난징대학 (南京大学)	4600	4600	통지대학 (同济大学)	5000	5000 – 6500
난카이대학 (南开大学)	4200 – 5000	4200 – 5000	시안쟈오통대학 (西安交通大学)	3750 – 5200	3750 – 5200
칭화대학 (清华大学)	4800	5000	런민대학 (人民大学)	4800	4800
산둥대학 (山东大学)	3600 – 5000	3600 – 5000	쭝산대학 (中山大学)	4560 – 5160	4560 – 5700

자료출처: http://blog.people.com.cn/blog/static toolbar.jspe 검색일: 2006. 12. 15.

<표 3> '중국 주요대학의 최근 등록금 현황'에 따르면, 2001년과 2003년의 베이징대학과 칭화대학 등 각 대학의 학비통계를 보면 대부분이 인민폐 4000 – 5000위안을 내고 있으며 그 외에도 의과대학의 경우 6000 – 9000위안을 내는 대학이 다수가 있다. 이는 몇 년간의 국민의 교육비 지출이 10배 이상이 되기도 하는 상황으로 이러한 고액의 등록금은 중국대학생들의 다수가 경제적 이유로 인해 학업을 중단할 수밖에 없는 사례로 이어지고 있다. 중국 신경보에 따르면, 미술을 전공하는 대학생의 1년간 부담액은 2005년의 한국 돈으로 계산하였을 때 한국 돈 98만 원으로 4년 동안 약 395만 원에 이르고, 이는 가난한 농민이 35년 동안 일해야 할 금액이라고 보도했다.24) 그렇지만, 증가되는 장학제도는 상당히 고무적인 양상을

---

24) '中 대학 새내기, 매춘광고 나선 까닭은?,' 출처 http://blog.naver.com/mjkcos.do?Redirect

띠고 있다. 교육부의 소식에 따르면(2002) 국가장학금 제도를 건립하여, 가정경제가 곤란하고 품행이 우수한 보통고등학교, 대학 본과생 혹은 대학원생에게 무상으로 자금을 제공해 주고 있다. 관련 자료에 따르면, 중국은 매년 예비 2억 위안에 달하는 예산을 가지고 약 6만 명의 학생에게 장학금을 지급하고 있다. 이 장학금은 학생 융자, 국가보조학자금 융자, 상업성학자보조 융자의 세 가지 형태로 나누어진다. 학생 융자는 소속 학교의 "경리과"에서 이자 없이 융자를 해 주며 다른 장학금의 혜택을 받는 학생은 대상에서 제외된다. 정책은 계속적으로 추진되고 있다.

각 대학에서도 장학금을 지급하고 있는데 베이징대학과 산둥대학을 예를 들면, "귀하는 귀하가 다니고 있는 학교에서 지원하고 있는 장학금 혜택을 받아 본 적이 있습니까?"라는 설문에 응한 베이징대 학생 13명 중 4명이(30%), 산둥대 학생 14명 중 12명이(80%) 장학금 혜택을 받고 있는 것으로 조사되었으며 이는 응답자의 절반이 넘는 59%가 장학금을 받은 것으로, 지방대학에서 더 많은 학생이 장학금 혜택을 받는 것으로 나타났다. 또 한 사례로는, 개인이 지급하는 장학금을 들 수 있다. 쑤쪼우(苏州) 대학의 한 퇴직교수는 "장수회"라는 장학금을 모아서 약 100명의 가난한 학생들에게 장학금을 지급하고 있는데 그중 33명은 학업을 마친 후 직장생활을 하고 있고, 장학금 혜택을 받은 한 학생은 대학원에 진학하여 학업을 계속하고 있다.

이렇듯 중국의 실용주의 중심의 교육개혁을 통한 교수 및 교직자들의 급여향상은 가정생계 및 자녀교육비 마련을 위해 '부업'을 해야 했던 중국 지식인들에게 지위상승과 안정적인 생활을 누리게 함으로써 지식인의 자부심과 긍지를 가질 수 있게 하였다. 또한 대학생들로 하여금 등록금을 내도록 하여 교육의 수익자 부담원칙을 적용하고 있으며 동시에 사회주의 국가의 특색을 최대한 살려 여러 종류의 장학금과 정부 차원의 장학금을 또한 지급함으로써 우수한 인재를 양성하는 데 전력을 기울이고 있음을 엿볼 수 있다. 이로써 교육개혁 이전에 중국 교육자들의 궁핍

=Log&No=20017085360, 검색일: 2005. 9. 12. 국민 인터넷 뉴스.

한 생활여건은 사회적 불안으로 이어졌고 중국 당국은 이를 받아들여 실질적인 개선을 하였다. 이는 그동안 국가는 부자였으나 개인은 가난하다는 사회주의 국가 특색의 생활상에서 이제 개인도 안정된 생활을 할 수 있도록 개선하고 있다는 데 큰 의의를 찾을 수 있다.

2. 사회문화적 변화

실용주의 중심의 교육개혁 이후 중국의 사회문화적 변화로서는 유학생 증가 및 국제교류의 다변화, 문화생활의 변화로 구분하여 다루어 보고자 한다.

개혁개방 이후 중국사회의 큰 변화 중의 하나는 해외 각 국가와 학술교류활동 및 유학생의 증가이다. 자료에 따르면, 1978년과 1985년 사이에 29,000명의 미국에 유학을 간 중국 학생들 중 95.1%는 정부의 지원을 받는 대학원생이었으며, 중국 유학생들은 유학을 선호하는 국가로 USA를 첫 번째로 손꼽았다[25]. 중국과 한국은 대학과 자매결연을 하고 교수와 학생교류, 학술자료교환, 공동연구추진, 취득학점 상호인정, 교류방문실시, 교학자료 교환 등이 활발히 추진되고 있다.[26] 1995년에는 양국이 "중·한 교육교류와 협력 협의"를 체결하였으며 지금까지 두 나라에서 상호 방문해 온 교육단체가 매년 100개 이상 된다. 한국의 70개 대학은 중국의 150여 개 대학과 자매결연을 하였다. 또한 한국에서 중국어 학과를 설치한 대학이 110개를 넘었고 중국에서 한국어학과를 둔 대학도 25개나 된다.[27] 1978년 이래 해외 유학을 간 중국 학생 수는 6만 4천 명 정도였으나, 1990년까지 귀국한 유

---

25) Wing-Wah Law, "Fortress State, Cultural Continuities and Economic Change: Higher Education in Mainland China and Taiwan", *Comparative Education*, Vol.32, No.3.(Nov., 1996), 388.

26) 하영애, "한·중 교류의 실태", 신대순 외, 『재중동포 삶의 질 향상을 위한 한중 교류 실태와 발전방향』(재외동포재단), 2000, 139-143.

27) 하영애, 「한중교류10년의 성과와 발전」, 『한국중국학회 국제세미나 자료집』, (서울: 한국중국학회), 2004, 17-24.

학생 수는 겨우 2만 2천 명이었다[28]. 또한 중국 학생의 해외 유학은 더욱 증가하고 있는데, 해외 유학에 나선 중국인은 2005년 말까지 누계 기준으로 93만3000만 명에 이른다. 이들 가운데 23만 400명은 귀국했으며, 나머지는 해외에서 공부 중이거나 일자리를 찾은 것으로 전해졌다. 또한 한국에 와 있는 중국 유학생은 15000명이며, 중국에 가 있는 한국 유학생 수는 45,000명으로 양국은 정치, 문화, 체육 등 다양한 교류협력과 더불어 유학생 교류는 더욱 증가하는 추세이다.[29] 중국 학생의 해외 유학 증가에 대해 어떤 이는 '인재유출(Brain Drain)'의 우려를 표명하고 있으나 국제교육 교류합작을 강화하고 교육의 대외 개방을 확대하여 세계 각국 교육의 성공적인 경험과 인류과학과 문화성과를 거울로 삼고자 하는 중국은 그 고삐를 더욱 강화시킬 것이다.

국제무대에서 사회단체 간의 교류활동 역시 실용주의 중심의 교육 추진 이후 급격히 변화된 하나의 양상이다. 중국과 한국은 수교 이후 양국의 관계증진을 위하여 1994년부터 1997년까지 4차례에 걸쳐 매년 서울과 북경에서 번갈아 가며 "한중미래포럼"을 개최하였다. 이 포럼은 양국의 각계 대표 급 인사가 참여하여 국가 간의 주요현안을 상호 논의하는 상설화된 대표적 민간차원의 중요한 교류활동의 하나이다. 주로 정부관료, 학계, 경제계, 문화계 등 1차－4차까지 141명의 인사가 참여하여 경제협력, 환경문제, 학술문화 교류증진 방안 등에 대해 광범위한 토론을 하였다.

중국과 국제사회 간의 여성 단체 간의 교류활동 역시 점차 증가하고 있다. 10년마다 개최되는 1995년 세계 제4차 여성대회의 북경개최[30]를 시작으로 미국, '유엔 여성지위위원회' 참가, 2년마다 개최하는 '동아시아 여성포럼', 2001년 한국 여성부

---

28) 제임스 왕 지음, 금희연 역, 『현대중국정치론』, (서울: 그린), 2000, 390.

29) 중국 원자바오(溫家宝) 총리의 한국 방문 시(2007. 4. 10 14:00－14:30) 신라호텔 영빈관 좌담회의장에서 양국 내빈이 참석한 가운데 주한 중국 특명전권대사 링푸쿠이(宁赋魁)의 보고내용 중에서.

30) 1975년의 세계 제1차 여성대회 이후 10년마다 여성대회를 개최하고 GO와 NGO가 함께 여성문제를 논의함. [제4차 북경 세계 여성대회]는 미국의 대통령 영부인 힐러리와 한국 등 각국의 영부인을 비롯하여 4만 5000여 명이 참가하는 대규모의 여성대회였다.

가 주최한 '한중일 여성 지도자 회의', 한국의 민간단체인 한중여성교류협회가 주최하는 '한중일 3개국 여성교류대회'[31] 등의 회의에 중국은 많게는 수백 명에서 적게는 수십 명을 참여시킴으로써 폐쇄적이던 사회주의 국가에서 시장 경제체제로 전환하며 발전하고 변화되고 있는 모습을 국내외에 보이고 있다.

문화수준은 그 나라의 경제수준과 밀접한 관계가 있다. 실용주의 교육개혁 이후 중국의 국내외 문화 교류 역시 다방면에서 증가 발전하고 있는 단계이다. 한중양국은 1994년 3월 38일 '중·한 문화협력협정'을 체결하고 문화예술분야의 교류활동을 강화했는데 중국교향악단, 상하이교향악단, 중국경극단, 중국소년 우호예술단, 곤곡예술단, 무용 등 예술단체와 개인이 한국에 와서 공연을 하고 매년 한중수교를 기념하여 각종 문화예술과 상호 방문이 증가하고 있다[32]. 북경, 서울, 도쿄를 상징하는 BESETO 미술전시회 개최를 비롯하여 각종 서화전, 정물화의 공동개최, 합창 공연 등을 통해 한국, 일본과의 교류활동도 꾸준히 하고 있으며 중국에서 한국의 유명 연예인이 나오는 영화나 콘서트는 많은 관람객으로 장사진을 이루어 "한류"라는 신종 유행어를 만들어 냈다.

선진 국가일수록 문화수준은 높고 농촌보다는 도시에서의 문화생활 수준이 더욱 높다. 중국의 문화생활과 관련하여, <표 4>의 "귀하는 문화생활비로 1년에 얼마나 지출 하십니까?(您在1年内的文化生活費支出大概多少?)"라는 설문 항에서 살펴보면,

---

31) 2007. 10. 25 - 27(2박 3일간) 한중여성교류협회가 주최하는 [한중일 3개국 여성교류대회: 여성포럼 및 문화예술교류] 행사에 중국에서는 북경, 산동 등에서 70여 명의 여성 지도자가 참석하였다. 하영애, "동북아의 여성운동과 인간중심사회를 위한 실천방안", 밝은 사회 운동과 여성, (서울: 범한서적), 2005, 167.

32) 주한 중국 대사관 문화 참사처 루스더(陆四德) 참사관 방문 인터뷰. 1994. 5. 10. 15:00 - 16:00; 95. 10. 26 - 11. 2일까지 8박 9일간, 96. 10. 4 - 18까지 14박 15일간, 98. 11.4 - 16일까지 각종 중국예술단 한국방문 서울 등 순회공연을 비롯하여 수교기념 공연을 개최함. - 중국은 또한 동양에서는 처음으로 몇 년 전에 중국문화원을 한국에 설립하였으며 한국인을 대상으로 중국어, 중국요리실습, 영화상영 등 다양한 활동을 전개하고 있다.

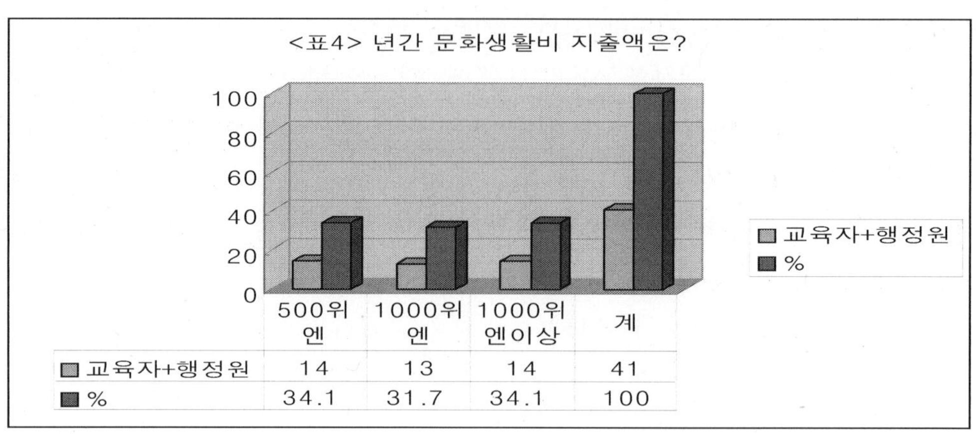

	500위엔	1000위엔	1000위엔이상	계
■ 교육자+행정원	14	13	14	41
■ %	34.1	31.7	34.1	100

중국의 교육자가 지출하는 비용은 연간 1000위안 이상이 34.2%, 510위안－1000위안이 31.7%, 210위안－500위안이 34.2%를 나타내고 있다. 이어서, "귀하의 문화수준은 10년 전과 비교하여 어떻다고 생각하십니까?(文化水平比十年前有何変化?)"의 문항에서는 '많이 향상되었다'가 61%, '약간 향상되었다'가 34%, '그저 그렇다' 5%로서 전체 인원 중 95%가 향상되었음을 나타냄으로써 중국 사회주의 국가에서 문화생활에의 변화 양상을 알 수 있다.

예전에 중국의 명승고적을 탐방했을 때 중국화교(외국에 거주하는 중국인)들이 다수였으나, 2000년 이후 중국의 서안, 계림 등의 관광객 중에는 자국의 고적이나 유적지를 보러 오는 사람들이 부쩍 많아지고 있음을 알 수 있다. 특히 심천의 명소 '世界之窗'에는 수많은 중국 인민들이 연일 세계 각 국가의 명승유적(축소판) 앞에서 사진촬영 등 관람에 장사진을 이루고 있음을 또한 볼 수 있다. 따라서 질문 항목에 "여가시간을 어떻게 활용하는가?(您如何利用空闲时间?)"에 대해 살펴본 결과, 독서(24.8%), 학습(22.8%), 전시회(15.8%), 운동 음악(14.9%), 영화관람(11.9%), 경극관람(2.0%), 마작(6.9%)으로 나타났다. 이는 교육 종사자들이란 공통점 때문인지 독서와 학습이 가장 높고 두드러진 양상을 볼 수 있으며 그다음이 전시회, 운동, 음악을 뒤이어 영화 관람도 꽤 높은 경향을 보이고 있다. 특이한 것은 중국인들의 마작 선호도는 경극 관람보다 높게 나타났다.

과거 중국인들의 생활은 한국이 겪었던 전후의 궁핍한 생활, 하루 한두 끼로 끼니를 채웠던 그 시대와 유사한 생활 속에서 문화생활은 상상할 수가 없었다. 그러나 부분적이지만 이상의 설문조사 결과 문화생활과 관련한 통계에서 살펴볼 때, 중국의 교육자들은 정도 차이는 있지만 개인의 수입원이 상승하고 있으며, 따라서 문화생활도 변모되는 면을 직간접적으로 알 수 있다.

3. 정치사상의 변화

현재 중국은 개혁, 개방주의 정책 이후 교육개혁에 따라 다양한 변화를 가져오고 있다. 특히 이념과 사상에 따른 변화로는 중국의 청년들은 공청단 가입에 대해 과거와 같이 많은 사람이 희망하지 않을 뿐만 아니라 자본주의 혹은 민주주의 국가의 젊은이들과 같이 좋은 직장, 멋있는 의복, 맛있는 음식을 원하고 문화생활을 중시하고 있는 것으로 나타나고 있다. 비근한 예로 "인민을 위해 봉사한다는 '레이펑'33)과 개인 기업가의 삶 중에 어떤 것이 더 가치 있다고 생각합니까? 이유는 무엇입니까?(为人民服务的雷锋和外国企业者的生活中，您认为哪一个更有生活价值？其理由是什么?)"라는(설문항 10) 문항에서 학생들의 응답을 살펴보면, '레이펑 정신에 우선한다.'가 44%, '레이펑과 개인 기업에 양립한다.'가 17%이었다. 그러나 '개인 기업발전에 우선한다.'는 항목에 역시 적지 않는 40%가 응답함으로써 젊은이들의 시장경제에 관해 변화하는 사상을 알 수 있다. 이 항목에 대해 교육자(교수, 교직

---

33) 레이펑(雷锋)은 인민을 위해 봉사한다는 자부심을 가지고 일한 중국청년으로 중국은 그의 사상을 국민들에게 본보기가 되도록 영웅시하고 찬양하였음. 레이펑은 1940년 12월 18일생으로 1962년 8월 15일 요녕성에서 일하던 중 동료의 군 차량에 치어 숨졌다. 향년 22세. 동년 3월 5일 마오쩌둥 주석은 친필로 '레이펑 동지로부터 학습하자(向雷锋同志学习)'라고 교시를 내렸고 이로부터 레이펑의 정신은 국방부는 물론 공산당과 무산계급의 지도 정신으로 추앙되었고 '雷锋纪念馆'을 만들고 영웅시하였다. "学习雷锋情神弘扬和新风".

원)들의 반응은 어떠한가? 이에 대해 '레이펑 정신에 우선한다.'가 39%, '레이펑과 개인기업 양립한다.'가 역시 39%로 똑같은 비율로 응답했으며, 특히 '개인 기업 발전이 우선이다.'라는 의견이 22%를 나타냄으로써 두 집단을 비교해 볼 때 대학생들의 사고관념이 교육자들보다 경제적 측면의 기업인을 더 선호하는 경향을 나타내고 있음을 알 수 있다[34]. 실제로 중국대학생들은 대학 4년 동안 마오쩌둥 사상, 마르크스－레닌주의, 덩샤오핑 이론 등 정치사상과목을 이수해야 한다. 매 학년 필수과목으로 4학점씩 4과목 총 16학점을 졸업 시까지 반드시 이수해야만 졸업을 할 수 있는데 그럼에도 불구하고 현재 학생들은 그 과목들을 형식적으로 이수[35]하고 있는 실정이다.

개혁개방 이후 중국정부는 학교에 대해 사상정치교육을 강화하라는 지시를 부단히 내리고 있는데 이는 시장경제의 도입이 사람들의 사상에 변화를 가져와 사회주의에 대한 기본적인 신념이 약해져 간다고 보기 때문이다[36]. 따라서 중국의 이러한 정치사상교육은 더욱 강화할 필요가 있었으며, 비록 시장주의 경제체제인 실용주의 중심의 교육을 받아들이기는 하면서도 중국은 여전히 '학교는 영원히 견고하게 정치사상을 제1순위에 두어야 한다.'고 주장한다.[37] 그럼에도 불구하고 중국의 청년지식인들은 이제 더 이상 직업선택에서 국가를 위해 공헌하는 것이 최우선이 아니며, 생활수준을 향상시키고 자아를 실현하기 위함에 더욱 관심을 나타내고 있다.[38] 이는 교육정책의 측면에서 사회주의 정치사상 교육의 비중이 약화되는 반면,

---

34) "＜关于教育改革对中国社会的影响＞的提问" 중 교사, 행정요원에 관한 설문 제5항, 학생에 관한 설문 제6항.

35) 중한우호협회 아시아, 아프리카처 담당직원 홍레이(洪磊)와의 대화에서, 2007. 7. 11. 13:00－20:00 중국 베이징－청떠어(承德)문화 탐방에서.

36) 구자억 외, 『세계의 교육혁명』, (서울: 문음사), 1999, 235.

37) 「邓小平与中国教育的振兴－兼论中国教育改革15年」, http://www.2136.com/fw/art2005/11/4223421－3.htm/검색일: 2007. 1. 20.

38) 베이징대와 산둥대학의 학생들을 대상으로 한 설문조사 "당신이 선택할 직업의 중요한 원칙은 무엇입니까?"라는 항목에서 생활수준향상(41%), 자아실현을 위해(37%), 국가에

경제 및 재정관리 교육, 과학기술교육의 비중이 강화되고 있다고 하겠으며 이러한 대학생들의 정치사상적 변화는 중국의 사회주의 체제에서 실용주의 중심의 교육개혁과 사회 환경이 가져온 커다란 변화라 할 것이다.

기실 현재의 중국은 교육개혁과 개방정책으로 전 지역에서 교육종사자들뿐만 아니라 인민들에게 직간접적으로 삶의 질 향상을 가져오게 하였으며 실사구시의 의식은 생활 속에 젖어 들고 있다. 따라서 일부 학자들은 '사회주의 계획경제를 자본주의 시장경제로 바꾼 뒤 사회주의라고 말하는 것은 모순이 아니냐?'고 문제를 제기하기도 하고, 일각에서는 중국은 지금 "좌측 깜빡이를 켠 채 우측으로 돌고 있다."고 꼬집기도 한다. 그러나 현재 중국정치지도층은 여전히 '중국특색의 사회주의'를 강조하고 불변의 원칙을 고수하고 있다. 이는 바로 "공산당 영도(共产党 领导)" 원칙이다. 어느 경우라도 공산당이 정권을 내놓는 일은 없어야 한다는 것이다. 따라서 개혁개방 이후 생산력과 발전을 중시해 온 중국공산당이 '두려워하는 것은 빈곤이 아니라 혼란이다(不怕穷, 就怕乱).'[39]라는 말이 나오고 있는 것이다.

이상에서 살펴본 바와 같이 중국은 실용주의 중심의 교육개혁을 통하여 교육투자확대, 교육자들의 급여 및 임금상승 등 사회경제적 지위가 향상되었고 사회문화적으로도 시간적 여유와 문화생활을 추구하고 있으며, 또한 교육 행정가들의 해외 교육체험과 신제도 답습 등 다양한 변화를 통하여 삶의 질이 향상되어 가는 것을 보았다. 그러나 사회주의 정치사상교육에서는 대학생들의 의식이 점차 약화되고 있고 자본주의 청년들과 유사한 경제관념의 사고를 가지고 있음을 자료를 통해 알 수 있었다.

공헌하기 위해(15%), 노후여가생활(7%) 순으로 나타났다.
39) 하종대, '중국 특색의 사회주의'. 동아일보, 2007. 7. 5.

Ⅴ. 실용주의 중심의 교육개혁의 문제점

중국은 실용주의 중심의 교육개혁을 통하여 교육자의 삶의 질 향상을 비롯하여 앞서 살펴본 바와 같이 사회 각 분야에서 상당한 생활의 변화를 가져왔다. 그러나 교육개혁을 추진하는 이면에는 이에 따른 문제점 또한 적지 않게 나타나고 있다.

1. 비싼 등록금과 도농(都農) 간의 교육 불평등 문제

신중국의 건립 당시인 1949년에 일반 대학교는 223개[40]였으나 1994년에 이르러 1080개로 대학의 숫자가 많아지고 더 많은 청년은 대학진학을 하고 있다.[41] 그러나 대학교 교육비의 증가는 교육 불공평의 또 하나의 경고음을 울리고 있다. 통계에 따르면, 전국 각 대학은 2000년 대학생의 학비를 대폭 인상하였다. 1999년 대체로 3,000위안 하던 것이 4,500위안으로 평균 1,500위안 정도가 높았는데 이는 2000년 베이징 지역 대학 학비에서 20%가 증가한 것이었다. 이러한 대학 학비의 증가폭은 사회주의 이념과 정책을 중시하는 공산주의, 사회주의국가의 인민들에게 50년대부터 오래도록 등록금 없이 오히려 보조금을 받고 학교에 다니던 대학생들과 학생들에게 커다란 심리적 실제적 부담으로 진학을 두렵게 하는 상황까지 나타나고 있다. 이에 관한 「北京 靑年報」의 설문조사에 따르면, 1000명의 학부모 중 84%의 학부모는 매년 4,500위안의 학비를 감당하기 무척 어렵다고 답변하였다. 2000년도에 학비의 최저표준을 4,300위안으로 계산한다면 1999년 중국인의 평균수입통계에 비교해 볼 때, 학비의 금액은 성쩐 주민의 연 평균수입(5,854위안)의 72%, 더욱 빈곤한 농촌주민의 연 수입(2,210위안)의 19%이다. 이뿐만 아니라 기숙사비, 책값, 식비 등 실제지출을 따진다면 한사람의 성쩐 주민 혹은 두 사람의 농

---

40) 马万华, 『从伯克利到北大清华』, (北京: 教育科学出版社), 2004, 174.

41) 구자억 외, 『중국의 교육』, 9.

촌주민의 1년의 총수입과 맞먹는다.[42] 이렇게 오르는 학비는 빈곤가정의 자녀가 대학진학을 하려는 희망을 두렵게 하고 심지어 등록금을 마련하지 못해 자살하는 경우가 있는가 하면, 중산층 가정을 말하더라도 역시 심각한 부담이 되는 금액이다.

앞서 '중국의 등록금 현황표'에서 본 바와 같이 중국의 각 대학의 등록금은 이미 대단히 높고, 특히 2003년부터 의과대학이 오르기 시작하여 도회와 농촌에 교육 불평등 문제가 심각하게 나타나고 있다. 혁신중국교육 자료에 따르면 많은 농촌과 빈곤가정의 자녀는 높게 치솟는 교육비로 인하여 학교에서 거절당하고 교문 밖의 생활을 하게 되었는데 이는 비의무교육이 높은 교육비를 내는 결과의 하나이기도 하다. 따라서 농촌에서는 새로운 용어 '독서무용론'과 '학업포기' 상황이 나타나고 있다. 이러한 이유로는 일류학교(쫑띠엔 쉬에쌰오: 重点学校)대 삼류학교(러쓰 쉬에 쌰오: 拉圾学校)가 양산되고 부익부 빈익빈의 시장경제 교육이 가져온 단점 중의 하나라고 할 수 있다.

2. 대입 부정시험의 증가

2001년 매스컴에서 보도된 대학입학시험 병폐는 최소한 세 번 일어났다. 첫 번 째는 후난성(湖南省) 쟈허시엔(嘉合县) 일중 고사장에서 발생한 중대한 입학부정 사건이 일어나, 고사장이 혼란해졌고 답안지가 비슷한 부정을 한 학생은 203명에 달하였다.[43] 이처럼 커다란 영향을 미친 사건은 후난성에서 대학입학시험 재실시

---

42) 38%의 학부모는 매년 대학 학비가 2,000원 이하를, 46%의 학부모는 2100－4000원을 표준화하기를 원했다. 또한 가정의 월수입이 평균 3000 정도인 피조사자 중 25%는 4001－6000원의 학비는 받아들일 수 있다고 했으며 이 수입은 성시 도시 중에서는 중산층에 속한다고 할 수 있으나 작은 성진과 농촌 아마도 상당히 높은 수준이라고 하겠다. 「北京 靑年报」, 2000년 8월 27일, 또 다른 조사에서는 학부모가 받아들일 수 있는 대학 학비는 평균 3,400원이면 받아들일 수 있다고 했다. 「南方都市报」, 2000년 8월 29일.

43) 杨东平, "正视教育公平", 『革新中国教育』, 33.

이후에 처음 있는 일이었다. 두 번째는 광둥성 전백현의 입시부정 사건은 컴퓨터기 자재 상점에서 일어난 BP을 사용한 폐단으로 답안지를 학생의 호출기에 보낸 사건으로 33명의 학생에게 동일한 답안이 전달되었던 사건이다. 세 번째는 후난성 융회一中에서 발생한 것으로 우수한 14명의 쉬엔송(选送)[44] 학생 중 13명의 학생은 허위임이 밝혀졌는데 그중에서 2사람의 학생은 융회一中의 교장과 교감의 아들이었으며 그 외에도 11명 모두 현과 현에 속한 관련 기관의 간부의 자제들이었다. 이렇게 알려진 것은 빙산의 일각에 불과하며, 한해 570만 명이 입학시험에 응시하여 27만 8천 명이 합격하는[45] 등 치열한 대학 경쟁률은 전국적으로 교육규모가 확대되고 대학 입시생과 각종 교육기관의 입시생들이 증가하면서 입시부정은 '단체화, 증가화' 하고 있는 현상으로 나타나고 있다.

3. 교육 관리체제의 중앙과 지방의 권한문제

교육 관리체제 개혁에 관하여 그동안 중앙에서 교육관련 예산, 업무, 교육 등 일괄적으로 통제해 왔기 때문에 지방의 실제 권한이 없어서 교육 개혁 시 이를 완화하여 지방에서 실제적 권한을 갖도록 하였다. 따라서 각 지방과 각 분야에서는 약간의 실제적 이익을 갖게 되었다. 또한 상응하는 이익과 권한으로 인하여 이들은 교육담당의 현실적인 주체가 되었고 노동인사제도 급여제도, 입학생과 졸업생 분배제도의 개혁 역시 교육으로 하여금 특히 비의무교육의 각종 교육과 사람들은 자신 이익의 내재적 관계에서 개인의 교육욕구에 실제적이고 주체적인 선택을 하게 되었다. 이러한 것은 사회의 교육수요로 하여금 복잡하고 다양한 형태로서 독립적인

---

44) 쉬엔송(选送)은 고등학교에서 극소수의 인원을 선발하거나 추천하여 대학에 보내는 제도를 말하는데 이들은 대학입시의 시험을 치르지 않고 합격하는 특별한 학생들이다. 한국의 농촌특별장학생, 봉사실적이 뛰어나 각종 기관장의 표창이나 상을 받은 사람 등이 이에 속한다고 하겠다.

45) 제임스 왕 저, 금희연 역. 전게서, 380 – 382.

교육공급의 상태에서 중앙정부는 여전히 거시적 각도에서 사회전체의 교육수요를 조정하게 되었다 .그러나 이러한 학교경영의 다원화는 교육의 공급상 중앙정부 단일주체의 지위에 도전을 받게 되고 중앙과 지방이 경쟁국면으로 접어들게 만들었다는 비평이 제기되고 있어[46] 실용주의 중심의 교육개혁의 단점으로 제기되고 있다.

4. 대학교육 발전전략의 문제

세계일류대학 발전전략에도 커다란 문제점이 나타나고 있다. 세계일류대학정책의 후유증으로 베이징대학의 사례를 들면, 교원인사개혁에 '등급별유동제'를 실시하여 기존 정교수들은 종신제로 하고 부교수와 강사는 계약제로 하며 부교수의 1/4, 강사의 1/3은 해고한다는 대학개혁안과 '말미도태(末尾淘汰)' 실시로 교과과정 운영의 내실이 없는 학과에 대하여 기한 내에 정리, 개선, 해산 등의 조치를 한다는 '인사개혁안'은 교육이 학문적, 교육적 논리보다 경제적 논리에 치중했다는 비판과 격렬한 비난을 받았다[47]. 그 후 이 안은 실시해도 되고 안 해도 된다는 형태로 공문이 하달되었으나 크게 실효를 거두지 못하고 있는 것 같다. 무엇보다도 중국의 각 대학에서는 무리한 시설투자로 학교를 키우고 있어 문제가 되고 있다. 대학은 교육시설확대를 위하여 전액을 은행대출을 받는 등 무리하게 추진하여 이자를 갚지 못하는 대학이 속출하고 있으며 저명한 대학을 제외하고는 많은 대학에서 재정적 적자로 인하여 대학이 도산의 위기에 처해 있다.[48] 뿐만 아니라 개혁에 따른 지나친 시장경제화는 학교행위의 시장화, 교풍, 학풍을 산만하게 한다는 지적을 낳고 있다. 또한 졸업생의 취업의 분배 중 전문대학생의 취업을 어렵게 하고 교육수

---

46) 谢维和, "我国教育管理体制改革的走向及其分析", 검색일: 2007. 1. 21.
   http://WWW.pep.com.cn ?200406/ca460067.htm.
47) 구정숙, 리단, "중국의 세계일류대학 건설 정책에 관한 연구", 「한국정치학회 공동주최 세미나(2005)에서의 발표논문집」. 594 - 595.
48) '빚더미 중국대학', 동아일보, 2007. 3. 10.

요의 모순과 불균형은 교육자원의 낭비와 사회적 불안정을 초래하고 있다.[49]

Ⅵ. 결 론

1978년 이후 덩샤오핑의 실용주의 중심의 현대화 사상은 29년의 시공간 속에서 중국 사회를 변화 발전시키고 있다. 이러한 변화 중에서 교육개혁을 통한 중국의 변화와 발전은 가히 혁명적이라고 할 수 있다. 그 성과에 대해 살펴보면,

첫째, 교육자의 삶의 질 향상과 학술적 성과: 중국은 '깡야오'에서 '교사대오건설'을 명문화하여 사회주의 국가에서 획기적으로 교육종사자에 대한 우대정책을 단행하고 지식인들의 급여향상 등 가난한 생활환경을 개선하는 데 앞장섰다. 이로서 교수들의 능력 향상과 학교시설의 증가도 두드러지게 나타났다. 이러한 안정적인 생활환경은 교수들로 하여금 PPT 등 새로운 교과준비, 각종 국내외 세미나 주최 및 참여 등을 비롯하여 외국과의 빈번한 국제 교류활동, 문화생활향유 등 삶의 질을 높여 안정적으로 사회에 기여하고 있다. 또한 교육개혁의 장점은 대학원생들의 연구에서 실제적으로 나타나고 있는데 예를 들면, 베이징대학에서 발표되는 SCI 논문저자 중 50%가 재학생이며[50] 푸단(复旦)대학은 2001년 전국 우수박사학위논문 100편 중에 8편이 들어 있어 베이징대와 더불어 1위를 차지했다. 또한 2003년 SCI 논문검색에서는 칭화대학의 2,100편의 논문이 검색되었고, 그중 42% 이상은 대학원생이 대표저자로 발표한 것으로 알려졌다[51]. 이러한 학술적 성과는 덩샤오핑의 정책 중에 명시된 쟈오쓰뗴이우 조치의 실천사항으로서 사회주의 국가체제에서 '개인'과 '능력주의'를 중시하는 실용주의 중심의 교육개혁의 큰 성과라고 하겠다.

---

49) 谢维和, "我国教育管理体制改革的走向及其分析", 검색일: 2007. 1. 21.
   http://WWW.pep.com.cn?200406/ca460067.htm.
50) 구정숙, 리단, 전게서, 591.
51) 구정숙, 리단, 전게서, 597.

교육개혁이 가져온 또 하나의 주목할 사항은, 중국과학원의 위엔스(院士) 배출을 들 수 있는데 씨에시더어(谢希德)가 물리학자로, 허쩌어훼이(何泽慧)가 핵물리학자로, 장리진(蒋丽金)이 화학가로서 1980년에 각각 중국 과학원의 위엔스가 되었으며 또한 인원잉(尹文英)은 곤충학자로서 1991년에 위엔스로 선임되었다.52) 특히 장리진은 1978년 이후 광화학 연구전개와 한방약, 조류식물 구조 광합 작용에 커다란 공을 세웠으며 1980년에 중국 과학원 원사로 선출되었는데 그 후 그의 연구업적은 크게 발전하여 1993년에 중국 과학원 자연과학 2등상을 획득하였으며53) 학술적 성과와 함께 저명한 학자로 각광을 받고 있다. 직접적인 변화의 또 하나는 '주택보유자'가 늘고 있다. '주택보유'는 14억 인구 중국의 가장 커다란 사회문제 중의 하나이다. 종전의 중국 교수들은 국가에서 제공한 대학 내의 주거공간에서 생활했는데 실용주의 중심의 교육개혁 이후 많은 교수들은 학교외부에 단독아파트를 보유하고 있으며 이들 대다수는 모두 해외에 교환교수나 방문교수로 나간 적이 있다54). 이처럼 실용주의 중심의 교육개혁은 중국교육자의 지위향상과 생활안정 등 삶의 질 향상에 기여하였다.

둘째, 교육종사자들의 발전에 대한 실천의지의 승화: 사회주의 국가체제인 중국에서도 잘살아 보려는 인간본능의 발전의지와 가난에서 벗어나려는 인간적 욕구는 중국지식인들에 의해 과감히 불평불만과 함께 여론으로 표출되었고 시장경제의 도입과 함께 중국정부에서 받아들여 교육개혁의 승전고를 울리게 되었다. 교육종사자들은 국내외 세미나개최와 적극적 참여활동을 비롯하여, 이웃국가에 교환교수, 방

---

52) china ABC, '중국의 유명한 여성원사',
　　http://koreana.cri.cn/chinaabc/chapter12/chapter120402.htm.

53) china ABC, '중국의 유명한 여성원사',
　　http://koreana.cri.cn/chinaabc/chapter12/chapter120402.htm.

54) 베이징대학교의 부총장이었던 故 何方川 교수, 郑必俊 교수, 徐介. 王春梅 교수 등과 랴오닝(辽宁)대학교 金天一 교수 등을 들 수 있으며 이들은 모두 한국의 고려대학교 한양대학교 경희대학교 등에서 교환교수를 역임하였고 혹자는 이화여대 등에서 방문교수를 했다. 1998, 1999, 2002, 2005, 2006년 각 교수들과 필자의 대담에서.

문교수를 자원했고 교직원들 역시 실무업무를 위한 해외 방문 등 열정적인 참여를 하였다. 실용주의 중심의 교육개혁으로 인한 중국인의 열정(passion)은, 교수, 교직원뿐만 아니라 대학원생, 대학생들의 자발적인 참여가 가져온 발전적이고 실천적인 자유의지에 의해 이룩한 인간의지의 귀중한 성과라고 할 수 있을 것이다.

셋째, 인재육성의 가속화와 문화생활 향상: 중국의 실용주의 중심의 교육개혁 이후 해외 유학에 나선 중국인은 2005년 말까지 93만 3000명에 이르고 있다.[55] 또한 정부부처공무원과 대학연구원 등 대상으로 2000 - 3000명의 국비유학생을 선발해 왔으나 이 숫자를 5,000명으로 대폭 늘리고[56] 해외로 파견시켜 과학, 물리 등 선구적인 지식을 배워 오게 하는 획기적인 조치를 취하고[57] 있고 문화생활 면에서도 중국의 지식인과 일반시민들은 문혁의 암울한 시기와 공산체제의 무조건적 평등에서 이제는 문화생활을 향상시키고 있다.

넷째, 교육의 국제화와 '985 공정'의 성과: 마완화 교수는 한 연구에서 중국대학교육의 발전추세는 경제세계화와 교육의 국제화에 혁명적인 변혁을 가져왔다고 피력하였다. 예를 들면, 베이징대학에서는 과거에 외국 관련한 일을 도맡아 하던 '와이스추'(外事处)라고 불리던 기구를 국제 합작부('꿔지허쭈어뿌': 国际合作部)로 개칭하였다. 또한 그 책무는 대학지도자 계층의 외사업무에 대한 자문역할, 학교전체 외사업무 담당, 대학의 교학, 과학연구와 국제학술교류에 정보제공, 주요한 외사 접대활동의 기획 및 실천 등 총괄적인 업무를 담당한다. 베이징대학은 이미 47개 국가의 174개 대학과 국제교류관계를 맺고 있으며[58] 280명의 대학총장의 방문과

---

55) '해외 유학생 돌아오라' http://e - today.career.co.kr/info/news_view.asppage = 1&ca+ 17&rid+14576&kw 검색일: 2007. 01. 08. 세계일보.

56) 이들은 유형에 따라 석사연구생, 박사연구생, 고급연구학자 등 5개부문으로 나누어 짧게는 3개월 내지 4년까지 해외에서 특정과제를 연구하게 된다. http://www.scieng.net/zero/view.phpid = sisatoron&page = 4&category = 3667, 검색일: 2007. 5. 3.

57) '해외 유학생 돌아오라' http://e - today.career.co.kr/info/news_view.asppage = 1&ca+ 17&rid+14576&kw 검색일: 2007. 01. 08. 세계일보.

58) 아시아지역 63개 대학교, 유럽지역 52개 대학교, 미주지역 47개 대학교, 아프리카(비

2001년 한 해 동안에 1만여 명의 학자 초청 및 유학생 유치를 비롯하여 1,300여 명의 교육 행정가들은 국외를 방문 시찰하였고 48회의 국제회의를 개최하였다.[59]

그러나 실용주의 중심의 교육개혁은 중국에 적지 않은 과제를 남기고 있다.

실용주의 중심의 교육개혁 이후 도시와 농촌의 교육 불평등 문제, 대학입시부정 증가와 높은 대학등록금으로 인한 자살 등 사회문제, 중앙정부의 교육재정 권한을 지방정부에 대폭 이양함으로 중앙정부의 권한 위축이라는 또 다른 비평과 대학시설 투자확대에 따른 대학의 재정적자 등. 이 모두가 중국이 해결해야 할 과제이다. 또한 점차 사상교육의 비중이 약화되고 있는 반면, 전문가 교육, 능력위주 교육의 비중이 강화되고 있다. 비록 레이펑 숭배사상이 최고 지도층에서부터 일반시민 등에게까지 영웅시되도록 하였지만 실용주의 중심의 교육개혁 이후 현재 젊은이들의 가치관은 개인 즉, '자아를 주체로 하는 가치관'으로 변해 버렸다. 현재 중국은 마오쩌둥의 사상으로부터 벗어나 어떠한 이념이든 체제이든 개발할 수 있다는 입장이며[60] 그리고 점차 능력주의적 사고방식이 확산되면서 교육을 통한 기술과 지식의 습득이 강조되고 있는 것이다.

주)지역 5개 대학교, 대서양 7개 대학교이다. 马万华, 전게서, 238.

59) 李岩松, <国际交流推动世界一流大学建设>, 2001年 12月, 北京大学国际交流工作总结回想的 报告. 马万华, 상게서, 238 – 239. 인용.

60) 구자억,『중국의 교육』, 261 – 263.

참고문헌

구자억, 1999,『중국의 교육』, 서울: 원미사.

구자억 외, 1999,『세계의 교육혁명』, 서울: 문음사.

구정숙, 리단, 2005, "중국의 세계 일류대학 건설 정책에 관한 연구", 한국정치학회, 21세기 정치학회 공동주최,『APEC, 국가경쟁력, 그리고 지역균형발전』학술회의 발표논문집.

건국대학교 중국문제연구소, 1989,『현대중국론』, 서울: 희성출판사.

신대순·이환호·하영애, 2000,『재중동포 삶의 질 향상을 위한 한중 교류실태와 발전 방향』, 재외동포재단.

이춘근, 2001, "한중일 3국의 연구중심대학 육성정책: 서울대학, 베이징대학, 동경대학을 중심으로",『과학기술연구원』, 정책자료 2001－10. 1－57.

전남진, 1989, "국가발전과 사회정책 발달 이론에 관한 연구", 한국 사회 복지(통권 제14호).

장홍지에 저, 정광훈 역. 2005,『중국인은 한국인보다 무엇이 부족한가』, 서울: 북폴리오.

제임스 왕 저, 금희연 역, 2000,『현대중국정치론』, 서울: 그린.

한국정치학회·21세기정치학회. 2005, "중국의 세계 일류대학 건설 정책에 관한 연구",『APEC, 국가 경쟁력, 그리고 지역균형발전』, 한국정치학회·21세기정치학회.

최영표, 김남순, 구자억, 손계림, 2003, "한국과 중국의 고등교육 수월성 프로그램의 추진체제와 전망비교"－BK21(한), 211공정(중)을 중심으로－, 비교교육연구(제13권 2호).

하영애. 2005, "한중여성교류의 회고와 전망",『밝은사회운동과 여성』, 서울: 범한서적.

하영애. 1998, "동북아 여성포럼," 한국 여성 NGO 실행위원회 발행.

하영애, "中国同胞的韩国交流活动",「韩·中共同学术会议－中国沿边地区农村社会开发方向」, 한국경희대 밝은 사회연구소, 중국 길림성 연길시, 공동주최, 발표논문 2000. 2. 28.

백현기, 1993, "중국 고등교육의 최근 개혁추세",『국가발전과 고등교육개혁』, 서울: 학지사.

장이권, 1995, "중국의 교육제도와 교육개혁 동향", 최정웅 외, 『비교교육발전론』, 서울: 교육과학사.

프라이스, R. F. 이종태 역, 1987, 『현대중국의 교육』, 서울: 평민사.

한국교육개발원, 1988, 북한과 중국의 교육제도 비교연구.

≪教育改革重要文献述编≫, 1986, 北京: 人民教育出版社.

≪中国教育改革与发展网要≫, 1993.

≪建设有中国特色的社会主义教育体系的弘伟纲领≫, 1993, 人民教育出版社.

高勇, 2003, "'推移'现象及其解释论经济增长与教育的性别平等之间的关系"『世纪之交的中国妇女社会地位』194－207. 北京: 当代中国出版社.

蔡志敏, 张黎晖, 金仙, 2003, "妇女教育发展战略的选择与中国妇女社会地位的提高"『世纪之交的中国妇女社会地位』208－221. 北京: 当代中国出版社.

刘文菊, 2004, "21世纪中国女性教育发展的新契机"『亚洲妇女问题的检视与展望』国际学术研讨会.

纪宝成, 2004, 「邓小平高等教育思想是我国高等教育事业发展的根本指南－纪念邓小平同志诞生100周年」, 学校党建 与思想教育.

张明芸, 2004, "发展女性学中国高等教育现代化的必然选择"『亚洲妇女问题的检视与展望』国际学术研讨会.

郑美珍, 2004, "台湾地区性别平权教育之回顾与前瞻"『亚洲妇女问题的检视与展望』国际学术研讨会.

河暎爱 2006, "东北亚女性与社会的现状与互助合作体系探索", 韩国政治学会, 「2006 韩 中学术会议, 韩中两国在建立东亚合作体系中的作用」, 발표논문.

马万华, 2006, "中国大陆教育政策变革与女性教育", 韩国政治学会, 「2006 韩中学术会议, 韩中两国在建立东亚合作体系中的作用」, 발표논문.

马万华, 2004, 『从伯克利到北大清华』, 北京: 教育科学出版社.

马万华, 2006, "高等教育结构调整和女性高等教育", 北京大学主办, 「女性与教育问题」国际学术研讨会, (2006. 6. 15～16), 北京大学.

黄嫣梨, 2004, "探讨香港女性社会地位的转变"『亚洲妇女问题的检视与展望』国际学术研讨会.

魏国英, 2004, "两性和谐与女性学研究的价值定位"『亚洲妇女问题的检视与展望』, 国际学术研讨会.

陈良焜, 贾志永, 章铮, 1998, "教育经费在国民生产总值中的比例的国际比较", 『北京大学哲学, 社会科学优秀论文选』第一辑. 北京大学出版社.

曲恒昌: 1994年 第2期, "市场经济与我国高教经费济等尒的原则与途经", 『北京师范大学学报』, (社科版).

China News Analysis, 1377(January 15, 1989); 1414(July 15, 1990).

Huang Wei, "Authoritative Comments on China's Education Law," *Beijing Review*(May 22 − 28, 1995).

Hung − ti Chu, "Education in Mainland China," *Current History,* vol.59, no.349(September 1970).

Joel Galssman, "Educational Reform and Manpower Policy in China 1955 − 1958," *Modern China,* vol.iii., no.3(July 1977).

John Roderich, "China's Youth Problem," Associated Press, as reprinted in *Honolulu Star − Bulletin*(September 15, 1980).

Leo A. Orlenas, "Communist China's Education: Policies, Problems, and Prospects," in *India and China: Studies in Comparative Development*, ed. Kuan − I Chen and Jogindar Uppal(New York: Free Press, 171).

Stewart Macpherson, Social Policy in the Third World: the social dilemmas of underdevelopment. Brighton; Harvester(1982).

Ta Kung Pao Weekly Supplement(Hong Kong), (May 23, 1985). Beijing Review, 21(May 27, 1985); 23(June 10, 1985); and 24(June 17, 1985).

Thomas B. Gold, "Alienated Youth Cloud China's Future," *Asian Wall Street Journal Weekly*(May 18, 1981).

Wing − Wah Law, "Fortress State, Cultural Continuities and Economic Change: Higher Education in Mainland China and Taiwan", *Comparative Education*, Vol.32, No.3(Nov., 1996).

중국 후베이성(湖北省) 자의국(諮議局)의 조직과 역할

Ⅰ. 서 론

중국은 공산주의가 성립되기 훨씬 더 일찍이 1909년에 입헌민주에 입각하여 의회법규를 공포하고 [자의국의회(谘议局议会)]를 운영하여 민주주의를 체험해 보았던 역사를 가지고 있다. 자의국의회는 청나라 말기의 입헌준비기간(1909 - 1911)에 각 성(省)에서 민선에 의해 선출된 민의기구이다. 당시 중국의 정세는 8개국 연합국과의 전쟁 이후 위기에 처해 있었기 때문에 청 정부는 민심을 수습하기 위해서 부득이 개혁을 단행하지 않을 수 없었으며 정치적으로 이때 가장 먼저 착수한 것이 관제(官制)를 개혁하는 일이었다.

광서(光绪) 31년(1905) 일·러 전쟁은 일본의 승리와 러시아의 패배로 끝났다. 이에 대해 조야의 지식인들은 일본승리의 원인을 선박이나 대포 등 군사무기에 있어서의 문제가 아니라 실제로는 명치유신에 따른 제도개혁에 그 원인이 있었던 것으로 생각하였고 이에 따라 중국에서도 입헌을 실시할 것을 주장하였다. 이에 청 정부는 내부의 긴장을 완화시키기 위해 많은 대신들을 외국에 보내 헌정에 대해 고찰하게 하였으며 光绪 32년(1906) 양력 7월 13일 [예비입헌]을 선포하였다. 당시 이러한 운동을 추진한 세력으로는 지식인 중 량치차오(梁启超), 장지동(张之洞), 위안스카이(袁世凯)를 꼽을 수 있으며 외국주재 사신으로는 후웨이더(胡维德), 쑨빠오치(孙宝琦) 등[1]을 들 수 있다. 이듬해 청 정부는 각 성에 명령을 내려 자의국의회를 설립케 하였으니 선통(宣统) 원년(1909년) 9월 1일 중국 전국의 21개 省에 동시에 자의국의회가 성립되었다.[2] 이 시기 자의국의회야말로 중국으로 하여금 민주정치를 실험해 볼 수 있는 절호의 기회였다.

후베이성(湖北省) 자의국의회 의원들은 임기 중에 2번의 정기의회를 개최하고 의안을 심의하였는데 특히 교육, 지방건설에 전력을 다해 계획을 수립하고 추진하는 한편 전국적으로 중대한 정치활동 참여에도 대표적인 역할을 했다. 예를 들면 철로(铁路)사건 중에 교통수단의 중요한 요지인 후베이(湖北)철로와 쓰촨(四川)철로를 자신들의 자체자본으로 건립하겠다는 운동을 전국적으로 펼치고 외국차관을 반대하였으며, 또한 전국적으로 '국회 청원활동'을 전개하여 국회를 창설 개원시킬 수 있도록 하는 데 중요한 역할을 담당하였다.

1949년 마오쩌둥에 의해 마르크스레닌주의를 표방하고 성립한 중국공산주의는 인민에게 자유와 민주주의와는 동떨어진 사회였고 무엇보다 억압과 빈곤이 오랫동안 유지되고 있는 상황이다. 현재 중국은 덩샤오핑의 개혁개방정책으로 실용주의적 현대화 사회로 점차 변모해 가고 있지만 '중국특색의 사회주의'를 철저히 이행하고 있는 실정이다. 그렇지만 이미 100여 년 전 중국은 의회민주주의를 실험해 본 경험이 있다. 본 논문은 후베이 자의국의회가 실천한 의회민주의 경험을 연구 분석함으로써 현 중국으로 하여금 진정한 의회민주주의가 무엇인가를 다시 한 번 성찰해 볼 수 있는 계기가 되었으면 한다.

따라서 본 연구의 목적은 후베이 자의국의회의 조직과 역할에 중점을 두고 연구 분석하고자 한다. 당시 의회의원들은 어떻게 선출하였고 그들은 의회민주주의를 어떻게 운영하였는가? 또한 민주주의의 실험단계인 그 당시 상황에서 의회의원으로

---

1) <宪政初纲>,『东方杂志』, 第5卷, 12期(上海: 东方杂志出版社), 光绪32年; (台北: 商务印书馆), 民国 64年, 总页, 13833. 참고로 본문에서 표기하는 중화민국(民国)의 출판년도와 서기년도와는 11년의 차이가 있다. 예, 민국 64년은 (1975년)임.

2) <宪政篇>,『东方杂志』, 第6卷, 6期, 总页. 14922 - 14925. 전국 22개 省 중에서 신장 성(新疆省) 인민의 교육수준이 낙후하여 잠정적으로 자의국의회를 설치하겠다는 지방 관리의 의견을 받아들여 총 21개 省이 자의국의회를 설치하였다.

서의 역할은 어떠하였으며 오늘날 의회가 갖는 견제와 균형(checks and balances)의 능력을 발휘할 수 있었는가? 또한 전국의 자의국의회 중에서 후베이성 자의국의회는 어떤 위치에 있었는가 하는 점도 아울러 고찰해 보고자 한다.

후베이성 자의국의회를 연구하기 위한 연구의 틀은 사회단체조직 연구에서 적용하고 있는 분석의 틀을 적용하고자 한다. 사회단체조직의 성립요건에 따른 구성요소는 가치, 규범, 조직, 인간의 행동 4가지로 구분할 수 있다.

첫째, 사회 과학 중에 가치(values)에 대한 가장 보편적인 용법은 인간의 주관에 따른 필요, 태도 혹은 욕망(desires)과 상관된 목표 또는 이 목표와 관련된 사물이라고 말할 수 있다. 따라서 본문과 연관하여 가치를 말하면 후베이성 자의국의회 의원들이 추구하는 가치는 바로 민주정치의 시행이었다. 구체적으로는 의회민주의 이상적 실현, 청원 입헌, 신해혁명의 성공의지, 후베이 철로사수 등 민주의 열망으로 표출하였다고 하겠다.

둘째, 규범(norms)은 일종의 규칙, 표준, 혹은 행동양식(pattern for action)을 일컫는다. 하나의 사회가 단체생활을 영위하는 데 있어서 규범을 꼭 정해야 하는데, 이 규범에 따라 구성원의 행위를 구속하고 또한 어떤 행위가 적합한 것인지 부적합한 것인지, 어떤 자는 허가를 해야 하고 어떤 자는 허가하지 말아야 할 것인지 참고의 표준으로 삼게 되는 것이다. 본문 연구의 주제는 자의국의회이다. 그러므로 본 연구에서의 규범은 자의국의 장정(章程)과 그 외 관련된 법규, 규정 등이다.

셋째, Gabriel A. Almond와 G.B. Powell Jr.은 *Comparative Politics*에서 구조(structure)에 대해 언급하기를 정치체계의 기본단위의 하나가 곧 정치역할이며, 또한 한 조직의 역할은 곧 하나의 구조라고 역설한다. 그들은 또한 하나의 구조는 일련의 상호적인 역할로 만들어지며, 정치체계는 서로 상호의 구조로서 예를 들면 입법기구와 유권자, 후보자[3]라고 제시하였다. 관리학자 Fremont E. Kast와 James E. Rosenzweig 역시 비슷한 견해를 가지고 있다. 그들은 구조란 특정조직의 각 구성

---

3) Gabriel A. Almond and G. Bingham Powell Jr., *Comparative Politics System, Process, and Policy*, 2nd(Boston; Little, Brown and Co., 1978), 12.

요소 혹은 부분 간에 설립된 관계도식(pattern of relationships)[4]이라고 설명 한다.

구조 중 가장 중요한 기본단위는 역할(role)이라 하겠다. 사회과학에서는 여러 가지 역할에 대한 정의가 있는데[5] 가장 보편적인 정의는 어떤 직위에 있는 사람이 마땅히 규정을 준수해야 할 행위로서 그것을 담당할 사람이 누구인가는 무관하다는 것이다. 즉, 역할은 어떤 특정직위를 담당하고 있는 사람이 사회가 가지는 기대 혹은 요구에 대하여 필히 이행해야 할 하나의 이상적 행위(理想的 行为)를 일컫는다. 그러나 최근 역할의 정의는 두 가지의 뜻이 있다. 첫째는 역할을 담당하는 개인의 행위이며, 둘째는 이상적 역할행위에 대한 특정기대와 신앙이다. 이것은 실연(实然)과 필연(必然) 두 가지를 고려한 관점으로 한편으로는 사회의 기대와 요구를 고려하고 다른 한편으로는 그 역할을 담당하는 개인의 인식과 실제 상황에 대한 것을 동시에 유의했다고 하겠다. 다시 말하면 후베이 자의국의 의장, 의원의 역할, 그리고 그들의 인식과 그들이 실제 상황을 받아들일 수 있는 것 모두 중요하다. 그리고 이러한 구성원이 반드시 준수해야 할 행위규칙(자격요건 등)을 갖추어야 한다.

넷째, 인간의 행위: 지금까지 논의된 세 요소 가치, 규범, 조직은 의회연구에 있어서 정태적 요소이다. 그러나 이 정태적 요소만 가지고는 의회가 제대로 운영되기 힘들며, 그 기능을 발휘할 수가 없을 것이다. 그러므로 필히 인간이 개입되어 직위를 가지고, 역할행위의 각종 활동을 실행해야만 비로소 의회체계에 동태적 현상이 발생하며, 나아가 기능을 발휘하게 된다.

정치과학 중에 역할이란 종종 하나의 사회의 직위에 있어서 각종 활동의 결과를 지칭한다. 즉 하나의 조직이 그 기능을 발휘하느냐 못하느냐 하는 것은 실제로 어떤 직위의 어떤 사람의 행위와 상당한 관계가 있다고 할 수 있다. 예를 들면, 후베

---

4) Fremont E. Kast and James E. Rosenzweig, *Organization and Management: A Systems Approach*(New York: Mcgrow‒Hill Book Co., 1970), 170.

5) 역할에 대한 이론에 관해서는 다음을 참조하였다. 하영애, 台湾地方自治选举制度, (서울: 삼영사, 1991), 15‒21; 云五社会科学大辞典, 第一册, 社会学(台北: 商务印书馆, 民国62年), 46‒47.

이 자의국의회의 탕화롱 의장은 그가 가진 법률적지식과 소질을 자의국의회를 위해 십이분 발휘함으로써 잠재적 기능(Latent Function)을 발휘하였다고 하겠다.6)

Ⅱ. 후베이성 자의국의회의 조직체계

1. 자의국의원의 선거와 의원의 경력분석

중국 각 성 자의국의회의 의원은 6개월의 준비기간 끝에 선통 원년 4월 15일 처음 선거를 실시하고 6월 15일 다시 선거를 실시하였다.7) 선거를 치르는 방식으로는 직접선거와 간접선거의 혼합이었다. 첫 선거는 해당 성적(省籍)을 가진 25세의 투표 자격을 갖춘 자로서 규정된 인원수의 10배를 후보자로 선정하였다. 두 번째 선거에서는 상술한 10배의 정수의 후보자 가운데 호선으로 의원을 선출하였다.

후베이성의 선거 인수는 우창(武昌)이 16,364명으로 가장 많았고 상양(让阳)과 황쯔우(黄州)가 각각 13,746명과 13,135명이었고 안루(安陆) 등 4부(府)가 비교적 많으며 웬양(员阳), 스난(施南) 2부와 싱먼쯔우(荆门州)는 비교적 적었다. <표 1> 각 부 선거인과 의원정수 분배표에 따르면, 당시에 후베이성에서 선거권을 가진 자는 10만 3천2백3십3 명이었으며 선출된 의원은 80명이었으니 평균적으로 약 1천4백 명 중 의원 한 사람이 선출된 것이다. 따라서 선거 인수가 가장 많은 우창에서

---

6) Femont E. Kast & James E. Rosenzweig, *op.cit.*, 173.

7) 宪政编史馆에서는 원래 후베이성 자의국의회의 初选일시를 宣统 元年(1909년) 양력 1월 15일로 정하고 复选일시를 3월 15일로 정했으나 총독이 宪政编史馆에 보고 시 일손부족과 업무미숙으로 선거기간에 대한 일률적인 규칙을 먼저 정하는 것이 급선무라고 보고하였다. 宪政编史馆에서는 이를 받아들여 4월 15일을 초선기일로 6월 15일을 复选으로 정했다. 다른 자료에서도 이러한 것을 볼 수 있다. 张仲圻·杨承禧 等 共著, 『胡北通志』, 志53, 经政志 11, 新政 3;『清末筹备立宪 档案 史料 (下)』, 第2编, 자의국의회와 지방자치, 768.

12명의 의원이, 상양에서 10명의 의원 등이 선출되었으며 구체적인 각 부의 선거인과 의원정수를 살펴보면 다음과 같다.

<표 1> 각 부(府) 선거인과 의원정수 분배표

府　名	선거인 수	의 원 수
우창(武昌)	16,364	12
한양(汉阳)	10,933	8
황쪼우(黄州)	13,135	9
떠안(德安)	11,006	8
안루(安陆)	12,033	8
상양(让阳)	13,746	10
싱쪼우(荆州)	3,142	9
싱먼쪼우(荆门州)	5,538	4
스난(施南)	4,967	3
스엔창(宣昌)	7,273	5
웬양(员阳)	5,096	4
合　計	103,233	80

자료출처: 『东方杂志』, 第6卷, 第5期, (台北: 商务印书馆, 민국 64년),
总페이지: 14723.

　　후베이성 자의국의회의원의 구성원은 두 가지를 포함한다. 즉 후베이성에서 선출한 의원 80명과 그리고 주방(驻防: 기제의 지방단위)에서 선출된 의원 3명을 포함하여 총 83명이다.[8] 그 외 후보 13명과 비서장 1인이 있으므로 후베이성 자의국의회 의원과 행정인원 등을 포함하면 자의국의회의 조직체계는 총 97명으로 운영체

---

8) 후베이성 자의국의회의 驻防문제에 관해서는 이견이 있다. 어떤 학자들은 주방은 4사람이라고 주장한다. 그러나 『胡北通志』, 『政治官报』, 『东方杂志』, <淸史稿>에서는 모두 후베이성 주방은 3명이라고 기록되어 있다. 특히 『东方杂志』 卷6, 期11에 기재하기를 3명의 이름은 庚芳, 金麟, 玉海라고 정확하게 명시하고 있다. 이러한 자료들을 통합해 볼 때 후베이성 자의국의회의 주방은 마땅히 3명이라고 하겠다.

계를 갖추었다. 이들의 출신을 살펴보면, 절대다수는 전통적으로 공적이 많고 명성이 뛰어난 사람들이며 그중에서 생원(증, 부, 공, 감)이 55명으로 제일 많고 거인(举人: 副贡포함)이 16명으로 두 번째로 많으며 진사(进士)가 8명이었으며 나머지 18명은 미상이다.9) 또한 이들 97명의 교육수준을 살펴보면, 신교육을 받은 사람은 겨우 15명으로서 전체 인원 중 16.1%를 나타내고 있으며, 교육을 받은 사람을 다시 분류해 보면 생원(生员)이 8명으로서 가장 많고, 진사가 3명으로 두 번째이고 거인과 미상자가 각각 2인이다.

이상의 분석을 통해 알 수 있듯이 의원 중 다수는 전통교육 출신자이고 의회를 실질적으로 운영해 나간 간부들은 신교육을 받은 소수 정예인원 위주인 것을 알 수 있다. 예를 들면, 탕화롱(汤化龙), 샤소우캉(夏寿康), 장꿔룽(张国溶), 천떵산(陈登山), 후레이린(胡瑞霖) 등이 핵심인원이다. 이외에 진사 야오진시(姚晋析)는 개명한 양호서원 사학의 교육을 받은 자이며 탕화롱 역시 황주경고 서원의 교사이다.10)

2. 자의국의회의 조직체계

후베이성 자의국의회의 의원규정에 의하면 선거완료 후에 전체 의원은 선통 원년(1909) 8월 20일 우창(武昌)에서 집회를 가지고 의회의장단을 선출하였다. 규정에 의하면11) 자의국의회는 의장 1인, 부의장 2인, 상주(常驻)의원 약간 명을 선출하는데 이들은 모두 의원들의 호선에 의해 선출한다. 상주의원은 후베이성 의원정수의 10분의 2를 정수로 하고 있으며 의장과 부의장은 단기 투표법으로 다시 의원 중에 호선하고 상주의원은 연기 투표법으로 1차 호선하며 모두가 득표율이 반수가

---

9) 张朋园, 『立宪派与辛亥革命』(台北: 中央研究院近代史研究所, 民国72년), 277 - 280; 苏云峰, 『中国现代化的 区域研究, 湖北省(1860 - 1916)』(台北: 中央研究院近代史研究所, 专刊 41, 民国70年), 289.

10) 苏云峰, 『中国现代化的 区域研究』, 湖北省(1860 - 1916), 291.

11) 光绪 34년 6월 24일(1906년 7월 22일) 청 정부에서 공포한 章程, 第3章 10条.

넘어야 당선되도록 규정하고 있다.(제3장 제11조) 의원들의 선거결과 의장에 우칭소우(吳庆寿), 부의장에 탕화롱, 샤소우캉을, 상주의원에 쟝궈롱 외에, 후레이린, 유껑차오(刘赓超) 등 17인과 후보 상주의원 유징위(刘耕余) 등 9인을 선출하였다. 그러나 얼마 지나지 않아 의장 우칭소우는 의회가 추천한 서무서기를 개인이 데리고 온 사람으로 바꾸어 일을 시키므로 의원들의 불만을 사서 그 직을 사직하게 되었으므로 부의장 탕화롱이 그 자리를 맡아 의장을 계승하였다.12) 탕화롱은 결원이 된 부의장 직에 상주의원 중 쟝궈롱이 계승하도록 하였으며13) 그들 두 사람은 모두 법률학에 많은 지식을 갖추었으므로 많은 사람들로부터 두터운 신임을 얻었으며, 업무를 처리하는 데 적극적이었다.

자의국의회의원의 임기는 3년이며 정부(正, 副)의장의 임기 역시 동일하다. 단 상주의원의 임기는 1년으로 제한하고 있다. 이외에 자의국의회는 사무를 관장하는 판사처(辨事处)를 설치하며 경리국 중 문판, 회계 및 일체서무를 관장한다. 판사처는 서기장 1인과 서기 4명을 둔다. 이들은 의장이 선출한 후 독무(督抚)14)에 의해 파견된다.(第51-52条) 후베이성 장정의 규정에 근거하여 당시 후베이성 자의국의회의 조직체계를 <표 2>와 같이 구성해 볼 수 있다.

---

12) <湖北政界近闻志要>, 上海时报, 宣统 2년 1월 9일, 第3面.

13) 上海时报, 宣统 2년 3월 9일, 第3面.

14) 독무(督抚)는 총독(总督)과 순무(巡抚)를 합친 말로서 명나라와 청나라 때 최고의 지방 행정 장관을 말한다. 여기서는 후베이 省의 성장(省长) 혹은 행정수장을 일컫는다.

〈표 2〉 후베이성 자의국의회의 組織體系

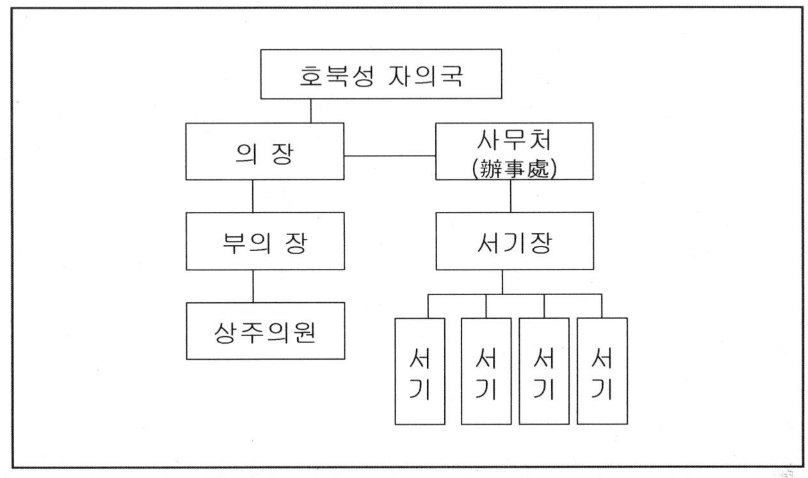

자료출처: 谘议局 章程, 第3章 10条－11条, 51条－52条 참고 필자구성.

의원은 자의국의회의 중요한 구성요소이다. 더구나 의장, 부의장과 상주의원은 해당 자의국의회의 중심이라고 할 수 있다. 그러므로 자의국의회의 기능을 이해하려면 필히 의장, 부의장, 상주의원의 주요 직무를 알아야 하며 이를 약술하면 다음과 같다.

의장은 전체 사무를 관장하고 부의장과 상주의원은 자주 사무국에 들려 업무를 관할한다. 즉 정기회의(常会)를 개최할 때는 반드시 30일 이전에 의장은 각 의원에게 통지해 주어야 한다. 또한 의안토론 시 만약 가부 동수이면 의장이 결의한다. 의장은 회의장의 질서를 유지할 책임이 있으며 마땅히 약간의 특권을 가질 수 있다. 예를 들면 의원이 규정과 규칙을 위반하면 의장은 그 발언권을 제지할 수 있으며 위반자는 퇴장을 명할 수 있다. 또한 회의장의 질서가 소란하다든지 할 때는 의장은 잠시 회의를 정회할 수 있다.(第43条) 실제 사례를 보면, 선통 2년 10월 초 의안토론 중 오후 4시 10분이 지나도 회의 진행이 완결되지 않자 의장은 휴식 시간을 선포하고 5시 10분에 다시 개의하였다. 그중 4시 50분에 식당에서 음식을 준비하였으며 각 의원들은 식당에 가서 식사를 하였고 5시 5분에 의장 탕화룡이 요령을 흔들어 정시에 개회할 수 있도록 의원들을 독촉하였다. 그러나 6시가 되어도 많은 의원들이 모여지지 않자 탕의장은 "각 의원은 회의장에 회의하는 것이 아니라 마치 놀러온 것같이 국가업무에 대해 너무도 열심히 하지 않는다."며 분노하여 산회를 선포하였다.15)

부의장은 2인이며 의장이 유고 시에 그중 1인이 대리 의장을 행사할 직권을 가지며 그 권한은 의장과 같다. 자의국의회에서는 판사처를 설치하며 의장과 부의장이 감독할 책임을 진다. 상주의원은 자의국의회가 회의를 시작하지 않을 때에 의장과 위임업무를 협의 후 자정원(资政院: 오늘의 국회)과 관련한 일을 관장하며 독무의 자문에 응하며 쟁의사건의 공정한 판단과 화해, 진정서 건의의 수리 등 사건을 처리한다. 또한 차기 회의 시에 전체 의원들에게 반드시 보고해야 한다.(第12条, 21条) 후베이 자의국의회는 규범에 의해 의장단, 상주의원 등을 선임하여 「후베이 자의국의회」의 조직을 구성하고 의회주의의 체제를 갖추었고 시작부터 인사원칙을 위반한 의장을 새로 교체하였으며 신임의장은 질서유지책임을 가지고 회의에 정회를 선포하는 등 의회민주의 이상적 실현을 위해 주어진 소임을 수행하였다.

Ⅲ. 후베이성 자의국의원의 의회활동과 역할

1. 입법권 행사

민주정치에 있어서 의원의 가장 중요한 역할은 입법권행사라고 하겠다.16) 그중

---

15) 上海时报(台北: 中央研究院近代史研究所所藏 － 上海时报는 현미경으로 볼 수 있는 자료로서 자료 분석에 많은 시간이 소요되었다), 宣统 2년 10월 3일.

16) 자의국의회 의원의 입법권의 행사에 대한 규정은 후베이성의 정치에 관한 의결권과 법규개혁에 관한 사항, 예산·결산권, 장정법규의 수정과 권리존폐의 의결권이 있다. (원

에서 의안심사는 자의국의회 의원의 중요한 활동 중의 하나이다. 자의국의회의 회의는 정기총회와 임시회의 두 가지로 구분할 수 있는데 정기총회는 매년 1회이며 회기는 40일을 기준으로 하며 9월 1일부터 10월 1일까지이다. 만약 계속해서 회의가 필요한 경우에는 10일 이내로 연기할 수 있으며 반드시 그 기한 내에 끝내야 한다. 임시회의는 정기회의 외에 긴급한 사건이 발생했을 경우 독무의 명령을 경유하거나 혹은 의원 3분의 1 이상의 진정이 있을 경우 혹은 의장, 부의장과 상주의원이 연명하여 진정서를 제출한 경우 모두 소집할 수 있다. 그 회기는 20일로 정한다.[17] 후베이성 자의국의회의 제1회 정기회의(常年会)에서 모두 얼마나 많은 안건을 처리했는지 상세히 알 수는 없으나 제한적인 자료에 따르면 8건의 안건을 처리했음을 알 수 있다.

民吁日报에 따르면 선통 원년(1909) 9월 12일, 26일－27일, 29일－30일 동년 11월 16일－17일 등 8일간 보도되었고 같은 시기 上海时报 보도는 선통 2년(1910) 1월 5일, 3월 9일, 9월 10일, 20일, 22일, 24일, 10월 3일, 12월 19일 등 총 16일간의 보도를 비롯하여 신문지상에 후베이성 자의국의회의 회의는 상세히 보도되었다. 민주주의의 핵심인 의회의안 심사상황을 <표 3> 후베이성 자의국의회의 제1회 정기회의 개최상황을 통해 분석해 보자.

칙적으로는 독무는 반드시 장정법규를 기초해서 회의 때 제의해야 한다. 그러나 예산·결산 외에는 자의국의회 역시 상술한 각 항목에 관한 의안을 제시해야 한다.)(第21条 1项～7项, 第25条).

17) 제32조, 제33조 임시회 회기와 관련해서는 문헌상의 기록이 일치하지 않고 있다. <政治官报>와 <东方杂志> 기재된 임시회 회기는 20일로 되어 있다. 그러나 清朝续文献 通考에는 30일로 기록되어 있다. 어떤 것이 정확한지는 알 수 없으나 여기에서는 다수문헌의 기록에 따라 20 일을 채택하고자 한다.

<표 3> 제1회 후베이성 자의국의회의 정기회의 상황

구분	의안명칭	발언자, 제안자	내용과 토론상황	자료출처
문화 교육	교육관련 광범위한 개혁 안	提学司	의안의 전문 7천자, 성·부·주·현을 중점으로 교육에 관한 개혁과 각항의 교육재정에 관한 사항	民吁日报 宣统元年, 9월 26일 −27일 제3면
	교육재정관련 철저조사 안	谘议局议会	자의국의회의원이 각 관련 안을 심사할 때 제학사가 제출한 항목에서 재정수입 항목이 모자라는 것을 발견하고 의장에게 전하여 후베이성 독무에게 보낸 후 재심사하도록 함.	民吁日报 宣统元年, 9월 29일 제3면. 「各省 谘议局 面面」
	역서국 (译书局)			民吁日报, 宣统元年 9월 28일 제3면
경제 건설	川汉·粤汉	张国琪	川汉·粤汉 철로를 상인들이 만들도록 하고 임대차관을 강력히 반대하며 모금방법의 10대 원칙을 건의함	民吁日报, 宣统元年 11월 16일, 17일 제3면. 「各省 谘议局 面面」
	농업발전방향			
	수재방지 안	督罸	후베이성 각지의 수재발생 방지방안과 6개 항목	民吁日报, 宣统元年 9월 30일 제3면
지방 자치	경비모금으로 후베이성 자치경비 조달 방안	督罸	후베이성 자치경비의 부족으로 모금계획을 정하고 실천하는 방안의 안건	民吁日报, 宣统元年 9월 12일 제3면
행정	총국에 택지국 설치 안	督罸	옛 총국을 확대하고 택지국을 설치하여 전문 인력에게 일을 전담시킴으로써 각 성의 독방으로 수재를 방지하는 총 기관 역할을 하는 안건	民吁日报, 宣统元年 9월 28일 제3면

<표 3>에서 알 수 있는 바와 같이 제1회 정기회의 의안은 모두 8건이었다. 제안 자별로 보면 督抚가 제출한 의안이 4건(전체의안 중 50%), 의원 제출 안건이 2건 (25%), 제안자 미상 2건(25%)이었다. 이렇게 보건대 당시 자의국의회는 관료체제 의 관념에서 탈피하지 못하고 행정기관에서 제의한 의안 위주인 것을 알 수 있으 며, 내용별로 보면 문교관련 3건(37.5%), 경제 건설 분야가 3건(37.5%)이며, 지방 자치 분야는 겨우 1건이며(12.5%), 행정 분야 역시 1건(12.5%)이었다[18].

비록 의원으로서 처음 실시하는 정기회의였지만 후베이성 의원들은 민주의회의 견제장치를 발동하였다. 그들은 심의 안건 중에 교육재정과 재정수입부족항목에 대 해 성정부에 다시 돌려보낸 후 재심사하도록 하였으며, 경제건설에 관한 의안 중 당시 가장 민감한 외국철도차관을 반대하고 후베이성 상인중심으로 "川汉·粤汉철 로 건설"과 모금방법의 10대 원칙계획을 건의하는 등 적극적인 의안심의를 하였다.

제2회 정기회의 때는 1회 때보다 의안제출이 훨씬 증가하였다. 제2회 정기회의 는 총 100여 건의 의안을 심사했으나[19] 역시 27건만의 자료를 수집할 수 있었다. 그중 일부분은 총독이나 督抚가 서명한 독서(督署)에서 제의한 것이며 그 나머지는 의원들이 제출한 안건이었다. <표 4>에서 알 수 있는 것과 같이 제안자로 구분해 보면, 독무가 제의한 문건이 5건(18.5%), 의원이 제의한 것이 21건(77.8%), 제안자 미상이 1건(3.7%) 순이다. 자의국의회의원도 제1회 회의를 통해 이미 의원제안의 의미를 알고 있으므로 의원이 제안한 안건 수가 대폭 증가했음을 알 수 있으며 독 무의 행정부서에서 제의한 것이 비록 제1회보다 역시 1건 증가하였으나 그 비율은 많이 낮아졌다. 제안내용을 살펴보면, 문교와 관련된 안건이 3건(11.1%), 경제건설 과 관련된 것이 5건(18.5%), 지방자치 관련문건 2건(7.4%), 경정 2건(7.4%), 사회

---

18) 民吁日报, 宣统元年 9월－11월의 관련 자료. <표 3>의 자료출처 안건별 요일 참조.

19) 탕 의장은 말하기를, "의안은 100여 건이 넘는다. 각 의원들의 제출안건의 수준 역시 다르다. 그 중에는 사리가 명료하며 법률적인 요구에 합리적인 것도 많다. 그러나 그 범주를 넘는 자 역시 적지 않으므로 진행하는 데 어려움이 적지 않다."고 설명하였다. 上海时报, 宣统 2년 10월 3일.

풍기 정화 4건(14.8%), 행정 4건(14.8%), 정치 2건(7.4%), 세금 관련(11.1%), 입법 1건(3.7%), 진정건수 1건(3.7%), 등으로 나타났다.[20]

제1회와 2회의 의안내용을 보면 독무의 제안은 교육업무에 편중되어 있고 의원들이 제의한 의안은 경제건설, 사회정비, 행정과 세무 등에 편중되어 있다. 즉 비교적 민중의 정서와 지방의 실제 수요에 부합하고 있음을 알 수 있다.

의안 토론과정을 검토해 보면, 후베이성 자의국의회의 의원들은 민주주의의 의사규범을 잘 준수하고 있음을 알 수 있다. 예를 들면 <표 4> 제2회 정기회의 때 '유학정책과 제정 건안의 검토'를 논의할 시 의안은 똥차츠(童鎈墀) 의원이 제의했는데 똥 의원은 후베이 학자금의 지출은 마땅히 절약해야 하므로 유학경비에 대해 철저히 조사해야 한다고 제의하였다. 그러므로 후베이성에서 파견한 다른 省 학생의 경비를 조사하고 각 해당 성에 지급하여 재력을 아껴야 한다고 주장하였다. 따라서 9월 10일 제5차 회의를 개최한 뒤 [제1독회법]에 따라 먼저 똥 의원이 그 이유를 보고한 뒤 다시 전체 의원이 토론을 하였다. 그 의견 중에는 관청에서 유학생을 파견하는 것을 중지하자는 의견 등이 팽팽하게 맞섰는데, 기타 성에서 유학 온 학생들을 조사하는 데 반대하는 의견으로서 왜냐하면 타성에서 역시 모방하여 후베이성 학생들을 조사하게 되면 분란을 일으키게 된다는 이유에서였다. 맨 나중에 일본에서 유학한 호서린이 발언하였다. 호 의원 역시 조사를 반대하였는데 왜냐하면 유학생 경비의 관리가 바르지 못했다는 문제점을 지적하였다. 따라서 이후 유학생 비용을 은행에 예치해 놓았다가 필요시에 찾아 쓰는 방안으로 제의되었다. 호 의원의 의견은 전체 의원들의 호응을 받아 의장은 전체 의원들의 표결로 "제안자인 똥 의원이 수정한 이후에 다시 위원회에서 심사하는 것"으로 결의하였다.[21] 그후 유학정책은 여전히 계속하기로 하였고 좋은 반응을 얻었다. 그 외 민간인이 손해 보는 '관비 구매제도 폐지', 헤이룽장(黑龙江) 성에 도로사용료 적용경비 제출

---

20) 上海时报, 宣统 2년 3월, 9월, 12월 등 <표－4>의 자료출처 안건별 요일 참조.
21) <湖北谘议局议会规定 留学经费>, 上海时报, 宣统 2년 9월 20일, 제1면.

안, 서양담배 재배 금지의 안 등이 제시되었다. 특히 5개성(四川省, 湖北省, 江苏省, 安徽省, 江西省)의 하천공사 사용에 대해서는 '특별위원회 심사의뢰' 후 다시 전체 의원 심사 등 신중한 토론과 회의를 개최하였다.

<표 4> 제2회 후베이성 자의국의회 정기회의 상황

구분	의안 명칭	제안자	내용과 토론상황	자료출처
문교	교육업무 관련 안	督署		上海时报, 宣统 2년 9월 10일 제1판
	유학정책과 경비안의 검토의 안	童鑅墀	관비유학규정에 관한 경비와 의약비를 정기회의에 제의하고, 전체 의원이 심의한 후 의장이 표결하고 동 의원이 수정 후 다시 교부하여 위원회에서 심사.	上海时报, 宣统 2년 9월 20일 제1판
	방언(方言)학당 업무정지의 안	提学司	학무 관련 지출은 원래 선통 2년에 방언학당에 대해 업무를 정지하였으나, 沈明道와 李継麋의 반대 이후에 독무에게 의뢰하여 결정토록 하였으나 여전히 업무를 지속하는 것에 대한 건	上海时报, 宣统 2년 10월 3일 제1판
경제 건설	공예창 비망의 안	蔡中燿	모금방법의 일환인 곡식가격에 대해 다수의원들은 실행의 어려움으로 난행	上海时报, 宣统 2년 9월 10일 제1판
	관비 구매제도 폐지의 안	呂陆先	각 주·현의 행정기관의 구매가격이 민간인이 손해를 보므로 상인들이 구매거절에 대하여 의결을 거친 후 폐지함	上海时报, 宣统 2년 9월 22일 제1판
	이민에 따른 도로사용료 책정 안		후베이성 인민이 나날이 많아지고 농경지는 적어서 헤이룽장 성에 도로사용료 적용에 관한 경비 제출 안	上海时报, 宣统 2년 9월 22일 제1판

구분	의안 명칭	제안자	내용과 토론상황	자료출처
경제 건설	5개 성의 강·하천에 관한 안	童鑅墀	5개성(四川省, 湖北省, 江苏省, 安徽省, 江西省)의 하천 공사에 관해 의원 토론 시 의견이 분분하여 의장의 결의를 거쳐 특별위원회 심사의뢰 후 전체심사 뒤 추후 결정	上海时报, 宣统 2년 9월 22일 제1판
	韩口백화점 건설계획 안	督署	韩口일대에 제방을 구축하고 백화점건설 시 큰 이익발생, 그러나 계획보다 실천의 제한성으로 자의국의회에서 재심의하기로 함	上海时报, 宣统 2년 9월 24일 제1판
지방 자치	지방자치에 관한 안	督署		上海时报, 宣统 2년 9월 10일 제1판
	厅·州·县 자치 단축설립년한의 안건	汤化龙		上海时报, 宣统 2년 9월 10일 제1판
경찰 업무	각 厅·州·县의 순경 안건	刘寅熙		上海时报, 宣统 2년 9월 10일 제1판
	경찰업무에 관한 안	督署		上海时报, 宣统 2년 9월 10일 제1판
사회 기풍의 정화	서양담배 재배 금지 안	衙寅宝		上海时报, 宣统 2년 9월 10일 제1판
	식량낭비 금지안	张中融		上海时报, 宣统 2년 9월 10일 제1판
	방화 금지안	曹道南		上海时报, 宣统 2년 9월 10일 제1판
	인력거 운반 자동 누적된 폐단에 대한 안	张中融		上海时报, 宣统 2년 9월 10일 제1판
행정	개인 가정 내의 문지기와 벼슬아치들의 뇌물 관계의 금지	王光融		上海时报, 宣统 2년 9월 10일 제1판

구분	의안 명칭	제안자	내용과 토론상황	자료출처
행정	부·청·주·현의 건물에 대한 공공장소 사용의 건	刘寅熙		上海时报, 宣统 2년 9월 10일 제1판
	주·현의 공공비용의 제정 안	谢鸿举		上海时报, 宣统 2년 9월 104일 제1판
	주·현의 정비정돈 실행의 안	吴楚材		上海时报, 宣统 2년 9월 10일 제1판
	분규에 대한 조항 수정과 증거에 관한 안	朱泽霖		上海时报, 宣统 2년 9월 10일 제1판
	襄阳의 徐久绪가 끼친 악영향에 관한 안	谘议局	근거가 확실한 부분은 진정서를 인정해 주고, 불확실한 부분은 독서에 의뢰해 담당관리를 파견하여 철저히 조사하도록 결의함	上海时报, 宣统 2년 9월 10일 제1판
세금징수	세금징수기관을 자치단체에 위임하는 안	孙传烈		上海时报, 宣统 2년 9월 10일 제1판
	세금기관의 청렴화에 관한 안	金式度		上海时报, 宣统 2년 9월 10일 제1판
	세금의 과다 징수자와 세금낭비자의 처벌 안	金式度		上海时报, 宣统 2년 9월 10일 제1판
입법	법령 규칙 중의 16조에 관한 안	谘议局	후베이성 정부 독무와 자의국 의회의 책임에 관한 문제가 발생한 사항	上海时报, 宣统 2년 12월 19일 제1판
진정서	建始县의 선비 李庭举 관련 안	刘德标	자의국의원 刘德标가 소개한 建始县 李庭举의 진정서에 金策先이 사기를 친 불법사건	上海时报, 宣统 2년 3월 9일, 9월 24일 제1판

이상에서 살펴본 바와 같이 후베이성 자의국의회는 입법권을 행사하였고 많은
의안을 토론하였다. 제1회와 2회의 정기회의를 통해 35건의 의안을 심사하고, 입법
권행사, 재정 감독권 등 의회의 기능과 의원들의 역할수행을 철저히 해 나갔다. 특
히 그들은 회기 중에 못 다한 밀린 업무를 위해 임시회의를 개최하고 '예산심사위
원회'를 구성하여 면밀한 심의를 통해 '추가예산 80만 원'에 대해 부결함으로써 성
정부에 대한 강력한 견제의 기능을 발휘하였다. 그들은 현대 민주주의의 규범을 준
수하고 정반대의 의견들도 존중할 줄 알았으며 최후에 다수결로 의견의 분쟁을 해
결하였다.

2. 재정 감독권 행사

재정 감독에 관한 자의국의회의 제일 중요한 직권은 지방의 예산과 결산이다.[22)
후베이 자의국의회 제1차 정기회의 개최 시 독무의 예산안 제출의 유무는 자료가
많지 않아 정확하게 알 수는 없지만 제2차 정기회의 개최 시 성정부의 독무는 많
은 의안을 제출하였다. 그러나 그중 예산안은 없었다. 자의국의회의 각종 의안이
모두 예산안과 관련되어 있기 때문에 예산안 없이 토론하는 것이 무의미하다. 따라
서 후베이 자의국의회는 성정부에 예산안을 제출하도록 2차에 걸쳐 요구하였으나
두 번 다 답변을 얻지 못했다.

9월 중순에 자의국의회는 재차 독무에게 예산안을 제출하도록 재촉하였다. 이에
대해 상하이시보 선통 2년 10월 20일의 보도에 따르면 '독무 당안(当案)과 후베이
자의국이 제출한 의안은 대단히 많으나 모두 예산액을 알아야 일을 기획하고 회의
를 할 수 있다. 그러나 예산안은 없었다.'고 예산안 미제출에 대한 촉구를 보도하
였다.[23) 그러나 10월 하순까지 독무는 여전히 예산안을 제출하지 아니하였고, 독무

---

22) 谘议局章程 제21조 제2항 – 4항.

23) 上海时报, 宣统 2년 10월 20일.

의 서명단계에서 계속 예산안을 연기하였기 때문에 의정 진행은 매우 느리게 진행되었다. 이처럼 계속 지연시키다가 정기회의 회기가 거의 끝날 무렵에 겨우 미비한 예산안을 제출하였으니 독무는 마지못해 응하는 태도를 보였다. 여기에서 볼 때 자의국의회의 중요한 권한인 '예산결의안'에 대해 후베이성정부에서 이를 존중할 의사가 없고 의회를 무시하는 양태에 대해 의회의원들은 강력한 입장을 고수하고 예산심사를 보류하였다.

총독 레이정(瑞徵)은 자의국의회에서 예산안을 심사하지 않고 보류한다는 얘기를 듣고 극도로 긴장하기 시작하였다. 그는 즉시 보충자료를 보내고 '정식으로 의안을 제출'(정식 의안 상정)을 하였다. 그러나 자의국의회는 지방세입이 없는 것을 확인하고 예산안을 여전히 통과시키지 않도록 방침을 세웠다.24) 뿐만 아니라 후베이성 자의국의회 의원들은 '정기회의' 외에 '임시회의'25)를 개최하여 의원자신들이 회기 내에 미처리한 법안심의를 끝까지 마무리하는 의욕과 열정을 보였다. 임시회의는 정식으로 12월 1일 개최하였으며 회의에 참가한 의원은 63명이었으며 도착하지 못한 사람은 20명이었다. 출석의원이 법정의원의 과반수가 되면 회의를 개최할 수 있도록 되어 있는 규정26)에 따라 의회는 임시회의를 개최하였다. 첫날에는 번사(藩司) 마지장(马吉樟)의 예산전반에 대한 설명이 있은 후 산회했으며, 이튿날에는 의장 탕화롱에 의해 소 조직을 구성하여 심사하기로 하는 설명이 있은 후에 투표로 "예산심사 위원회" 위원을 선출하였는데 예산심사위원은 19명이 선출되었다.27) "예산심사 위원회"는 위원장 1명, 전체 안건 기초원 1명, 민정과 교육조가 각 5명,

---

24) 上海时报, 宣统 2년 10월 20일.

25) 예를 들면, 宣统 2년(1910년) 10월 20일 정기회의가 끝나고 늦게 각 의원들은 협의하기를, 독무로 하여금 지방세입 금액을 명시하도록 하고 의원들이 각 지방으로 돌아가기 전에 '임시회의'를 개최하도록 결정하였다.1) 그러나 11월 19일에야 겨우 독무가 보낸 예산안을 받게 되었으니 탕화롱의 장은 이미 돌아간 의원들에게 12월 1일 임시회의를 개최한다는 문서를 발송하였다. 上海时报, 宣统 2년 11월 20일.

26) 谘议局章程 제35조.

27) 苏云峰, 『中国现代化的 区域研究』, 湖北省(1860 - 1916), 295.

실업조가 4명, 관업지출조가 3명으로 선임되었으며 각 조는 5일 이내 심사의견을 제출하기로 하였다.28) 시일이 급박하였기 때문에 결과적으로 전체 안건을 통과시켰으나29) 그 후 '추가예산 80만 원'에 대해서는 승인하지 않았다.30) 이것은 중국 최초의 의회기관이 당당히 의회민주의 중요한 역할인 재정 감독권을 수행한 한 사례라고 할 수 있을 것이다.

이러한 현상을 살펴볼 때 후베이성 자의국의회 의원들은 대의제도에 대한 많은 인식을 하고 있었으며 뿐만 아니라 '임시회의'를 소집하고 '예산심사위원회'를 개최하여 성정부의 예산안을 면밀히 따지고 분석하여 국고낭비가 없도록 함으로써 현대 민주주의 의회가 가진 기능 이상으로 그 역할을 실천한 것을 알 수 있다. 이로써 후베이 자의국 의원들은 자신에게 주어진 민의의 대표로서 권한행사와 의무를 최대한 발휘하였다고 평가할 수 있다.

3. 쉰원(詢問) 제도와 의회의 기능

자의국 장정규정의 26조에 따르면, "자의국의회는 본성 행정사건과 회의청의 의결사건에 대해서 의문이 있을 시 독무에게 설명을 요구할 수 있다. 만약에 독무가 이를 비밀로 생각하는 문건이라도 마땅히 대체적인 설명을 해 주어야 한다."라고 규정하고 있다. 그러나 이 당시의 쉰원제도는 오늘날의 대정부질문과는 차이가 있다고 하겠다31).

쉰원에 대한 예로서는 재정 관련하여 설명할 수 있다. 수윈펑(苏云峰)의 후베이

---

28) 上海时报, 宣统 2년 11월 12일.

29) 上海时报, 宣统 3년 3월 19일.

30) 上海时报, 宣统 3년 윤 6월 18일.

31) 특히 청칭[呈请] 두 자를 보면 독무와 의원의 지위에 있어 비록 독무가 비교적 우위의 지위에 있기 때문에 의원은 독무에 대해서 비난을 하지 못하는 것처럼 되어 있다. 그러므로 최대한 고려해서 자문을 얻는다는 쉰원[询问]형태를 쓰고 있으며 민주국가에서처럼 '대정부 질문'[质询]이 아니라고 할 수 있다.

성 외채의 통계[32])에 따르면, 광서(光绪) 26년(1900년)부터 선통 3년(1911년)까지 후베이성 당국은 철로차관 이외에 모두 3笔 외채를 빌렸다. 총합계 본전은 3백만 7천여 냥인데 이자가 근 2백만 냥이고, 본래 이자는 모두 4백9십8만여 냥이었다. 그중 제3필은 선통 3년 윤 6월 20일 후베이성 독무 레이정(瑞徵)이 영국, 독일, 프랑스, 미국 4개 은행에서 200만 냥을 빌렸으며 장지통의 임기 내에 서양에서 빌린 부채 2백40만 냥을 상환하였는데 이창감리를 제3담보물로 저당하고 이금표를 부담보로 하였다.[33])

독무는 작금의 일이 곤란함을 인식하고 '차신책환구책'(借新债还旧债: 새로 빚을 얻어 옛날 빚을 갚는다)의 방법으로 해결하였다. 또한 판스자오(藩司交) 신사(绅士) 타오더훈(陶德琨)에 의해 수정되고 특히 전임 자의국의회의원 지에치(接治)에게 부탁하였다.[34]) 이는 독무가 자의국의회에 대한 공적채무에 관한 권력을 무시하는 것으로 판단할 수 있다. 따라서 자의국의회에서는 독무에게 쉰원 하기를, '차신책환구책' 안건은 판스자오가 구채무를 상환하는 방법을 규정하고 신채무 발생 일에 즉 구채무를 상환하는 일로서 이자가 계속 누적되지 않는 것인가?'[35])라고 하였다. 독무는 답변하기를 '새로 빚을 얻는다는 것은 부담을 줄이고 장기를 단기로 바꾸며 이자가 싼 것을 빌려 이자가 비싼 것을 갚는다는 것인데 이를 허락하지 않는 것은 납득이 가지 않는다.'라고 하였으며, 이외에 빌린 돈을 갚는 방법은 구채무에 대한 간략한 도표를 답안 속에 포함시켰다. 그러나 자의국의회 의원들은 '새로 빚을 내어 옛 빚을 갚는다.'는 의안은 마땅히 결산 시 자의국의회에 제출 의결하도록 해야 하며 또한 합동으로 초안을 작성할 때 역시 독무가 완성하여 정식으로 제의하여야

---

32) <湖北省外债表－表 3.3.2>, 苏云峰, 『中国现代化的 区域研究』, 湖北省(1860－1916), 210.

33) 借款合同, 中央研究院 近代史研究所, <外交档, 各 省 借款案>, 续权字 제97호. 苏云峰, 『中国现代 化的 区域研究』, 湖北省(1860－1916), 209－210 재인용.

34) 上海时报, 宣统 3년 윤 6월 18일.

35) <湖北省 覆借新债还旧债案 并款 辨法> 上海时报, 宣统 3년 윤 6월 18일.

하고 개인인 접치를 통해서 해서는 안 된다.'는 의견을 고수하였다. 결국 80여만 원을 빌리는 것은 승인을 하지 않았다.[36]

이상 몇 가지의 사례를 통해서 중국 청나라 말기 자의국의회는 쉰원권을 행사하였을 뿐 현대의회가 가지고 있는 강력하고 힘 있는 질문권을 행사한 것은 아닌 것을 알 수 있다. 그러므로 행정수장인 독무로부터 자주 권한남용을 받기도 했다. 또한 쉰원의 방식은 서면으로 행하여졌으며 직접 면전에서 이루어진 것이 아니었기 때문에 행정부의 독무는 높은 지위에 있다는 것을 인정하게 되고, 일반적으로 민주국가의 입법부가 행정부를 견제하는 상황과는 다른 면을 볼 수 있다고 하겠다.

Ⅳ. 후베이성 자의국의회의 역할과 대외적 활동

후베이 자의국의회 의원들은 후베이성뿐만 아니라 중국의 전 지역에 의회활동을 펼침으로써 의회민주의 기능을 발휘하였다. 또한 민주국가의 고유한 지방의회의 견제와 균형의 역할을 십이분 피력하였다. 앞에서 서술한 의회활동과 역할 외에 후베이성 자의국의회는 대외 활동을 통해 전국의 자의국의회에서 중추적 역할을 하였다. 이는 첫째, 사회참여와 청원입헌의 중추적 역할, 둘째, 여론조성과 국권 쟁취, 셋째, 신해혁명 봉기와 후베이 의회의 역할 세 가지로 제시할 수 있다.

1. 사회참여와 청원입헌의 중추적 역할

백성이 정치참여를 요구하는 것은 정치발전 중의 한 특징이다. 현대화된 국가에서는 대중매체가 발전하고 교육 정도가 높기 때문에 개인이나 단체조직의 정치참여에 대한 요구가 증가하는 것은 자연스러운 일이라고 하겠다. 그러나 국가가 근대

---

36) <湖北省 谘议局不认 增加 80餘万 借款> 上海时报, 宣统 3년 윤 6월 18일.

화를 지향하는 초기의 정치참여는 대부분 그 사회의 지식계층에서 일어난다. 청나라 말기 중국인민의 정치참여 역시 사회의 선비들을 중심으로 일어났다. 때문에 각 성의 자의국의회 의원의 구성은 자연히 지방 선비출신이 많았고 특히 일본유학이나 신식 교육을 받은 사람들이 많았으며 청말 국가를 대표하여 이들이'청원입헌(请愿立宪)'의 주류가 되었다. 당시 청 정부는 입헌 국가를 원하지 않았고 이해도 부족하였으며 따라서 가능하면 입헌국가의 진행을 늦추고자 하였다. 당시 청나라의 '9년 입헌계획'을 보면, 국회의 소집을 1915년 이전에 앞당길 의사가 전혀 없었다. 그러나 지방의회인 자의국의회가 성립한 후 선진민주정치에서처럼 의회와 의원이 정부에 대한 견제와 균형의 역할을 직접 체험하였고 또한 '추가예산 80만 원'을 승인하게 하는 등 지방의회의 역할을 경험한 의회의원은 모두가 더 이상 기다리지를 못하고 "국회의 구성"을 강력히 촉구하였다.

후베이성 자의국의회의 입헌 활동은 자의국의회가 개막되기 이전부터 시작되었으며[37] 자의국의회가 설립된 이후부터는 적극적인 활동으로 전 성의 핵심적 역할을 하였다. 자의국 설립 3개월 뒤인 선통 원년 12월에는 각 성의 국회청원 대표자들[38]을 후베이성에 초청하였고 쟝꿔룽 등은 우창 총상회(武昌总商会) 단체모임에 이들을 초청하여 환영하였다.[39] 그 이듬해에는 상하이(上海)에서 [全国谘议局联合会]가 발기 창립되었는데 이때 역시 후베이 자의국 의원 천떵산(陈登山)은 적극 동참하였고 천 의원을 비롯하여 16개 성의 대표자 55명은 '청원대표 담화회'를 개최하여 모두 8회의 집회를 가졌으며[40] 3차의 청원활동을 개시하였다.

또한 그들은 당시 중국의 국세가 매우 위급함을 인식했으며 "서구열강의 잠식요구에 바람 앞의 등불 같은 상황을 느끼고 정부로 하여금 즉각 국회소집을 요구하

---

37) 당시 쟝꿔룽(张国溶)은 이미 우창(武昌)에 '헌정 준비 위원회'를 조직하여 적극적으로 국회청원활동에 참여하였다.

38) 예를 들면 위띵러(于定日), 쑨훙인(孙洪伊), 루어지에(罗杰) 등을 후베이성에 초청하였다.

39) 上海时报, 宣统 3년 윤 6월 18일.

40) 张朋园, 『立宪派与 辛亥革命』, 62.

였으며 대외적으로는 단결을 중시하였으며 대내는 민심을 수습하여 국가의 위기존 망이 가을바람 같은 상황에서 국가를 구해야 한다.”는 이유로 3차의 청원활동을 개시하였다.[41] 1차 청원활동이 무산되자[42] 2차에는 조직력을 강화하고 북경에 신문을 창간 홍보하였으며 ‘국회기성회’를 조직하였다.[43]

후베이성 자의국의회는 더욱 적극적으로 동참하고 활동하여 제3차 청원국회에서는 대표적 역할을 하였다. 그들은 선통 2년(1910년)에 [湖北国会请愿同志会]를 설립하여 가칭 ‘헌정 준비 위원회’ 회의를 개최하였으며 후베이 자의국의 쟝꿔롱을 간사장으로 추천하고[44] 동년 6월 6일 제3차 청원 국회 발기회는 쟝꿔롱 간사장 주최로 개최하였고 회원 후레이린과 국회 청원대표 천떵산 및 자의국의회 의장 탕화롱 모두가 강력한 연설을 하였다.[45] 또한 후베이성 내의 국회 청원활동도 후베이 자의국의회가 주도적 역할을 하였을 뿐만 아니라 전국적인 활동 중에서 계속해서 핵심적인 지도자적 위치에 있었다. 예를 들면, 선통 2년 7월 6일 북경에서 정식으로 성립한 [各省谘议局联合会][46)]에는 각 성의 자의국의회에서 파견한 의원들로 조직되었는데 후베이성 자의국의회 의장 탕화롱이 회장으로 추천되었으며 일체의 활동과 업무를 총괄하였다. 7월 8일 연합회 2차 회의 중 각 성 자의국의회가 제의한 16개 조항 중 [国会速开提议案] 역시 후베이성 자의국의회 쟝꿔롱이 초안을 작성

---

41) 제1차 청원은 宣统 원년 12월 10일(1910년 1월 20일), 제2차는 宣统 2년 5월 10일 (1910년 6월 16일), 제3차는 동년 9월 20일(1910년 10월 22일)이었다.

42) 청나라는 제1차 청원에 대해 ‘국민지식이 모자라 9년 예비기간이 만료되기 전에 국민교육을 보급해야 한다.’라는 이유를 들어 거절하였다.『东方杂志』, 第7卷 第1期, 总页 16569.

43) 이러한 준비와 노력은 거대한 조직체를 구성하게 되었다. 자의국 연합회 외에도 정치단체로서 예를 들면 후베이 헌정 준비 위원회, 허난(河南) 각 성의 자치연구소를 비롯하여 민간단체로는 교육 회, 상회와 해외화교 등 모두 대표를 파견하여 참가하도록 하였고 모두 청원서를 제출하였다. 张朋园,『立宪派与 辛亥革命』, 66.

44)『断水 汤先生 遗念录』(台北: 成文书局, 民国 58년 3월, 影印本), 10.

45) <汉口发起 三读 请愿国会详志>, 上海时报, 宣统 2년 6월 11일. 제3면.

46) <中国纪事>, 国风报, 제1년 제12호, 117.

하였다.[47] 그 외 탕화롱은 제2회 후베이성 자의국 정기회의 시 연합회의 상황을 보고하였고 10월 7일에는 청원동지회를 소집 특별대표회의를 개최하였으며 '청 정부는 즉각 국회를 열고 회의를 개최하라.'고[48] 강력하게 결의하였다. 10월 11일 쟝꿔롱 등은 한코우(汉口)에서 청원대회를 개최하였으며 39개 단체 약 총 2000여 명이 참가하였다.[49] 뿐만 아니라, 학생들도 청원운동에 동참하였는데 12월 '上海时报)'의 기록에 따르면: 학문을 연구하러 온 천진의 후베이성 학생 대표 2명이 후베이성으로 돌아가 전단을 살포하였으며 학생을 선동하고 8일에 수업거부집회를 정하고 학생 청원 운동에 호응하였다.[50]

8월 23일 쟝꿔롱과 탕화롱은 특별회의를 소집하고 회의 중에 북경에서의 국회 청원활동을 소개하였으며 한코우 상업학당 교무장 유성우 역시 연설을 하였다. 후베이성 각 사회단체의 연락과 청원운동은 여기에서 이미 큰 성과를 이루었으며 그 이튿날 각 단체대표가 자의국의회에 모여 청원서의 내용을 상의하고 또한 공동으로 쟝꿔롱, 뤼위시엔(吕陆先)과 기타 단체 대표 8명을 특별대표로 추대하였다.[51] 그들은 정부책임자 독서(督署)에게 몰려가서 청원을 하였고 독서가 받아들이지 않으면 목적이 이루어질 때까지 절대로 중지하지 않겠다고 요구하였다.

이처럼 국회청원활동은 후베이성 자의국의회의 주도하에 전국적으로 확산되었으며 그 기세는 마치 홍수가 났으나 막을 수 없는 상황과도 같았다. 그 후 청 정부에

---

47) <各 省 谘议局联合会成立>, 国风报, 제1년 제12호, pp.117 - 118. 이러한 의안은 여러 번 토론을 거쳤으며 그 후 속개 국회안, 자의국의회 규칙안의 수정 등과 같이 모두 자정원(资政院)을 통과하였다. 자정원은 오늘날의 국회에 속한다. 청 말에 설치한 자정원은 청 정부가 임명한 의원 100과 각 성 자의국의회에서 의원들이 호선하여 파견한 100명 총 200명으로 조직되어 전국의 政事를 의결하였다.

48) 上海时报, 宣统 2년 10월 17일.

49) 上海时报, 宣统 2년 10월 19일.

50) 上海时报, 宣统 2년 12월 21일.

51) 上海时报, 宣统 2년 10월 19일.

서는 각계각층의 요구에 압박받아 오다가 부득이 원병의 계략을 짜내었으니 원래
예비 입헌기간은 '9년'이었으나 '6년'으로 줄이고 선통 5년에 국회를 개최하기로
예정52)하였으며 동시에 청원단체를 해산하고 다시 계속해서 청원하는 것을 불허하
였다.

앞에서 살펴본 바와 같이 후베이성 자의국의회는 전국적인 정치활동에서 선봉적
인 역할을 했다. 학생 청원운동을 이끌어 내고 국회청원활동에 있어서도 전국의 자
의국의회 중에서 후베이성 의회는 뛰어난 역할을 하였다. 특히 의장 탕화롱, 부의
장 장꿔롱, 뤼위시엔 등은 탁월한 리더십을 발휘하여 예비입헌기간을 3년 단축시키
는 등 전국에서 가장 중추적 역할을 하였다.

2. 여론조성과 國權 쟁취의 선두

청나라 말기 철도 운동 중에 자의국의회는 의심할 여지도 없이 중요한 역할을
담당하였다. 지방에서 전국 중앙에 이르기까지 그 참여도는 큰 지지를 받았다. 특
히 교통의 요지인 후베이성은 더욱 큰 역할을 하였다. 1895년 갑오전쟁 후 청나라
에서는 오래도록 외국인이 중국철로를 경영하거나 외국자본을 빌려 철로를 고치거
나 개설하는 정책을 타파하게 되었다. 특히 러시아, 일본, 독일 등 각 국가는 철도
연장선을 개척한다는 구실로 광물자원을 캐고 외국시장을 개척하였다53). 이는 선진
국가가 개발 국가에 대한 경제침략의 표본이라고 할 수 있으니 각 지방에서는 애
국정신으로[철로권리의 회복] 운동을 전개하게 되었다. 예를 들면, 지방단체는 외국
이 중국에 가지고 있는 철도 노선 전부를 돌려 달라고 요구하고 지방자체의 철로
를 건설하자고 주장하였다. 앞서 후베이 자의국 제1회 정기회의 시에 성 인민들의
요구사항이 의안으로 채택되었던 것과 같이 각 성 선비와 상업계가 철도 노선을

---

52) 『东方杂志』, 第7卷 第11期, 18651.

53) 외국에 철로를 장악한 것은 러시아와 일본이 만주에서 독일이 산둥에서 프랑스가 운남
　　에서 각각 철로를 경제적 침략의 도구로 삼았다.

정하고 철로건설 자금을 모금하였다. 그러나 우정대신 성이화이(盛宜怀)는 이를 무시하고 외국과 임대조약을 체결하였다54) 이 소식이 전해지자 각 성의 지식인과 백성들은 반대의 목소리를 내기 시작하였고 후베이성은 더욱 격분하였다. 당시 국내외 후베이성 인사들은 전신을 이용하여 외환을 거절하는가 하면55) 일본유학 학생들은 [湖北 铁路会]를 조직하여 신문에 발표하였고 중국이 외환을 빌리는 것은 바람직하지 않다는 이유 10개 항목을 제시하였으며 철도를 상실하면 주권을 상실한다56)는 비통한 글귀로 강조하였다. 특히 후베이성 선비와 백성들은 자체적으로 채권을 팔아 경비를 모으고 혹은 증권을 바꿔 주는가 하면 "개개인의 마음 깊이 모두 철로가 있어야 나라가 존재하고, 철로가 망하면 나라가 망한다(国存路存, 路亡国亡)."를 표어로 적극적으로 행동에 나서니 사태는 극도로 심각하였다.57) 특히 매스컴에 적극적으로 호소하여 동포도 증권을 사도록 하였다.58) 이러한 민간에서의 외환차용을 반대하고 철로를 스스로 만들어야 한다는 호소에 자의국의회는 더욱 고무되었고 민의를 대표하여 책임을 통감하고 그들의 요구를 최대한 반영하였다. 자의국의회 의원 중에 가장 먼저 계약을 폐기하자고 주장한 사람은 쭈어수잉(左树映) 의원이었다. 그는 이 결정이 장래 후베이성 83명 의원의 공과 죄에 해당된다59)는 강력한 주장을 하였다.

 이는 확실히 외채를 빌리는 문제가 후베이성 인민에게 대단히 중대함을 느끼게 해 주었다. 또한 의원들로 하여금 큰 역할을 발휘하지 않을 수 없게 하였으며 따라서 그는 의안 중에 후베이성의 세금을 조성할 수 있고 동시에 민의를 대변할 수

---

54) 民吁日报, 宣统 원년, 10월 7일.

55) 民吁日报, 宣统 원년, 9월 6일.

56) 民吁日报, 宣统 元年, 10월 7일.

57) <各 省 谘议局 片片>, 民吁日报, 宣统 元年, 10월 1일.

58) <各 省 谘议局 片片>, 民吁日报, 宣统 元年, 11월 7일.

59) "우리 83명 의원의 책임은 전 성의 军, 学, 绅, 商 각계의 사람들을 도와주는 것이다. 수년 이후 83명의 공적과 죄의 현안은 바로 후베이성 사람들의 입에 오르내리는 것이다. 특히 오늘의 결의를 어떻게 듣게 되는가? 이는 대단히 중요하다."

있는 3가지 방안을 제시하였다.60)

일본에 유학한 학생들이 조직한 후베이 철로회 역시 쟝뿌리에(張伯烈)와 샤따오난(夏道南)을 대표로 하여 활동하였는데 그들은 귀국하여 철로의 자체건립을 위한 활동을 하였다. 그들은 후베이성 지식인자, 학술계, 자의국의회의 환영을 받았으며 각 단체와 자의국의회의 요청을 받아 강의를 하였다. 9월 21일 건업공소에서 강연시 회의 중 쟝꿔롱, 유껑촤오가 발표를 하였으며 군중은 감동하였고 회의장 분위기는 극도로 격렬하였다. 당일 참석한 사람은 1000여 명으로 용기를 북돋우니 회의장 분위기는 좀처럼 가라앉기가 어려웠다.61) 그 후에 다시 [후베이 철로학회]의 창립을 발표하였고, 이철명을 회장에, 오조태를 부회장에 그리고 서무 4명, 회계 2명, 서기, 기초입안자 각 4인을 두었으며62) 지식인과 백성이 철로회사를 건설하는 방안, 광범위한 기금모금 등 최선의 노력을 다하며 쓰촨 – 후베이 철로의 외채를 빌리는 것을 완강히 거절하였다.

그러나 청나라에서는 성이화이의 지휘하에 결국 선통 3년 철도국유법령을 선포하였다. 지방자치단체가 건설하는 철로에 관한 조직과 그 권리를 거두어들이고 성이화이는 5월에 4개국 은행단과 법에 의거하여 합의서를 체결하였다. 각 지방단체는 이익을 상실한 데 대한 비통한 마음과 청나라에서 이권을 팔아넘긴 우매함에 격분하여 반항하기 시작하였다. 그리하여 철로를 보호하려는 운동은 전국적으로 확산되었으며 청 말 이러한 민간인과 지방단체의 격렬한 국권옹호 정신은 후일 신해혁명이 성공하는 데 간접적인 역할을 하였다.

---

60) 첫째, 자의국의회의 힘을 이용하고 총독을 경유하여 도시와 지방과 관민이 함께 연합하여 전체 성의 軍, 学, 绅, 商 각계가 방법을 건의하자. 둘째, 전문을 이용하여 중앙과 각계 관련 있는 단위에 그 대표를 구성하고 계약을 폐기하고 셋째, 지방자치단체가 스스로 철로를 만들자는 목적을 쟁취하자는 것이다<湖北省決定三大宗辯法>, 上海時报, 宣统 元年 9월 22일.

61) <武昌近信>, 民吁日报, 宣统 元年, 9월 26일.

62) 民吁日报, 宣统 元年, 9월 22일.

3. 신해혁명(辛亥革命) 봉기와 후베이 의회의 역할

청 말 자의국의회의 각종 민주화운동은 표면적으로는 큰 효과를 가져온 것 같지 않지만 실제적으로 신해혁명(辛亥革命)[63]봉기에 도화선이 되는 큰 결과를 가져왔다. 특히 신해혁명의 시작이 우창에서 일어났기 때문에 후베이성 자의국의회는 더욱 그 역할의 중심에 있었다.

선통 3년(1911년) 8월 19일 혁명군이 우창에서 일어날 때 후베이성 자의국의회가 가장 먼저 호응하였다. 30일 새벽 혁명당원들은 자의국의회에 모여 정부조직을 협상하고 의장 탕화롱, 부의장 쟝궈롱, 샤소우캉, 의원 완류송, 후레이린、유껑차오(刘赓超) 등이 모두 모였다. 의원 유껑차오의 제의를 받아들이고 20혼성 협통 여원홍을 군정부의 도독(都督)으로 하고 특히 자의국의회를 도독부(都督府)로 개칭하고 자의국의회의 많은 의원이 요직을 맡았다. 후레이린이 재정부장, 뤼루시엔(呂陆先)을 재정부 副부장, 쟝궈롱을 편제부장으로 하였다[64]. 그다음 탕화롱은 과거 그의 명성이 뛰어났으므로 혁명에 참여한 사람들은 그가 모든 사람들보다 리더십과 정치력이 뛰어난 것을 인식하였고 그를 총참의(总参议)와 민정총장으로 선출하였다. 그는 기꺼이 받아들인 후 감동적인 연설을 했는데 이는 후베이성 자의국의회가 우창에서 가장 중요한 위치에서 일을 하게 된 대표자로서의 중요한 의미를 나타내었으며 그는 참여자들에게 죽을힘을 다해 혁명을 성공시킬 수 있도록 역설하였다.

---

63) 신해혁명(辛亥革命)은 중국의 전통적 황제지배체제를 무너뜨리고 최초의 공화국을 세운 혁명으로 좁은 의미에서 1911년 10월 우창봉기에서 시작되어 1912년 4월 위안스카이 정권의 성립에 이르는 시기의 변혁과정으로, 넓은 의미에서는 1895년 무렵에서 시작되어 1913년 이른바 제2혁명의 실패로 끝나는 시기에 걸친 중국사회의 전반적이면서도 상당히 급속한 변화과정으로 이해될 수 있다. 그러나 이러한 변혁과정 속에서 반식민지 반봉건사회라는 근대 중국사회의 구조 자체의 변화를 수반하지 못했기 때문에 신해혁명은 실패하였다거나, 혹은 불철저한 혁명으로 평가되기도 하지만, 신해혁명 자체로 20세기 중국사회의 변동이라는 혁명의 기원으로서 중요한 의미를 지닌다고 하겠다.

64) 上海时报, 宣统 3년 9월 3일.

즉:

본 자의국의회는 국민의 대표이며 覆興의 책임이 있다. 이미 제군들이 추천하여 일은 시작되었으니 모두 죽을힘을 다하여 혁명에 참여해야 한다. 성공하면 모두가 훈장의 명예를 안을 것이며 실패하면 생명은 한 줌의 흙이 될 것이다. 나 우한 사람은 여기에서 사기 앙양을 위해 최선을 다할 것이며 이번 이 거사에 나 우한 사람은 만 가지에도 불복하지 않고 오직 이번 거사를 일으킨다. 다만, 원하건대 제군은 규율을 엄수하고 서로 자기 자신을 상하게 하지 않는 것만이 참다운 스승이 될 것이다.65)

탕화롱은 민정총장의 소임을 맡은 후 다방면으로 혁명을 옹호하며 열심히 활동하며 요새를 견고히 하였다. 먼저 전문으로 각 성에 통보하기를 청 정부의 부패와 죄상을 알리고 독립에 호응해 줄 것을 호소하였다.66)

신해혁명은 우창에서 8월 19일 거사를 시작하여 9월 하순까지 약 1개월간 각 성에서 적극적으로 참여하여 독립을 선언하였다. 10월 초 혁명에 동참하는 자는 모두 10여 개 성에 이르고 각 성 군정부는 독립하였으며 후베이성 정부를 중앙군 정부로 공식으로 인정하였다. 후베이성 자의국의회의 의원 중 중요한 인물이 군정부에 가입한 후 특히 탕화롱의 명성은 정부 학계 각계에서 따르는 자가 나날이 늘어났다.67) 우창의 혁명 성세는 나날이 확대되었으며 무엇보다 탕화롱에 대한 각계의 숭상과 신뢰는 드높았고 그의 업적은 크게 칭송되었다. 당시 쨔오삥린(赵炳邻)은 혁명당에게 "자의국의회 의장 탕화롱이 군사에 참여하였고 자의국의회는 각 성 연합회가 있으며 탕화롱이 전문으로 알리기를 각 성 자의국의회는 연계하여 내부적으로 군사정치에 관한 각 조문을 정하고 각자가 교전단체의 세력을 가져야 한다

---

65) 李检农, 『武汉革命始末记』, 辛亥革命 ⑤, p.176; 张朋园, 『立宪派与 辛亥革命』, 144. 재인용.
66) 张朋园, 『立宪派与 辛亥革命』, 144 – 145.
67) 胡祖舜, 『武昌开国实录』(党史会 打字本), 42; 张朋园, 『立宪派与 辛亥革命』, 150. 재인용.

."68)고 그의 공적과 열정을 치하하였다. 중국의 사학자 장펑위엔(张朋园) 교수는 탕화롱의 공헌을 3가지로 평가하고 있다.69) 또한 그의 역량으로 14개 省이 계속적으로 혁명에 참여하였고70) 따라서 후베이성 자의국의회는 혁명 태세를 형성하였으니, 그 영향은 실로 대단히 크다고 하겠다.

'신해혁명은 자의국으로부터 발단되었다.'71)라는 장이롱(张一蓉)의 회고에서 알 수 있듯이 청 정권을 뒤엎고 수천 년의 전제정치를 종료시킨 자의국의회의 역할은 크다고 하겠다. 특히 전국의 각 성 자의국의회를 통솔하고 지휘한 후베이 자의국의회와 탕화롱 의장의 입헌민주의 실현에 대한 가치와 열망은 비록 짧은 의회민주정치의 실험기간이었지만 그 역할은 십이분 발휘하였다고 높게 평가하지 않을 수 없다.

V. 결 론

중국의 역사는 상당히 오랫동안 폐쇄적인 사회를 유지하였다. 청나라 말기에 이르러서는 이미 국제정세에 어두웠고 외국의 각종 정세에 무감각했다. 때문에 서방 열강과 접촉한 후에는 군사적으로나 정치적으로 계속적인 좌절을 가져왔으며 이러한 상황은 중국 조야의 지식인들로 하여금 나라를 구하려는 사명을 불러일으켰다. 따라서 물질적으로는 자강(自强)운동을 추구하고 정치에 있어서는 입헌운동을 모색

---

68) 赵炳邻, 赵柏严 集, 권1 <宣统 大事鉴>, 15. 张朋园, 『立宪派与 辛亥革命』, 150. 재인용.

69) 탕화롱의 직접적인 공헌을 3가지로 볼 수 있으니 첫째, 군정부를 위하여 조직규정을 초안하였고 더 나아가 인사문제를 기획하여 적재적소에 참여시키니 문란한 질서가 잡혀 나갔다. 둘째, 汉口 각국 영사관과 교섭하여 열강으로 하여금 우창 군정부를 교전단체(交战团体)로 승인하였다. 셋째, 자의국 연합회의 힘을 이용하여 전문으로 각 성이 참여하여 독립을 하도록 하니 혁명의 형세가 전국적으로 발전하였다.

70) 李检农, 『近代百年政治史』(上), (上海: 商务印书馆 民国 37년), 305－307.

71) 张一蓉, 『心太平室集』, 卷8, 38; 李守孔, 『清末的 谘议局』 史学会刊, 第2期(台北: 中国 文化学院 出版, 民国 58년), 210. 재인용.

하였다. 즉 중국은 1909년부터 1911년까지 자의국의회를 통해 입헌민주주의를 실험할 수 있는 기회를 가졌다.

앞에서 살펴본 바와 같이 청 말 후베이성 자의국의회는 분야별 다양한 활동을 통해 다음과 같은 역할과 기능을 발휘했다고 할 수 있다.

첫째, 민주주의가 불모지였던 청 말에 후베이성 자의국의회 의원들은 의회민주의 실질적인 입법기능을 수행하였다. 의회시작부터 불합리한 인사업무를 자행한 초대 회장을 탕화롱 회장으로 교체하였다. 또한 의원들은 정기회의를 개최하여 교육, 건설 등 35건의 의안을 심사하였고, 특히 [예산심사위원회]를 구성하고 임시회의를 개최하면서까지 정부예산안을 철저히 검토 분석하여 '추가예산 80만 원'에 대해 부결함으로써 성정부에 대한 강력한 견제의 기능을 발휘하였다.

둘째, 후베이 자의국의회는 국회개회청원의 대표자, 철로자치운동의 선봉, 신해혁명의 중추적 활동을 통해 전국 자의국의회에서 가장 명실상부한 역할을 수행하였다. 그들은 [湖北国会请愿同期会]를 만들고 '宪政准备委员会'를 개최하였으며 또한 16개 省 대표 55명이 '请愿代表谈话会'를 개최하여 8회의 집회를 가졌으며 무엇보다도 전 성의 자의국들은 세 차례의 청원활동을 전개하였다. 특히 3차 청원활동에서는 후베이 자의국 탕화롱 의장이 [各 省谘议局联合会]의 회장으로 추대되었고 부회장인 쟝궈롱 간사장과 후서린, 천명산 의원 등의 노력과 활동으로 39개 단체 2000여 명의 대규모 집회를 가졌으며 이외에도 철로문제에 관한 '여론조성 및 국권 쟁치', '신해혁명 봉기'에서도 역시 후베이 의회와 의원들이 중추적이고 핵심적인 역할을 하였다. 특히 후베이성 자의국의회는 주민과 학생들을 연합함으로써 힘을 발휘하였는데 일본유학생들이 조직한 [湖北铁路会]와 이를 발전시킨 [湖北铁路学会]를 중심으로 주민들과 공상업계 모두가 자신들의 힘으로 湖北铁路를 지키겠다는 [国存路存, 路亡国亡]의 사활의 정신을 전국에 선전하고 크게 알림으로써 전 성 사람들의 힘을 결집할 수 있었으며 이는 민주주의를 태동시킨 신해혁명의 봉기를 주도한 원동력이었다고 하겠다.

셋째, 탕화롱 의장의 탁월한 리더십과 잠재적 능력발휘. 탕의장은 자신이 가지고 있던 민주의회의 이상과 가치를 후베이 자의국의회는 물론 내·외적 활동에 유감없이 피력하였고 국회청원을 정부에 제출하고 앞장섬으로써 민주주의의 실천에 일조를 하였다72). 그는 자의국에서의 커다란 공헌으로 신해혁명의 거사에서 도독부(都督府)의 민정총장에 선임되어 연설하였는데 '자의국의회는 국민의 대표이며 모두 죽을힘을 다하여 혁명에 참여해야 한다.'는 불굴의 구국정신과 리더십은 전국의 자의국과 중앙정계 후베이성 주민 등 각계의 신뢰와 호평을 받았으며 또한 그와 함께 동참하여 행동하기를 주저하지 않았고 이러한 리더십과 의지력은 혁명을 성공으로 이끄는 데 크게 공헌하였다. 비록 3년이란 짧은 기간이지만 후베이 자의국의회는 전 省 자의국의회에서 으뜸가는 중추적 역할을 수행하였고 특히 탄화롱 의장과 쟝꿔롱 부의장의 역할은 기대 이상의 잠재적 기능(Latent Function)을 발휘함으로써 각 성의 정치 경제 사회 등 각 분야에 중요한 업적을 남겼다73)고 높이 평가 되고 있다. 그 후 후베이성은 비록 임시의회와 성의회(省议会)가 성립하였으나 위안스카이(远世凱)의 전제정부(专制政府)의 희생양이 되었다. 따라서 의회정치의 확대와 정치현대화의 운동은 철저한 장애에 부딪혔으며 이는 기실 중국정치발전사에서 대단히 불행한 일면이라고 하겠다.

중국은 1978년의 현대화와 개혁개방 정책에 따라 예전과는 다르게 정치, 사회 각 분야에서 민주주의의 국가에서와 같은 자율적 상황이 전개되고 있다. 예를 들면, 국가기구에서 중국 공산당 외에 타 기관이나 단체를 포함시킴으로써74) 부분적인 변화가 이루어지고 있다. 그러나 100여 년 전 후베이 자의국의회와 같은 민선에 의한 의회의 기능은 아직은 크게 미진하다고 할 수 있으니 차제에 과거 '중국의 의회민주주의 실험－谘议局议会'를 부활연구 발전시킴으로써 보다 실질적인 개방개혁을 추구하여 13억 인구의 삶의 질 향상에 좀 더 가까이 다가갈 수 있어야 할 것이다.

---

72) 하영애, "5.4 운동시기 중국의 여성운동: 참정운동과 교육평등을 중심으로", 『21세기 정치 학회보』, 제16집 3호, 21세기 정치학회 발행. 2006, 284.

73) 李守孔, 『清末的 谘议局』, 194.

74) 중국 공산당 외에 각 단체에서 부성장(副省长)을 기용하고 있다.

참고문헌

『矿务档』民国 49년, 台北: 中央研究院 近代史研究所 编辑, 影印本.

『云五社会科学大辞典』, 民国 62년, 1册, 社会学, 台北: 商务印书馆.

『东方杂志』, 第5卷 第12期; 第6卷 第6期; 第7卷 第11期.(上海: 东方杂志出版社, 光
　　　绪 32년 12월; 台北: 商务印书馆, 民国 64년).

신대순, 이환호, 하영애, 2000년, 재외동포재단 연구보고서 99-3『재중동포 삶의질 향
　　　상을 위한 한·중 교류실태와 발전방향』, 서울: 재외동포재단.

苏云峰, 民国 70년,『中国现代化的区域研究』, 湖北省, 台北: 中央研究院近代史研究
　　　所, 专刊 41.

苏云峰, 民国 65년,『张之洞与 湖北 教育』, 台北: 中央研究院 近代史 研究所, 专刊 35.

<湖北省 外债表-表 3.3.2>, 苏云峰,『中国现代化的 区域研究』, 재인용.

李守孔, 民国 58년,『清末的 谘议局』, 史学会刊, 제2기 台北: 中国文化学院 出版.

李检农,『武汉革命始末记』, 辛亥革命 ⑤; 张朋园,『立宪派与 辛亥革命』, 재인용.

李检农, 民国 37년,『近代百年政治史』(상), 上海: 商务印书馆.

张玉法, 民国 60년,『清季的 立宪团体』台北: 中央研究院 近代史 研究所, 专刊 28.

张朋园, 民国 72년,『立宪派与 辛亥革命』台北: 中央研究院 近代史 研究所.

赵炳邻, 赵柏严 集, 권1 <宣统 大事鉴>, p.15. 张朋园,『立宪派与 辛亥革命』, 150. 재인용.

『断水 汤先生 遗念录』台北: 成文书局, 民国 58년 3월, 影印本.

하영애, 1991,『台湾地方自治选举制度』, 서울: 삼영사.

하영애, 1987,「중국고대 군,신,민 이론」, 한국중국학회,『중국연구』, 서울: 한국중국학회.

하영애, 2000, 한국지방자치학회,『한국지방자치론』, 3판, 서울: 삼영사.

胡祖舜,『武昌开国实录』(党史会 打字本); 张朋园,『立宪派与 辛亥革命』, 재인용.

上海时报, 台北: 中央研究院 近代史 研究所 图书馆 所藏.

<湖北省决定三大宗辩法>, 上海时报, 宣统 元年 9월 22일.

上海时报, 宣统 元年 11월 7일.

上海时报, 宣统 元年 11월 22일.

<湖北政界近闻志要>, 上海时报, 宣统 2년 1월 9일, 제3면.

上海时报, 宣统 2년 3월 9일, 제3면.

<汉口发起 三读 请愿国会详志>, 上海时报, 宣统 2년 6월 11일, 제3면.

<湖北省 开辨教育品 制造所>, 上海时报, 宣统 2년 7월 2일.

<湖北 谘议局议会 规定 留学经费>, 上海时报, 宣统 2년 9월 20일, 제1면.

上海时报, 宣统 2년 9월 22일.

上海时报, 宣统 2년 10월 3일; 10월 17일－10월 20일.

上海时报, 宣统 2년 10월 18일; 11월 20일.

上海时报, 宣统 2년 12월 21일.

上海时报, 宣统 3년 3월 19일.

<湖北省 覆借新债还旧债案 并款 辨法> 上海时报, 宣统 3년 윤 6월 18일.

<湖北省 谘议局不认 增加 80馀万 借款> 上海时报, 宣统 3년 윤 6월 18일.

上海时报, 宣统 3년 9월 3일.

<中国纪事>, 国风报, 제1년 제12호,

<各 省 谘议局联合会成立>, 国风报, 제1년 제12호.

民吁日报, 宣统 元年, 9월 6일; 9월 22일.

民吁日报, 宣统 元年, 9월 26일; 10월 7일.

<湖北省 力争铁路借款废约辨法>, 民吁日报, 宣统 元年, 9월 26일; 9월 28일.

<各 省 谘议局 片片>, 民吁日报, 宣统 元年, 10월 1일.

<各 省 谘议局 片片>, 民吁日报, 宣统 元年, 10월 5일.

<武昌近信>, 民吁日报, 11월 7일.

Gabriel A. Almond and G. Bingham Powell Jr., *Comparative Politics System, Process, and Policy*, 2nd(Boston; Little, Brown and Co., 1978), p.12.

Femont E. Kast & James E. Rosenzweig, *Organization and Management: a systems approach*(New York: Mcgrow_Hill Book Co., 1970).

5·4 운동 시기 중국의 여성운동
—참정운동과 교육평등운동을 중심으로

I. 서 론

중국은 신해혁명(1911년)을 통해 입헌군주제가 시작되었으나 사회 각 분야는 무질서와 혼돈으로 어수선한 가운데 민주주의의 맹아기 현상들이 나타난다. 이런 대목에서 1919년 5월 운동이 일어나게 된다. 흔히 문화혁명이라 불리는 이 운동은 1919년 5월 4일 중국 지식인을 중심으로 일어난 신문화운동으로서 중국의 근대사에서 커다란 의의를 갖는다. 5·4 운동은 제1차 대전(1914‒1918년) 전승국들이 베르사유 강화조약에서, 독일이 지배했던 산둥 반도를 일본에 귀속한다고 결정하자, 중국이 받은 치욕에 대해 베이징 대학 학생들이 주동하여 반대한 운동으로 중국 전역에서 이런 결정을 한 무능한 군벌에 대한 중국 인민들의 저항으로 확대되었다. 1919년 5월 4일 수천 명의 학생들이 거리로 나와 시위를 벌이며 국민적 각성과 민족생존을 외쳤다. 이 기간에 중국 여성들도 지식인, 여학생, 여성단체 등을 중심으로 사회 여러 분야에서 억압받아 왔던 불평등한 문화적 구습으로부터의 탈출을 주장하고 시도하였다.

본 연구는 5·4 운동 시기에 주요한 사회변화 세력으로 등장한 여학생, 여성들의 사상과 운동을 분석하고자 한다. 이들은 어떠한 계기와 과정을 거쳐서 5·4 운동에 접근해 갔으며 5·4 운동의 흐름에 동참하면서 어떠한 활동력을 보여 주었는가 하는 점을 추적, 분석하고자 하는 것이다. 보다 구체적인 분석을 위해 참정권 쟁취(정치참여)와 교육평등(사회참여)을 위한 여성들의 조직화에 주목하였다. 정치 사회 참여와 발전에 관한 개념은 다양한 이론과 해석이 있으나, 개괄적으로 다음과 같은 내용에 중점을 둘 수 있다.

첫째, 참여는 민주주의의 수단이며 동시에 발전적 상태의 작용을 유지해야한다.[1] 참여는 사회구성원으로 하여금 동의의 과정을 획득하는 것이다. 둘째, 사회발전은 민주적 제도를 건설해야 한다(building of democracy). 사실 민주발전의 목적은 곧 민주정치제도와 민주적 생활방식을 실현하는 것이다. 셋째, 사회발전과 정치발전은 시민교육의 향상과 보편적 참여를 필요로 한다. 사회발전과 정치발전은 정치과정과 행정과정을 통하여 더욱 활발하게 발전할 수 있어야 함을 말하며 그 중요한 역할 은 정치적 인물, 국회의원과 행정관료라고 할 수 있다. 그러므로 여성의 정치적 발 전은 정당가입, 국회, 정부기관에 참여해야만 비로소 실현될 수 있다. 또한 정치발 전과 사회발전은 불가분의 관계에 있다. 왜냐하면 정치발전은 다방면의 사회변천 중의 하나라고 할 수 있으며(one aspect of a multidimensional process of social change)[2] 정치발전과 사회발전은 본질적으로 하나의 역사적 과정이다. 정치와 사 회구조는 환경적 변화에 적응해야 하며 이 양자는 어느 하나라도 부족하면 안 되 는 둘 다 중요한 것이다. 그러므로 이 양자는 불가분의 관계에 있다

본문에서의 정치사회 참여의 의의는 여성이 가정생활 외에 각종 사회 활동을 통 하여 상호 작용하고 특히 개인, 조직생활의 직간접적인 활동을 통하여 자아 가치를 추구하고 증가시키는 것을 말한다.

중국 여성들은 참정권 획득을 위하여 연합 투쟁한 결과 남성과 동등하게 기본적

---

1) Goodell, Grace, "The Importance of Political Participation for Sustained Capitalist Development," in Peter L. Berger(ed), *Modern Capitalism*, vol.2(Capitalism, and Equality in the Third World), (New York: Hamilton Press), 1987, 96 – 133.

2) Huntington, Samuel P. 1968, *Political Order in Changing Society*, (New Haven: Yale University Press), 1968, 4.

인 민주시민의 기본 권리인 선거권과 피선거권을 획득하여 한 인간으로서 진정한 가치와 자유를 얻게 된다. 또한 여성들은 교육평등을 얻기 위하여 기고, 시위, 토론, 강연회 조직, 신지식인 규합, 언론 여론 동원 등을 통해 여성의 힘을 조직화하여 고등교육에(대학교육과 중학교육) 여성을 참여시킬 수 있도록 제도화함으로써 교육에서의 남녀평등을 가져오게 된다.

본 연구에서는 5·4 운동이 추구하고 목표로 했던 민주, 과학 외에 평등과 자유에 주목하고자 한다. 봉건적이고 전통적인 3종 4덕, 전족, 열녀, 정절의 관습과 속박에서 벗어나 여성도 인간으로서의 인간다움을 갈구하며 하나의 인격체로서 삶을 살 수 있다고 주장했던 5·4 운동 시기의 여성운동은 평등과 자유권이라는 측면에서도 연구할 의의가 있다고 하겠다.

본 연구의 망라 시기는 5·4 운동의 시기 명명3)과는 관계없이 신해혁명 이후에서 1923년까지를 범위로 한다. 연구방법은 문헌분석법을 중심으로 하고 부분적인 인터뷰를 포함하였다.

Ⅱ. 5·4 운동의 사회적 역사적 의의

1. 중국 사회의 경제 사회계층적 변화

중화민국의 수립으로 정치체제가 바뀌고 사회계층도 달라졌다. 원래 전통 중국 사회의 지배계층은 구신사층과 지주였다고 볼 수 있는데 이들의 지배력은 점차 약화되고 신교육을 받은 사람들의 역할이 강화되었다. 신해혁명 후 학교 교육이 늘고 학생들이 증가하였다. 1912년 난징 임시정부가 반포한 '보충교육 임시 시행법'에

---

3) 张玉法는 『중국현대사』, (上), pp.254－255에서 周策纵은 『五四运动史』에서 광의로 1917년부터 1921년까지 보고 있으나, 何干之는 1915년부터 1923년까지로 보고 있다.

따르면 대체로 5·4 직전까지 초등학교 교육을 받은 사람이 1천만 명, 중학교 교육을 받은 사람이 10만 명 이상으로 추정되며, 대학의 경우에는 1912년에 전문학교 이상의 학교 수가 115개소였는데 대학생은 약 4만 명이었다.[4] 1913-1918년까지 대학교는 86개 교로서 대학교육을 받은 수가 수만 명에 이르렀고, 여기에 유학생이 포함되어 신지식인층이 형성되었다. 이들은 전통 중국에 대하여 불만을 갖고 새로운 길로 사회를 이끌고자 하였다. 또한 당시에 입헌에 의한 민주공화정이 실시됨으로써 경제적으로도 민족자본으로의 공업발전에 유리한 바탕이 마련되었고 실제 중·경공업이 발달하게 되었는데 특히 경공업 분야가 크게 발전하였다.[5]

2. 신문화운동과 신지식인의 사상적 영향

신지식인들은 당시 공자사상에 대한 존경과 복고의 현상에 대하여 불만을 표시하고 새로운 길을 모색하고자 하였다. 마침 신해혁명이 결과적으로 좋은 성과를 거두지 못하자 봉건적인 구문화에 대하여 공격을 가하는 신문화운동을 일으키게 되었다. 대표적인 사람들로는 천뚜셔우(陈独秀), 후스(胡适), 차이위엔페이(蔡元培) 등을 들 수 있다

1915년 9월 천뚜셔우는 「청년잡지」를 창간하였는데 1916년부터 「신청년」으로 잡지 이름 바꾸었다. 특히 1917년에 베이징 대학 교수로 위촉된 뒤에 베이징의 진보적인 지식인들과 결합되어 반봉건적인 신문화운동을 전개하였다. 「신청년」은 대중들로부터 환영받아 독자가 대폭 증가하였다.[6] 이들이 주창한 신문화운동의 주요 내용은 民主主义(德先生, Democracy)와 科学 (赛先生, Science)이었다. 민주주의란

---

4) 신승하, 『중국현대사』, 서울: 대명출판사, 1992, 124-125.

5) 위의 책, 119-121.

6) 「青年杂志」는 처음에 증정 교환본을 포함하여 매기 1,000부에 불과하였으나 1917년 이후 「新青年」으로 제호도 바뀌고 독자가 증폭하여 1만 5-6천 부를 발행하였다. 『五四時期期刊介绍』, 第1集, 上册, (三联书店). p.37. 재인용.

전제를 반대하고 구예교, 구도덕을 반대하는 것이었다. 즉 공자타도를 제창하며 서양식 사회 국가의 이론을 수입하여 평등 인권을 주장한 것인데 이는 구예교 구도덕과는 양립할 수 없다고 하였다. 또한 과학이란 구호는 미신을 타파하자는 것으로, 자연과학의 지식을 통하여 사상, 철학, 세계관 및 사람의 마음을 변화시켜야 한다는 것이다. 「신청년」은 다른 잡지와 마찬가지로 이 분야의 문장을 많이 게재하였다. 이는 당시 중국인으로 하여금 사물을 객관적으로 보는 과학적인 태도를 갖게 하였고 진취적인 과학정신을 갖게 하였다.[7] 천뚜셔우는 민주와 과학의 상호보충과 상호발전을 중요시하였고 과학사상이 없으면 민주공화국 제도도 기초를 튼튼히 할 수 없다고 보았다. 즉 당시 문학혁명은 신문화운동의 중요한 하나가 되었는데 문어체인 구문학의 형식을 타파하여 구어체의 백화문 형식으로 문장을 쓰자는 것이었다. 이를 제창한 사람이 후스였으며,[8] 여성들 또한 당시 후스의 문학과 사상의 영향을 많이 받았다. 이 신문학운동의 백화문 쓰기는 많은 호응을 받았는데 예를 들면, 1918년부터 전문을 백화문으로 기고해야만 「신청년」에 글이 실렸으며, 루쉰(魯迅)도 백화문으로 「狂人日记」를 발표했다.

특히 이 당시 차이위엔페이의 사상은 천뚜셔우, 후스와 더불어 중국의 신문화운동과 여성들의 자아의식 발견과 사상계몽에 크게 영향을 끼쳤다고 할 수 있다. 또한 차이위엔페이는 학술 자유를 중요시하는 진덕회를 조직하였는데 1918년 6월 창립대회까지 이 모임에 입회한 자가 교수 70여 명, 직원 90여 명, 학생이 300여 명에 달했다. 이 숫자는 교직원의 반 이상이 참가한 것으로 이 조직은 베이징 대학 교직원의 도덕수준을 높여 주었다.[9] 또한 옌푸(严复)는 서구사상을 중국 사회에 번

---

7) 신승하, 위의 책, 128.

8) 미국 컬럼비아대학 박사과정에 유학 중이던 후스는 1917년 1월 「新青年」에 "文学改良刍义"를 발표하여 백화문으로 문어체를 대체하자고 주장하였다. 백화문의 사용에 대해서는 같은 견해임을 알 수 있다. 중국사연구회 편저, 『중국혁명의 전개과정』, (서울: 거름), 1985, 82.

9) 신승하, 위의 책, 135.

역하여 소개하였다. 대표적으로는 아담 스미스(Adam Smith)의 『국부론』(An Enquiry into the Nature and Causes of the Wealth of Nation), 스펜서(Herbert Spencer)의 『군학이언』(사회학 The Study of Sociology), 밀(John Stuart Mill)의 『자유론』(On Liberty) 등의 번역이 있는데 중국 전역에서 광범위하게 읽혔다. 또한 왕궈어웨이(王国维)에 의하여 칸트(Immanuel Kant), 쇼펜하우어(Arthur Schopenhauer), 니체(F. W. Nietzsche)의 철학도 중국에 전하여져 서양의 여러 사상이 소개되었다.10) 이처럼 세계 각국에서 유학하고 돌아온 신지식인을 중심으로 한 신사고와 계몽사상은 중국 사회에 크고 작은 영향을 끼쳤는데 특히나 5·4 운동 시기에 여학생, 여성단체의 간부들, 여성지식인들이 민주, 평등, 참정, 인권의 기치와 목적을 가지고 여성운동을 실천에 옮기는 데 큰 지침이 되었다.

3. 5.4 시기 국제사회의 상황과 중국에의 영향

신해혁명 이후 새로운 정부가 들어선 1912년부터 10여 년간은 경제와 사회, 사상 부문에서도 갈등과 더불어 새로운 것을 모색하는 창조의 시기였다. 하지만 나라 세우기 과정은 지난했다. 혁명 주체들은 무력적 뒷받침이 없었던 탓에 결국 군벌들과 타협할 수밖에 없었다. 그렇게 하여 총통이 된 웬스카이(袁世凯)는 그나마 1차 세계대전 초기에는 중립을 지켰으나, 그의 사후 군벌들의 국제정세에 대한 이해는 형편없었다. 국내 권력투쟁에는 능했으나 국제정세의 변화에 대해선 아주 깜깜했다.

이런 상황에서 1917년 1월 31일에 독일은 영국, 프랑스, 러시아 등 3국과는 참전 문제를 협의하고, 미국, 일본, 중국을 위시한 중립국 정부에 대해서는 무제한 잠수함 정책을 실시한다고 선포하였다. 중국은 참전에 관해 찬성이냐 반대냐의 여러 논의가 있었으나, 참전하기로 하였다. 그러나 중국이 직접 유럽 전쟁에 참가한 것은 아니었고, 협상국에 대하여 다량의 식량을 지원했고, 프랑스에 군사조사단을 파견하였다.

---

10) 신승하, 위의 책, 129–131.

중국은 참전 선포 전에 유럽과 중동지역에 华工(중국 노동자) 약 17만 명을 파견 한 바 있으며, 당시 뚜안치레이(段棋瑞) 정부는 독일에 선전 포고한 후 여러 가지 이름으로 일본에서 차관을 들여와 참전군을 조직하고 자신의 군사력을 강화시켰다.

이런 정황 끝에 발생한 그래서 5·4 운동의 도화선이 된 일본의 산둥문제귀속과 파리강화회의의 상황을 개괄적으로 살펴보면 아래와 같다.

- 서원차관 산둥문제

일본은 중국에 강권을 발동하는 적극적인 정책을 폈다가 중국인들의 강한 반발을 받았기 때문에 寺内正谷 내각이 들어선 다음 친선정책을 펴면서 일본의 중국에 대한 투자를 늘려 경제적으로 일본 세력을 확장하려 하였다. 따라서 일본 차관을 통하여 중국의 내정개혁과 산업개발을 지도하여 경제 자급권을 형성하려고 하였으며 그리하여 일본은 1917년부터 1918년 2년 사이에 3.8억여 원을 중국에 차관해 주었는데 이를 서원차관이라고 한다. 당시 "寺内正谷 내각이 중국에 준 차관은 이전보다 3배 많았지만 일본의 권리는 21개조의 10배에 달한다."[11)는 말과 같이 대단했으며, 이 문제가 바로 5·4 운동이 일어났을 때 중국이 강력한 문제를 제기한 사항 중의 하나이다.

1917년 소련의 볼셰비키혁명은 중국인에게 변화와 희망을 주었다. 중국 사회에 마르크스주의의 혁명이 긍정적으로 소개되었다. 이에 대해 중국사연구회는 『중국혁명의 전개과정』에서 다음과 같이 피력하고 있다. "신문화운동 후기에는 러시아 혁명의 영향을 받아 이론으로부터 실천으로의 급격한 이동이 일어났다. 1917년 혁명으로 신문화운동의 중심을 이루고 있던 인텔리겐치아의 자유주의 사상은 큰 충격을 받았다. 이때부터 중국에서는 마르크스주의자, 생디칼리스트 등이 나타났으며 이들은 1919년부터 일제히 활동을 시작하였다."[12) 러시아 혁명이 중국 사회에 끼친 영향은 이렇듯 크다.

---

11) 신승하, 위의 책, 150

12) 중국사연구회 편저, 『중국혁명의 전개과정』, 91.

- 파리강화회의

1918년 11월 11일 협상국과 독일이 정전협정에 서명하여 세계대전은 끝나고 협상국은 이듬해인 1919년 1월에 파리에서 전후문제를 토론하게 되었다. 베이징 정부는 루정샹(陆徵祥) 등을 대표로 파견했다. 파리평화회의는 세계의 식민지와 종속국을 재분할하는 회의였으나 중국에게는 아무런 배려도 없었다. 그러나 베이징 정부에서 파견한 대표들은 회의석상에서 아무런 의견도 내지 못했다. 따라서 당시 유럽에서 유학하고 있던 중국 학생들은 중국 대표단을 윽박질러, 다음 7개 항의 요구조건을 내도록 했다. ① 중국 내 제국주의 각국의 세력범위 철폐, ② 외국군과 경찰의 철수, ③ 외국의 우편국 및 유선·무선전신기관의 폐지, ④ 영사재판권 폐지, ⑤ 조차지의 반환, ⑥ 조계의 반환, ⑦ 관세의 자주권 확립, 또한 21개조를 폐지하고 산둥을 완전히 중국에 반환할 것을 요구했다.

파리평화조약(베르사유조약)에서 중국 관련 중요한 조항은 제156조부터 제158조인데 156조에는 이렇게 명기되어 있다. "독일은 1898년 3월 6일에 중국과 체결한 조약 및 산둥성에 관한 기타의 문서에 기인하여 획득한 모든 권리, 소유권, 특권 특히 쟈오저우(胶州)의 영토, 철도, 광산 및 해저전선을 포기하고 일본에 양도한다. 칭다오(青岛)에서 지난(济南)에 이르는 철도에 대한 일체의 독일의 권리는 지선(支线)을 포함한 일체의 재산, 즉 정거장, 공장, 고정된 또는 이것에 부수하는 모든 권리 및 특권을 포함하여 모두 일본이 획득하고 앞으로 일본의 소유로 한다. 칭다오에서 상하이에 이르는, 또 칭다오에서 옌타이(烟台)에 이르는 독일의 국유해저전선은 이것에 부수한 권리와 특권을 포함하여 일본이 획득하여 앞으로 그의 소유로 하고 각 항의 부담은 모두 무상으로 한다." 또한 제157조[13])에는 이 모든 것을 3개

---

13) 제157조에는 "쟈오저우 영토 내의 독일 국유의 동산 및 부동산, 독일이 이 영토에서 직접 또는 간접으로 비용을 부담한 신규의 공사 내지 보수공사에 의해 얻은 모든 권리는 일본이 획득하여 앞으로 그의 소유로 하고 각 항의 부담은 모두 무법 또는 기타 각종 공문서, 등기서류, 지도, 증권 및 각종 문서를 그 소재지의 여하에 불문하고 본 조약 발효일로부터 3개월 이내에 일본으로 옮겨야 한다. 동 기간 내에 독일은 이상 2조

월 안에 일본으로 귀속시키고 그 결과를 통고하라고 규정함으로써 중국의 주권이 파리회의에서 철저히 무시당한다.

4월 말 파리회의의 결과가 국내에 전해지자, 곧 전 국민의 격렬한 분노를 불러일으켰다. 우선 베이징 대학을 비롯한 여러 대학과 전문학교의 학생들이 토론 끝에 하나같이 제국주의의 중국침략과 한간국적(汉奸国贼)의 매국행위에 반대했다. 5월 4일 베이징의 학생 3천 명 이상이 톈안먼(天安门) 광장에 모여 시위를 일으켰다. 시위 대중은 "중국은 중국인의 중국이다.", "산둥의 권리를 회수하라", "21개조를 폐기하라", "파리평화조약의 조인을 거부하라", "매국노를 처벌하라" 등의 슬로건을 외쳤다.[14]

실로 5·4 운동의 역사적 의의는 거대했고 복합적이었다.[15] 5·4 운동은 시간적으로 볼 때 결코 길다고 할 수는 없으나 중국 사회에 미치는 영향은 심원한 것이었다. 신사상은 세차게 물결치는 군중운동의 도움을 받아서 신속하고도 광범위하게 전파되었으며 사회생활에도 직접적인 영향을 미쳤다.[16] 5·4 운동은 반제국주의와 반봉건 운동을 주창하는 애국운동으로서 반군벌, 반제국주의 운동에 큰 영향을 미쳤으며 이 운동을 기회로 지식인을 포함한 각 계층이 각성하였으며 전국의 학생을 연합시키는 계기가 되었고, 또한 전통적인 가족제도의 굴레에서 벗어나려는 경향은 여성들에게 가정에서 벗어나 국가사회에 대하여 책임감을 갖게 하였다.[17] 5·4 운동은 청년 인텔리겐치아의 산만한 운동을 조직화하고, 문화운동을 정치운동으로 끌어올리고, 반식민지의 청년 인텔리겐치아에게 혁명적 비약의 계기를 제공했다. 또한 여성들에게는 민주정치의 기본 권리인 참정권 획득을 위하여 수많은 여학생과 여성들이 조직을 형성하고 민주주의를 체험하고 정치참여를 하게 한 계기도 되었다.

에서 지정된 각 항의 권리, 소유권 또는 특권에 관한 모든 조약, 계약 내지 거래를 일본에 통고한다."

14) 중국사연구회 편저, 『중국혁명의 전개과정』, 86.

15) 彭明, 1998, 『5·4运动史(修正本)』, (北京: 人民出版社), 654.

16) 中华全国妇女联合会. 『中国妇女运动史』, 北京: 春秋出版社, 1989. 124.

17) 신승하, 위의 책, 145 – 146.

Ⅲ. 여성의 정치참여와 민주 체험

1. 여성단체의 참정권 쟁취

5·4 운동 시기 중국에서 참정권 획득은 구여성운동과 외국에서 유학한 신지식인들의 영향, 그리고 당시 지방군벌이 자신의 권한을 보호하기 위하여 성 자치, 연성 자치를 추구하면서 시작했다고 하겠다. 5·4 신문화운동은 '민주'의 기치를 높이 들었다. 즉 '진정한 민주는 남자가 행사하는 민권민주정치가 아니고 인민 전체가 행사하는 민권민주의 정치이다. 인민 전체란 남녀 양성을 포함한다.' 리따(李达)는 주장하기를 "현재의 여성은 각오를 하고 보통선거권을 구해야 하며 여성이 참정권을 얻으려면 즉각적으로 복권운동을 펼쳐야 한다."고 주장하였다. 이러한 시대에 중국 여성들을 각성하도록 사상적인 계몽을 한 사람들은 대표적으로 천뚜셔우와 후스였다. 천뚜셔우는 「신청년」 창간호에서 말하기를 "여자는 정치참정운동으로서 남성의 권력으로부터 해방되어야 한다."[18]고 하였다. 또한 1917년 미국 유학에서 돌아온 후스는 '미국의 여성'을 발표하였는데 바로 미국 여성들은 한 사람의 공민권을 향유하고 있기 때문에 사상적으로 남녀가 등등한 '인간'이며, 모두 한 사람의 자유롭고 독립적인 '사람'이 되도록 노력하여 내외(內外)의 구별이 없다고 인식하고 있다고 역설하였다.

5·4 혁명시기에 서구 각국의 여성참정권운동은 새로운 발전을 가져왔는데 1차 대전 이후 영국, 미국, 독일 등 여성은 대전 중에 그들이 수행한 역할을 통하여 선거권과 피선거권을 얻었다. 영국 여성은 1917년에 피선거권을 얻었고, 미국 여성은 1919년 참정권을 얻었다. 독일의 혁명정부는 1918년 보통선거를 실시하여 36명의 여성이 국민의회 의원으로 당선되었다.[19] 이러한 서구의 참정권운동은 남자에게만 국한되어 있는 중국의 선거법에 대하여 중국의 지식여성들이 크게 반발하도록 영

---

18) 中华全国妇女联合会, 『中国妇女运动史』, 72.
19) 中华全国妇女联合会, 『中国妇女运动史』, 124.

향을 미쳤으며 수많은 여성을 조직화시켰고 중국 여성이 인간으로서 평등, 자유, 민주를 인식하는 시발점이 되었다. 5·4 시기 이러한 여성들의 의식개혁, 계몽사상은 전국적으로 확산되었는데 1919년부터 1923년까지 중국 여성들은 여성연합회, 여자참정협진회, 여권운동동맹회를 조직하여 민주주의의 실험기에 돌입하였다.

가장 먼저 여성들이 힘을 규합하고 활동한 곳으로 창사(長沙)여성연합회 조직을 들 수 있다. 1921년에 후난(湖南)여자사범학교 학생인 쩌우텐푸(周天璞), 타오이(陶毅) 등을 중심으로 각 여학교의 교장, 교사, 학생이 연합하여 창사여계연합회(長沙女界联合会)를 구성하여 참정권을 요구하였다. 이 연합회에서는 인권은 평등함을 확신하며 중국은 남녀권리가 불평등하므로 여자의 인권을 회복해야 한다고 주장하고 성 제헌 위헌회에 6개 항을 요구하였다.

1. 여자는 반드시 '재산균분권'을 취득하여 경제적 압박을 받지 않아야 한다.
2. 여자는 반드시 '공민선거' 와 '피선거권'을 취득하여 결국에는 참정권을 획득하여야 한다.
3. 여자는 반드시 '교육동등권'을 취득하여 지능의 발달을 도모해야 한다.
4. 여자는 반드시 '직업대등권'을 취득하여 의지하는 생활을 줄여 나가야 한다.
5. 여자는 반드시 '혼인자결권'을 취득하여 전제적인 악습을 타파해야 한다.
6. 남자는 반드시 '일부일처제'를 실행하여야 한다.[20]

창사여계연합회의 쩌우텐푸(周天璞), 타오이(陶毅) 등은 후난의 「大公报」를 이용하여 여론 및 선전을 확대해 나갔다. 당시 4월에서 6월까지 「大公报」에 실린 글이 무려 40, 50편에 달하였다. 이러한 적극적인 홍보와 선전은 타지방에서는 얻기 어려운 성과로 이는 창사여계연합회가 참정권을 성공시키는 중요한 역할을 했다고 보겠다. 그러나 성 헌법 심의 위원회의 봉건적 수구세력인 청쯔취(程子枢), 청시뤄

---

20) 中华全国妇女联合会, 『中国妇女运动史』, 125.

(程希洛) 등이 여성의 참정을 극구 반대하였는데 그들은 "남자가 3·4 명의 첩을 두는 것은 천하가 아는 보통의 대의이며, 여자는 오로지 청소하고 밥하는 것이 옳은 일임이 경서에도 나와 있는데, 지금 여자가 정치에 참여하고자 한다는 것은 천고에 기괴한 일이다."[21]라고 남성제일주의를 드러내었다. [22] 그들의 이러한 구태의연한 사고방식은 당시 여성계의 분노를 불러일으켰다. 따라서 창사의 각 여학교는 단결하여 항의시위를 가졌는데 5월 16일 2천여 명의 시위대가 심의회의 회의장을 포위하였다. 심사위원들은 혼비백산하였고 청쯔취는 회의장에 나타나지 못하였으며, 마침내 6월 1일 성 제헌위원회는 '성 헌법' 초안을 표결에 부쳐 통과시켰는데 제5조에서'남녀, 종족, 종교, 계급의 구별 없이 인민은 누구나 법률상 평등하다. 누구를 막론하고 인신을 매매의 목적물로 삼을 수 없다.'라는 규정을 통과시켜 남녀가 평등한 권리를 가질 수 있는 공민권리를 승인하였다.[23] 그해 겨울 후난현의 의원 선거 결과 여성계의 노력으로 셴링현의 왕창궈(王昌国)가 당선되었다. 그리고 성 내 징양과 샹탄 등 현에서는 여성 현의원이 당선되었으며 샹탄현의 경우 7명의 여의원이 당선되는 쾌거가 있었다.[24]

또한 1921년 2월 광둥성 성 의회에서 성 헌법을 만들 때를 이용하여 여러 여성 대표들이 '광둥 여성 참정단'을 만들었다. 그들은 3월 29일 700여 명의 여성 참정단을 참여시켜 시위를 벌였으며 성 헌법규정에 여성과 남성이 동등하게 총통과 성장을 선거할 권리를 가질 것을 제출하였다. 또한 현 자치 조례에는 여성이 현 의원과 현장에 당선될 권리를 마땅히 규정해야 한다고 제출하였다. 이러한 그들의 주장은 시위대와 제헌 심사위원 중 보수세력과 충돌이 발생하였고 이 와중에 펑후이팡 등 몇 사람이 중상을 입어[25] 화가 난 여성 군중은 쑨원(孙文)과 성장 천중밍(陈炯

---

21) 男子三妻四妾, 实为天经地义, 女子唯酒食是义, 著之于经, 今乃求欲参政, 殊为千古奇谈.
   中国妇女运动史, 125.
22) 中华全国妇女联合会, 『中国妇女运动史』, 125.
23) 中华全国妇女联合会, 『中国妇女运动史』, 126.
24) 위의 책, 126.

明)을 찾아가 결국 쑨원으로 하여금 그들의 주장을 찬성하게 하고 여성이 성장 투표권을 가질 것을 인정받은 후에야 시위대는 해산하였다. 그러나 4월 1일 보수파가 제출한 수정안은 "연령 20세 이상자를 유권자로 한다."는 조항의 '20세 이상' 뒤에 '남자의'세 글자를 추가하자는 의견에 대하여 의회 내부의 많은 논의를 거친 뒤 최종 표결에 부쳤으나 찬성 반대가 50 대 32로 결국 뜻을 이루지 못하였다. 비록 이 문제는 여성의 뜻을 관철시키지는 못했으나 당시 전통 봉건제 사회에서 중요 안건에 대하여 함께 제의하고 논의하는 그리고 다수결을 통해 결정하는 민주주의를 체험해 볼 수 있는 즉 군벌과 시민과 여성 모두가 중요한 실험을 해 볼 수 있는 의미 있는 사건이었다고 하겠다.

그리고 쓰촨성에서는 '민권운동여계대연맹'을 조직하였다. 그들은 우위장이 조직한 '전천자치연합회'의 영향하에 성 헌법준비위원회에 3개 항을 제시하고 10명의 대표를 심사위원회에 파견하여 쓰촨성 헌법위원회에서는 조문에 구체적으로 남녀 공민권을 비롯한 각종 평등의 사상을 명문 규정화하였다. 예를 들면, 성민은 남녀를 불문하고 만 21세 모두 공민권이 있으며, 성의 공민은 본 법률의 규정에 의거 첫째 선거권, 둘째 제안권, 셋째 표결권, 넷째 복무권 등이 있음을 제정하였다.26) 이러한 열기는 저장(浙江)과 장시(江西) 지역의 여성참정운동으로 전개되었으며 그 결과 저장성에서는 왕삐화(王碧华)가 성 의원에 당선되었다

5 · 4 운동 이후 여성운동의 경험은 점차적으로 축적되어 갔다. 1922년 여름에 베이징을 중심으로 다시 여성의 참정열기가 일어나고 전국적으로 많은 여성연합회 조직이 생겨나 여성운동을 더 한층 촉진시키는 큰 세력이 되었다. 이는 다시 베이징 여자참정협진회(베이징 총회)와 베이징 여권운동동맹회로 나뉘었다. 베이징 대학 여학생 완푸우(万璞)와 여자고등사범 여학생 왕샤오잉(王孝英) 등은 참정운동을

---

25) 위의 책, 127.

26) 그 외에도 혼인은 남녀의 동의가 있어야 하며 사람을 인신매매나 저당할 수 없으며 남녀 불문하고 동등하게 교육받을 권리를 제정하였다. 汇冰, 『评女子参政运动』, 「解放과 改造」, 2卷4号, 1920年 4月.

발기하였으며, 법정전문학교에 발족 준비위원회를 두었다. 그러나 의견이 서로 달라서 조직이 분열되었으며, 왕샤오잉과 완푸우 등은 여자참정협진회를 조직하였고, 저우민 등은 여권운동동맹회를 조직하였다.[27]

1922년 8월 '베이징 여자참정협진회'가 정식으로 설립되고 여자고등사범학생 왕샤오잉이 주석으로 당선되었으며 이들은 헌법상 여성권리 보장, 여성 경제적 독립, 교육제도의 개선과 지식평등을 요구하였고 상하이, 후난, 후베이, 저장 등 8개의 성과 시에 연락체계를 두고 사람을 파견하여 분회를 만들었고 의견을 교환하고 지방의 소리를 듣게 하였다. 또한 베이징 여자참정협진회는 여자참정협진회 청원문의 청원활동을 통하여 각국의 참정권 획득을 제시하고 중국 여성도 이를 쟁취해야 한다고 강력하게 주장하였다. 베이징 참정협진회의 이러한 강경하고도 열정적인 활동은 그 취지에 명시된 '여자들이 전국의 정치에 참여를 요구한다'는 뜻과 같이, 참의원과 중의원 양원에 글을 올리고 마침내 헌법과 관련 선거법규에 '남자'를 '남녀'로 바꾸는 법을 개정하게 되었다. 베이징 여자참정협진회 중에서 특히 '상하이 참정협진회(후에 중화여자참정회로 개칭)는 두드러진 활약을 하였다. 또한 정위셔우(鄭毓秀), 주왕따오윈(朱汪道蘊)을 1923년 로마에서 개최하는 제9차 만국여자참정회에 파견하여 국제여성조직에 참여하도록 하였다. 이들은 이 국제회의에서 중국 여성참정운동의 상황을 소개하였으며 만국여자참정회에 중국 여성의 투쟁에 대하여 성원을 보내 줄 것을 호소하였다.[28] 이로써 중국 여성의 대표가 국제여성조직의 활동에 참가하여 세계 여성들과의 교류와 연락을 강화시켰고 서방국가 여성으로 하여금 중국 여성운동에 대한 이해를 촉구하게 되었다.

여성조직의 큰 주류의 다른 하나는 여성운동동맹회이다. 1922년 베이징 여자사범대학생 저우민(周敏) 등은 여성문제가 참정만을 목적으로 하는 것 보다 운동의 폭을 넓혀야 한다고 주장하고 여권운동대동맹을 조직하니 이것이 베이징 총회의

---

27) 谈社英 编著, 『中国妇女运动通史』, 民国丛书 第2编, 18, 民国丛书编辑委员会 编,, 商务印书馆 1937年版 影印, 114.

28) 中华全国妇女联合会, 1989, 『中国妇女运动史』, 128.

성격을 가진 베이징 여권운동동맹회이다. 이들은 여성의 정치사회적 지위 주장, 사회정치투쟁, 중국 사회의 주요 모순에 대한 여권운동과 반제 반봉건적 민주혁명을 결합하였다. 그들은 7개 항을 주장하였는데 전국 교육기관에 일률적으로 여성을 개방할 것을 비롯하여 전족금지, 공창금지, 사법상의 부부관계, 승계권, 재산권 등 광범위한 여성 관련 법규를 요구하였다. 비록 베이징 여권운동동맹회가 광범위하게 여성의 법률적, 교육적, 직업적으로 지위 평등 확대를 취지로 하고 있지만 오히려 민주주의와 민주정치에 대해 강력한 주장을 하고 있다.

"우리들은 서로 믿지 않고 남녀 양성의 계급을 타파하지 않으면서 어떻게 진정한 민주주의는 존재할 수 있는가 말이다. 우리들은 서로 믿지 않고 사회적으로 절반은 사람을 억압하고 있으며, 절반은 억압을 받고 있으니, 진정한 자유평등의 행복을 말할 수 있는가 말이다. 하나의 사회는 오로지 남자에게만 활동할 기회를 허용한다. 나머지 절반의 부녀자는 일체의 생활에서 배제된다. 가정생활을 제외하면, 그 사회는 전제주의적인 사회가 아니겠는가? 어떻게 민주주의 정신이 충만한 사회가 될 수 있겠는가?"29) 또한 선언서는 "남녀 모두가 정치에 참여할 권리가 있는 것이 민주주의이며 이것이 바로 진정한 민주주의다."라고 강조하고 있다.

그 후 여성동맹회는 저장 여자운동동맹회(1922.10.10.), 상하이 여권운동동맹회(1922.10.29.), 난징 여성운동동맹회(1922.10.31.), 여성운동동맹회 산둥지부(1922.11.6.)를 각각 조직하고 지속적인 민주, 정치, 인권 요구와 여성의 정치참여를 위해 역할을 하였다.

5·4 운동 시기부터 1923년까지 여성참정권운동을 중심으로 조직된 여성단체와 그들의 조직형태, 주요 지도자, 취지 및 주요 업적을 정리하면 <표 1>과 같다.

---

29) <女权运动同盟会 宣言>서 중에서, 谈社英 编著, 『中国妇女运动通史』, 民国丛书 第2编, 18, 民国丛书编辑委员会 编,, 商务印书馆 1937年版 影印, 122.

〈표 1〉 5·4 운동 – 1923년 여성참정운동 조직 현황

명 칭	조직 연월일	조직 형태	주요 지도자	취지 및 주요 업적	비 고
광둥여계 연합회	1919년 가을	이사제	伍智梅, 唐允恭 외 7인		1927년 조직개선
전절여계 연합회	1920	회장제	王壁华(正), 陈愫, 後明(副)	빈민의 생계, 남녀교육비용 의평등, 성 헌법명문화	
후난여계 연합회	1921.3	책임제	陈俶, 童锡損 외 7인	· 창녀폐지, 여자재산권계 승 주장 · 교육의 남녀불평등 반대	1924년 6월 9일 재창립
베이징 여자참정 협진회	1922.8.13		王孝英, 万璞	간행물 발간, 상하이, 후난, 후베이, 쓰촨 등 지회 구성	
베이징여권 운동동맹회	1922.8.23	회장제	周敏(正)	· 여성의 법률, 교육직업에 서 권리 및 지위 향상 · 성 헌법, 국가헌법 제정 요구	
저장여권운 동동맹회	1922.10.10	회장제	王壁华(正), 孙朗 玉, 候明(副)		
상하이여자 참정협진회	1922.10.15	위원제	黄幼艾, 王立明, 朱剑霞	· 참의원, 중의원에 청원서 제출 · 헌법에서 남녀평등권 요구	1927년 중화 여자참정회로 개칭
상하이여권 운동동맹회	1922.10.29	평의이 사제	沈仪彬, 程婉珍, 黄绍兰, 胡彬夏	성 의원 선거법에 '남성'을 '남녀'로 수정통과	
난징여권운 동동맹회	1922.11.6	위원제	倪亮, 童家娴, 施福贞		
여권운동동 맹회 산둥 지부	1922.11.20	회장제	秦之赞, 范季艺, 丁仲华	법률적 사회적 권리와 지위 의 확대	
장시여계 연합회	1922		金士钰	여성의 평등한 정치참여 권 리를 규정, '남녀' 두 글자 명문 규정화	
쓰촨성여계 연합회	1923.01.14		陈云尝, 万郁文	· 성 헌법 심의위원 중 10 명의 여성 심사위원을 명 문규정 · 남녀평등 규정	

자료출처: 谈社英编著, 『中国妇女运动通史』, 1936年版 影印本. .94 – 153 분석정리 후 필자 작성.

이상에서 살펴본 바와 같이 5·4 운동 시기 여학생을 중심으로 해서 일어나기 시작한 참정권운동은 전국적으로 확산되어 나갔다. 후난성에서의 수많은 현 의원과 성 의원의 당선, 특히 저장성의 왕뻬화가 성 의원으로 당선되어 여성들이 명실상부한 민주의 대표성을 갖게 되었다. 이러한 중국 여성의 참정권은 노력 없이 저절로 얻어진 것이 아니다. 5·4 운동 시기 중국 여성들은 참정권을 쟁취하기 위해 항의 시위를 하였고, 구타 등 육체적 교통을 감내하면서 노력하여 몇 개의 성에서는 보람된 참정권을 획득하게 된 것이다.

비록 그 이후 국민당과 공산당의 국공합작 등을 거치면서 여성들의 참정운동도 혁명 위주로 변화되어 갔지만 5·4 운동 시기에 중국 여성들이 쟁취하고 이룩한 참정권은 민주주의를 실험할 수 있었던 값비싼 교훈으로 주목받을 수 있었다고 하겠다. 중화민국 초기에 주춤했던 참정운동이 1924－25년에 활발해진 것도 5·4 운동 시기의 여성해방운동 확산에 힘입은 바가 컸다.[30]

2. 여학생의 활동과 민주주의 체험

5·4 운동은 학생들을 조직화하고 체계화하였다. 여학생의 경우도 예외가 아니었다. 5·4 전야에 여학생들은 남학생과 함께 시위에 참가하기로 하였으나 학교당국과 전통 봉건시대의 사고는 이들을 함께 동참하지 못하도록 방해를 하였다. 펑밍(彭明)은 5·4 운동사에서 다음과 같이 회고하였다. "1919년 5·4 운동 전날의 저녁에 베이징 대학 학생들은 베이징여자고등사범학교에 가서 남녀학생이 시위에 공동으로 참여할 준비를 하기로 했는데 학교당국의 저지와 봉건예교의 속박으로 5월 4일의 당일 시위에는 여학생은 참가하지 못하였다."[31]고 했으며, 또한 쉬떠옌(许德衍) 역시 당시의 상황에 대해 나와 몇 사람이 여학생들과 공동으로 시위를 준

30) 한국인을 위한 중국사 356.

31) 「5·4运动与 体育－－5.4前夕访许德椼同志」「5·4运动回亿彔」续, 第585. 彭明, 『五四运动史』, 2版, (北京: 人民出版社), 1998, 2版, 625－626 인용.

비하려고 직접 여학교에 가서 학생들을 만났으나 여자 사감의 남녀 7세 부동석의 관습으로 뜻을 이루지 못했다고 32)고 회고하였다. 그러나 5월 4일 저녁에 여자고등사범의 학생들은 남학생들이 구류된 것을 알았으며 학교당국의 만류를 물리치고 밖으로 나와 감옥의 밖에서 남학생과 함께 감옥에 들어가거나 투쟁에 참가하는 시위를 벌였는데 이것은 천지가 놀랄 큰일이었다. 따라서 5·4 운동 당일의 시위에는 여학생들이 직접 참여할 수 없었으나 그날 저녁부터 빠커(罷课: 수업거부)를 의결했고, 전단을 뿌렸고, 체포된 남학생을 돕기 위해 준비하였으며 5월 7일에는 급기야 베이징여학계연합회를 창립하였다. 베이징여학계연합회는 '전국여성계에 알리는 글'(告全国女界书)과 '베이징여자학교에서 파리강화회의 각 국 대표에게 보내는 전보(北京女校致巴黎和会各国代表电)'를 통과시켰다.33) 그중 '전국여성계에 알리는 글'에서는 "중국 여성계가 동포들에게 바라는 바는 우리의 영토를 보전하자는 것이다. 우리 2억 여자동포들은 참으로 패기와 혈기를 존중해야 하는 것이다."라며 구국운동의 결의와 여성의 참여를 호소하고 있다.

무엇보다도 베이징에서 여학생이 벌인 첫 번째 활동은 6월 4일의 시위행진이었는데 당시 북양 정부는 학생 870명을 체포하고 베이징 대학의 법과 강의실과 이과 강의실에 이들을 가두고 임시감옥으로 활용하였다. 이러한 행위는 전국 각계의 분노를 일으켰고 베이징의 15개 여자학교는 6월 4일 총통부에 가서 청원서를 제출하였는데 이 청원 4개 항의 내용34)은 여성들의 인권과 민주운동을 대변하였다고 할

---

32) "5.4 전날 저녁에 여학생과 함께 5·4 운동에 참가하려고 나와 몇 남학생이 여자고등사범학교에 갔다. 커다란 방에서 두 여학생대표가 우리를 접대했는데 한 사람의 여자 사감이 더 있었다. 우리는 이쪽에 앉고 여자학생들은 모두 저쪽에 있었다. 중간에 여자 사감이 앉았다. 방 안은 굉장히 넓고 거리는 멀었으며 말하는 것은 작아서 들리지 않았다. 목소리를 크게 하는 것은 예의가 없으며 많은 말들을 중간에 앉아 있는 사감을 통해서 전달해야 했다. 두 학교의 학생이 담화할 때에 사감이 중간에 앉아서 그 말을 전달했으므로 우리의 협의는 목적을 달성할 수가 없었다." 周传云: 「访问孔文栻同志记录」, 1981年 9月24日 下午. 彭明, 『五四运动史』, 625-626. 인용.

33) 中华全国妇女联合会, 『中国妇女运动史』, 1989, 71-74.

34) 彭明, 『五四运动史』, 628.

수 있다.

(1) 대학은 감옥으로 사용될 수 없다. (2) 무장한 도적 떼와 같은 완력으로 순수한 학생들을 대우할 수는 없다. (3) 이후에는 군경을 다시 불러 애국 학생들의 연설을 간섭해서는 안 된다. (4) 학생들에게 단지 경고는 할 수 있어도 학대해서는 안된다. 또한 그들은 또 베이징 대학 법과에 체포된 남학생들에게 수천 개의 동전을 던져 주어 그들을 도왔는데 여학생들의 이러한 열정과 올바른 행동은 여성의 해방과 평등권을 얻으려고 하는 첫 번째 시도라고 하겠다.35) 이를 시작으로 톈진, 상하이, 쓰촨성 등 전국 각지에서 여학생들은 수업거부, 선서식, 시위참여, 혈서작성, 모금운동 등 다양한 활동을 통해 당시 북양 정부가 국민의 적이 되어 산둥성의 칭다오를 일본에 넘기게 된 데 대한 민족, 민주, 자유의 열정을 표출하였다. '칭다오는 중국인의 칭다오이며 중국은 만인의 중국이며 남성의 중국이 아니다. 우리 중국의 여성들은 화가 나지 않을 수 없다고 전국의 여성계에 알리고 전보를 보내었다.'36)

여기에 더해서 더 많은 여성들에게 설득력과 참여심을 불러일으키게 된 것은 어려운 가정생활에도 불구하고 학구열이 뛰어났던 여자고등사범학교 학생 리차오(李超)가 그 뜻을 이루지 못하고 꽃다운 나이로 죽게 되면서이다. 여학생과 여성단체들은 그녀를 기리는 추모회에 신문화운동의 많은 선구자들을 초청해 강연을 개최하였으며 이 강연회는 많은 여성들의 호응과 설득력을 얻었다. 특히 후스는 이 학생의 죽음에 대해 "이는 사회제도의 압박으로 죽은 것이다."라고 정부와 사회제도를 강하게 비판하였다.

이후에 톈진여성계애국동지회(天津女性界爱国同志会)가 결성되었는데 이것은 여학생이 중심이 되어 각계각층의 여성을 단결시킨 하나의 애국 여성단체였다. 청년애국동지회는 애국선전으로부터 여성의 평등, 권리쟁취, 모성보호, 아동보호 등 여

---

35) 당시에 체포되었던 베이징대 학생 쾅후성(匡互生)은 다음과 같이 회고하였다. 种热情义举, 不仅加了男同学不少的 勇气. 且可以说, 就是中国女子自己 解放自己取得平权的第一声. 『中国妇女运动史』, 72.

36) 彭明, 『五四运动史』, 627.

러 가지를 포함한 각종 활동을 개최하였으며 그들이 준비한 강연은 항상 청중들을 감동시켰다. 7월 20일 1차 강연 때 청중이 1000여 명에 달했는데 이들은 감동하여 눈물을 흘리기도 하였다. 그러나 여학생들이 외부에 나가 강연하는 것은 결코 순조롭지만은 않았다. 후일 저우언라이(周恩来)의 부인이 된 떵잉차오(邓颖超)는 당시 강연대 대장이었는데 주민들의 집에 찾아가서 강연할 때 대문 밖에서 거절당하였으나 의기소침하지 않고 집집마다 문을 두드리며 방문하였고 설명하였다고 어려움을 토로하였다.37) 5월 1일에는 상하이학생연합회(上海学生联合会)가 조직되었는데 참가한 44개 학교 중에 상하이여자중학, 중시여숙(中西女塾) 등 12개가 여학교였으며 그중 8명의 여학생이 연합회의 간부로 일함으로써 조직상에서 남녀구분의 한계를 타파할 수 있었다. 당시 상하이시보(上海时报)는 "남녀가 함께 하는 일(男女一同做事)"이란 기사를 싣고 이러한 기풍을 칭찬하였다.

이 시기에 특히 일본에 대한 중국인의 각오는 일본 상품을 배척하고 중국 국산품을 애용하는 것 또한 5.4 애국운동의 중요한 내용 중의 하나였다. 당시 일본은 중국의 시장을 독점하였고 원료를 약탈해 갔으며 중국의 경제활동을 규제하였다. 이러한 상황에서의 일본의 경제적 침략은 중국 민족공업의 생존과 발전을 크게 위협하였기 때문에 일본상품 배척과 국산품 애용을 외치는 구호가 5·4 운동 시기에 큰 호응을 얻었다.

여학생들은 여러 지역에서 의연금을 모아 자금을 조달하거나 작은 일용품을 모아 애국상점을 열기도 하였다. 당시 후난성의 기관지인 「大公报」에서 6월19일 다음과 같은 내용의 기사를 실은 것을 볼 수 있다. "여학생 4명이 휴대용 가방 속에 여러 가지 국산품을 넣고 어깨 위에는 비스듬히 하얀 손수건을 묶었는데 그 위에 모 학교 국산품 판매단이라고 물건을 팔았다. 그 물건들은 시장에 비해 저렴하여 무리를 지어 구매하는 사람이 많았다."38)

---

37) 中华全国妇女联合会, 『中国妇女运动史』, 74.

38) 女生四人, 手提皮包, 内諸各种国货, －－上书某校国货贩卖团, 在司门口一带发卖, 拼随
    地演讲提倡国货以救亡各情况, 厅者无不鼓掌. 其货物较市面为廉, 购者甚伙. 中国妇女运

여성들의 민주, 애국운동은 가녀(歌女)와 기녀(妓女), 노동자 계급의 여성들도 참여한 적극적인 운동이었다. 5·4 운동 시기 구국운동으로 시작한 여성운동은 여학생은 물론 남녀학생, 가녀, 기녀, 여성단체가 함께 혼연일치된 힘으로 적극적인 민주 활동을 전개하였으며 동시에 중국 각계의 여성들로 하여금 점차 민주의식의 폭을 넓히고 각성시켜 여성의 교육평등권을 쟁취해 나가는 계기를 마련하였다.

Ⅳ. 여성 교육평등의 주장과 실현

중국의 사상가요 정치가며 신민주의를 주장했던 량치차오(梁启超)는 일찍이 교육의 중요성을 주창하고 젊은 청년들을 외국에 파견하여 그 나라의 문화와 교육을 익히게 했다. 그는 또한 많은 글을 통하여 여성의 교육을 강조하였다.『倡设女学堂启』에서는 미국과 일본이 강성한 것은 여성권리를 높이고 여학교를 창립한 덕에 있다고 주장하였으며, 또한『女学』에서는 여자교육의 실시는 남성 의존적인 경제에서 독립하여야 가능하며, 전통 봉건사상인 부인의 덕을 타파해야 하고, 무지한 어머니는 훌륭한 자녀교육을 할 수 없고, 훌륭한 민족을 유지하기 위해서는 부녀의 여학을 진흥해야 한다고 강조하였다.[39]

무술변법 이후인 20세기 초에야 청 정부는 여자 소학당을 설립하였다. 그러나 그 규정에 "여자 소학당과 남자 소학당을 분리하여 설립하고 혼합하여 설립해서는 안 된다."라고 규정하였다.[40] 그 후 신해혁명의 10여 년간 여성을 대상으로 한 부녀신문과 잡지 등이 약 20종으로 대단히 많이 나타났고 그중 여학교와 여성권리 문제를 제창한 것이 대단히 많았다. 중국의 걸출한 여성지도자 치우친(秋瑾)은「中

动史, 80.
39) 梁启超, "女学", 饮冰室全集, 1卷, 38－41.
40) 彭明, 『五四运动史』, 615－616.

国女报」를 창간하였는데, 그 잡지 제2기에 "여학을 제창하고 뜻을 연합하며 단체를 결성하는 것은 내일의 중국부녀협회의 기초를 쌓는 것이며 이는 협회의 중요한 목적이다."라고[41] 설립 취지를 말하였다. 그 후 난징 임시정부 교육부가 공포한 장정규정에 따라 소학교는 남녀의 공학을 허용하였다. 그 후에 독립적으로 여자학교가 설립되었고 사립 여학교도 더욱 많아졌다. 신해혁명을 전후로 하여 외국 교회가 여자고등학교를 설립하였다. 통계에 따르면 5·4 운동 전날 전국의 각종 학교의 여학생 수는 18만 명이었다.[42] 비록 대다수의 학생들은 학교에서 제국주의 교육과 봉건주의의 전통교육을 받았고, 약간의 정도상의 차이가 있긴 하지만 고전과 문화지식의 교육을 받았으며 이는 곧 진일보한 신문화, 신사상이 창조한 어떠한 조건을 받아들이는 것이었다.

그러나 북양 정부는 여전히 현모양처주의적인 교육사상을 엄격하게 고수하였고 여학교에 대해서도 엄격한 관리를 계속하였다. 1914년 중화민국의 교육총장 탕화룽(汤化龙)은 사회의 일부 진보적 인사들이 신학과 남녀공학과 여성정치학교를 설립하자고 주장하는 데 일격을 가했다. 그는 자신의 여성교육관은 장래의 현모양처가 되어 가정을 유지할 수만 있으며 충분하다는 것이라고 명확하게 밝혔다. 1916년 교육부는 여학교의 분위기를 단정, 엄숙하게 하라는 명령을 내렸고 단발과 전족을 법령으로 금지했으며[43] 이유 없는 결석과 시위의 참여를 허용하지 않는다고 하였다. 당시에 여성의 교육에 대해 사회의 반향을 불러일으킨 대표적인 논쟁으로는 왕줘민(王卓民)과 베이징대 여학생의 글을 통해 살펴볼 수 있다. 전형적인 보수세

---

41) 彭明, 위의 책. p.617.

42) 5·4전의 중국의 여학에 대해 살펴보면, 1884년 宁波에 세워진 제일소여자학교는 선교사 Miss Alderssy에 의해 세워졌으며 이는 중국에 세워진 최초의 교회여학교였다. 20세기 초에 중국인에 의해 세워진 최초의 여학교는 1897년 상하이에서 经元善이 세운 经正女学(经氏여학이라고도 함)을 들 수 있다. 朱有献, 钱曼情, ≪经正女学是我国自办的最早女学堂≫, 上海师范大学学报, 1980年 第1期 참고.

43) 5·4 운동 시기의 여성운동 http://mahan.wonkwang.ac.kr/nonmun/99/9541.htm, 2006-10-27, 3.

력의 여성교육에 대한 견해는 왕쥐민이 「부녀잡지」에 발표된 글에서 볼 수 있는데 그는 여자의 사회적 직능이나 취업 전망을 볼 때 여자는 고등교육을 받을 필요가 없다고 보며 단지 여성은 문학, 회화, 의약, 음악, 자수 등 쉬운 분야에 국한하여 종사할 수 있을 뿐이며 농업, 과학, 법률, 상업 등과 같은 심오한 학문은 할 필요가 없다고 피력했다. 또한 봉건예교의 여성상을 들어 남녀공학은 정숙하고 현명한 여성의 미덕이 교란될 수 있기에 부적합하다고 보았다. 이에 대해 베이징 대학 학생 하나는 국내외의 뜻있는 여성들이 대학에서 수강이나 청강을 못 하는 상황에서 여학교는 외국으로 유학을 가거나 유학 가는 여학생들을 흡수할 수 있다고 했다. 또 당시의 여학교가 가숙(家塾)교육의 색채를 농후하게 띠고 있는데 이는 고루할 뿐만 아니라 학생을 억압하는 특성이 강하다고 비판하였으며 남녀공학만이 여학생의 수준을 높일 수 있고 사회의 문화를 높일 수 있다고 강조하였다. 이후 베이징의 「晨报」에 '대학에서 남녀공학의 적합성 여부'에 대해 토론할 것에 대한 발기대회를 준비했으나 5·4 운동이 일어나서 계속되지는 못했다. 5·4 운동 전 상하이 푸단(复旦) 대학에서도 남녀공학의 적합성 여부에 대한 토론회를 조직했다. 「소년중국」은 1919년 10월 여성특집호에서 후스 등이 대학의 여성의 입학허용에 대해 쓴 글을 게재했다.

당시 사회적으로 진보적인 여론은 대개 여성해방이란 무엇보다도 교육에서 시작되어야 하며 여성이 현대식 교육을 받기만 하면 바로 충분한 지식과 기능을 얻을 수 있고 사회에서 자기 독립적인 생활을 유지할 수 있는 직업을 가질 수 있다고 인식하였다. 이것이 바로 남녀평등권을 실현하는 근본조건이며 가정문제나 결혼문제를 해결하는 것 역시 여성의 교육이 기초가 되어야 한다고 했다. 신문화운동의 리더들은 남녀평등교육의식을 선전했다. 5·4 운동의 고조기에는 평민교육의 조류가 교육계에 불면서 베이징, 톈진, 상하이 등 대도시의 여자 청년들은 평민 여성들이 자존, 자립적인 의식을 갖도록 돕고 능력을 계발시키기 위해 평민 여학교를 설립했다. 예를 들면 1919년 10월에 베이징여학계연합회는 경비를 모금해 평민 여성 60명을 모집, 평민직업여학교를 개설했다. 교육과목으로는 문화지식을 매일 2시간씩 가르치고 재봉과 자수 등의 기능도 지도하였는데 이런 직업학교들은 평민 여성들의 적지 않은 환영을 받았다. 공립과 사립 그리고 기독교 계통의 여학교들이 늘어났고 더욱 대중적이 되어 갔다. 5·4 시기 중국의 학교, 교사, 학생 현황은 학교의 수적 증가에도 불구하고 여학생들은 아직도 베이징 전체 학생 수의 12%를 약간 상회할 뿐이었으며 1920년에 이르러서야 처음으로 소녀들이 고등교육기관에 들어가는 것이 허용되었다. 그해에 고등보통교육기관에 들어가는 것이 허용되었던 것이다.

5·4 운동 시기 여성의 교육평등 투쟁에서 가장 중요한 쟁점은 대학에 여성의 입학허용을 제도화시키는 일이었다. 먼저 이 문제를 제기한 사람은 서북 간쑤(甘肅) 출신 여학생 떵춘란(邓春兰)이다. 그녀는 민주의식을 갖고 심오한 학문적 탐구를 갈망하였으나 서북지역의 학문적 낙후성에 실망해 당시 베이징 대학의 총장 차이위엔페이에게 베이징 대학에 여학생 입학을 요청하는 서신을 보낸다. 얼마 후 그녀는 베이징에 상경하여 신문지상에 '전국 여자중, 소학교 졸업자에게 고하는 글'을 발표해 뜻있는 인사를 모아 대학의 여학생 입학 금지 철폐를 요구하는 청원단을 조직하자고 제의한다. 당시 이 글은 베이징과 상하이의 몇몇 신문과 잡지에 게재되어 여론의 주목을 받게 된다. 장쑤성의 여학생 왕란(王兰)은 여성으로는 최초로 베이징 대학의 철학과에 들어가기를 요구하는 제출서를 보낸다. 베이징 대학의 교장 차이위엔페이와 문화원 교수 후스 등은 여학생의 대학 진학을 적극 지지한다. 차이 총장은 "서구의 여러 나라를 보면 모두가 남녀공학이다. 그러므로 나는 여성의 입학허용 여부에 문제가 없다고 생각한다. 만약 다음 해 베이징 대학 입시 수준에 맞는 여학생이 응시하여 합격한다면 입학시킬 것이다."라고 확신하였으며 1921년 2월에 베이징 대학에는 최초로 여학생 9명의 입학이 허가되었다. 이들은 처음에는 문과에서 청강을 하였으나 그 다음 해인 1921년부터는 정식학생이 되었다. 이는 중국의 여자교육사상 중대한 전환점을 가져오는 획기적인 일이었다고 하겠다. 여학생이 대학에 입학하자 사회적으로는 물론 베이징 대학 교내에서도 파문이 일어났다. 베이징 대학의 교내에서 남학생들은 여학생이 대학에 입학한 것에 호기심

을 드러냈고 여학생의 근황에 대해서도 여론이 분분했다. 그러나 2-3주일이 지나자 잠잠해졌고 남녀 사이의 경계심도 점점 완화되었다. 이것은 전국에 막대한 영향을 미쳤다. 대학이 여성 입학 금지를 해제한 것은 여자교육사상 혁명적인 일이었다. 베이징 대학에 이어 난징고등사범학교. 베이징고등사범학교 역시 여학생을 모집하기 시작했다. 그리고 1921년에 이르러 베이징에서 7개 공립대학이 여학생을 모집하였고 사립인 민국대학, 신화대학 역시 여성에게 문호를 개방했다. 베이징 대학은 입학생의 남녀 정원을 정식으로 규정하지 않았다. 그러나 여학생들을 배려하는 의미로 별도로 15명의 특별여학생 정원이 있었고 15명의 여학생에게 매년 150원의 보조금이 미국의 주중국대사 부인의 장학금에서 지급되었다. 북양 정부 교육부는 대세에 밀려 여자고등사범학교를 정식으로 베이징여자사범대학으로 개편했다. 1922년에 이르러 전국에서 대학에 입학한 여학생은 655명에 달했는데 그중 국립대학 414명, 성립대학 45명, 사립대학 206명이었다. 비록 이 665명의 여자 대학생은 당시 대학생 총수의 겨우 2.1%에 지나지 않았으나 이것은 하나의 새로운 계기가 되었고 매우 큰 진보였다. 여학생들은 새로운 사상을 받아들이고 진보세력의 적극적인 지지를 받아 끝내는 스스로 대학의 문을 두드렸으며 대학교에 여성이 다닐 수 있게 된 것이다. 대학이 여성 입학 금지를 해제하는 것이 하나의 시대적 조류가 되면서 여자중학 교육 역시 필연적으로 개혁의 추세에 직면했다.

앞에서 잠시 언급했듯이 더 많은 여성들에게 설득력과 참여심을 불러일으킨 것은 어려운 가정생활에도 불구하고 학구열이 뛰어났던 국립고등여자사범학교 학생 리차오가 그 뜻을 이루지 못하고 꽃다운 나이로 죽게 되면서이다. 여학생과 여성단체들은 물론 그녀를 기리는 추모회에 신문화운동의 많은 선구자들 예를 들면, 차이위엔페이, 장타이옌(章太炎), 천뚜셔우, 등 유명한 학자들도 모두 이 추모회에서 강연을 하고 시를 낭송하였으며 수많은 여성들의 호응과 설득력을 얻었다. 리차오의 죽음은 사람들에게 다음과 같은 질문을 던졌다. 첫째 남녀평등의 문제, 여자가 있는데 왜 후사를 얻으려 하는가? 왜 여자는 유산을 받을 권리가 없는가? 둘째 왜 여자는 교육을 받을 수 없고 경제적으로 독립을 할 수 없는가? 이런 의문이 사회적 문제로까지 확산되어갔고 후스는 6-7천 자의 「李超传」를 써서 추모회의장에 나누어 주었고 여성들은 새로운 각오와 의식을 가졌다.

과거 여자 중학의 교육 목적이 현모양처 양성이었기 때문에 여자사범은 유치원 보모 양성의 목적을 추가했다. 따라서 수업과정 중에서 가사에 비해 과학의 비중이 적어 학업상 남학생과의 경쟁이 어려웠다. 따라서 여자중학교육의 개혁문제는 중등 교육의 실현 및 대학의 여성 입학 금지 해제의 달성과 보조를 같이해 개혁운동이 전개되었다. 1920년 9월 베이징의 각 여자학교 학생 500여 명은 북양 정부 교육부 에 청원서를 제출해 여자중학 개혁 요구사항을 제시하였는데 주요 내용은 여자중 학의 과정과 재정을 남학교와 서로 동등하게 하고 여학생들도 졸업 후 직접 대학 에 응시할 수 있게 해 달라는 것이었다. 교육부는 추세에 밀려 여학생의 요구에 대 해 고려하겠다고 통지했다. 또한 남녀공학의 중학을 설립하는 것을 베이징 대학이 모범을 보이라고 촉구했다. 전국교육연합회는 1920년 11월 상하이에서 제6차 연례 대회를 개최했는데 16개 성 대표 28명이 교육부에 중학의 남녀공학을 실시하라는 요구사항을 결의한다. 교육부는 이 사항을 받아들이지도 않았지만 강력하게 거부하 는 어떤 조처도 취하지 않았다. 1922년에 이르러 남녀공학을 실시한 중학교는 다 음과 같다. 베이징고등사범 부속 중학교, 광둥집신학교, 후난악운중학교, 광저우제 일중학교, 상하이오송, 바오딩육덕중학, 난징기남학교, 동남대학 부속 중학보습반, 장쑤성립1중학 등이다.

5·4 운동 시기는 남녀평등 교육을 실현하는 측면에서 어느 정도 적극적인 성과 를 거두었다. 신지식인들의 영향과 배우고자 하는 열정을 가진 여성들의 개혁의지 는 전통 보수세력의 남녀차별적인 관념을 설득하고 깨우치게 하여 남녀가 평등한 교육을 받을 수 있는 새로운 기풍을 세웠다는 데 중대한 의의가 있었다. 그것은 전 통적인 봉건예교의 여성은 재능이 없어야 미덕이다(妇女无才是德)라는 관념을 무시 하고 현모양처의 교육이념에 충격을 주는 것이었다(이러한 성과는 사실 학교가 국 가의 직접적인 통제를 받는다는 점과 봉건전통세력의 영향력을 볼 때 대단한 결과 이다). 이는 또한 당시 3罢(罢课, 罢示, 罢工)의 상황을 낳았지만 이는 거스를 수

없는 역사적인 조류였고 민심의 향방이기도 했다. 결국 5·4 운동 시기 여성 교육 평등의 실현은 여성들의 조직된 힘으로 정부가 새로운 교육제도를 만들게 했다고 하겠다.

V. 결 론

1909년부터 1911년까지 중국은 입헌민주주의를 실험할 수 있는 기회를 가졌다. 각 성에서는 지방자치를 실천에 옮겼는데 湖北省谘议局(오늘날의 지방의회)을 비롯한 각 성의 자의국에서는 의회를 소집하여 생활 정치에 도움이 될 수 있는 각종 법안을 심의하고 통과시켰다. 특히 후베이성 자의국은 탕화롱(汤化龙) 의장을 비롯하여 성내의 일뿐만 아니라 국회 개회를 주장하는 국회 청원을 정부에 제출하고 앞장섬으로써 민주주의의 실천에 일조를 하였다. 이러한 민주주의의 경험은 잠시 소강상태에 있다가 신문화운동의 기치와 5·4 운동을 계기로 전국적으로 다양한 계층에서 다시 일어나기 시작했다. 여학생과 남학생이, 여성과 여성단체가 민족과 애국 그리고 민주사회에 인간이 가지고 있는 가장 기본적인 참정권 쟁취와 교육의 평등을 위하여 분연히 일어났다. 그리고 이루어 내었다. 그 민주의 체험은 비록 짧은 기간이었고 오래 지속적이지 못하였지만 5·4 운동 중 여성들이 일구어 낸 '민주주의의 체험과 결실'은 분명히 역사적으로 다시 평가되어야 할 것이다

앞에서 살펴본 바와 같이 5·4 운동 시기 중국 여성운동은 분야별 다양한 활동을 통해 다음과 같은 역할과 기능을 발휘했다고 할 수 있다.

첫째, 5·4 운동 시기 중국 여성운동이 이루어 낸 가장 커다란 업적은 여성을 조직화, 체계화하였다는 점이다. 여성단체들은 조직을 바탕으로 민주사회의 기본이 되는 선거권과 피선거권을 갖기 위해 투쟁하였다. 그 대표적 조직으로는 창사 여계연합회, 베이징 여계연합회, 베이징 여자참정협진회, 베이징 여권운동동맹회를 비롯

하여(활동을 많이 한 알려진 여성단체만 해도) 조직현황에서 살펴본 바와 같이 12개 여성단체가 있다. 이들 단체는 여성의 참정권을 위해 시위, 청원, 심의, 언론게재 등의 다각적인 활약을 통해 법규채택을 이루어 내었으며 또한 여성 성 의원, 현 의원을 다수 배출하는 성과를 거두었다. 이 중에서 특히 여자참정협진회 베이징 총회는 왕샤오잉과 완푸우를 중심으로 베이징 총회로서의 총괄적 역할을 명실 공히 추진하여 상하이, 후난, 후베이 등 8개 지회를 조직하였고 직접 사람을 파견하여 지회를 관리케 하여 상호유대를 강화하였다. 이들 지회 중에 특히 상하이 여자참정협진회는 외국의 '만국여자참정회'에 인원을 파견하여 중국 여성의 참정과 각종 활동을 알리고 세계 여성들과도 상호 연계하는 국제 활동까지 하였는데 이는 당시 전통 봉건사회에서 중국의 여성 활동을 세계에 알린 실로 의미 깊은 일이라고 하겠다.

당시 여학생은 독자적으로 또는 여성단체와 연계하여 투쟁하였다. 여자고등사범학교 학생들과 상하이 여자연합회 등 여성단체가 공동으로 추진한 구국운동은 중국의 인민으로 하여금 민주주의 의식을 갖게 하였으며 특히 여학생들은 구국운동의 일환으로 국산품 애용과 일본물품 불매운동을 펼치고 의연금을 만들어 자금조달 운동을 전개하는 등 민족투쟁운동을 벌여 국민들의 동참을 이끌어 내었다. 또한 창사 여계연합회의 적극적인 여성참정권운동은 성 헌법(省宪法) 초안에 '남녀, 종족, 종교, 계급, 구별 없이 인민은 법률상 평등하다'는 규정을 제정하는 성과를 거두었다. 이후 여성참정권운동은 여러 성에서 활발히 추진되어 여성 성(省) 의원과 여성 현(县) 의원을 당선시켜 민의를 반영하고 여성의 심성을 대변하게 되었다.

둘째, 5·4 운동 시기 중국 여성운동은 북양 정부로 하여금 남존여비사상에서 벗어나 평등교육의 제도를 받아들이고 베이징 대학에 최초의 여학생들을 입학시키게 했으며, 고등교육기관에도 여학교 설립을 추진하여 중국 사회에 남녀동등교육이 뿌리내릴 수 있는 제도적 기초를 마련하였다.

셋째, 봉건유교제도 및 관습에서 새로운 가치규범으로의 신생활을 촉구하게 하였다. 후스와 천뚜셔우 그리고 차이위엔페이 등 많은 진보적 지식인들은 강연과 기고

문을 통해 당시 열녀와 절부 제도나 혼인 관습에 대해 강도 높은 비판을 하여 국민들을 계몽 설득시켰으며 그들의 생활에 많은 영향을 끼쳤다. 특히 차이위엔페이의 신사고는 당시 여성들에게 금기시되었던 개가(재혼)와 이혼까지도 주장했다. 그의 '남녀평등사상 5개 항'은 중국 인민의 봉건혼례관습에 새로운 가치규범을 심어주기도 했다.

5·4 운동 시기 이러한 중국 여성운동의 성과는 오랜 세월 많은 여성운동가들의 끈질긴 투쟁으로 이룩한 결과라고 하겠다. 이 시기 중국의 여성운동은 교육, 정치, 문화, 사상 등에서 근대사에서 가히 신기원을 이루었다고 할 수 있다. 베이징 대학의 짱지엔(藏建) 교수는 "그 시기(5·4 운동) 독립 가구가 대가족의 족쇄로부터 분리되었고 개인성에 기반을 두고 발전해 나갔다."고 했으며, 주한 중국대사 부인이었던 천이삥(陈一冰) 여사는 중국 여성은 전통사회의 전족과 봉건적 결혼 등 수많은 억제된 생활 속에서 발전을 거듭하여 오늘날은 중앙정치에 여성이 대거 참여하는 등 장족의 변화를 가져왔다[44]고 하여 당시 여성운동을 높이 평가하기도 했다. 그러나 이후 중국공산당 시대로 접어들면서는 여성운동 역시 여성노동 해방에 초점을 둠으로써 민주주의나 자유주의와는 점차 괴리가 생기게 되었다.

참고문헌

김소중, 2005, 『중국을 정복하자』, 서울: 백산서당.
김염자, 1979, "신중국 여성연구", 이효제 엮음, 『여성해방의 이론과 현실』, 서울: 창작과비평사.
신승하, 1992, 『중국현대사』, 서울: 대명출판사.

---

44) 주한 중국대사부인 陈一氷 여사와의 대화 중에서, 2005.7.29. 오후 3시－5시.
한국에서 개최된 8차 세계 여성학대회(2005.6.19－24)에 참석한 베이징대 장건 교수와의 대화 중에서. 2005.6.20. 오후 6시－8시.

P.스트릴/A. 재거 편저, 신인령 역, 1983, 『여성해방의 이론체계』, 서울: 풀빛.

이정옥, 2004, "1, 2, 3차로 진보 거듭하는 여성의 존재선언", 『현대사상 키워드 60』, 신동아 2004 신년호 특별부록.

이승휘, 1992, 「1920년대 초 진독수의 혁명론 '2차 혁명론'과 관련하여」.

이효제 엮음, 1979, 『여성해방의 이론과 현실』, 서울: 창작과비평사.

정문상, 2004, 『중국의 국민혁명과 상하이학생운동』, 서울: 혜안출판사.

제임스 왕 지음, 금희연 옮김, 2000, 『현대중국정치론』, 서울: 도서출판 그린.

조광수, 1998, 『중국의 아나키즘』, 부산: 신지서원.

중국사연구회 편저, 1985, 『중국혁명의 전개과정 』, 서울: 거름.

하영애, 1977, 『모택동의 군사사상에 관한 소고』 , 건국대학교 대학원 석사학위논문.

하영애, 2005, 『밝은사회운동과 여성』, 서울: 범한서적출판.

하영애, 2005, 『여성과 지방자치』, 서울: 삼영사.

한국 여성연구소 여성사연구실 지음, 2004, 『우리여성의 역사』, 서울: 청년사.

Zheng Bijun, 1999, "The Transformation of Society and Orientation in China",'99 서울 NGO 세계대회 <가정평화와 밝은사회를 위한 여성NGO 의 역할과 연대>, 세미나자료집, 밝은사회국제클럽 한국본부 여성클럽연합, 한·중여성교류협회 공동주최.

Zang Jian, 1999, "Modernization and the Reconstruction of the Sphere and Role of Women", 동아시아의 근대성과 여성, 한중일 국제학술대회, 이화여대 한국 여성연구원.

조수성 1993, "중국 여성의 정치·사회참여 연구", 「중국연구」 14집, 서울: 한국외대, 중국연구소.

장공자, 1996, "중국 여성의 사회·정치적 역할 ", 「한국동북아 논총 제1집」.

Goodell, Grace, 1987, "The Importance of Political Participation for Sustained Capitalist Development", in Peter L. Berger(ed), *Modern Capitalism,* vol.2(Capitalism, and Equality in the Third World), New York: Hamilton Press.

Huntington, Samuel P. 1968, *Political Order in Changing Society*, New Haven: Yale

University Press.

孙广德 著, 하영애 역, 1986, "中国 君臣民理论", 『한국중국학회보 26집』, 서울: 한국 중국학회.

中华全国妇女联合会编, 1989, 中国妇女运动史, 北京: 春秋出版社.

谈社英 编著, 1937年版 影印, 『中国妇女运动通史』, 民国丛书 第2编, 18, 民国丛书编辑 委员会 编, 商务印书馆.

蒋永萍 编, 2003, 『世纪之交的 中国妇女 社会地位』, 北京: 当代中国出版社.

魏国英, 王春梅 主编, 2003, 『中国文化与女性』, 北京: 北京大学中外问题研究中心 .

中华人民共和国妇女权益保障法, 1992.

王会林, 1989, "5·4时期民主思想的演变 ", 「历史研究」, 1989－1.

姬田光义, 阿部治平 等 共著, 1982, 『中国近现代史』 上卷, 东京: 东京大出版会.

钱茂, 1982, 从中国历史来看中国民族性及中国文化, 台湾: 联经出版社.

河暎爱, 2004, 『台湾省县市长及 县市议员 选举制度之 研究』, 台北: 文史哲 出版社.

河暎爱, 2002, 「湖北省谘议局之组织与功能之研究」, 北京大学历史学研究所特讲.

彭明, 1998, 『5·4运动史(修正本)』, 北京: 人民出版社.

유장근, 「5·4 운동과신중국의모색」,
http://www.kyungnam.ac.kr/yujang/kndae/kndae6.htm(검색일: 2006.10.27.).

5·4 운동 시기의 여성해방운동, http://mahan.wonkwang.ac.kr/nonmun/99/9541.htm(검색일:2006.10.27.).

한중일 교육정책과 여성의 사회교육 참여

I. 서 론

　인간이 살아가는 목적 중에 중요한 하나는 인간답게 살기 위함이며 가정과 사회와 국가를 위하여 봉사하고 자아실현을 하는 데 있다. 한중일 세 나라는 건국 초기에는 모두가 다 남녀 간의 불평등한 관습과 제도 봉건주의 영향으로, 또한 가부장 제도의 영향으로 갖은 억압을 받아 왔으며 여성의 삶은 열녀, 수절, 정절 이데올로기를 강요하는 사회풍조 때문에 인간 이하의 생활을 하였다.

　신여성시대라 일컫는 1920－30년대에 미국 엘렌케이의 문학작품과 노르웨이의 작가 입센의 명작, '노라(Nora)'는 세 나라 여성들에게 크게 영향을 미쳤으며 여성도 자각하기 시작하였고 교육을 받기를 원하였다. 여성은 교육의 힘으로 일과 가정을 병행하는 전문직에 종사하게 되었으며 무엇보다도 신교육에 힘입어 여성해방운동이 추진되었다. 한국의 하란사, 김활란, 최은희 등이 대표적 인물이며, 중국은 평잉차오, 왕란, 평춘란을 위시하여 후일 베이징 대학 총장이 된 차이위엔페이의 '여성평등사상 5개 항'은 중국 여성의 삶에 중요한 변화를 가져오게 했다. 일본 역시 두 문학작품의 영향과 교육을 받은 여성들이 중심이 되어 여성해방을 주장하였다. 이렇듯 여성이 오늘날과 같이 사회적 지위를 갖게 된 것은 교육의 영향에 힘입은 바가 크다.

본 연구에서는 한중일 세 나라의 최근의 교육정책과 여성의 사회교육 참여에 중점을 두고 연구하고자 한다. 본 연구에서 사회교육이란 두 가지 뜻을 포함한다. 하나는 여성들이 정규학교의 교육 이외에 각종 사회교육에 참여하여 다양한 교육을 받는 것을 말하며, 다른 하나는 여성들이 국제사회의 NGO나 GO 활동에 참여하는 것을 말한다. 세 나라 여성들은 갖가지 여건으로 인해 사회화 과정에서 사회 전반에 있어 남성보다 참여가 부진하다고 할 수 있다. 즉 여성은 학교생활, 직장생활, 사회의 각종 조직생활에서 학연, 지연 혹은 관계망에서 남성보다 사회화 과정의 기회가 적었으며 결혼 후에는 출산, 자녀양육 등 시간적으로 경제적으로 여유를 찾지 못하다가 중년이 되면서 자신의 시간을 갖기를 원하고 자아실현의 기회를 갖고 싶어 하며 시간을 활용하여 다양한 교육과정에 참여하기를 원하게 된다. 이러한 요인으로 대부분의 국가에서 사회교육의 참여자는 남성보다는 여성 숫자가 다수이다.

사회교육은 학교의 정규교육 외에 다양한 교육을 받을 수 있는 특징이 있기 때문에 교육자의 수요에 부응하여 교육과목이나 장소는 여러 형태로 적용될 수가 있다. 사회교육은 한국은 '평생교육'으로 호칭되고 일본은 '생애교육'이라는 용어로 사용되고 있고 중국은 '성인교육'과 '직업교육' 등으로 사용하고 있으나 더욱 포괄적이라고 할 수 있다.

Ⅱ. 한중일 교육정책과 여성의 사회교육의 참여

1. 한국의 교육정책과 평생교육

한국은 21세기 지식기반사회를 맞이하여 여성의 사회 진출력을 높이고 평생교육을 통한 자기개발과 전문성 제고, 자아실현의 사회적 욕구에 부응하기 위해 사회교육법(2000.3.1.부터 평생교육법(법률 제6003호, 1999.8.30. 제정공포))을 시행하고 있다.

　누구나, 언제, 어디서나 원하는 교육을 받을 수 있는 활짝 열린 교육, 사회교육, 평생 학습할 수 있는 사회를 정부는 마련하고 다양한 방안으로 운영하고 있다. 예를 들면 한국은 대학부설 평생교육원, 사업장·언론기관·시민사회단체 부설 평생교육시설과 인력사회개발 관련 사회교육제도를 운영하고 있다.

　'99년 9월 현재 대학부설 평생교육원은 247개 기관의 5,359과정에 261,171명의 정원이 있다. 교육과정은 교양, 건강, 언어, 보육, 정보처리, 전자계산, 예비신부교실, 자가운전자를 위한 경정비 교육 등 다양한 프로그램으로 운영되고 있다. 특히 삶의 최초의 스승, '모태 스승'으로서 초기사회화의 장(場)인 가정교육을 주로 담당하는 여성을 위해 개설한 대학부설 평생교육원의 프로그램은 초기에는 단순교양, 취미활동 등 흥미 위주라고 할 수 있었다. 그러나 최근에는 보다 전문화되고 세분화된 경향을 보이고 있으며 학점은행제와 연계하여 담당하는 기관의 수와 교육을 받으려는 수강자 수가 대폭 증가하는 추세이며 가정주부뿐만 아니라 최근에는 직장 여성 등이 야간을 이용하여 수강하는 등 점차 많아지고 있으며 현대사회에서 여성들이 필요로 하는 과목, 예를 들면 스포츠 댄스, 수영교실, 박물관 학습 등은 수강 시작 전에 초만원을 이루는 상황이다.

　문화센터를 통한 여성의 평생교육은 백화점 및 언론기관 등에서 사회교육법에 의거 개설하고 있는데 문화센터 등은'99년 7월 현재 275개 기관에 355,754명의 정원이 교육을 받고 있다. 근간에 각 문화센터에서는 중국어 강좌가 개설되어 있으며 교육비도 아주 저렴하기 때문에 동북아시아 여성들의 나날이 높아져 가는 교류방문, 사회교육의 체험의 증가와 비례하고 점점 많은 여성들이 참여하고 있다.

2. 중국의 교육정책과 여성의 성인교육/직업교육 참여

중국은 1987년 국가교육위원회에서 '성인교육의 개혁과 발전에 관한 결의'를 발표하였는데 그 내용 중에 "성인교육은 우리 교육의 중요한 구성 분야이며, 교육시스템 가운데서 기초교육, 직업기술교육, 보통교육과 마찬가지로 중요하다"고 지적하고 있다. 이 문헌에 따르면 성인교육의 확충 및 발전이 4대 현대화 정책에 중요한 것으로 보고 다음과 같은 다섯 가지의 성인 교육 역할을 명시하고 있다.

첫째. 모든 직종에 취업하고 있는 자에게, 혹은 새로운 직업을 얻고자 하는 자에게 그 직업에 필요한 교육과 훈련을 제공하는 현직교육.

둘째. 의무교육을 받지 않은 이들에 대하여 행해지는 초중등단계의 기초교육.

셋째. 현재 종사하고 있는 직업의 직무상 요구되는 중등 및 고등단계의 전문교육.

넷째. 사회의 급속한 발전과 과학기술의 진보에 대응하기 위하여 고등교육 수료자에게 행하는 계속교육.

다섯째. 사람들에게 한층 고조되고 있는 문화생활에 대한 요청에 대하여 행해지는 다양한 문화생활교육.[1]

중국의 <제2기 부녀의 사회지위 설문조사> 자료에 따르면, 제1차 조사시기인 1990년과 비교할 때 18~64세의 여성 중 2000년도에는 문맹자가 30.1%에서 11.1%로 낮아졌다. 특히 청장년 여성의 문맹률은 4.9%까지 낮아진 현상이다. 또한 여성은 계속적으로 교육을 받을 기회를 가졌다. 고등학교 교육 이상을 받은 사람 중의 26.8%의 사람들은 최고학력은 성인교육을 받은 것으로서 남성보다 2.2%가 높게 나타났다. 13.5%의 여성은 근 3년 동안 어느 종류의 훈련이나 교육과정에 참가했었고, 40세 이하의 성진(城鎭) 여성으로 훈련과정에 참가한 인원은 26.1%에 달했다. 성진 여성이 참가한 훈련과정으로는 특별교육과정 중에는 전문직업훈련 위

---

1) 이원화, "중국의 성인교육", 26.

342

주로서(72.2%를 점유했고), 농촌 여성이 참가한 훈련과정은 기술 위주(61.5%)였다. 훈련과정이나 특별교육과정을 마친 여성 중 31.6%는 자비로 참가하였는데 그중 성진 여성이 41.6%로서 성진 남성보다 4.7%가 높게 나타났다. 정부에서 제공해 준 훈련경비를 받은 사람은 농촌 여성이 36.2%로서 남성의 비율보다 6.7%가 높았다. 훈련경비를 국제기구의 프로젝트에 의해 제공받은 것으로는 농촌 여성이 1.8%로서 역시 남성보다 0.8% 높게 나타났다.[2]

위의 자료에서 알 수 있듯이 여성은 남성과 비교하여 사회교육의(평생) 훈련이나 특별교육에 대단히 적극적으로 참여하는 것을 알 수 있으며 정부에서 제공해 주는 비용보다 자비로 참여하고 있는 여성이 많은 것은 여성이 현모양처의 역할이나 사상에서 더 한 걸음 나아가 자신의 경력을 향상시킴으로써 자신의 능력을 높이고 할 수 있다는 긍지를 높임으로써 자아실현을 위해 노력하고 있다고 볼 수 있다.

3. 일본의 교육정책과 여성의 생애교육 참여

일본은 1980년대에 들어 교육개혁을 단행했는데 흔히 이것을 제3차 교육개혁이라 부른다. 1985년에 '임시교육심의회'에서 8개 항목의 교육개혁의 기본방향을 제시했는데 그중 특기할 만한 것은 교육환경의 인간화와 평생학습체계로의 이행이다.[3] 이러한 교육방향과 함께 주목할 사항은 새로운 학력관이 중요시되면서 '여유' 속에서 생활력을 중시하고 있다는 점이다.

풍부한 인간성 함양을 위한 교육은 1학교 교육의 측면에서, 근간에 이어지고 있는 일본의 중학교 학생의 자살과 학교폭력들이 이지메 현상에서 오는 것으로 심성

---

2) 成教資讯 http://www.4.zzu.edu.cn/cjy/cjynews/kxyj/200319105008.htm 2005 - 10 - 05.

3) 교육개혁의 8개 항은 1. 개성중시의 원칙 2. 기초·기본교육의 중시 3. 창조성 사고력 표현력의 육성 4. 선택기회의 확대 5. 교육환경의 인간화 6. 평생학습체계로의 이행 7. 국제화로의 대응 8. 정보화에의 대응이다.

교육을 강화하자는 여론과 의견을 수렴한 것이라 할 수 있으며 이는 또한 한국이나 중국의 청소년들의 학교생활에서도 나타나고 있는 실제적 문제로서 참고할 필요성이 있으며 교육에서 학교, 부모, 사회가 함께 관심을 기울여야 할 것이다.

교육개혁 중 '평생교육의 확대'는 무엇보다도 여성들의 제2의 인생을 좀 더 풍요롭게 마련하기 위해서 바람직한 것이며 그간에 사장되어 있던 자신의 능력을 재충전해 볼 수 있는 자아실현기라고 해도 좋을 것이다. 왜냐하면 여성들은 결혼 초에는 출산과 자녀양육으로 인해 또한 자신의 가정과 가족을 위해서 가사노동에 얽매여 전혀 시간적인 여유 경제적인 여유를 가질 수 없다가 중년의 나이에 비로소 자신을 되돌아볼 기회를 이 평생교육을 통해서 새롭게 구상해 볼 수 있기 때문이다

자료의 제한으로 일본 여성들의 생애교육기관이나 수강한 숫자를 자세히는 파악할 수 없으나 국립여성 관련 단체로서 국립여성교육회관에서 실시하고 있는 강의 내용으로는 '현대사회와 다도문화', '운동과 건강' 강좌가 개강되어 있고 대상, 모집인원으로 '관심 있는 성인 남녀'를 명시하고 있다. 특히 Career Development 부문에서는 일하는 여성을 위해서 'Career Advancement Seminar', 'Business Startup Support' 과정이 눈에 띈다. 'Career Advancement Seminar'에서의 세미나의 종류로서는 고용과 직업전환세미나, 커리어 비전세미나, 업그레이드 스킬 세미나 등이 있고, 'Business Startup Support' 과정에서는 일반적 세미나, 산업특별세미나, 경영세미나 등으로 구분하여 실시하고 있다.4)

이 외에 재단법인 여성회관에서는 여성건강관리와 연관하여 ['의존'하는 여성심리의 비밀]을 3시간 강의하는 것이 돋보이고 있다.5)

---

4) Career Development http://www.miraikan.go..jp/english/kyaria_kaihatsu/top.html 2005 - 10 - 04.

5) 主婦会館 http://plaza - f.or.jp/2005 - 10 - 04.

Ⅲ. 한중일 여성의 국제 NGO 활동 참여와 사회교육의 체험

앞서 설명은 세 나라 각국의 국내 사회교육 참여에 대해 살펴보았다. 현대국제사회 특히 동북아 사회에서는 한중일 세 나라 여성의 활동은 NGO 혹은 GO의 참여와 더불어 더욱 중요하며 국제 NGO 활동의 참여 즉, 오늘 '중한일 여성대회'와 같은 국제행사의 참여를 통해 우리 여성들은 사회교육을 몸소 체험할 수 있다고 생각한다.

중국의 중화전국부녀연합회(中华全国妇女联合会) 主席 겸 전국인민대표대회(全国人民代表大会) 상무위원회 부위원장 천무화(陈慕华) 단장 일행이 김장숙(金长淑) 정무장관(제2)의 초청으로 1994년 2월 13일부터 18일까지 한국을 방문했다. 이 방문 기간에 김 장관과 진 주석은 한국과 중국의 여성 분야 상호교류협력 증진방안에 관하여 협의하였으며 정책 자료 교환, 지도급 인사교류 등 양국 간의 이미 합의된 사항을 재확인하는 한편 1995년 9월 베이징에서 개최되는 제4차 세계여성회의를 계기로 양국의 교류 협력을 더욱 강화해 나갈 것을 상호 약속하였다.6) 이후 동년 8월 30일 - 9월 15일까지 개최된 베이징의 제4차 세계 여성대회에 한국에서는 대통령 부인 손명순 여사를 비롯하여 정부 차원에서 50여 명, 95개 민간여성단체에서 700여 명이 참석하였고, 전체 규모는 미국의 영부인 힐러리 여사를 비롯하여 GO가 15000여 명, NGO가 45000여 명에 이르렀다. 이 대회는 여성문제를 세계의 장으로 끌어들여서 논의하였다. 가장 핵심으로는 '베이징행동강령' 12개 항목을 결정하고 각국은 매년 3월 미국 유엔에서 열리는 '유엔여성지위위원회 회의'에서 베이징행동강령의 이행에 대해 보고 및 발표를 하고 문제점과 해결방안에 대해 각국이 열렬한 토론을 추진한다.

한중일 여성단체 간의 빈번한 국제교류는 여러 각도에서 진행되고 있다. 우선 한

---

6) '여성정책', 정무장관 제2실 발행, 1995.3.20: 천무화 주석 방한기간 하영애 교수 통역담당.

국에서 중국 관련 여성단체로서는 '한·중 여성교류협회'가 사회단체로 등록되어 활동하고 있다. '한·중여성교류협회'는 1994년에 창립된 사회단체로서 주로 여성 관련 학술대회, 문화교류, 여성기업인을 위한 자료 제공 등을 하고 있으며, 상하이 부녀연합회, 베이징대 여성연구중심, 옌벤대 여성연구중심 등과 좌담회 및 간담회 를 개최 하는 등 양국 간의 사회문제에 대한 폭넓은 교류를 해 오고 있다. 2002년 한중수교 10주년을 맞이하여 중국 전국부녀연합회와 본 협회는 공동으로 '한중여 성경제세미나 및 청소년 문화예술교류' 행사를 베이징 부녀연합회에서 개최하고 한 국에서 110명이 참여, 성대히 거행하였고 2004년에는 제2차의 행사를 서울에서 역 시 개최하여 상호활동 및 친선방문을 하고 있다.

또한 한중여성교류협회는'99서울NGO 세계대회'에서 국제세미나를 개최하고 일 본 가나현의 케이 후사노 여성NGO 대표를 초청, 일본 여성의 가정과 사회의 역할 에 관한 주제강연을 들었다.

1998년에는 베이징대 여성연구중심(北京大 妇女研究中心)에서 베이징 대학 개교 100주년을 맞이하여 여성국제학술회의를 개최하였다. 이 여성학술세미나는 미국, 일본, 홍콩을 비롯한 많은 학자와 여성 전문가가 참석하였으며 한국에서는 경희대, 이대, 숙대에서도 교수가 참여하여 동북아를 비롯한 세계의 여성문제를 폭넓게 논 의하였다.[7]

한국 여성부에서 2001년에 개최한 '한중일 여성지도자회의'는 서울에서 개최하 였는데 중국에서는 당시 전국부녀연합회 주석인 펑페이윈, 부주석 류야지를 비롯하 여 8명이 참석하였고 일본에서는 전 수상 부인, 참의원 여성단체 등에서 참석하였 고 한국의 영부인 이희호 여사가 참여하여 한중일 여성들을 격려하였다. 이 회의에

---

7) 베이징대 여성문제연구중심, 100주년 개교기념 여성국제학술대회 개최, 1998.6.20 - 23.
   중국 베이징.

서는 평화, 여성의 역할, 성폭력 등 부문에 대한 세미나를 개최하였으며 약 500여 명이 열띤 분위기에서 각국의 여성문제를 논의함으로써 각 국가의 여성문제의 논의를 통한 여성들의 사회교육 참여의 체험을 갖게 되었다. 최근의 각종 행사로는 2005년 6월 19~24일까지 서울에서 개최한 '제8차 세계여성학대회', 2004년 역시 서울에서 개최한 '세계여성국제회의', 1996년부터 2년마다 개최하는 '동아시아 여성포럼'은 일본, 한국, 타이완, 몽골에 이어 2003년 홍콩에서 개최되었다. 이러한 일련의 세계 각종 여성대회에 한국을 비롯한 중국, 일본 여성들이 실제적인 참여를 통해서 국내에서뿐만 아니라 국제사회에서 여성들의 활약이 뛰어나고 있다. "백문이 불여일견이다"라는 격언과 마찬가지로 국내 활동에서 벗어나 동북아 여성들과 함께 모여 각종 여성 관련 문제를 함께 논의하고 상호 이해함으로써 우리 자신들의 삶을 더욱 보람 있게 해 줄 것이며 생활의 활력소를 갖게 해 줄 것이다.

Ⅳ. 결 론

짧은 지면으로 인하여 각국 여성들이 사회교육을 받은 이후 각자의 실제 생활이나 자아실현 등에 얼마만큼 도움이 되었는지를 심도 있게 파악하기에는 어려움이 있다. 이는 차후의 연구과제로 하고 몇 가지 제의를 하면서 마무리하고자 한다.

첫째: 한중일 여성들이 더 많이 사회교육에 참여하고 폭넓고 다양한 학습의 기회를 가지자. 이는 생활의 지혜, 건강에 도움, 주부는 물론 일하는 여성들의 발전적인 도전과 기회의 동기부여, 잠재되어 있는 여성들의 능력향상에 도움이 될 수 있을 것이며 더욱 보람 있고 활기찬 생활로서 자아실현의 이상적인 삶을 갖게 할 것이다.

둘째: 동북아사회에 여성들이 앞장서자.

국제사회의 NGO와 GO의 각종 세미나와 행사에 참여함으로써 한중일 여성들의 공동문제의 해결점을 논의하고 타 국가 간의 문화를 익히며 각 국가의 경험을 공유하여 생활의 지혜는 물론 한중일 세 나라의 민간외교에도 여성이 일익을 담당하자.

셋째: 각국의 사회교육과목에 '어머니학'을 채택하도록 건의한다.

현대사회에서 과학기술의 발달로 생활이 더욱 편리해진 것이 사실이지만 많은 어머니들이 과거보다 더 고립감을 느끼고 있을 뿐 아니라 자신들의 중요성도 잘 깨닫지 못하고, 가족들과 보내는 시간이나 부양하는 능력도 줄어들고 있다, 또한 사회도 어머니의 역할을 과소평가하고 있는 것이 문제로 지적되고 있다. 뿐만 아니라 한 연구에서는 오늘날 어머니들은 할머니 세대가 했던 것보다 더 힘들게 그들의 역할을 수행하고 있다고 연구결과를 보고하고 있다. 그러므로 한중일 각국의 사회교육 과목에 '어머니학'을 개설하여 이론과 실제를 연구하고 토론하여 보다 바람직한 어머니의 위상이 정립되어야 한다고 생각한다.

끝으로 국제사회에서 특히 동북아 시대에 세 나라 여성들의 교류와 상호 방문 활동을 강화하여 여성의 힘을 모으자.

외국의 선거제도와 여성의 정치참여 현황

Ⅰ. 제도의 중요성

민주정치와 지방자치는 필수 불가결한 관계가 있다. 의회정치의 모국이라 불리는 영국에는 "지방자치는 민주정치의 산 교육장"이라는 격언이 있고 미국의 선거사는 지방선거를 최초로 하여 중앙선거로 이어졌다. 따라서 "민주정치의 실현은 지방자치의 실행에 근거가 있으며 지방자치의 실시는 다시 지방선거의 성공에 달려 있다"고 미국의 지방자치와 지방선거를 연구한 한 학자는 결론을 내리고 있다. 그러므로 민주정치는 곧 선거의 정치이며 법규만 있고 선거를 실시하지 않는 것은 백지 위에서 병정놀이 하는 것과 다를 바 없다. 다행스럽게도 우리나라에서도 근 30년간의 침묵을 깨고 내년부터는 지방선거를 실시할 계획이어서 지방의회 진출에 꿈을 꾸고 있는 한국 여성들의 수와 열기는 대단하다. 예를 들면, 얼마 전 한국여성개발원에서 이러한 취지하에 원래 50명을 계획했으나 전국 각 지방에서 150명의 인원이 몰려들어 하는 수 없이 100명 인원을 대상으로 교육을 실시했다. 또한 7월 14일 한국여성정치문화연구소에서 개최한 창립 학술 세미나에서도 참석한 인원이 예상보다 너무 많아서 토론장 밖에까지 앉아서 경청하는 상황이었으며 이는 각계 각 분야의 여성들이 정치참여에 얼마나 많은 관심을 갖고 있는가를 단적으로 표현해 주었다.

그러나 정작 내년의 지방선거에서 여성의 정치참여는 용이한가? 13대 국회의원

선거에서 직접선거에 의해 선출된 여성 의원은 한 사람도 없으며 선거 없이 선출되는 전국구 출신들이 6명 있을 뿐이다. 이러한 현실에서 한국 여성의 정치참여 향상을 위해서는 무엇보다도 제도의 개선이 시급하다고 생각한다.

제도(Institution)란 인류생활 중 모든 사람들이 공인하는 행동양식이라고 말할 수 있다. 이러한 행동양식은 가치·규범·구조(structure) 세 요소를 포함한다.[1] 그러나 정치형태론의 관점에서 볼 때 이 세 요소는 정태적 요소로서 제도의 정태적 요소는 포함하지 않음을 알 수 있다. 동태적 요소는 인간의 행위(Behavior)이다. 사람의 행위는 제도를 구성하며 제도는 사람을 떠나서는 존재하지 않는다. 그러므로 제도(혹은 사회현상)를 분석하려면 '동태와 정태적인 면'을 관찰하지 않으면 안 된다. 다시 말하면, 하나의 제도의 탄생은 그 당시 인물의 영향을 받으며 이론적으로 이러한 인물은 다음 4가지 유형으로 분류할 수 있다.

1. 제도를 창조화하는 인물, 즉 관념과 이념을 도출하는 인물.
2. 제도를 규획하는 인물, 즉 결정하는 영도적 인물.
3. 제도를 집행하는 인물, 즉 행정 분야의 인원.
4. 제도와 이해관계의 인물, 즉 제도에 영향을 미치는 사회군중의 제도에 대한 반응(인정 혹 배척).

이 외에도 제도는 당시 내적 외적 환경요소의 영향을 받으며 또한 과거제도의 규범을 참조하며 동시에 당시의 정치세력이나 사회세력의 영향을 받는다.

그러므로 본문은 종래 법규중심의 제도연구에서 벗어나 현대사회 과학연구방법의 동태적인 면도 아울러 분석해 보고자 하며 연구방법은 문헌분석법과 방문조사법을 병행했다.

따라서 본문에서는 제도적 측면에서 외국의 선거제도를 알아보고 특히 여성 정치참여율이 대단히 높은 중화민국의 선거제도를 중점으로 다루고자 한다.

---

1) 河暎愛, 『台湾省县市长及县市议员选举制度之研究』(台北: 文史哲 출판사), 1989, 10-15.

Ⅱ. 외국의 여성 정치참여 현황

진 커크패트릭(Jeane J. Kirkpatrick)은 「Political Wonen」이란 저서에서 진정한 정치평등은 양성평등을 포함해야 한다고 주장하였다. 또한 어떤 남성은 여성발언권의 향상을 주장하고 의회에서 친히 제의하기를 남녀는 마땅히 동등한 발언권을 가져야 한다고 주장했다. 이처럼 양성이 평등하게 정치에 참여할 수 있어야 한다든가 혹은 여성 인구가 전체 인구의 반을 차지하기 때문에 여성 당선인 역시 반수가 되어야 한다는 것은 이상이기도 하지만 이러한 이상과 현실 간의 차이를 좁힐 수 있도록 하는 일은 바람직하다고 본다. 여성 참여에 대해 독특한 선거제도를 가지고 있는 나라들을 알아보자.

1. 노르웨이 벨기에 등 국가의 쿼터제

노르웨이(Norway)는 집권당의 법규에 규정하기를 "모든 선거와 추천에서 여성 혹은 남성의 비율을 최소한 40%로 선출해야 한다."(in all elections and nominations at least 40% of each sex must be elected)고 명문화하고 있다. 노르웨이는 1983년부터 이 제도를 적용하여 현재 여성 국회의원은 전체 의원의 45%의 비율을 차지한다. 이처럼 많은 여성이 정계에 진출하게 된 원인은 다름 아닌 그 나라에서 채택하고 있는 여성참정보장제도와 많은 관계가 있음을 부인할 수 없을 것이다.

벨기에(Belgium)의 정당조직에서도 역시 여성에게 25%를 할당하고 있다. 이 외에도 파키스탄(Pakistan), 인도네시아(Indonesia), 이집트(Egypt), 방글라데시(Bangladesh) 등의 국가에서도 역시 여성 의원에게 10%의 쿼터제를 실시하고 있다.

2. 타이완의 여성당선보장제도와 정치참여 현황

중화민국의 헌법과 각종 선거법규에는 '여성의 당선보장제도'를 규정하고 있다. 예를 들면, 중화민국 헌법 제134조에 보면 "각종 선거에서 여성 의원의 당선정수를 반드시 규정하고 그 방법은 법률로 정한다." 타이완에서 제일 큰 도시 타이베이시 규정에 의하면 "타이베이시의회에서는 선출할 시의원 7명 중에 반드시 여성 의원 1명을 선출한다."고 명시하고 있으며 현시의원 선거법규에도 "현시의원 매 10명 의원정수 중 최소한 반드시 여성 의원 1명을 선출한다. 그 나머지 수가 5명 이상 10명 미만의 정수에서도 반드시 최소한 여성 의원 1명을 선출한다."고 명시되어 있다. 쉽게 설명하면 반드시 10명 중 1명 혹은 7명 중 1명을 선출하며 나머지 수가 5명 이상일 때는 여성 의원은 2명이 선출되는 것이다. 이러한 제도의 배경과 그 과정을 살펴보자.

(1) 여성당선보장제도의 배경

중화민국에서 오늘날 채택되고 있는 '여성당선보장제도'(妇女保障名额制度)는 과거의 많은 여성들이 온갖 시련과 어려움을 무릅쓰고 쟁취하여 얻어진 것이다. 이는 대개 다음의 몇 가지로 나누어 설명할 수 있겠다.

① 손중산 씨의 '여성평등권사상'

쑨쭝산(孙中山) 씨는 수많은 강연에서 남녀평등권을 주장했는데 1991년 5월 6일 광둥여자사범 제2학교에서 "교육의 중흥 후에야 남녀평등권을 양성할 수 있으며 여성계가 평등권을 가져야만 진정한 공화국이 탄생될 수 있다."고 강조했으며, 또한 동년 8월 25일 베이징에서 창립된 국민당 창당대회의 강연에서도 "남녀평등권은 실로 천경지의(天经地议)에 속하며 나는 제군들이 여성계의 일을 도와 여성들의 이러한 목적이 달성되기를 희망한다."[2]고 제시하였다. 그는 또한 국가정사에 남녀가 공동으로 참여하기를 강조하였는데 "제군들은 외국의 여성들이 참정권을 획득하는 데 얼마나 많은 능력을 소모했으며 얼마나 많은 희생을 했는데도 많은 국가에서 그 뜻을 이루지 못했음을 알 것이다. 중국은 혁명 후에 여성에게 쟁취하지 않더라도 참정권을 줄 것이니 의회 중에 여성 의원들을 설립할 것이다."3)라고 강력히 주장하였다.

상술한 "여성들이 쟁취하지 않더라도 의회 중에 여성 의원을 설립한다."는 그의 뜻은 바로 오늘날 여성당선보장제도와 상당히 밀접한 관계가 있음을 알 수 있다.

② 여성 의원들의 쟁취 과정

타이완에서 이 제도가 제정될 수 있기까지는 많은 현역 여성 국회의원들의 끊임없는 노력과 투쟁의 결과라고 할 수 있다.

1947년(민국 35년) 2월에 국민당 중앙당에서는 '여성운동위원회' 임시회의를 개최하고 여성보장정수의 기준을 100분의 20으로 결정했다.

이 100분의 20의 여성보장정수는 마치 중국의 수도를 난징 또는 베이징으로 결정해야 할 때와 똑같이 당시 회의의 의안 중 가장 중요한 문제로 대두하였으며 여성 의원들은 이 안을 제헌헌법에 명문화시키려고 노력했다. 따라서 먼저 이와 연관된 의안을 제출했는데 예를 들면 오지매 대표 등은 "중화민국 헌법 초안 수정안에…… 국민대회대표, 입법위원, 감찰위원과 각 성현시의 각급 의회에 모두 반드시 여성당선 정수를 갖도록 하고 그 정수는 법률로 규정한다."는 의안을 제의했고, 유순일 대표 등은 "전민정치실현을 관철시키기 위해서 여성당선보장제도를 헌법 중에 규정해 주어야 하며 정수는 10분의 3보다 적어서는 안 된다."고 주장했다. 또한 장제스(蔣介石) 씨의 부인 쑹메이링(宋美齡) 씨 역시 "각종 선거에서 반드시 여성당선 수를 규정하고 그 수는 최소한 100분의 20이어야 하며 그 방법은 법률로 정

---

2) 范毅芬, 我国妇女参政之研究－台北县市地区现任女性议员参政的分析(台北: 台湾大学三民主义研究所, 硕士论文), 民国七十年(1981年), 30～31
3) 上揭书, 31～31.

한다.”고 제시했고 그 외에도 많은 인원들이 이와 유사한 주장을 했다. 이들은 의안을 제출함과 동시에 연대서명을 받은 명부를 첨부했는데 오지매 씨는 457명의 서명을 받았고 쑹메이링 대표는 407인의 서명을 받았으며 파악된 것만 해도 1,221명의 연대서명을 받았던 것이다. 특히 헌법초안의 심사 과정에서는 더욱 적극적인 운동을 전개했는데 여운장 씨는 소위원회에서 입법위원 선거를 심사할 때 여성당선보장의 20%를 강력히 주장하였다. 그녀는 “여자가 입법에 참여하는 것은 불허하고 여자에게 법률을 준수하라고 하는 것은 불공평하다. 오로지 여자가 참여하여 입법한 법률이라야만 비로소 우리 여성은 그 법을 준수할 수 있다.”[4]고 제의했다.

당시 이들의 의견에 반대한 사람으로는 국립타이완대학교의 초대총장을 지낸 푸스니엔(傅斯年), 타이완성의 성 주석인 진성, 불멸의 대학자 후쓰(胡适) 등이 있었다.

여성 의원들은 이들로 하여금 정면으로 반대하지 않도록 다방면으로 이들을 설득하고 심지어 후쓰의 학생 나정건은 각종 연회에서 계속 후쓰을 설득하여 최후에는 반대도 찬성도 하지 않도록 하는 데 성공했다. 또한 이들 대표들은 퍼스트레이디 쑹메이링 여사를 찾아가 이 제도를 설명하고 동의를 구했으며 쑹메이링 씨는 장제스 씨를 모시고 나와 여성 의원들로 하여금 직접 장제스 씨를 설득하고 동의를 받아 내었다.

이렇게 각 방면에서 협조를 구하고 설득하여 반대자들까지 함구무언함으로써 반드시 원래 요구했던 20%는 되지 않았으나 드디어 헌법에 “각종 선거에 여성 의원의 당선정수를 반드시 규정하고 그 방법은 법률로 정한다.”는 조항을 제정하게 되었다. 그러나 이 제도 제정의 뒷면에는 류순일 씨가 여성당선보장제도를 위한 투쟁 과정 중에 연일되는 심야토론에서 과로로 숨을 거두는 커다란 희생을 치르기도 했다.

이상을 종합하면 타이완의 여성당선보장제도의 탄생은 쑨쭝산의 사상과 이념의 영향을 받았으며 현역의원들의 혼연일치된 노력과 투쟁으로 반대자들까지 설득시키는 열성과 값비싼 희생을 치르고 성공했음을 알 수 있다.

---

4) 呂云章, 『国民党代表数 妇女保障争取的经过』, (台北; 中国一周), 民国57년, 2.

(2) 지방의회의 여성 참여 현황

　전술한 여성당선보장제도의 영향으로 타이완의 여성 의원 수는 상당한 비율을 가지고 있으며 그들의 힘은 결코 무시할 수 없는 영향력을 발휘하게 되었다. 각종 지방의회의원 중에 여성의 참여 현황을 분석해 보자.

　① 성의회의원: 성의회의원은 타이완의 지방선거 중에서 가장 높은 민의기구이다. 성의회의원은 현시 주민에 의해 선출되며 매 현시에서 1명의 성 의원을 선출한다.

　타이완성의회 조직규정 제2항에 의하면 "성의회의원은 의원정수가 4명 이상일 시 최소한 반드시 1명의 여성을 둔다."고 규정하고 있다. 1985년 성 의원 선거에서 77명이 선출되었으며 이 중 여성 의원은 13명으로 16.9%를 차하고 있다.[5]

　② 현시의원: 1950년 제1대 현시의원 선거 중 116명의 여성 후보자가 출마하여 69명이 당선되었다. 그 후 매 선거 시마다 당선율은 계속 증가하여 제11대인 현재 전국 21개 현시에서 총 127명의 현역 여성 현시의원이 있으며 당선율은 15.2%이다. 제1대에서 제11대까지 현시지방의회의 여성 의원만도 1,161명을 배출하였다.

　더욱 주목해야 할 사실은 여성 의원의 후보자 수이다. 제1대에서 11대까지 후보자 총수는 2,080명으로 평균 189명 이상이다. 이 숫자는 우리나라에서는 현재 법규뿐이며 약 30년 동안 지방선거가 중지되어 왔기 때문에 우리에게 신선한 충격을 주고 있다.

　③ 향진시민대표: 향진시민대표의 선거는 제7대에 총 5,260명을 선출하였는데 그중 여성 의원은 901명의 여성 후보자가 경선했으며 전체 향진시민 당선자 3,754명 중 여성 향진 시민을 560명 선출함으로써 후보자와 당선자가 모두 14.9%를 나타내고 있다.[6]

---

5) 中央选举委员会偏印, 中华民国统计概要(民国三十五～七十六年), 158～159 발췌작성.
　* 서기력과 중화민국은 11년 차이가 있으면 통상 "민국"으로 표기한다.
6) 中华民国统计概要, 196～197 발췌작성.
　- 제1, 2대 선거시는 후보자 신청등록 제도가 없었고 촌리의 인정을 받거나 혹은 자격고시인 检核 합격자였음.

제7대와 13대의 여성 의원 진출현황을 비교해 보면 13대 여성 의원 수가 2배에 가까운데 이는 무엇보다도 종전의 여성당선보장제도 개선에 있었다.

즉, "향진시민대표는 선출할 매 정수 10명 중 최소 1명의 여성을 당선시키며 그 나머지 수가 5명 이상 시 역시 최소 여성 1명을 둔다."7)로 규정되어 있었으나 1973년(민국 62년) "향진 시민 대표는 의원정수 매 10명 중 반드시 여성 1명을 두며 나머지 수가 5명 이상 시 혹은 반드시 선출할 의원 정수가 4명 이상 10명 미만에서도 여성 의원 1명을 둔다."8)라는 선거제도의 개정에 의해 여성의 의회진출이 약 2배로 대폭 향상되었다.

(3) 지방자치단체장 선거의 여성 참여 현황

① 县市长: 台湾은 1950년(민국 39년) 지방자치선거를 실시한 이래 현시장(县市长) 선거 중 여성들이 꾸준히 적극적으로 참여하였다. 역대 여성 현시장 선거 중 여성 참여 현황을 살펴보자.

초기 현시장 선거 시 이미 여성 현장 후보자가 1명이 있었다. 제5대부터는 거의 매 선거 시마다 여성 현시장 후보자가 있었고 제10대에서는 4명의 후보자 중 마침내 2명의 여성(현장 1명 시장 1명)이 당선되었다.

타이완의 총 21개 현시(16개 현, 5개 시) 의장 선거에서 9.5%에 해당하는 2명의 여성 현시장 당선의 숫자는 만약 남녀 동수의 정치평등으로 말하면 그 수는 적지만 타이완이 근 10년의 지방자치선거를 실시해 온 이래 처음 县市级에서 여성 지방자치단체장이 탄생되었다는 것은 실로 커다란 의의가 있다.

두 여성 현시장은 가오슝 현(高雄县) 현장, 가의시(嘉义市) 시장인데 두 현시장의 경력과 배경을 약술하면, 가오슝 현장 여진월영(余陈月英)은 정치에 참여한 경험이 아주 오래되고 4선(16년)의 성의회의원의 경력을 가지고 있고 또한 9대 가오

---

7) 「台湾省各县市实施地方自治纲要」(民国 48년 10월 25일 개정) (민국 48년 10월 25일 개정)
8) 修正台湾省各县市乡镇县辖市民代表组织规定 제2조(民国62년 7월 14일 개정)

356

슝 현장으로 한 번 출마한 적이 있다. 당시는 비록 당선되지 못했지만 그때의 경험은 그녀로 하여금 제10대 가오슝 현장의 권좌를 갖게 했다. 여진월영 현장은 가오슝 현 黑波(파벌의 하나, 홍·백·흑파로 세 파가 있음) 지도자 여등발(余登发)의 며느리로서 선거경쟁 때 정치세력의 영향을 받은 것이지만 그녀 자신의 정치경험 중에 터득한 정치적 역량과 '인기' 역시 그를 당선시키는 데 중요한 역할을 했다고 해도 과언이 아닐 것이다.

가의시시장 장전진은 민의대표의 기초적인 정치경험 없이 의학원 교수로서 정당에 진출하였다. 그러나 그의 모친 허세연(许世贤)이 가의시장의 임기를 끝마치지 못하고 별세하자 보궐선거로 당선된 후에 6년의 시장 경험을 가지고 있다. 정당을 구분해 보면 두 여성 현시장 모두가 집권당이 아닌 야당(당외) 출신이다.

② 향진시장: 제4대 향진시장에 총 312명을 선출하였으며 그중 여성이 1명 당선되어 0.3%를 나타내었고 이러한 추세는 제8대까지 계속되었으나 9대에서는 3명이 당선되어 1%를 나타내고 있으며 제10대에 총 303명을 선출했는데 그중 여성 향진시장이 6명 당선됨으로써 2%의 높은 증가율을 나타내고 있다.

3. 일본의 지방의회 중 여성의 참여 현황

日本의 地方议会에 여성의 참여비율은 어떠한지 통계표를 가지고 알아보자.

일본 지방의회 여성 의원의 참정비율은 아주 낮다. 가장 낮은 비율은 町村의회 의원으로 0.5%, 최고의 비율은 특별구의회의 7.1%이다 비록 1975년의 평균비율이 0.9%에서 1982년의 1.2%로 증가추세에 있으나 타이완의 여성 현시의원의 평균 참정률 12%와 비교하면 여전히 차이가 상당히 크다.

4. 한국의 국회의원 중 여성의 참여 현황

우리나라에서는 과거에 지방의회의원을 3차례 선출한 적이 있으나 여성 의원에 관한 자료는 거의 없는 실정이므로 역대 국회의원 통계표를 가지고 분석해 보자.

제헌국회에서는 1명이 당선되어 0.5%이며 9대에서는 12명이 당선되어 5.5%로서 가장 높은 비율이나 그 이후는 여전히 2~3%이다. 그러므로 우리나라 여성 국회의원 당선율은 제헌국회부터 13대까지 평균 2.1%에 불과하다.

이상의 분석에서 알 수 있듯이 한·중·일 세 나라를 비교해 보면 여성 의원의 진출현상은 상당한 차이가 있음을 알 수 있다. 즉 '여성 의원 당선보장제도'를 채택하고 있는 타이완지방의회에서 여성 의원의 참정률은 평균 12%인 데 비해 제도적 장치가 없는 우리나라는 평균 2.1%, 일본은 평균 1.2%로서 타이완의 여성 의원 참정률이 월등히 높음을 알 수 있다.

이 외에도 노르웨이에서는 여성 의원에 대해 40% 쿼터제도를 실시하고 있기 때문에 전체 의회의원 중에 거의 과반수가 여성 의원으로서 양성평등정치를 실천하는 국면에 있음을 보았다. 그러므로 우리나라에서도 인구의 절반을 차지하는 여성에게 대표성을 부여하고 그들의 능력과 축적된 지혜를 사장시키지 말고 사회에 환원할 수 있도록 지방자치화 시대에 더불어 여성의 정치참여를 위해 일정한 쿼터제 실시는 필요하다고 하지 않을 수 없다. 물론 최근에 한국에서는 '당선할당제도'의 제도 도입으로 한국에서도 여성국회의원의 수가 증가하고 있으나 지방의회에서 여성비율은 여전히 낮은 비율이기 때문에 제도개선 등 다각적인 변화가 요구된다.

Ⅲ. 타이완 사회의 여성당선보장제도에 대한 반응

앞에서 설명한 바와 같이 타이완의 여성 의원 당선보장제도(최소한 10명의 의원 중 1명은 반드시 여성이다.)의 독특한 선거제도는 현재 한국의 여성계 정치에도 비상한 관심을 가지고 제도 도입의 필요성을 주장하고 있다.

혹자들은 이 제도가 남성 의원들에게 불평등을 초래한다고 생각할지 모른다. 저자는 이러한 관점에서 "당신은 여성 의원 당선보장제도에 대해 어떻게 생각하십니까?"라는 설문지를 작성하여 타이완의 학자, 현시장, 현시의원, 선거실무의원 등을 대상으로 저자가 직접 방문 조사해 보았다. 그 결과 이 제도에 대해 찬반의 두 견해가 지금은 필요하지 않다는 약간의 주장에 비해 대다수가 이 제도를 찬성하고 있음을 발견했다.[9]

예를 들면, 타이완대학교 정치학 교수이며 전 교통부차관인 袁松西 교수는 "동양여성은 대단히 보수적이기 때문에 만약 이 제도가 없으면 여성은 정치에 종사하기 매우 어렵다. 출마할 여성이 많지도 않을 것이며 출마한 소수의 여성이 여성 유권자의 표를 얻기도 역시 쉽지 않으며 당선은 더욱 어려울 것이다."라고 답변했으며 가오슝 현의 국민당 당부의 주임위원 진대대는 이 제도를 더욱 보호 발전시켜야 한다고 주장했다.

여성당선보장제도가 더 이상 필요치 않다고 주장하는 이들의 주된 이유는 여성 의원의 득표율이 남성보다 높다는 것이다. 저자는 이를 알아보기 위해 台北县, 高雄县, 장화현, 台中市, 가의시 5개 현시의 남녀현시의원 득표율을 비교 분석해 보았는데 5개 현시의 25개 선거구 중에서 대북현의 제4선거구, 가오슝 현의 제1, 2선거구, 겨우 3개 선거구의 여성 의원 득표수가 남성 의원보다 많았다. 그러나 이 득표차이는 아주 극소수이고 나머지 23개 선거구는 모두 남성의 득표율이 훨씬 높게 나타났다.

이상에서 알 수 있듯이 타이완에서 여성당선보장제도는 40년간 실시하고 있는데 아직도 많은 여론은 이 제도가 타이완에 필요하다고 주장하고 있으며 극소수의 반대의견에 대해서도 5개 현시 25개 선거구의 남녀득표율을 비교 분석해 본 결과 여성의 득표가 남성보다 높은 것은 불과 3개 선거구였음을 알 수 있었다.

---

9) 河暎爱,『台湾省县市长及县市议员选举制度之 研究』, 397~400.

민주정치는 최대다수인에 대한 최대한 이익을 얻어야 한다. 이러한 견지에서 보면 능력을 가진 극소수의 여성세력이 남성보다 강하다고 해서 '여성당선보장제도'가 필요 없다고 할 수는 없다. 그것은 극히 소수인 데 불과하기 때문에 보다 많은 사람들은 타이완에서 여성의원보장제도를 찬성하며 필요성을 주장한다.

Ⅳ. 당선할당제 도입으로 여성 정치참여의 활성화

본 연구는 각국의 제도를 중심으로 여성의 정치참여를 살펴보았다. 그 결과 여성에 대한 특수한 제도를 채택하고 있는 나라는 여성의 정치참여율이 월등히 높음을 알 수 있었다. 즉, 남녀가 공천과 선거에서 각각 40%로 선출되도록 규정한 노르웨이는 국회의원 총수에서 여성 국회의원의 비율이 45%, 장관 중에도 여성 장관이 44%의 대단히 높은 비율이었다. 또한 중화민국은 모든 선거에 '여성당선보장제'를 명문 규정화하여 40년간 각종 지방선거에서 여성의 의회진출을 향상시켰고 이는 또한 기초지방자치단체에서 광역지방자치단체에 이르기까지 수많은 여성 의원을 배출해 냈으며 근래에는 평균 15%의 여성 의원을 선출하여 당선보장 인원수를 초과하고 있으며 또한 적지 않은 지방자치단체장을 배출해 냈다. 특히 재선은 물론 4선, 5선을 한 現 議会 여성 의원의 수는 지방의회조차 구성하지 못하고 있는 당시 우리나라 현실과 비교해 볼 때 적절한 제도의 필요성을 절감하지 않을 수 없다.

본 연구는 다음과 같이 이론적 발견을 제시할 수 있다.

1. 하나의 제도의 탄생은 당시 인물의 영향을 받는다. 중화민국의 여성당선보장제도는 당시 인물의 영향을 받았는데 이 제도는 중국의 국부 쑨원의 여성평등권의 사상과 이념을 본받았으며 제도를 결정하는 지도자 장제스와 쑹메이링 등의 적극적인 노력이 있었고 제도의 이해관계자인 여성 의원들의 끊임없는 요구와 결과로 규정되었다.

2. 하나의 제도의 존립이나 개정폐지 등은 모두가 사회대중이 받아들이느냐 배척하느냐에 달려 있다. 여성당선보장제도는 현금 타이완의 사회여론을 볼 때 아직도 많은 대중이 이 제도가 존속되기를 희망한다.

지방자치시대를 맞이하여 여성 정치참여 향상의 시대적 요구에 부응하고 지방자치의 활성화에 내실화를 가져올 수 있도록 지방의회에 여성의 쿼터제를 실시하는 것이다. 예를 들면 어떤 선거구에서 5명의 의원 정수를 선출할 때 모두 똑같이 투표를 실시한 다음 남성 의원을 4명(20% 적용했을 때) 선출하고 여성 의원에 대해서는 여성 의원들만 별도로 득표 수를 계산해서 최고 득표자 1명이 당선된다.

둘째, 현행 소선거구제도나 혹은 어떤 선거구제도에 비례대표제를 추가하는 방법으로 역시 여성에게 20~30% 쿼터제를 주는 방안이다. 이는 여성 후보자는 각 정당에 출마를 등록한 후 투표 없이 정당별 득표에 비례해서 당선된다. 새로운 제도의 성립에는 정치세력, 사회세력, 인물·환경의 영향을 받는데 만약 진정으로 인구 절반인 여성의 심성을 전달받기 원한다면 정치지도자의 결심이 있어야 하며 각 정당은 사회의 요구에 대한 반영이 있어야 될 것이며 집권당의 솔선은 더욱 바람직할 것이다.

이 연구 발표 이후 한국 사회의 17대와 18대 국회의원 선거에서 제도도입의 영향으로 최근에 여성 국회의원의 수가 13 – 14%로 상승하였다.

중국의 현대화와 중국 여성 연구

들어가는 말

1949년 중화인민공화국이 창건된 후 중국인들은 습관상 그 이전을 구중국·구사회라 하고 49년 이후를 새 중국, 새 사회라고 부른다, 구중국 사회에서 우리에게 잘 아려진 것은 중국 여성들의 '전족'을 들 수 있다. 전족은 송나라 때부터 유행하기 시작했는데 당시 '발이 작아야 미인이라는' 풍습으로 인하여 여성들은 전족을 하기 위해 수십 동이의 눈물을 흘려야 했으며 오래도록 지속되다가 1911년 신해혁명(辛亥革命) 이후에야 폐지되었다.

중국인의 현대화 및 개방화 물결 중에 가장 큰 변화는 연애의 자유라고 할 수 있다. 70년대는 연애장면을 그린 삽화를 보고 음란서적이라고 호되게 비판했는데 남녀 사이의 성관계를 대담하게 묘사한 『남성의 절반은 여성이다 (男人的 一半是 女人)』라는 소설은 중국 사회의 베스트셀러로 매진사태를 빚는가 하면 금서(禁书)로서 더욱 인기를 끌었다. 원래 중국의 여성파워는 무측천 여황제와 서태후에서 알려지듯이 원래가 대단히 유명하지만 지금도 예외가 아닌 것 같다. 한중수교 때인 1992년 8월 필자가 베이징에 갔을 때 어느 여성교수 집에 초대되어 갔었는데 부인은 손님과 담소하고 남편이 식사준비를 아주 자연스레 하였다. 남편 손님이 왔을 때는 그 반대로 행하는 것이 습관화되었다고 하며, 이러한 남녀의 가사분담은 20−30대의 젊은 층에서부터 40−50대에 이르기까지 남녀의 비율이 4대 6으로 이루어지고 있다는 것이다. 그 당시의 중국 사회의 생활상에서 남녀의 평등을 볼 수 있는 사례였다.

오늘날 중국 여성들은 혼인과 자유, 연애, 결혼 등으로 과거와는 달리 친정과의 왕래도 있고 이혼도 법적으로 허용되며, 특히 시어머니의 권위와 학대도 많이 줄었다고 한다. 그러나 이러한 표면적인 변화와는 달리 전통적 요소는 지속되고 있다.

예를 들면 고부간에 있어서 며느리의 지위향상, 부부의 분가 독립거주, 여성취업의 자율성이 향상되었으나, 가정의 평화로움과 번창함은 역시 며느리에게 책임을 전가하고 있는 실정이다.

변하는 여성상에는 여성이 여성다운 모습으로 자신을 가꾸고 특히 혼인과 연관해서 '여자다운 미'를 강조하고 있다. 이는 과거 문화혁명 때의 남녀동등의식, 평등사상이 후퇴하고 동지애, 당에 대한 충성심 등의 철녀를 영웅시했던 것과는 반대로, 여성의 내적, 생물학적, 심리학적 성향을 부각시키는 일을 하는 여성이 영웅임을 강조하고 있다.

재미있는 것은 중국 처녀들의 상대자를 찾는 표준의 변화이다. 50년대는 영웅에게 시집가고, 60년대는 부유한 농가에 시집가고, 70년대는 학벌 보고 시집가고, 80년대는 재능 보고 시집간다는 것이 보편적인 현상이었는데 현대에는 세 가지가 높아야 한다는 유행어가 있다. 즉, 첫째, 키가 높고 둘째, 월급이 높고 셋째, 학력이 높아야 한다는 것이다. 소위 키가 높다 함은 키가 1미터 80 정도인 총각이며, 1미터 70 이하는 반불구자로 본다. 월급이 높다 함은 매월 수입이 2,000위안 이상이어야 한다는 것이다. 중국 화폐는 한화와는 약 1 대 150이며 80년 말 당시 중국 교수의 한 달 봉급이 200원(약 3 – 4만 원) 정도였으니 2,000원 수입은 대단한 수입임을 알 수 있다. 물론 지금은 중국 전 지역의 생활환경이 좋아졌고 베이징, 상하이, 선전 등 지역의 인민의 급여는 상당히 높아졌다. 대학교수들의 급여도 평균 3,000위안에서 5,000위안 정도로 도시와 지방간에 약간의 차이가 있으나 이공계 의학계 등에서는 9,000 위안의 급여를 받는 교수도 적지 않다고 한다. 학력이 높다 함은 대학졸업자 학력이어야 한다는 것이다.

이러한 조건은 더할 나위 없는 이상적 상대자를 찾는 표준으로 쉽지는 않겠지만 어쨌든 중국 사회의 여성의식의 시대적 특색을 보여 준다고 하겠다. 농촌 여성들은 이전에는 '성실하고 일 잘하고 집이 있는 사람'을 좋은 상대자로 찾았는데 지금은 '총명하고 개척력 있고 마음씨 고운 사람'을 찾는다. 중국의 여성의식이 점차 변해 가고 있음에도 불구하고 남존여비 사상이 여전히 남아 있다. 한 예를 들어 보자. 옛날에 [화목란(花木兰)] 여성은 남장을 하고 아버지 대신 자원하여 군복무에 충실한 사람으로 중국인의 칭송을 받는 인물이었다. 그러나 후난성 도강현에 현대판 화목란이 보도되었는데 현대여성 류우후우썽(刘虎性)은 강제로 25년간 화목란 노릇을 하여 보는 이로 하여금 당혹스러움과 어이없음을 보여 주었다. 즉 류우후우썽의 부모는 남자아이를 염원했는데 딸을 낳자 몹시 가슴 아파하고 이를 감추기 위해 남자이름으로 짓고 내막이 탄로 나지 않게 하기 위해 학교에도 보내지 않았다. 딸은 본래의 여성으로 생활하게 해 달라고 여러 번 애걸하였으나 아버지는 만약 딸이 남자로부터 여자로 변신하면 자기는 죽겠다고 하며 거절하였다. 뿐만 아니라 사실을 영원히 감추려고 25세가 된 딸을 장가보내려 멍청이 며느리를 데려왔다. 류우후우썽은 절망한 끝에 90년 4월 어느 날 호수에 몸을 던졌으나 구사일생으로 목숨을 건졌고 이로써 신문보도를 통해 세상에 알려지게 되었다. 이 현대판 화목란은 중국 정부가 추구하고 있는 '자녀 하나 낳기' 운동의 소산인지도 모른다.

자녀 1명을 둘 경우 독성자녀비(独生子女費) 명목으로 매 가정마다 중국 돈 10원씩 지급되고 여러 가지 혜택이 있다. 이로 인해 특히 농촌의 아들 선호가정에서는 영아 살해 등 갖가지 현상이 자행되기도 하였다.

중국 여성의 의식변화와 가치관에 관한 설문조사에 따르면 현재 중국에서 남녀평등의 정도가 어떤가에 대해서 비교적 평등하다거나 대단히 평등하다고 하는 사람이 71.7%, 비교적 불평등하다거나 대단히 불평등하다고 하는 사람이 19.1%였고, 그 나머지는 모르겠다고 답변했다. 또한 남녀의 역할구분에 관해서 여성은 직업이 있어야 한다는 사람이 81.5%의 높은 수치를 나타내는 반면, 집에서 아이를 보아야 한다는 항목에서는 여성은 4.7%, 남성은 13%였다. 가정주부와 사회사업(일) 중 어느 것이 중요한가 하는 문제에서 사업과 가정, 둘 다 중요하다고 하는 사람이 82% 였다.

중국 여성들은 이제 사회사업 또는 가정주부 어느 하나만으로 만족하지 않는다. "사업과 가정 둘 다 중요하다."라는 것이 여성들 자신뿐 아니라 일반적인 시민들까지 여성의 역할을 보는 중요한 표준으로 되어 있다. 이를 반영이라도 하듯 중국 여성은 사회, 정치, 공업, 의료 각 부문에 대단히 많이 진출하고 있다. 1988년의 통계에 의하면 중국공산당원 중 여성당원은 600만 명으로 전체의 14%이며 공업계에서 여성은 3,647만 명으로 전체의 14%이며 공업계 대표대회에 여성대표는 97명으로 전체의 12%였다. 전국여성노동자 인원수는 195,100,000명으로서 전체의 43.6%를 차지하고 여성노동연령 인구의 82%를 기록하고 있다. 중국은 "경제건설의 주역은 여성이다."라는 슬로건을 내걸고 각 분야에 여성을 더욱 참여시킬 전망이다. 그래서 그러한지 마오쩌둥과 덩샤오핑 두 통치자가 똑같이 여성 참여를 중요시한 점은 대단히 주목할 만하다. 그들이 가장 존경하는 인물로 故 마오쩌둥 주석을 손꼽고 전국 각지에서 베이징의 마오쩌둥 기념관을 찾는 인파는 연일 수만 명을 넘는다.

다음의 「중국 여성연구」 서평은 비록 시공간의 차이는 있으나 우리가 중국 여성의 분야별 활동을 이해하는 데 중요하다고 생각되어 필자가 서평을 했던 「중국 여성연구」의 내용을 소개한다.

「중국 여성연구」는 숙명여대 아세아여성문제연구소에서 출판한 아세아여성연구 총서 제1집이다. 본서는 총 6편의 연구논문으로 국내외 저명한 교수(이경숙, 김윤환, 이온죽, 성혜영, 노혜숙, Law Yu Fai 교수)들이 집필했다. 1949년 마오쩌둥이 중국공산주의를 토착화시켜 독자노선을 확립한 이후 40여 년이 지난 오늘날 중국 여성의 사회적 지위와 의식의 변화상을 정치·경제·사회·복지·문학 및 교육의 측면에서 분석해 볼 수 있도록 시도한 숙명여대 아세아여성문제연구소의 창조적이고 발전적인 기획은 높이 평가될 것이다.

또한 이 저서는 중국의 전통적인 관습, 정치체제 사회의식, 복지제도 등에 대해 과거부터 현대화에 이르기까지 광범위하게 다루었다는 점에서 비단 여성연구의 저서로서만이 아니라 중국의 전모를 살펴볼 수 있다는 점에서 더욱 높이 평가할 수 있다. 그러므로 학자와 전문가들뿐만 아니라 앞으로 중국에 관심을 갖는 모든 사람들이 중국을 이해하며, 특히 중국의 현대화와 여성에 대한 중요한 참고서가 되리라 생각한다.

이 책에는 여섯 편의 연구논문이 수록되어 있고 각 분야별 이론정립과 주제가 뚜렷하기 때문에 이 책을 읽는 독자들을 위해서 각 장의 내용을 개괄적으로 소개하고 총평을 결론에 서술하겠다.

1. 중국의 여성정책과 여성의 정책결정 참여

저자는 중국 여성운동의 이론적 배경으로 중국 여성해방운동과 사회변혁운동과의 관계를 밝히고자 했으며 1949년 공산당의 집권 이후 여성을 대표하는 유일한 공식기구인 전 중국 여성연맹과 지방의 지부들을 중심으로 하여 중국 여성정책의 목표를 여성연맹의 기능 역할 및 임무로 분석하고 있다.

중국 여성정책의 목표는 여성의 권리를 신장하고 지위를 향상하기 위한 것보다는 공산당의 기본노선을 수행하고 국가 목표를 달성하기 위해 여성을 동원하고 조직하며 교육시키는 데 있다고 제시하였다.

또한 중국 여성정책의 전개과정을 8단계로 나누어 1단계는 경제부흥과 회복기(1949~1952), 2단계는 제1차 5개년 계획기(1953~1957), 3단계는 대약진기(1958~1960), 4단계는 대약진으로부터 회복기(1961~1965), 5단계는 문화혁명기(1966~1969), 6단계는 문화혁명의 재건기(1970~1976), 7단계는 현대화 준비기(1976~1978), 8단계는 현대화 추진기(1979~현재)로 분류한 점은 특이할 만하다. 특히 현대화 과정의 10년 동안 중국에서 추진된 개방과 개혁정책은 여성으로 하여금 수입의 증대로 생활수준 향상을 가져온 반면, 능률과 이윤을 중시하는 책임제도로 여성의 신체적 제약성, 직업과 가사의 이중부담으로 여러 가지 차별대우를 받게 하고 있다. 이러한 여성의 불평등에 대한 인식은 80년대 중반부터 노골적으로 나타났는데 성차별문제는 중국정치체제에서 최고권력구조인 중앙상무위원회, 중앙정치국, 중앙위원회에 여성의 참여를 중심으로 헌법에서 국가권력의 최고기관인 전국인민대표대회와 그 상무위원회에 참여하는 여성 수를 고찰하여 중국 여성의 정책결정 참여도를 분석하였다.

1956년부터 1987년까지의 약 40년 동안 정치국에 참여한 여성의 비율은 9% 정도였고 중앙위원회에 참여한 여성 수는 8기 때 4.1%의 최하비율에서 10기 때는 12.9%까지 증가하고 13기에서는 7.0%의 수준을 나타내고 있다. 전국인민대표대회에 참여한 인민대표 중 여성대표 비율과 상무위원회에 선출된 여성비율은 각각 20% 내외로 나타났다.

중국권력구조를 분석한 후 저자는 실질적인 권력을 갖고 있는 정책결정기구에 있어서 여성의 참여도는 저조하고 상징적인 정치기구에 있어서도 실용주의 정책이 실천되는 시기에는 여성의 정치적 대표성에 우선권을 부여하고 있지 않다고 지적하였다.

2. 경제체제개혁과 여성의 경제활동 참가

본문에서는 중국혁명과 여성의 지위를 살펴본 뒤 경제현대화와 고용문제 및 노동문제에 관하여 상당히 포괄적으로 다루고 있다.

또한 경제산업 분야에 여성의 참여 현황을 상세히 설명하고 있다. 그러나 경제개혁으로 경쟁기구가 사회생활 모든 분야에 나타나면서 여성노동의 문제점이 제기되기 시작했는데 1987년 전국조직체인 여성노동위원회가 660명의 기업책임자 1만 5천 명의 노동자를 대상으로 조사한 결과 ① 기업이 여성노동자의 채용을 꺼리고, ② 정원 외가 된 여성노동자가 많아졌고, ③ 여성의 직업선택의 폭이 좁아지고 제약조건이 많다는 문제점이 도출되었다. 이에 대해 저자는 남녀차별의 원인과 해소방안을 상세히 제시하였다.

차별원인으로는 여성의 생리적 조건의 열세, 출산 유아기의 여성노동자가 기업에 끼치는 경제적 손실, 관습에 의한 남성중시와 여성경시의 낡은 관념, 현행 노동 및 인사제도가 여성노동의 특수성을 고려하지 않는 점을 지적하였다. 해결방안으로 여러 가지 좋은 점을 제시하고 있는데 특히 여성이 강성을 발휘할 수 있는 직업과 직종에 대해서 여성의 연령별로 이업종·이직종(畀业种, 畀职种) 간의 수요에 적응해서 합리적으로 이동할 수 있는 방법으로 사회주의 상품경제의 발전에 적응하는 탄력성 있는 여성 취업제도를 모색해야 한다는 점은 대단히 특기할 만하다.

3. 중국의 현대화와 여성에 대한 사회의식

본서에서 저자는 현대화와 여성의 사회의식을 고찰함에 있어 몇 가지 요점을 가지고 설명하고 있다. 즉 경제개혁과 여성의 취업문제, 혼인과 여성, 가족관계와 여성, 여성에 대한 폭력, 여성상의 양면성에 대해 폭넓게 다루었는데 오늘날 중국 여성들은 혼인의 자유, 연애, 결혼 등으로 과거와는 달리 친정과의 왕래도 있고 이혼도 법적으로 허용되며 특히 시어머니의 권위와 학대도 많이 줄었다고 한다. 그러나 이러한 표면적인 변화와는 달리 전통적 요소는 지속되고 있다고 지적했다.

그중에서 첫째, 고부간에 있어서 며느리의 지위향상을 보면 공산정권 수립 직후 문화혁명 때와는 달리 80년대 개혁 이후는 많은 부부가 분가, 독립거주 및 시어머니와 떨어져 살게 되었고 여성취업에도 상당한 자율성이 생김으로써 시부모의 권한이 축소되면서 반대로 며느리가 시어머니를 어떻게 다루느냐 하는 것이 쟁점이 되었다. 그러나 주목할 것은 며느리가 상냥하고 부지런하고 남을 생각하는 등 자질을 갖추면 가정이 평화롭고 번창하며 그렇지 못하면 결국 며느리가 가정 평화를 파괴하고 책임을 지는 결과를 가져온다는 것이다.

둘째, 부부간에는 '현대식 현모양처'로 이미지가 바뀌었는데 이 새로운 현모양처는 무조건 복종형이 아니라 남편의 동반자는 물론 아내 스스로가 지식·기술 및 사상을 지녀야 한다. 부부의 성생활은 주택사정이 나빠 부모와 신혼부부가 한방을 써야 하는데 중년의 부모는 젊은 신혼부부에게 자리를 양보하고 나가서 자는 수가 많다.

이혼문제에 대해서는 80년대부터 이혼율이 높아지는 현상이 나타났는데 이를 보면 문화혁명 중에 정치이념적 이유로 혼인한 부부들이 세상이 바뀜으로 해서 애정결여가 노출되어 이혼하는 사례, 도시청년의 하방(下放)에 의한 농촌처녀와의 결혼 등에서 생기는 문제, 남녀가 각각 지위상승의 경험에 따라 자신의 격에 맞지 않는 배우자를 버리는 사례 등으로 나타나고 있다. 그러나 이혼녀의 위치는 사회적으로 불리한 낙인으로 받아들여지는데 예를 들면 사회적인 불평등은 물론 주택배정 같은 실질적인 차원에서도 불이익이 따른다.

변하는 여성상의 양면성에서는 남성의 표준으로 성취를 평가하는 역할모형을 강요받는 한편 여성이 여성다운 모습으로 자신을 가꾸고 특히 혼인과 관련해서 '여자다운 미'를 강조한다. 즉 남녀의 차이와 역할구분에서 문화혁명 때의 남녀동등의식, 평등사상이 급격히 후퇴하고 전통적인 여성상으로 전환되고 있는데 철녀(铁女)보다는 여성의 내적, 생물학적, 심리학적 성향을 잘 부각시키는 일을 하는 여성이 영웅임을 강조하며 언제나 여성의 특징, 역할 등을 말할 때 남성의 표준에 따라 비교하는 성별위계서열의 편견은 중국 사회에 뚜렷이 잔존하고 있다고 피력했다. 따라서 중국 여성의 현대화가 이루어지지 못하는 요인을 정치적 선택과 문화적 선택으로 표시하고 있는데 즉 중국의 지도자들이 내린 정치적 결정은 결코 여성의 지위향상에 기여하지 못하고 있으며, 그 이면에는 중국의 전통적 요소에 대한 타협이 작용하고 있다고 제시한다.

4. 중국의 사회복지체계와 여성

저자는 사회보장제도의 이론을 바탕으로 중국복지체계의 형성과 특성, 중국의 복지정책에 대한 이데올로기와 행정양상 및 복지정책의 실천방안 등을 체계적으로 분석 설명하고 있다.

복지체계의 실태와 여성에 관해서는 부녀복지와 아동복지로 많은 자료를 가지고 분석하고 있다.

산아제한운동은 1956년과 1962년에 실시한 적이 있으나 문화혁명으로 중단되고 말았다. '72년에 이르러 결혼을 늦게 하고 임신까지의 간격을 길게 하고 아이를 적게 낳도록 권장하는 '더 늦게, 더 길게, 더 적게'운동의 전개로 과거의 연간 약 2.5% 인구증가율에 비해 1.97%로 저하되었으며 여성의 생산력 확보로 인해 생겨난 육아시설은 급격한 성장을 이루었는데 예를 들면 유치원 수가 1957년 17,700개소에서 1년 뒤에는 3,186,300개로 급증되었고, 유아인구 1억 중 70%가 이 시설을 이용했다고 한다.

기혼여성들의 탁아소 이용 빈도수는 점차 증가할 것으로 보이며 어린이 교육은 가정교육이 아니라 사회교육임을 강조한다.

이외에 노인복지의 사회보장제도도 하나의 특징이라 볼 수 있는데, 선 가정보호, 후 사회보장의 원칙을 노인복지시책의 기본으로 삼고 있으며 중국연금체제에 대해서도 상세히 기술하고 있다.

남녀가 평등하게 생산 활동에 참여할 수 있도록 하는 사회적 여건은 서구에 비해 잘 마련되었다고 하겠으나, 이는 여성해방이나 인간화의 목적보다는 사회개발을 위한 여성의 노동력 동원을 가능하게 하기 위해 조성되었다고 분석하고 있다.

5. 중국문학의 현대화와 여성의식의 변모

중국의 현대화 과정 중에 여성의식의 변모를 작품 속에서 연구 분석하여 날카롭고, 재미있게 서술하고 있다. 저자는 여성의식의 변천에 대해 혼인·애정심리·성윤리의식으로 심층 분석했다. 중국 여성들에게 삼종지도·전족·축첩제도는 여성들의 역할을 제한하고 비인간적으로 생활토록 했으며 이러한 전통적인 생활 속에서 1950년 정부와 부녀연합회가 혼인법을 통과시켰는데, 이것은 중국 여성사에서 획기적인 일인 동시에 이후부터 이혼이 격증하게 되었으며 그중에서 4분의 3에 달하는 수가 여자 쪽에서 이혼신청을 제출하였다는 사실은, 남편을 하늘같이 모시던 중국 여성사에서 보면 중대한 사건이었다고 하겠다. 특히 저자는 현대화 이후의 작품 중에 「사랑은 잊을 수가 없다(爱, 是不能忘记的)」와 「남성의 절반이 여성이다(男人的 一半是 女人)」는 두 작품 속에서 젊은 여성의 결혼관, 즉 독신주의 여성이 늘어나는 상황을 증명하고 있다. 애정심리 측면을 보면, 중국대륙에서의 애정이란 조국에 대한 사랑에서 이데올로기에 대한 사랑으로 그리고 동지애로 일관되었다고 제시하였다. 그러나 근래 여성들의 심리양상은 순수한 애정, 진정한 행복 등을 추구하며 계모와 남편의 아들과의 사랑을 담은 자본주의 사회에서 흔치 않는 숙숙란(肃淑兰·주인공)의 고통 속에서 부활하는 사랑으로 흥미롭게 전개하고 있다.

성윤리의식의 변모는 1977년 반주임(班主任) 작품에서는 연애장면을 그린 삽화를 보고도 음란서적이라고 호되게 비판했는데, 1985년의 「남성의 절반이 여성이다」에서는 남녀 사이의 성관계를 대담하게 묘사하여 변화되고 있음을 엿볼 수 있다.

이 작품은 남녀 사이의 사랑과 성을 통하여 문화대혁명 기간의 잔혹성과 황당함을 배경으로 폭로하면서도 남녀 간의 육체관계묘사 등 성문제를 정면으로 다루었다. 특히 여주인공의 성의식은 무척 개방되어 종래 중국 여성들의 봉건적 관념에서 많이 탈피한 양상을 여실히 나타내 주고 있다. *Self Initiative in Education Reform*에서는 중국정부가 현대화 정책을 추진하는 과정에서 경제특구를 설정하는 등 경제정책에 치중하는 반면 광둥성의 교육정책의 투자는 제로상태에 있기 때문에 홍콩·마카오 거주민과 화교가 많은 특수성을 중시하고 광둥성의 교육개혁을 연구하여 교육사업에 영향을 미치는 4개의 건의사항 즉 영어어학센터 설립, 영어직업훈련센터, 청화지역 개발, 천진TV대학 개설을 주장하였다. 또한 Law 교수는 중국정부의 개방정책 주도하의 교육에 관해서도 그 자치권을 그 지역지도자에게 부여한다면 외국의 투자를 활용하고 개발하여 광둥성의 교육사업을 발전시킬 수 있음을 역설한다.

6. 맺는 말

결론에서는 또 하나의 중국, 타이완에서 8년간 유학생활을 해 온 필자가 학계와 사회실상에서 보고 듣고 느꼈던 점을 중심으로 두 개의 중국의 여성문제를 비교해 보려고 한다.

중국대륙과 마찬가지로 타이완에서도 과거에 여성에 대한 전통적인 관념, 습관, 제도, 편견 등이 많았으나 오늘날에는 매우 다른 양상을 가지고 있다.

이를 몇 가지로 나누어 살펴보면

첫째, 여성의 정치참여에 관한 중국대륙의 상황은 정치국·중앙위원회·전국인민대표대회에 수적인 상황에서도 저조하고 상징적인 측면에서도 큰 영향력을 발휘하지 않고 있다고 한다. 그러나 타이완에 있어서 여성의 정치참여는 대단히 높다. 국회의원 15.9%를 비롯하여 각종 중앙위원회에 여성의 수가 많을 뿐 아니라, 성의원·시의원·현의원에는 10~25%까지 여성이 차지하고 일찍이 지방자치단체장에 여성 현장·시장을 5명 배출하였다.

또한 실제적인 면에서도 상당히 참여하고 있는데 예를 들면 타이베이 현의회에서 여성 의원들은 교육 분야 건설 분야 등 많은 문제점을 의안으로 상정 제출하여 실제적으로 개선하였다.

둘째, 타이완 여성들은 취업률이 대단히 높다. 판사, 변호사 등 법조계와 언론계 학계에도 적지 않은 수의 여성이 참여하고 있고 중소기업 등에서의 여성중견간부의 수도 상당히 많으며 공개된 여성단체의 수도 813개에 이른다. 대학원 법학과에는 여학생 수가 남학생보다 많으며 정치학과 등 타 과목에도 여학생 수가 대단히 많다. 이 외에도 고급식당에 정장한 여성종업원, 장관실에 있는 행정여비서가 많은가 하면 차 나르는 일은 일손이 놀고 있는 남성이 하는 것도 흔히 본다.

셋째, 중국대륙과 상당히 유사한 점은 전국에 탁아소 유치원 수가 많은 점이다. 태평양문화기금회에서 미국여행자를 모집했는데 30명 중 25명이 유치원과 유아원을 경영하는 여성원장으로서 해외 유치원제도를 견학ㆍ시찰하러 간 적도 있다. 이는 여성이 직장을 가질 수 있도록 사회제도가 발달되었음을 실감케 한다.

넷째, 여성의 사회기업 등의 높은 참여율은 높이 평가되는 반면 사회적 문제로서 이혼율ㆍ청소년문제가 대단히 급증하고 있는 추세이다. 이러한 현황은 매스컴에서도 볼 수 있으며 '남편의 주머니 각각 차기'에 대해 TV 좌담회를 개최했는데 전체적 분위기는 그것을 허용해 주는 결론이 나기도 했다.

다섯째, 여성들의 성윤리의식, 성개방에 대한 사고방식은 타이완에서는 놀랄 만큼 서구화되어 있다. 공원에서나 심지어 버스 안에서 남녀가 포옹하는 것을 보는 것은 보편적 현상이며 이들의 생활 전반에서 원천적인 여성경시풍조는 찾아보기 힘들다. 한국ㆍ타이완ㆍ일본을 비교해 보면 타이완은 가히 여성제일, 여성천국이라면 너무 지나칠까?

이 책에서 굳이 지적한다면 문학 분야를 제외하고는 참고문헌에 영어권의 자료를 많이 이용하고 중국본토에서 발간된 자료들이 적다는 점이다. 물론 이것은 이경숙 교수께서 설명한 대로 중국 자료가 극히 적은 실제의 어려움도 있고 중국 내에서의 연구나 저서의 출판 등이 자유주의 국가보다 폐쇄적이거나 용이하지 않다는 증거가 될 수도 있다. 그러나 자료의 객관성과 논문의 창조성을 위해서는 제1차적 자료가 가장 중요한 것임에 미루어 앞으로 중국 여성연구를 위한 원서 자료 수집은 우리 모두가 노력해야 되리라 생각한다.

　끝으로 이 책이 가지고 있는 또 하나의 중요한 가치는 각 주제마다 영문요약을 실었기 때문에 한국에서도 중국 여성에 관한 연구를 국제사회에 소개할 수 있는 좋은 사료가 될 수 있는 점이다.

하영애 서평, 「중국 여성 연구」, (서울: 한국여성개발원 발행), 1991,『女性硏究』,
　　　　　통권 30호.

<u>서평(书评)</u>

　본문은 숙명여대 아세아여성문제연구소에서 출판한 「중국 여성 연구」에 대한 하영애 교수의 '서평'이다. 출처참고.

중국의 대학과 대학문화

1. 중국대학과 기숙사문화

중국의 대학생활에서 가장 특별한 것은 바로 전국의 대학교에서 학생들이 기숙사 생활을 한다는 점이다. 북경대학과 청화대학을 비롯하여 산동대학 등에서 학생들은 대학에 입학할 때 기숙사 생활을 하게 되고 대부분 졸업할 때까지 기숙사 생활을 한다.

기숙사(宿舍)는 학생생활과 공부를 학습하는 중요한 장소이며 기숙사문화 건설은 학생이 성공적인 인재로서 성장하는데 중요한 영향을 끼친다. 양호하고 질서 있는 휴식과 학습환경은 양호한 기숙사의 기풍을 형성하고 우수하고 양호한 학풍과 반풍(班风)을 형성 할 수 있는 중대한 의의를 촉진한다. 기숙사 문명을 건설하는 것은 즉 우수한 대학생성장과 인재양성의 작은 환경으로서 학생의 우호단결과 상호격려, 근면분투, 적극적인 발전을 향상시킬 수 있다.

중국에서 실제 있었던 기숙사 생활에 관한 몇 가지 사례를 살펴보자.

2003년 전국고연성적발표 (全国考研成绩发表)이 후 어느 여학생 기숙사의 같은 침실을 사용하는 7명의 여대생들이 전부 대학원 석사반에 합격하였다. 중국은 대학원생을 연구생(研究生)이라고 한다. 석사반 학생은 석사반 연구생, 박사반 학생은 박사반 연구생이다. 또한 학원을 보습반(辅习班) 혹은 보도반(辅导班)이라고 한다.

小朱는 영어성적이 비교적 약했는데 대학교 3학년 때 겨우 영어 4급에 통과하고 몸도 약하기 때문에 대학원 진학을 포기하려 했다. 그러나 같은 침실의 기타 학생들이 이를 알게 된 후 모두들 小朱를 격려하고 녹음테이프를 빌려주고 함께 조깅하면서 몸도 건강하고 영어수준도 향상시키게 되었다. 기숙사의 같은 방 7명의 여학생들은 모두 빈곤한 가정에서 진학했고 경제적 조건이 열악하여 모두가 대학원 진학반 학원(考研辅导班)을 다닐 형편이 못되었다. 따라서 그들은 7명 중에 1명의 여학생을 선발하여 대학원 진학반 학원에 다니도록 하였다. 그리고 나서 이 학생이 수업을 듣고 침실에 돌아온 후에 2차로 나머지 학생들을 가르쳤다. 그들은 서로 부족한 부분에 대해 상호 협조하고 공동으로 노력하여 이 7명의 여학생들은 최후에는 모두 석사반 연구생(대학원 석사반 학생)의 합격 통지서를 받게 되었다. (高开华 主编, 《当代大学生 安全知识读本》, 中国科学技术大学出版社, 77.)

또 다른 실례를 살펴보면 기숙사생활의 장점을 느낄 수 있다.

중국의 모 사범대학원의 동일 기숙사의 6명의 남학생이 대학원 진학에서 모두 점수가 높았고 그 중 4명은 정식으로 입학하였다. 근거에 따르면, 이 6명의 학생은 당시 까오카오 성적(高考成绩)이 크게 이상적이지 않았으나 그들은 대학 3학년 때 대학원진학의 목표를 확정한 후 모두들 자발적으로 불성문화(不成文化) 된 규정을 지키기 시작했다. 즉, 아침 6시 30분 기상, 함께 영어테이프 청취, 영어단어 암기, 수업시간에는 전원이 가서 수업을 하고, 점심시간에는 일률적으로 40분간 휴식을 취하고, 저녁에는 전체가 자습 하러 가고 밤12시 정각에 소등을 하고 잠자리에 들어간다. 이것이 대학원합격 성공의 경험이라는 것이다. 기숙사 사장(舍长)은 다음과 같이 말하였다.

"우리 기숙사의 학생들은 무언의 약속이 있다. 不虚度光, 不搁欠学习任务"

不睡懒觉. 이러한 학습분위기는 나날이 농후해져서 누가 만약 열심히 학습하지 않으면 자기 자신이 어떤 배척감을 느끼게 된다고 설명한다.(高开华 主编, 《当代大学生 安全知识读本》, 78.)

이처럼 기숙사와 관련해서는 한국과 중국이 크게 다르다. 한국의 대학생들은 대부분 집에서 통학을 하지만 중국 대학생은 거의 100%의 학생들이 대학에 입학할 때 기숙사 생활을 하게 되고 대부분 졸업할 때까지 기숙사 생활을 한다. 그리고 남녀 기숙사 관리가 철저하여 남녀 기숙사가 한국처럼 같은 건물에 있지 않고 분리되어 있다. 이 대학생활에서의 '기숙사 생활' 방침은 또 하나의 중국, 대만에서도 똑 같은 상황이다. 필자가 유학하던 국립대만대학교 (国立台湾大学)학생들도 전원이 기숙사 생활을 한다. 대만대학은 1년에 1-2번씩 남녀 출입금지의 남녀기숙사가 '기숙사 개방일'을 정해 놓고 있다. 개방 전 날에는 전체가 대청소를 하게 되는데 밤10시-11 경에 대청소가 끝나면 수고의 대가로 그들이 좋아하는 '닭 요리'가 기숙사 방마다 보급된다. 주로 큼직한 닭의 넙적 다리가 인원 수 별로 할당되고, '아이고 힘들어 죽겠다', '우리를 위해 수백 마리의 닭이 운명을 달리했느니'라는 등 폭소가 터지는 가운데 늦은 야식시간이 벌어지고 즉석 전기밥솥으로 밥을 짓고 한국 유학생들의 어머니들의 손맛이 담긴 김치의 감칠맛에 중국 여학생들은 매워서 눈물을 흘리면서도 입은 마냥 즐겁다.

이튿날 깨끗이 정돈된 남녀기숙사는 정돈상태를 점검하는 의식이 있는데 여학생들은 남학생 기숙사를, 남학생들은 여학생 기숙사를 체크하여 그 중에서 가장 깨끗이 정돈된 학생에게는 약간의 포상금이 주어진다. 무엇보다도 이날만은 여학생 기숙사 현관 앞의 남빈출입금지[男濱出入禁地] 표지판이 자취를 감추고 마찬가지로 남녀학생들은 자기의 여자친구나 남자친구에게 자기방과 기숙사를 안내하며 자랑스럽게 공개한다.

또한 대만대학교 학생들은 공부를 굉장히 열심히 한다. 한국의 각 대학 학생들이 흔히 갖는 '동아리 모임', 'M.T 모임'도 거의 없고 열심히 매일의 수업준비와 복습을 철저를 하며 휴일도 별로 특별하지 않다. 대학생들이 하는 하나의 '여가생활'에 해당한다고 볼 수 있는 것이 쟈자오(家教)로서 즉 가정교사를 하는 일이 고작이라고 할 수 있다.

이러한 공부벌레들의 결과 때문인지 법률제도의 특색 때문인지 이들 중 적지 않는 학생들은 해외유학을 가고 또한 대학원 법학과 학생들은 재학생 신분에 벌써 변호사를 하고 있었고 파산법 전공인 필자의 룸메이트는 변호사 중에서도 수입이 꽤 높았던 것으로 기억한다.

2. 중국과 한국 대학생활의 차이

한국의 대학생활과 비교하여 가장 두드러지게 차이가 나는 중국의 대학생활에 대하여서는 짧게 논하기가 쉽지 않다. 중국은 각 성(省)의 면적의 크기와 넓이, 동서, 남북의 차이에 따라 생활과 관습에 다양한 차이가 있기 때문이다. 그러므로 이 부분에 대해서는 2008년 1 학기 경희대의 교양학 과목 [현대 중국사회의 이해]를 수강한 학생들에게 이 주제에 대한 과제를 제출한 적이 있었는데 그 중에서 비교적 많은 학생들의 호응을 받았던 한 분임조의 발표를 참고하여 소개한다.

먼저 중국 대학에서의 학교수업에 대해서 이야기 하자면, 중국에서는 특정수업에 대하여 거의 대부분 같은 과, 같은 학년의 학생들이 같은 교실에서 같은 수업을 듣는다. 이는 한국의 대학과는 커다란 차이가 있다. 한국에서는 어느 한 과목을 다양한 전공의 학생들과 여러 학년의 학생들이 골고루 수업을 신청하고 강의를 듣는다. 이런 점 때문에 중국의 대학생들은 타과 학생이나 다른 학년들과의 다양한 교류가 없어 넓은 인과관계를 갖는 것에 한계가 있다고 할 수 있다. 한편 인과관계가 쉽지 않고 힘든 단점이 있지만 같은 학생들끼리 자주 부딪치다 보면 서로를 배려하고 이해하는 마음이 시간이 갈수록 두터워져서 깊이 있는 친구를 사귈 수 있는 장점도 있다. 또한 수업일수에 대해서 살펴보면, 아직 중국은 주 6일 교육을 실시하는 대학이 많으며 적지 않는 대학에서 토요일에도 교양수업을 한다. 또 대부분 중국 대학생들의 주당 수업시간은 40시간이 넘는다고 한다.

　두 번째로 학생회나 동아리 활동 및 종교생활에 대해서 살펴보자. 한국의 대학에서는 각종 동아리, 학생회, 과 단위의 소모임 등 대학생들이 함께 모이고 어울려서 활동할 수 있는 기회가 많고 그런 활동을 할 수 있는 장소도 잘 마련되어 있다. 동아리 방이나 과실, 학회실 등이 건물마다 있는 것이 그것을 잘 보여준다.

　중국에도 물론 위와 같은 활동이 있긴 하지만 한국 학생들처럼 각자가 자기만족을 찾아 자유롭게 활동하지 못하고 대부분 개인의 만족보다는 학교를 위한 행동을 주로 한다. 한국에 와서 대학생들이 운동장에서 친구들과 어울려 공놀이를 하고 춤추는 모습을 보면서 처음엔 많이 놀랐다고 한다. 왜냐하면 중국에서는 너무 많이 놀면 당국에 불려가기도 하기 때문이란다.

　또한 종교와 관련해서는, 물론 중국에도 종교에 대한 자유가 있고 명문화 되어 있지만 여러 가지 환경이 아직은 선진국가나 한국만큼 완전하게 개방화 되어있는 것 같지는 않다. 이에 관한 중국학생의 견해를 보면, 한국의 종교생활에서는 아주 인상적인 경험을 했다고 한다. 중국 학생들은 거의 무교이고 종교의 자유가 활발하게 주어지지 않는다. 그러나 한국에선 자유로운 종교 모임을 통해서 사람들과 연결고리를 가지며 인간관계를 형성해 나가는 것을 볼 수 있는데 중국에선 볼 수 없는 것이라 아주 부러워했다고 설명했다.

　세 번째로 학교식당에 대해서 중국과 비교하자면, 한국에서는 주로 단층짜리 하나가 식당인데 비해서 중국에선 대부분 두 개 층이 식당으로 운영되고 어떤 대학에서는 4층 이상이 식당으로 이용되기도 한다. 그리고 중국에서는 비록 교내식당이지만 음식종류가 아주 다양해서 먹고 싶은 음식을 주문할 수 있는 예약문화가 잘 발달되어 있으며, 또한 학생들이 식당카드를 가지고 있어 음식값을 카드로 계산한다. 시간도 절약하고 사람들이 붐비는 것도 막아주어 참 편리한 점이 있다.

　네 번째로 학생들의 다양한 사회참여제도에 대해서 검토 해 보자. 한국에서는 주로 대학교 4학년이 돼서야 인턴이나 취업준비를 시작하지만 중국에서는 3학년 2학기 때부터 졸업할 때까지 희망하는 회사에서 인턴생활을 함으로써 한국 학생들보다 더 빨리 사회를 경험한다. 또한 국가적인 차원에서 소정의 시험을 통과한 학생들에게 교류방문학자비자(J-1)을 발급하여 미국이나 유럽 그리고 아시아 여러 국가의 회사에서 3개월 정도 인턴생활을 할 수 있게 지원하고 있다. 그 목적은 우선 학생들이 외국문화를 통해 그 나라는 물론 자국을 더 잘 이해할 수 있게 하고 외국에서의 직장경험을 체험할 수 있는 기회를 주고자 함이다. 그리고 부가적으로 대학생들의 외국어 능력과 타지에서 필요로 하는 자립심을 키워 주고자 하는 부분도 있다. 한국에서는 2가지 종류의 인턴십을 찾을 수 있다. 회사에서 대학생을 직접 채용하는 방식과 대학교를 통해 채용하는 방식을 갖고 있다. 이것은 중국도 같은 모습이다.

　중국 대학문화에는 '술 마시는 문화'가 없다. 한국에서는 해마다 신학기가 되면 신입생에게 술을 먹이는 독특하고 지나친 '대학생 술 문화'로 인하여 아까운 젊은 인재의 목숨을 앗아가는 보도가 잇따르고 있어 한국대학생들의 술 문화를 불건전한 생활상의 하나로 지적할 수 있다. 물론 유대강화라는 장점이 있기는 하지만 역시 지나쳐서는 바람직하지 않다. 한국에 온 중국유학생들은 한국사회의 소감에서 가장 먼저 '대학생의 술 문화'에 대해 평가하였다. 그 중에서는 긍정적으로 보는 시각을 가진 학생도 있다.

　중국에서는 주로 학교 밖 놀이문화라고 한다면 노래방이나 액세서리 판매점, 옷 가게, 음식점이 전부이다. 따라서 중국에서의 놀이문화는 제한적일 수밖에 없다. 그러나 한국에서의 놀이문화는 술과 어우러져 독특한 모습을 하고 있다.
　중국에선 교수님과 함께 밥을 먹는 경우는 있어도 함께 술자리를 갖는 경우는 없다. 그런데 한국대학생들은 교수님들과 화기애애한 분위기에서 술 문화를 즐긴다. 그리고 이를 통해 많은 사람들을 알아가고 끈끈한 유대감을 형성해 나가는 것을 볼 수 있다. 그리고 졸업 후에도 이런 관계가 끊어지지 않고 계속되는 모습이 좋아 보이고 무척 특이하다.("한중대학생 문화" 분임조 발표중에서)

3. 개방개혁과 중국대학의 변화

중국은 1978년 현대화 정책과 실용주의 교육정책으로 인하여 교육분야와 대학교에도 신선한 충격을 가져왔고 커다란 변혁을 가져왔다. 무엇보다도 대학교육종사자들의 삶의 질 향상에 커다란 변화를 가져왔다. 이를 간략히 살펴보면,

첫째, 교수사회의 변화는 "실용주의중심의" 와 "능력주의"로 변화하고 있다는 점이다. 교수의 개별적 능력과 실적에 따라 다양한 임금체계를 보이는 것도 중국의 중요한 변화양상이다. 같은 교수라도 어떤 학과에 재직하고 있고 어떤 일을 하느냐에 따라 월급은 천차만별이다. 기본급은 같지만 수당이나 성과금은 차등 지급되고 있다. 또한 교수정년이 60세이지만 능력에 따라 80세까지 교수직이 보장되기도 하고, 30대 부총장이 임명되는가 하면 대학 부설 실험 소학교에 20대 교장이 부임하기도 한다. 일반적으로 교육개혁 실행 이전과, 교육개혁 이후 교수들의 급여에는 상당한 변화가 있었고 전반적으로 많이 올랐다. 한편 중국교수들의 수입의 증가에는 외국 대학과의 각종 활동과도 비례한다. 중국의 명문대학교 교수들은 한국의 고려대, 경희대, 한양대를 비롯하여 일본 등 가까운 나라에 가서 교환교수를 하는 경우가 많았으며 연구, 강의, 특강 등을 통해 많은 수입을 얻게 되었다. 이는 중국내의 교수들의 급여와 비교 할 때 상대적으로 단기간에 고소득을 올릴 수 있는 기회가 된다. 이러한 교수 수입의 증가는 직간접적으로 삶의 질 향상을 가져오고 있다. 예를 들면, 90년대 초반에는 북경대 인민대 등 교수 대부분이 대학교 안에서 '국가에서 분배한 주거지'에서 생활하였으나 90년대 중반 이후부터 앞서 설명한 부수입의 증가 등으로 베이징대 교수들 중에는 학교외부에 아파트를 보유한 사람들이 상당수 증가하였다.[1]

둘째, 대학생사회의 변화로서 "등록금 납부와 장학제도"가 강화되고 있다는 점이다. 중국의 대학생은 과거에는 (1950년대)대학교에 등록금을 내지 않았다. 1977년 대학생 입학시험이 다시 실시된 이 후에도 등록금을 내지 않았으며 오히려 많은 학생들은 학교에서 주는 생활비와 장학금(쭈쉬에진: 助学金) 을 받았다.[2] 그러나 1985년의 학비징수에 관한 교육개혁 이후에 각 대학은 인민폐 100-300위엔을 징수하였고 1994년 이후에도 학생의 등록금은 매년 300-500위엔에 불과하였다. 그러나 10여 년이 지난 오늘날 대부분의 학교에서는 평균 5,000위엔의 높은 등록금을 내고 있다. 때문에 중국의 교육개혁에 따른 투자에도 불구하고 대학등록금의 부담은 중국의 생활수준에 비해 턱없이 높아서 사회문제가 되고 있으며 급기야는 등록금을 내지 못해 자살하는 사례가 나타나 황금만능주의의 문제점으로 지적되고 있다[3]. 2003년의 베이징대학과 칭화 대학 등 각 대학의 학비통계를 보면 대부분이 인민폐 4000-5000 위엔을 내고 있으며 그 외에도 의과대학의 경우 6000-9000 위엔을 내는 대학이 다수가 있다. 이는 몇 년간의 국민의 교육비 지출이 10배 이상이 되기도 하는 상황으로 이러한 고액의 등록금은 중국대학생들의 다수가 경제적 이유로 인해 학업을 중단 할 수밖에 없는 사례로 이어지고 있다. 중국 신경보에 따르면, 미술을 전공하는 대학생의 1년간 부담액은 2005년의 한국 돈으로 계산 하였을 때 한국 돈 98만원으로 4년 동안 약 395만원에 이르고, 이는 가난한 농민이 35년 동안 일해야 할 금액이라고 보도했다.[4] 그렇지만, 증가되는 장학제도는 상당히

---

1) 베이징대학교의 부총장이었던 역사학과 고 허방촨(何方川)교수는 한양대학에서, 역시 베이징대학교의 역사학과 쉬카이(徐介)교수는 고려대학에서, 야오닝 (辽宁)대학 진티엔이 (金天一)교수는 경희대학에서 각각 교환교수를 역임하였으며 이들은 후일 대학 밖의 아파트로 주거지를 옮겼다.

2) 「目前我国高校收费的基本状况」, http://blog.people.com. cn/blog/static_toolbar.jspe 검색일 : 2007-1-21.

3) 어느 농촌지역에서 아들이 대학에 합격하였으나 부모가 등록금을 내지 못하자 이를 비관하여 자살을 하였다. 마완화 교수와 인터뷰, 중국 베이징대 교육대학원 연구실 2006. 5. 14. 11:00~13:00

4) '中 대학 새내기, 매춘광고 나선 까닭은 ?,' 출처 http://blog. naver.com/mjkcos.do?

고무적인 양상을 띠고 있다. 교육부의 소식에 따르면(2002) 국가장학금 제도를 건립하여, 가정경제가 곤란하고 품행이 우수한 보통고등학교, 대학 본과 생 혹은 대학원생에게 무상으로 자금을 제공해 주고 있다. 관련 자료에 따르면, 중국은 매년 예비 2억 위안에 달하는 예산을 가지고 약 6만 명의 학생에게 장학금을 지급하고 있다. 이 장학금은 학생융자, 국가보조학자금 융자, 상업성학자보조 융자의 세 가지 형태로 나누어지는데 학생융자는 소속 학교의 "경리과"에서 이자 없이 융자를 해주며 다른 장학금의 혜택을 받는 학생은 대상에서 제외된다. 이러한 정책은 계속적으로 추진되고 있으며 학생들에게 열심히 공부할 수 있는 면학분위기를 제공 하고 있다.

Redirect=Log&No=20017085360, 검색일 : 2005. 9. 12.국민 인터넷 뉴스.

· 저자 ·

하영애
(河暎愛)

•약 력•

건국대학교 정치외교학과 졸업
건국대학교 대학원 정치학 석사
國立臺灣大學(National Taiwan University) 정치학박사
현: 경희대학교 교양학부 조교수
현: 경희대학교 평화복지대학원 조교수
현: 사단법인 한중여성교류협회 회장
현: 사단법인 한중우호협회 부회장
현: 한국정치학회 회원 이사
현: 한국국제정치학회 회원 명예이사
현: 한국동북아학회 이사
역: NGO단체 밝은사회 한국본부 여성부장
역: 한국여성단체협의회 부회장

•주요논저•

-연구논문
1. 중국의 실용주의 중심의 교육개혁이 가져온 사회적 변화(한국동북아 논총 47호)
2. 韓國女性參與政治和社會發展槪況(홍콩발표: 2004)
3. 韓國新羅女王的王位繼承與 業績(2005)
4. 대만총통선거에 관한 연구(2002, 2004)
5. 외국여성의 정치참여에 관한 연구(1998)
6. 中國古代 君, 臣, 民 理論(1998) - 번역 외 40여 편

-저서
1. 中國現代化와 國防政策(서울: 범한서적, 1997)
2. 臺灣 縣市長及 縣市議員 選擧制度之 硏究(臺北: 文史哲出版社, 2005년, 改訂版)
3. 대만지방자치 선거제도(서울: 삼영사, 1991년)
4. 밝은사회 운동과 여성(서울: 범한서적, 2005년)
5. 지방자치와 여성의 정치참여(서울: 삼영사, 2005년)
6. 한국지방자치론, 공저(서울: 삼영사, 1995년) 외 다수

-서평
'중국여성연구' - 숙대 아시아연구소 연구총서 1, 한국여성개발원, 1991

-수상
2003. 7. 4. 국민포장 수상
2001. 9. 11. 여성특별위원회 위원장 공로상 수상

韓中 사회의 이해

• 초판 인쇄	2008년 10월 1일
• 초판 발행	2008년 10월 1일
• 지 은 이	하영애
• 펴 낸 이	채종준
• 펴 낸 곳	한국학술정보㈜
	경기도 파주시 교하읍 문발리 513-5
	파주출판문화정보산업단지
	전화 031) 908-3181(대표) · 팩스 031) 908-3189
	홈페이지 http://www.kstudy.com
	e-mail(출판사업부) publish@kstudy.com
• 등 록	제일산-115호(2000. 6. 19)
• 가 격	35,000원

ISBN 978-89-534-0302-4 93340 (Paper Book)
　　　978-89-534-0303-1 98340 (e-Book)